Speth
Rosenthal
Waltermann

Berufsfachliche Kompetenz

Einzelhandel

¬ Betriebswirtschaft

¬ Steuerung und Kontrolle

¬ Gesamtwirtschaft

1. Ausbildungsjahr

Die Reihe im Überblick

… auch digital!

1. Ausbildungsjahr

mit Vorlagen zum Download!

ISBN 978-3-8120-0642-2

2. Ausbildungsjahr

mit Vorlagen zum Download!

ISBN 978-3-8120-0643-9

3. Ausbildungsjahr

mit Vorlagen zum Download!

ISBN 978-3-8120-0565-4

Speth | Rosenthal | Boller | Waltermann

Berufsfachliche Kompetenz Einzelhandel

Verkäufer/-innen und Kaufleute im Einzelhandel

In **jeweils** einem **Jahrgangsband** werden die Lernfelder der berufsfachlichen Schwerpunkte (Betriebswirtschaft, Steuerung und Kontrolle sowie Gesamtwirtschaft) **gebündelt.**

Die im Bildungsplan geforderten **Lerninhalte** werden **ausführlich** und **anschaulich** in **strukturierter Form** dargestellt.

- ✔ **einfache** Sprache, **übersichtliche** und **kompakte** Darstellung der Inhalte
- ✔ viele **Fälle** und **Situationen** aus der **Praxis**
- ✔ besonders hervorgehobene **Merksätze,** zahlreiche **Beispiele** und **Schaubilder**
- ✔ **Kompetenztrainings** mit zahlreichen Aufgaben: von einfachen Wiederholungsfragen bis hin zu komplexen Aufgaben

Zur Lösung der Übungsaufgaben stehen **vorstrukturierte Vorlagen im PDF-Format** zur Verfügung. Diese können Sie über die Mediathek des Verlages (www.merkur-verlag.de, Suche: z. B. „0642", Schaltfläche „Download") kostenlos herunterladen.

Merkur
Verlag Rinteln

Speth
Rosenthal
Waltermann

Berufsfachliche Kompetenz Einzelhandel

¬ Betriebswirtschaft

¬ Steuerung und Kontrolle

¬ Gesamtwirtschaft

1. Ausbildungsjahr

Merkur
Verlag Rinteln

Wirtschaftswissenschaftliche Bücherei für Schule und Praxis
Begründet von Handelsschul-Direktor Dipl.-Hdl. Friedrich Hutkap †

Verfasser:

Dr. Hermann Speth, Dipl.-Hdl., Wangen im Allgäu

Tatjana Rosenthal, Studiendirektorin, Dortmund

Aloys Waltermann, Dipl.-Kfm. Dipl.-Hdl., Fröndenberg

DOWNLOAD

Um die **Bearbeitung der Übungsaufgaben** zu erleichtern und die Präsentation von Arbeitsergebnissen methodisch variieren zu können, stehen für die Schülerinnen, Schüler und Lehrkräfte für geeignete Aufgaben **digitale Vorlagen im PDF-Format** bereit. Die Vorlagen finden Sie unter **www.merkur-verlag.de,** Suche „0642", Schaltfläche „Download".

* * * * *

Coverbild (oben): © Syda-Productions - Fotolia.com
            (Mitte): © Robert Kneschke - Fotolia.com

3. Auflage 2023
© 2018 by MERKUR VERLAG RINTELN
Gesamtherstellung:
MERKUR VERLAG RINTELN Hutkap GmbH & Co. KG, 31735 Rinteln

E-Mail: info@merkur-verlag.de
              lehrer-service@merkur-verlag.de
Internet: www.merkur-verlag.de

Merkur-Nr. 0642-03
ISBN 978-3-8120-0642-2

Vorwort

Aufbauend auf dem Rahmenlehrplan für die **Ausbildungsberufe im Einzelhandel** (Verkäufer/Kaufleute im Einzelhandel) gilt in **Baden-Württemberg** ein **landesspezifischer Bildungsplan**.

Das vorliegende Schulbuch deckt die **berufsfachlichen Schwerpunkte Betriebswirtschaft, Steuerung und Kontrolle** sowie **Gesamtwirtschaft** für das **1. Ausbildungsjahr** ab (Lernfelder 1 bis 5 und 11, Kompetenzbereich I) und berücksichtigt **alle Inhalte** des Bildungsplans.

Für Ihre Arbeit mit dem vorgelegten Schulbuch möchten wir auf Folgendes hinweisen:

- Die Lerninhalte werden **ausführlich** und **anschaulich** dargestellt. Die **Reihenfolge** der Inhalte ist streng am **Bildungsplan** ausgerichtet.

- Die Lerninhalte werden zu klar abgegrenzten Einheiten zusammengefasst, die sich in die Bereiche Stoffinformation, Zusammenfassung und Kompetenztraining aufgliedern. Die Texte werden in **einfacher Sprache, übersichtlich** und **kompakt** dargeboten. Diese Darstellung ermöglicht den Auszubildenden, sich auf die Lerninhalte zu konzentrieren.

- Fachwörter, Fachbegriffe und Fremdwörter werden grundsätzlich im Text oder in Fußnoten erklärt.

- Die Aufgabenstellungen im Rahmen der **Kompetenztrainings** reichen von einfachen Wiederholungsfragen bis hin zu komplexen Aufgaben, wie sie in der Prüfung verlangt werden. Der Lehrperson eröffnet sich damit ein weiter pädagogischer Spielraum.

- Viele Abbildungen, Schaubilder, Beispiele, Begriffsschemata und Gegenüberstellungen erhöhen die Anschaulichkeit und Einprägsamkeit der praxisbezogenen Lerninhalte.

- Besonders hervorgehobene **Merksätze** und **Zusammenfassungen** dienen den Lernenden als zusätzliche Vertiefung sowie zu problemlosen Wiederholungen im Schnelldurchlauf.

- Durch zahlreiche Verweise werden Lerninhalte, wo erforderlich, miteinander verbunden.

- Durch die übersichtliche Aufbereitung des Fachwissens wird die Lehrkraft in die Lage versetzt, die Projektarbeit mit den Schülerinnen und Schülern auf einer gesicherten Wissensgrundlage aufzubauen.

- Projektkompetenz verlangt Eigenständigkeit, Aktivität und Kreativität. Aus diesem Grund werden fertige Projekte, die von den Schülerinnen und Schülern nur noch nachvollzogen werden müssen, vom Autorenteam bewusst nicht angeboten. Eine solche Vorgehensweise würde keine Projektkompetenz schaffen und daher den Intentionen des Bildungsplans widersprechen.

- Ein ausführliches Stichwortverzeichnis hilft, Begriffe und Erläuterungen schnell aufzufinden.

Wir glauben, mit diesem Schulbuch die Voraussetzungen für eine erfolgreiche Unterrichtsgestaltung geschaffen zu haben, und hoffen auf eine gute Zusammenarbeit mit allen Benutzern.

Wir wünschen Ihnen einen guten Lehr- und Lernerfolg!

Die Verfasser

Inhaltsverzeichnis

Schwerpunkt Betriebswirtschaft

Lernfeld 1: Aufgaben, Leistungen und die organisatorische Struktur des Einzelhandelsunternehmens darstellen

Lernfeld 2: Verkaufsgespräche kundenorientiert führen

Lernfeld 3: Rechtsgrundlagen und Zahlungsarten beim Warenverkauf erarbeiten

Lernfeld 4: Waren präsentieren

Lernfeld 5: Werben und den Verkauf fördern

Lernfeld 11: Geschäftsprozesse erfassen und kontrollieren

Schwerpunkt Gesamtwirtschaft

Kompetenzbereich I: In Ausbildung und Beruf orientieren

Anhang: Wichtige Vorgehensweisen zum Erreichen einer Projektkompetenz

Bilderverzeichnis

S. 16: PetraD - www.colourbox.de • **S. 18:** Pressmaster - www.colourbox.de • **S. 25:** Hunter Bliss Images - www.colourbox.de • **S. 49:** thomaslerchphoto - Fotolia.com • **S. 49:** https://www.bundestag.de/parlament/plenum • **S. 51:** ©pikselstock - stock.adobe.com • **S. 51:** pressmaster - www.colourbox.de • **S. 52:** Karsten Lucas • **S. 52:** pressmaster - www.colourbox.de • **S. 52:** ©pikselstock - stock.adobe.com • **S. 54:** pressmaster - www.colourbox.de • **S. 54:** ©pikselstock - stock.adobe.com • **S. 61:** ©pikselstock - stock.adobe.com • **S. 61:** pressmaster - www.colourbox.de • **S. 62:** www.mediabank.finnexpo.fi (Kimmo Brandt/Suomen Messut) • **S. 63:** #821 – www.colourbox.de • **S. 64:** pressmaster - www.colourbox.de • **S. 64:** ©pikselstock - stock.adobe.com • **S. 65:** Phovoir - www.colourbox.de • **S. 66:** Phovoir - www.colourbox.de • **S. 67:** pressmaster - www.colourbox.de • **S. 67:** Syda Productions - www.colourbox.de • **S. 70:** pressmaster - www.colourbox.de • **S. 70:** ©pikselstock - stock.adobe.com • **S. 71:** pressmaster - www.colourbox.de • **S. 71:** ©pikselstock - stock.adobe.com • **S. 78:** ©pikselstock - stock.adobe.com • **S. 78:** pressmaster - www.colourbox.de • **S. 81:** ©pikselstock - stock.adobe.com • **S. 81:** pressmaster - www.colourbox.de • **S. 81:** MEV-Verlag, Germany • **S. 82:** Phovoir - www.colourbox.de • **S. 85:** M. Schlutter - adpic.de • **S. 88:** Phovoir - www.colourbox.de • **S. 90:** ©pikselstock - stock.adobe.com • **S. 90:** pressmaster - www.colourbox.de • **S. 97:** pressmaster - www.colourbox.de • **S. 97:** ©pikselstock - stock.adobe.com • **S. 97:** N-Media-Images - Fotolia • **S. 106:** Karsten Lucas • **S. 128:** Robert Kneschke – stock.adobe.com • **S. 141:** #1819 – www.colourbox.de • **S. 142:** Pressmaster - www.colourbox.de • **S. 157:** Linus Lintner Fotografie • **S. 163:** • **S. 181:** • **S. 216:** • **S. 258:** #266241 - www.colourbox.de • **S. 300:** Picture-Factory - Fotolia.com • **S. 312:** Bildagentur-online/Klassen • **S. 313:** #6685 – www.colourbox.de • **S. 319:** oneinchpunch -stock.adobe.com • **S. 320:** Phovoir - www.colourbox.de • **S. 332:** Ulrich Baumgarten/vario-press • **S. 352:** Robert Kneschke - Fotolia.com • **S. 354:** www.colourbox.de • **S. 357:** drubig-foto - fotolia.com •

Schwerpunkt Betriebswirtschaft

Lernfeld 1: Aufgaben, Leistungen und die organisatorische Struktur des Einzelhandelsunternehmens darstellen

1 Leistungen des Einzelhandels in der Wirtschaft

1.1 Ausbildungsbetrieb präsentieren[1]

Vorstellung des Ausbildungsbetriebs

Um die Ausbildungsbetriebe Ihrer Mitschüler/-innen kennenzulernen, stellen Sie zunächst Ihren Ausbildungsbetrieb vor. Sind mehrere Auszubildende aus einem Einzelhandelsbetrieb in der Klasse, können diese eine Gruppenpräsentation vornehmen.

Beispiel: Steckbrief für die Vorstellung des Ausbildungsbetriebs

Allgemeine Daten über den Ausbildungsbetrieb	■ Name des Einzelhandelsbetriebs, Gründungsjahr, Branche, Standort und Adresse ■ Rechtsform ■ Anzahl der Beschäftigten – Vollzeitbeschäftigte – Teilzeitbeschäftigte ■ Anzahl der Auszubildenden ■ Ladenöffnungszeiten	■ … ■ … ■ … (Daten Ihres Ausbildungsbetriebs)
Informationen zum Warensortiment und zum Kundenstamm	■ Welche Waren und Dienstleistungen werden angeboten? ■ An welche Zielgruppen werden die Waren verkauft? ■ Welches Verhältnis besteht zwischen Stammkunden und Laufkundschaft? ■ Wie häufig und in welchen Medien wird geworben? ■ Wie groß ist das Einzugsgebiet des Einzelhandelsbetriebs?	■ … ■ … ■ …
Zielsetzungen des Einzelhandelsbetriebs	■ Welche Ziele verfolgt der Einzelhandelsbetrieb? ■ Ist ein Unternehmensleitbild[2] formuliert?	■ … ■ … ■ …

Aufgabe:

Erkunden Sie Ihren Ausbildungsbetrieb. Bitten Sie Ihren Ausbilder, Ihnen Daten über den Einzelhandelsbetrieb bereitzustellen. Notieren Sie die wichtigsten Informationen und gestalten Sie anschließend in Kurzform einen „Steckbrief" Ihres Ausbildungsbetriebs.

---

1 Informationen und Anleitungen zur Präsentation Ihres Ausbildungsbetriebs finden Sie im Anhang „Wichtige Vorgehensweisen zum Erreichen einer Projektkompetenz", S. 352 ff.

2 Das **Unternehmensleitbild** formuliert die Grundwerte und Überzeugungen, Verhaltensregeln und Symbole eines Einzelhandelsbetriebs.

1.2 Stellung des Einzelhandels in der Wirtschaft

Betriebe werden in drei Bereiche gegliedert:

(1) Erzeugnisbetriebe

Sie übernehmen die Aufgabe der Rohstoffgewinnung.

Beispiele:

- Land- und forstwirtschafliche Betriebe
- Bergwerke, Kiesgruben, Steinbrüche, Fischereibetriebe

(2) Verarbeitungsbetriebe

Sie übernehmen die Verarbeitung der Rohstoffe.

Beispiele:

- Werkzeugfabriken, Maschinenfabriken
- Kleiderfabriken
- Fabriken für Tiefkühlkost
- Möbelfabriken
- Autohersteller

(3) Verteilungs- und Dienstleistungsbetriebe

- **Verteilungsbetriebe** versorgen Betriebe und Verbraucher mit Gütern.

Beispiele:

- Einzel- und Großhandel
- Logistikunternehmen
- Verkehrsunternehmen

- **Dienstleistungsbetriebe**

Beispiele:

- Banken
- Versicherungen
- Rechtsanwälte

1.3 Leistungen des Einzelhandels

Der Einzelhandel stellt für die **Verbraucher** ein **Warenangebot (Sortiment) bereit**. Er berät die Kunden beim **Kauf** und bietet ihnen nach dem Kauf der Ware gegebenenfalls **Kundendienstleistungen** an.

Leistungen	Erläuterungen	Beispiele
Sortimentsbildung[1]	Aus der Vielzahl der produzierten Waren stellt der Einzelhändler ein Sortiment zusammen, das den Wünschen seiner Kunden hinsichtlich Warenart, Qualität, Ausführung und Preis entspricht.	In einem Media-Markt werden LCD-Fernseher von verschiedenen Herstellern in unterschiedlichen Größen, verschiedenen Qualitäten, Farben, Materialien angeboten.
Raumüberbrückung	Der Einzelhändler überbrückt die räumliche Entfernung zwischen Lieferer und Verbraucher.	In einem Lebensmittelgeschäft in Biberach kann der Kunde Orangen aus Israel, Wein aus Frankreich, Kaffee aus Bolivien kaufen.
Lagerhaltung/ Zeitüberbrückung	Durch die Lagerhaltung werden zeitliche Unterschiede zwischen der Produktion der Ware und ihrem Kauf ausgeglichen.	Der Verbrauch von Kirschmarmelade ist fast gleichmäßig über das ganze Jahr verteilt. Die Kirschmarmelade wird jedoch nur zu einer bestimmten Jahreszeit hergestellt.
Mengenausgleich	Der Einzelhändler kauft aus Kostengründen die einzelnen Warenposten in einer größeren Mengeneinheit ein und verkauft diese dann in kleineren haushaltsgerechten Mengen an den Endverbraucher.	Ein Raumausstatter kauft 200 m Vorhangstoff (in Ballen) und verkauft ihn meterweise.
Information und Beratung	Der Einzelhändler informiert den Kunden über Herstellung, Ausstattung und Verwendungsmöglichkeiten des Produktes. Außerdem berät er den Kunden, damit dieser eine bedarfsgerechte Entscheidung treffen kann.	■ Beratungsgespräch beim Kauf einer Wohnzimmereinrichtung. ■ Pflegehinweise beim Kauf einer Lederjacke. ■ Beratung zur richtigen Bedienung der gekauften Espressomaschine.
Serviceleistungen	Sie können technischer Art (Reparatur einer Geschirrspülmaschine) oder kaufmännischer Art (Verkauf gegen Ratenzahlung) sein.	■ Aufbau einer Einbauküche durch das Möbelhaus. ■ Kürzen einer neu gekauften Hose durch die Schneiderei des Modehauses.
Markterschließung	Durch die Nähe zum Kunden kennt der Einzelhändler die Wünsche und Vorstellungen seiner Kunden. Er kann daher den Herstellern durch Hinweise und Anregungen helfen, verbrauchergerechte Produkte zu entwickeln.	■ Verbesserungsvorschlag für die Einordnung des Geschirrs in den Geschirrkasten an einen Hersteller von Geschirrspülmaschinen. ■ Werbung für ein neuartiges Fruchtsaftgetränk.

---

1 Die Gesamtheit der in einem Geschäft angebotenen Waren und Dienstleistungen bezeichnet man als **Sortiment**. Vgl. auch S. 29 ff.

17

1.4 Bedeutung des Einzelhandels für den Verbraucher

Der Einzelhandel bezieht von anderen Betrieben eine Reihe von **Waren**. Die **eigene Leistung** des Einzelhandelsbetriebs besteht darin, ein **bedarfsgerechtes Sortiment an Waren und Dienstleistungen** anzubieten. Sie versorgen damit die Kunden z. B. mit Lebensmitteln, Kleidung, elektrischen Geräten, Reinigungsmitteln. Der Einzelhandel stellt damit die Verbindung her zwischen **Industrie bzw.**

> **Beispiel:**
>
> Ein Supermarkt bezieht Lebensmittel von den Lebensmittelfabriken, Strom vom Elektrizitätswerk, Früchte von der Landwirtschaft, Kredite von der Bank, die Absicherung von Risiken über Versicherungen.

Handwerk und den **Verbrauchern**. Er übernimmt die **Verteilung der Waren** und verbindet dies häufig mit **unterschiedlichen Dienstleistungen** wie Warenanlieferung zur Wohnung des Kunden, Installation, Wartung, Reparatur und Ersatzteilhaltung.

- Der Einzelhandel macht die angebotenen Waren für den **Verbraucher geeignet**.
- Der Einzelhandel übernimmt die **Verteilung der hergestellten Waren** und bietet hierbei **unterschiedliche Dienstleistungen** an.

1.5 Kundenorientierung des Einzelhandels

1.5.1 Kunde ist der Mittelpunkt

Grundsätzlich werden sich nur solche Einzelhandelsbetriebe durchsetzen, die ihre Kunden am besten zufriedenstellen. Dazu ist es notwendig, dass der Einzelhändler vom **„Markt her denkt"** und sich bei allen **Maßnahmen** immer an den **Problemen, Erwartungen und Wünschen** seiner **Kunden** ausrichtet.

Es gilt ein Sortiment zusammenzustellen, bei dem die Kunden zugreifen, weil sie es für besser halten als das der Konkurrenzunternehmen. Für diese Denkhaltung wird das aus dem Amerikanischen übernommene Wort **Marketing**[1] verwendet.

Die **Kundenorientierung** bedeutet, dass das Einzelhandelsunternehmen die gesamte Verkaufstätigkeit am Kunden ausrichtet.

---

1 **Marketing** (engl.): Markt machen, d. h. einen Markt für seine eigenen Produkte schaffen bzw. ausschöpfen. Das Marketing ist Gegenstand des Lernfeldes 8 im 3. Ausbildungsjahr.

Lernfeld
1

1.5.2 Versorgungs- und Erlebnishandel

Ein Großteil der Kaufentscheidungen wird vom Kunden erst im Laden getroffen. Es gilt daher, das Verhalten der Konsumenten im Laden zu beeinflussen. Hier stehen dem Einzelhändler prinzipiell zwei Vorgehensweisen zur Wahl: der **Erlebnishandel** und der **Versorgungshandel.**

(1) Erlebnishandel

Der Erlebnishandel möchte erreichen, dass der Einkauf beim Konsumenten ein **angenehmes Empfinden** auslöst, das über die Befriedigung seiner Versorgungsbedürfnisse hinausreicht. Der Kunde soll mit allen Sinnen angesprochen werden. Er soll sich wohlfühlen, riechen, schmecken, sehen und hören können. Der erlebnisorientierte Kunde geht nicht nur einkaufen, um eine bestimmte Ware zu erstehen. Er möchte mit dem Einkauf ein Freizeiterlebnis verbinden.

Beispiele:

■ Ladengestaltung, die eine angenehme Atmosphäre ausstrahlt;

■ Schaffung von Erlebnisbereichen wie „Alles für den Campingurlaub", „Babyland", „Obst- und Gemüsewelt";

■ Einrichten von Ruhe- und Kommunikationsbuchten (z. B. Sitzecke, Bistro);

■ freundliches, kommunikatives Verkaufspersonal mit hoher Fachkompetenz.

Der Erlebnishandel möchte erreichen, dass der Kunde mit der Einkaufsstätte einen **unverwechselbaren Eindruck** verbindet.

(2) Versorgungshandel

Der Versorgungshandel rückt die **wirtschaftliche Bedarfsdeckung** und vor allem **Preisvorteile** in den Vordergrund. Häufig ist der Versorgungshandel mit einem begrenzten Sortiment an Waren und Dienstleistungen verbunden. Am häufigsten findet der Versorgungshandel in Supermärkten, Discountern, Fachmärkten und Verbrauchermärkten statt.

Zusammenfassung

■ Die **Leistung des Einzelhandels** besteht darin,

   ■ die Waren für den **Verbraucher geeignet** zu machen,

   ■ die **Verteilung der Waren** sowie **unterschiedliche Dienstleistungen** zu übernehmen.

■ Der Einzelhandel stellt einen **Verteilungsbetrieb** dar. Zu den **Leistungen** siehe die Tabelle S. 17f.

■ Um im Markt bestehen zu können, muss der Einzelhändler vom „Markt her denken" und ein Sortiment zusammenstellen, das die Kunden für besser halten als das der Konkurrenten.

■ Der Einzelhändler hat zwei Vorgehensweisen zur Wahl, um das Kundenverhalten der Kunden zu beeinflussen: den **Erlebnishandel** und den **Versorgungshandel**.

Kompetenztraining

1

1. Beschreiben Sie, welche Bedeutung der Einzelhandel für den Verbraucher hat!

2. Beschreiben Sie die Auswirkungen auf Hersteller und Verbraucher, wenn es keine Einzelhandelsbetriebe gäbe!

3. Nennen Sie die Leistungen des Einzelhandels die jeweils aus den nachfolgenden Sachverhalten abgeleitet werden kann!

   3.1 Der Ort der Herstellung ist nicht gleich dem Ort des Verbrauchs.

   3.2 Der Kunde kann jederzeit die Ware kaufen.

   3.3 Der Produzent stellt große Mengen her, der Konsument kauft kleine Mengen.

4. Unterscheiden Sie den Erlebnishandel vom Versorgungshandel!

5. Die Einzelhandelsbetriebe erfüllen verschiedene Leistungen in der Wirtschaft. Notieren Sie, welche der nachfolgenden Leistungen u. a. von den Einzelhandelsbetrieben übernommen werden!

   5.1 Die Einzelhandelsbetriebe sind gesetzlich verpflichtet, Kundendienstleistungen anzubieten.

   5.2 Die Einzelhandelsbetriebe bestimmen den Sortimentsaufbau der Lieferer.

   5.3 Die Einzelhandelsbetriebe nehmen indirekt Einfluss auf die Warenproduktion.

   5.4 Die Einzelhandelsbetriebe übernehmen die Produktion von Gütern.

6. Notieren Sie, bei welchen der nachfolgenden Vorgänge der Einzelhändler eine Kundendienstleistung übernimmt!

   6.1 Eine Verkäuferin berät einen Kunden beim Geschenkeinkauf.

   6.2 Ein Kunde möchte ein Fernsehgerät kaufen und fragt den Verkäufer, ob er das Gerät in Raten abzahlen könne.

   6.3 Ein Kunde vermisst im Warenregal bei einem Pullover die Größe 54. Der Verkäufer bringt die gesuchte Größe aus dem Lager.

7. Übertragen Sie nachfolgende Tabelle in Ihre Unterlagen. Ergänzen Sie die fehlenden Leistungen des Einzelhandels bzw. bilden Sie entsprechende Beispiele!

Leistungen	Beispiele	
Raum-überbrückung		DOWNLOAD
	Ein Lebensmittelhändler kauft 500 kg Spargel und verkauft ihn in Portionen zu 500 Gramm.	
	In einer Deichmann-Filiale werden Schuhe von verschiedenen Herstellern in unterschiedlichen Größen, Qualitäten und Farben angeboten.	
	In einer Edeka-Filiale werden Käsehäppchen eines neu eingeführten Bergkäses an die Kunden verteilt.	
Kundendienst		
	Verkäufer Görlich erklärt einem Kunden die Vorteile einer Energiesparlampe.	
Lagerhaltung		

2 Betriebsformen

Die **Betriebsform** ist die Form, in der ein Einzelhändler sein Geschäft am Markt betreibt.

Wichtige Betriebsformen im Einzelhandel sind

- der **Ladenhandel,**
- der **Versandhandel,**
- der **ambulante Handel,**
- die **neueren Betriebsformen.**

2.1 Ladenhandel (stationärer Handel)

Betriebsform	Sortiment[1]	Preisniveau	Betriebsgröße	Verkaufsform	Standort
Fachgeschäft Fachgeschäfte bieten **Waren einer bestimmten Branche** an (z. B. Lebensmittel, Spielwaren), oder sie orientieren sich an einer **bestimmten Bedarfsgruppe** (z. B. Textilien, Elektrogeräte, Haushaltswaren, Bürobedarf).	Das Branchensortiment ist schmal und tief mit ergänzenden Dienstleistungen.	mittleres bis hohes Preisniveau	klein bis mittelgroß	Vorwahl, hoher Beratungs- und Bedienungsaufwand	zentrale Innenstadtlage sowie Einkaufszentren

1 **Breites Sortiment**: viele Warengruppen; **schmales Sortiment**: nur wenige Warengruppen; **flaches Sortiment**: wenige Artikel und Sorten innerhalb einer Warengruppe; **tiefes Sortiment**: viele Artikel und Sorten innerhalb einer Warengruppe. Zu Einzelheiten siehe S. 31.

Betriebsform	Sortiment	Preisniveau	Betriebsgröße	Verkaufsform	Standort
Spezialgeschäft Das Spezialgeschäft deckt nur **eine Warengruppe** ab (z. B. Juwelen, Feinkost, Süßenwaren, Tabakwaren) und weist in diesem Bereich eine **große Sortimentstiefe** auf. Eine besondere Form des Spezialgeschäfts ist die **Boutique**.	Das Sortiment ist schmaler als das eines Fachgeschäftes. Es ist jedoch tiefer angelegt als im Fachgeschäft, da die Auswahlansprüche des Kundenkreises hoch sind.	hohes bis exklusives Preisniveau	klein bis mittelgroß	hoher und qualifizierter Bedienungs-, Beratungs- und Serviceaufwand	zentrale Innenstadtlage
Gemischtwarengeschäft Das Gemischtwarengeschäft bietet **viele Warengruppen des kurzfristigen Bedarfs** (z. B. Lebensmittel, Schreibwaren, Textilien, Kurzwaren [Knöpfe, Gummis, Bänder]) an.	Das Sortiment ist sehr breit und flach.	relativ hohes Preisniveau	klein	Bedienung, teilweise Selbstbedienung	Kleinstädte, ländliche Gebiete
Supermarkt (z. B. REWE, Edeka) Supermärkte bieten ein **umfangreiches Angebot** von Waren im Bereich der **Nahrungs- und Genussmittel einschließlich Frischwaren**. Ergänzend werden dazu Waren des täglichen und des kurzfristigen Bedarfs angeboten.	Breites, aber flaches Sortiment im Bereich Nahrungs- und Genussmittel einschließlich Frischwaren. Durchschnittliche Artikelzahl ca. 13 000.	mittleres Preisniveau; oft Sonderangebote als Kampfsortiment gegenüber Konkurrenten	mittel bis groß (mindestens 400 m²)	überwiegend Selbstbedienung, Bedienung bei Frischwaren	City- oder Vorortlagen; oft in abgeschlossenen Wohngebieten angesiedelt
Verbrauchermarkt/SB-Warenhaus (z. B. Real, Kaufland) Verbrauchermärkte und SB-Warenhäuser sind **räumlich erweiterte Supermärkte** mit ergänzenden Dienstleistungsabteilungen (z. B. Restaurant, Kindergarten, Schlüsseldienst, Tankstelle). Sie bieten ein umfangreiches Sortiment an Ge- und Verbrauchsgütern des täglichen und des kurz- und mittelfristigen Bedarfs an. Oft Spezialabteilungen, die die Qualität eines Fachgeschäftes besitzen.	Breites und tiefes Sortiment von vorwiegend Nahrungs- und Genussmitteln sowie auch ein breites, ausreichendes Sortiment an Gebrauchs- und Verbrauchsgütern.	niedrige Preise mit einer ausgeprägten Sonderangebotspolitik	groß (mindestens 1 000 m²)	vorwiegend Selbstbedienung, Bedienung (bei Frischwaren)	verkehrsorientierte Standorte in Stadtrandlagen oder auf der „Grünen Wiese"
Discounter (z. B. Aldi, Lidl) Das Discountgeschäft bietet eine **begrenzte Warenauswahl** bei einer **einfachen Verkaufsraumgestaltung** an. Dabei werden die Waren in großen Mengen zu **niedrigen Preisen** abgesetzt.	Sortiment ist eng und flach. Es werden Produkte mit einem anspruchslosen Sortimentsniveau angeboten, die eine hohe Umschlagshäufigkeit erzielen können. Umfasst zwischen 600 und 2 500 Artikel.	sehr niedrige Preise, die ständig deutlich unterhalb des üblichen im Einzelhandel bestehenden Preisniveaus liegen	mittel (ab 700 m²)	Selbstbedienung	Stadtrandlagen, teilweise auch wohnortnahe Lagen

Betriebsform	Sortiment	Preisniveau	Betriebsgröße	Verkaufsform	Standort
Warenhaus/Kaufhaus (z. B. GALERIA Karstadt Kaufhof) **Warenhäuser** besitzen ein **umfassendes Waren- und Serviceangebot,** das alle Branchen und Bedarfsgruppen abdeckt. Oft Spezialabteilungen, die sich mit jedem Fachgeschäft messen können. **Kaufhäuser** sind den Fachgeschäften verwandt. Das Warenangebot be- schränkt sich dabei auf **wenige Branchen.** Besitzen keine Lebensmittelabteilung.	Bei Warenhäusern ist das Sortiment breit und tief (Vollsortimenter). Es umfasst durchschnittlich über 100 000 Artikel. Bei Kaufhäusern ist das Sortiment breit und tief, jedoch auf wenige Branchen begrenzt.	mittleres bis hohes Preisniveau mittleres, zum Teil niedriges Preisniveau	bei Warenhäusern mindestens 6 000 m^2 bei Kaufhäusern von ca. 1500 bis 3000 m^2	Vorwahlsystem (z. B. Kleider) Bedienung bei erklärungsbedürftigen Waren (Schmuck, Uhren) z. T. auch Selbstbedienung	vorwiegend in Innenstadtlagen größerer Städte
Einkaufszentrum (Shopping-Center) In Einkaufszentren sind **verschiedene selbstständige Betriebsformen** wie Fach- und Spezialgeschäfte, Discounter, Warenhäuser, Boutiquen sowie Dienstleistungsbetriebe (Reinigung, Schlüsseldienst) **zusammengefasst.** Einkaufszentren sind keine eigenständige Betriebsform.	Es wird versucht, möglichst viele Branchen und Bedarfsgruppen mit dem Sortiment abzudecken. Einkaufszentren werden zentral verwaltet, wobei durch Werbemaßnahmen versucht wird, dass die Verbraucher das Einkaufszentrum als eine Einheit auffassen.	unterschiedliche Preisstrategien je nach angesiedelter Betriebsform	groß	abhängig von der angesiedelten Betriebsform	Stadtrandlage, „Grüne Wiese"

2.2 Versandhandel

Der Versandhandel stellt eine Form des Einzelhandels dar, bei der die **Angebote an den Kunden mittels Katalog, Prospekt, Anzeige, Internet, CD-ROM, Fernsehen, Radio** übermittelt werden. Der Kunde bestellt per Bestellkarte, Fax, Telefon oder Internet und erhält die Ware durch Versanddienste bzw. die Deutsche Post AG geliefert. Beim **Vertreter-Versandhandel** erfolgt die Bestellung durch einen Vertreter an der Haustür bzw. in der Wohnung (z. B. Vorwerk, Avon Cosmetics).	Warenhausähnliches Sortiment oder Spezialisierung auf eine bestimmte Warengruppe (z. B. Bücher).	niedriges Preisniveau	unterschiedlich	Kataloge, Prospekte, Anzeigen, Internet, CD-ROM, Radio, Fernsehen	oft in der Nähe von Produktionsstandorten oder Hafenstädten

2.3 Ambulanter Handel (Wanderhandel)

(1) Markthandel

Beim Markthandel werden an festgelegten Markttagen Güter des täglichen Bedarfs wie Obst, Gemüse, Blumen, Käse, Fisch u. Ä. an bestimmten Plätzen in Verkaufsständen und Verkaufswagen angeboten.

(2) Straßenhandel

Waren wie Obst, Gemüse, Essen (Bratwust, Döner, Hähnchen vom Grill), Blumen u. Ä. werden auf der Straße in provisorischen Verkaufsständen und Verkaufswagen angeboten.

(3) Hausierhandel

Waren wie Seifen, Küchenmesser, kleine Teppiche, Bürsten werden von Händlern (sogenannte Hausierer) an der Haustür angeboten.

(4) Tiefkühlheimdienst

Fahrerverkäufer verkaufen regelmäßig oder auf Wunsch Tiefkühlkost an der Haustür der Kunden (z. B. bofrost, Eismann).

2.4 Spezielle Betriebsformen

(1) Convenience Store[1] (Nachbarschaftsläden)

Convenience Stores sind kleine Einzelhandelsgeschäfte, die in der Nähe der Konsumenten (in kleinen Gemeinden, am Arbeitsplatz, Tankstellen, Bahnhöfe, Flugplätze) angesiedelt sind. Das angebotene Sortiment umfasst vor allem Nahrungs- und Genussmittel sowie weitere problemlose Waren des täglichen Bedarfs. Es handelt sich um moderne „Tante-Emma-Läden" mit einem relativ hohen Preisniveau.

---

1 **Convenience** (engl.): Bequemlichkeit, Annehmlichkeit.

(2) Off[1]-Price-Store

Hier werden hochwertige und bekannte Markenartikel, insbesondere Bekleidung und Schuhe sowie Porzellan und Glaswaren zu Preisen verkauft, die dauerhaft deutlich unterhalb des im Einzelhandel üblichen Preisniveaus liegen.

(3) Factory-Outlet-Center (FOC)[2]

Factory-Outlet (Fabrikläden) sind Verkaufsstellen von Herstellern für Verbraucher. In solchen Fabrikläden, die in der Regel eine einfache Ausstattung aufweisen, werden vor allem Waren zweiter Wahl, Über- oder Restbestände sowie Retouren des Produktionsprogramms der Hersteller im Direktvertrieb abgesetzt.

Beispiele:

- Fabrikverkaufsläden von Boss, Escada, Joop, Bally in Metzingen;
- WMF in Geislingen;
- Esprit in Ratingen;
- Bogner in Heimstetten bei München.

(4) Fachmarkt

Fachmärkte (z. B. OBI, TOOM-Baumarkt, Media-Markt) sind Einzelhandelsbetriebe, die ein breites und gleichermaßen tiefes Sortiment in

- einer **Warengruppe** (z. B. Bekleidungsfachmarkt, Schuhfachmarkt),
- einem **Bedarfsbereich** (z. B. Baufachmarkt, Elektrogerätefachmarkt, Sportfachmarkt) oder
- für eine **bestimmte Zielgruppe** (z. B. Möbelfachmarkt für Designermöbel)

anbieten. Die Kunden können sich auf eine sortimentsspezifische und qualitativ gute bis sehr gute Fachberatung stützen. Der angebotene Service ist vergleichsweise hoch. Das Preisniveau ist niedrig bis mittelhoch.

(5) Shop-in-the-Shop

Beim Shop-in-the-Shop-Konzept werden im Rahmen der Verkaufsraumgestaltung in Waren- und Kaufhäusern **einzelne Abteilungen optisch abgetrennt** und im **Boutiquestil eingerichtet.** Dem Kunden wird damit der Eindruck vermittelt, dass er von einem Laden in einen anderen Laden geht (der „Laden im Laden").

---

1 **Off** (engl.): ab, herunter.

2 **Factory** (engl.): Fabrik; **outlet** (engl.): Ausgang.

(6) Onlinehandel[1]

Der Onlinehandel ist ein „elektronischer Handel", bei dem Güter und Dienstleistungen über das Internet gekauft bzw. verkauft werden. Der Handel wird über Onlineshops, Internetportale, Shopping-Communities und Onlineauktionen abgewickelt.

(7) Tele-Shopping

Beim Tele-Shopping werden die Waren in Form von Werbespots oder in TV-Verkaufsschaus, präsentiert. Die Bestellung der Waren durch den Kunden erfolgt von zu Hause aus z. B. per Telefon, E-Mail, wobei die gewünschte Zahlungsart anzugeben ist. Die Zustellung der bestellten Ware erfolgt durch einen Zustelldienst direkt in die Wohnung des Kunden.

3 Verkaufsformen

Die **Verkaufsform** legt fest, auf welche Art und Weise der Einzelhändler seine Waren verkauft.

- Bei einer **erklärungsbedürftigen Ware** wird sich der Einzelhändler für eine **Bedienung** des Kunden entscheiden.
- Handelt es sich um einen **problemlosen, nicht erklärungsbedüftigen Artikel,** so wird sich der Einzelhändler für eine **Selbstbedienung** durch den Kunden entscheiden.
- Soll der Kunde die Ware zunächst selbst kennen lernen, um eine **Vorauswahl treffen** zu können, und tritt der Verkäufer erst dann in ein Verkaufsgespräch ein, so spricht man von **Vorwahl**.

Verkaufsformen	Erläuterungen	Anwendungen
Bedienung	■ Der Verkäufer spricht den Kunden direkt an, ermittelt den Bedarf, legt die Ware vor, argumentiert, berät und unterstützt den Kunden bei der Kaufentscheidung. ■ Der Verkäufer trägt die Ware zur Kasse. Dort wird kassiert und die Ware gegebenenfalls eingepackt.	■ bei erklärungs- und beratungsintensiven Waren (Waschmaschine; Hi-Fi-Geräte) ■ bei hochpreisigen Waren (Uhren, Schmuck) ■ bei offenen Waren (Wurst, Fleisch, Käse) ■ bei nicht frei zugänglichen Waren (Waffen, Pestizide)

---

1 Auf den Onlinehandel wird im Folgenden nicht mehr eingegangen. Er ist Lerninhalt des 3. Ausbildungsjahres.

Verkaufsformen	Erläuterungen	Anwendungen
Selbstbedienung	■ Der Kunde kann die Ware, die selbstbedienungsgerecht verpackt angeboten wird, entnehmen, prüfen, an die Kasse bringen, bezahlen und anschließend selbst verpacken. ■ Auf Wunsch des Kunden kann eine Beratung durch den Verkäufer erfolgen. Ansonsten beschränkt sich die Arbeit des Personals auf Einsortieren der Ware, Erteilen von Auskünften, Kassieren und Übergabe der Ware.	■ bei Waren, die nicht vor dem direkten Zugriff des Kunden geschützt werden müssen ■ bei allen einfachen Produkten, die dem Kunden vertraut und nicht erklärungsbedürftig sind (Drogerieartikel; Lebensmittel; eingepackte „offene Ware"; Blumen)
Vorwahl	■ Der Kunde hat freien Zugang zur Ware und kann sich somit zunächst selbst einen Überblick über das Warenangebot verschaffen und damit eine Vorwahl treffen. ■ Der Verkäufer beobachtet den Kunden aufmerksam und bietet eine Beratung an, sobald dieser den Wunsch danach zu erkennen gibt.	■ bei allen Waren möglich, die nicht vor dem direkten Zugriff durch den Kunden geschützt werden müssen ■ bei Waren, für deren Auswahl der Kunde Zeit braucht (Möbel, Schuhe, Kleidung, Sanitärartikel)

	Vorteile	Nachteile
Bedienung	■ Einflussnahmemöglichkeit auf den Kunden durch persönlichen Kontakt ■ Individuelle Beratung ■ Fachkompetenz des Verkäufers kann eingesetzt werden ■ Vorführen und Einweisen des Kunden bei komplexen Geräten ist möglich	■ Bedienung verursacht hohe Kosten ■ Eventuell Wartezeiten für den Kunden ■ Einige Kunden fühlen sich durch die Beratung zum Kauf verpflichtet und meiden daher Bedienungsgeschäfte
Selbstbedienung	■ Geringere Personalkosten durch Verzicht auf Beratung ■ Kostenverringerung führt zu niedrigeren Preisen ■ Mögliche Spontankäufe durch die Kunden ■ Schnelle Abwicklung des Verkaufsvorgangs ■ Kunde kann ohne Druck des Verkäufers auswählen	■ Keine Einflussnahme auf den Kunden möglich ■ Fachkompetenz des Verkäufers kann nur beschränkt eingesetzt werden ■ Erhöhte Diebstahlgefahr
Vorwahl	Da die Vorwahl eine Kombination von Bedienung und Selbstbedienung ist, gelten die für die jeweiligen Verkaufsformen beschriebenen Vor- und Nachteile.	

Zusammenfassung

- Die **Betriebsform** ist die Form, in der ein Einzelhandelsgeschäft betrieben wird.

- Die **Betriebsformen** können untergliedert werden in:

Laden-handel	Fach-geschäft/ Spezial-geschäft/ Boutique	Gemischt-waren-geschäft	Super-markt	Verbrau-cher-markt/ SB-Waren-haus	Dis-counter	Kauf-haus/ Waren-haus	Einkaufs-zentren

Versand-handel							

Ambu-lanter Handel	Markt-handel	Straßen-handel	Hausier-handel	Tiefkühl-heim-dienst

neuere Betriebs-formen	Con-venience Stores	Off-Price-Stores	Factory-Outlet	Fach-markt	Shop-in-the-Shop	Online-handel	Tele-Shop-ping

- Durch die **Verkaufsform** legt der Einzelhändler fest, auf welche Art und Weise er seine Waren dem Kunden anbietet.

- Man unterscheidet drei **Arten von Verkaufsformen:**
  - Bedienung
  - Selbstbedienung
  - Vorwahl

Kompetenztraining

2

1. Erläutern Sie die Begriffe Betriebsform und Verkaufsform!

2. Erläutern Sie die Verkaufsform Bedienung und beschreiben Sie an einem Beispiel zwei Vorteile aus Sicht des Einzelhandelsbetriebes!

3. Notieren Sie, welche Hauptaufgaben der Verkäufer
   3.1 bei der Bedienung,
   3.2 bei der Selbstbedienung,
   3.3 im Vorwahlsystem übernimmt!

4. Erläutern Sie den Unterschied zwischen Onlinehandel und Tele-Shopping!

5. Hans Gruber, Eigentümer eines Fachgeschäfts für Schreibwaren und Bürobedarf, überlegt sich, sein Fachgeschäft in einen Fachmarkt für Bürobedarf umzuwandeln.
   Aufgaben:
   5.1 Unterscheiden Sie Fachgeschäft und Fachmarkt hinsichtlich der Verkaufsform, des Personals, Sortiments und Standorts!

5.2 Zeigen Sie an zwei Beispielen, wie Hans Gruber mögliche Standortnachteile seines Fachgeschäftes ausgleichen kann!

6. Der Kauf bei einem Onlinehändler wird immer beliebter.

   Aufgaben:

   6.1 Nennen Sie drei Gründe, warum viele Käufer im Onlinehandel einkaufen!

   6.2 Erklären Sie, warum trotzdem viele Käufer ein herkömmliches Fachgeschäft dem Onlinehandel vorziehen! (Drei Gründe!)

7. Erläutern Sie an drei Merkmalen die Einzelhandels-Betriebsform „Warenhaus"!

8. 8.1 Erklären Sie den Begriff Discounter!

   8.2 Stellen Sie dar, warum derzeit die Discounter die Marktanteile erhöhen können! (Drei Gründe!)

9. 9.1 Notieren Sie, welche Verkaufsform Sie sich als Kunde beim Kauf von:

   9.1.1 Wanderschuhen,

   9.1.2 einem Sommerkleid,

   9.1.3 Fleisch- und Wurstwaren,

   9.1.4 einem Fruchtsaftgetränk wünschen!

   9.2 Nennen Sie Vor- und Nachteile beim Bedienungsgeschäft, beim Geschäft mit Vorwahl  und beim Selbstbedienungsgeschäft

   9.2.1 aus Sicht des Geschäftes,

   9.2.2 aus Sicht des Kunden!

10. Begründen Sie, welche Betriebsform Sie beim Verkauf folgender Waren wählen würden!

    10.1 Schulbücher und Schreibwarenbedarf,

    10.2 modische Kleider,

    10.3 Tiefkühlkost.

11. 11.1 Unterscheiden Sie den Off-Price-Store vom Factory-Outlet-Center! Nutzen Sie hierfür eine gängige Internetsuchmaschine!

    11.2 Recherchieren Sie, wie verbreitet Off-Price-Stores in Deutschland sind!

    11.3 Nennen Sie Orte aus Ihrer Region, wo Sie Convenience Stores finden!

12. 12.1 Grenzen Sie das Fachgeschäft vom Fachmarkt hinsichtlich des Sortiments, der  Betriebsgröße und des Preisniveaus ab!

    12.2 Unterscheiden Sie das Warenhaus vom Fachgeschäft in Bezug auf die Sortimentsstruktur!

    12.3 Nennen Sie die im Warenhaus vorherrschenden Verkaufsformen!

4 Sortimentsstruktur

4.1 Begriff Sortiment

Sortiment ist die Gesamtheit der Waren und Dienstleistungen, die ein Einzelhändler zusammengestellt hat und dem Verbraucher anbietet.

Bei der **Planung des Sortiments** muss sich der Einzelhändler ausrichten

an den Wünschen seiner Kunden	■ **Abdecken des Kundenbedarfs** (z. B. Vollsortiment an Lebensmitteln des täglichen Bedarfs). ■ Ausrichten des **Preisniveaus an den Kundenerwartungen** (z. B. preisgünstige Waren bei niedrigem Kundeneinkommen). ■ Abstellen auf die **Bezugsmöglichkeiten** (z. B. Zugehörigkeit zu einer Einkaufsgemeinschaft). ■ Anpassung an die gewählte **Bedienungsform** (z. B. keine erklärungsbedürftigen Waren bei Selbstbedienung).
am Angebot seiner Konkurrenten	Das eigene Sortiment muss so geplant werden, dass es von den Kunden als **besser erachtet** wird als das der Konkurrenten.
an der Geschäftspolitik der Hersteller	Artikel, die von den Herstellern als sensationell und innovativ (neuartig) beworben werden, müssen **unverzüglich in das Sortiment** aufgenommen werden.

4.2 Gliederung des Sortiments

Der Aufbau des Sortiments lässt sich in verschiedenen Ebenen darstellen (**Sortimentspyramide**).

Erläuterungen:

■ Die **Sorte** ist die kleinste Einheit des Sortiments.

■ Eng verwandte Sorten werden zu **Artikeln** zusammengefasst. Sie unterscheiden sich z. B. nach Geschmacksrichtungen, Größe, Farbe, Verpackungseinheit.

■ Gleichartige Artikel ergeben zusammengefasst die **Artikelgruppe**.

■ Artikelgruppen mit einer ähnlichen Zusammensetzung, Ver-

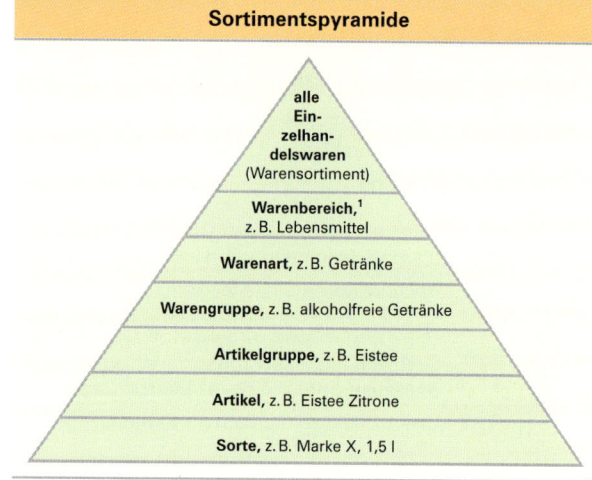

wendung, Herstellung, Form usw. bezeichnet man als **Warengruppe**.

Dienstleistungen gelten in der Regel als Warengruppe. Sofern eine Dienstleistung (z. B. Zustellen von Lebensmitteln, Uhren reparieren, Möbel aufbauen) dem Kunden berechnet wird, erhält sie eine Artikelnummer und wird vom Warenwirtschaftssystem erfasst.

■ Gleichartige Warengruppen zusammengefasst ergeben eine **Warenart**.

■ Die Zusammenstellung gleichartiger Warenarten (z. B. „Food" und „Nonfood" im Lebensmittelgeschäft) ergeben einen **Warenbereich.**

■ Die Summe der Warenbereiche ergibt das **Warensortiment** des Einzelhandelsbetriebes.

---

1 Man verwendet auch den Begriff **Sortimentsbereich**.

4.3 Umfang des Sortiments

(1) Breites und schmales Sortiment

Die Sortimentsbreite kennzeichnet die Anzahl der Warengruppen. Ein Sortiment ist umso **breiter**, je **mehr verschiedene Warengruppen** es umfasst.

Ein **schmales (enges) Sortiment** weist nur **wenige Warengruppen** auf.

> **Beispiel:**
>
> Ein Warenhaus führt folgende Warengruppen: Textilien, Haushaltswaren, Spielwaren, Sportartikel, Schuhe, Lebensmittel.

> **Beispiele:**
>
> Fachgeschäft für Damen- und Herrenoberbekleidung; Fachgeschäft für Früchte; Fachgeschäft für Sportartikel.

(2) Tiefes und flaches Sortiment

Die Sortimentstiefe kennzeichnet die **Anzahl der Artikel,** die das Einzelhandelsgeschäft **innerhalb einer Warengruppe** anbietet. Die einzelnen Artikel unterscheiden sich hinsichtlich ihrer Qualität, Preislage und Ausführungen.

- Ein **tiefes Sortiment** bietet **viele Artikel innerhalb einer Warengruppe** an. Aus Kundensicht verfügt solch ein Einzelhandelsbetrieb über eine „große Auswahl."

> **Beispiel:**
>
> Ein Jeansladen führt alle großen Marken, alle Größen, viele Farben, Vielzahl von Preislagen ...

- Ein **flaches Sortiment** bietet nur **wenige Artikel innerhalb einer Warengruppe** an.

> **Beispiel:**
>
> Eine Boutique führt nur top-modische Kleider, T-Shirts und Hosen; häufig nur Einzelteile von bekannten Modeschöpfern; wenige Farben; nur hochpreisige Ware.

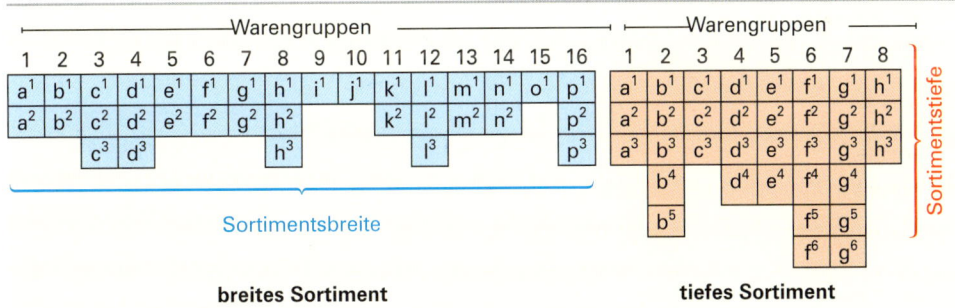

4.4 Sortimentsgerüst

(1) Kernsortiment

> Das **Kernsortiment** umfasst die Warengruppen, auf die sich die Haupttätigkeit des jeweiligen Einzelhandelsgeschäfts erstreckt.

Das Kernsortiment wird das ganze Jahr über angeboten und ist in ständiger Verkaufsbereitschaft. Mit ihm wird der überwiegende Teil des Umsatzes und des Gewinns erzielt.

(2) Zusatzsortiment

Es beinhaltet Artikel, die das **Kernsortiment ergänzen**. Mit diesem Sortiment zielt der Einzelhändler auf das **One-Stop-Shopping** ab, bei dem der Verbraucher möglichst in einem Geschäft alles für einen speziellen Kaufwunsch kaufen kann.

> **Beispiel: Schuhfachgeschäft**
>
> Das Kernsortiment sind Herren-, Damen- und Kinderschuhe.
> Das Zusatzsortiment umfasst Ledertaschen, Ledermäntel, Schuhcreme, Socken ...

(3) Randsortiment

Es setzt sich aus selten verlangten Artikeln des Kern- und Zusatzsortiments zusammen.

> **Beispiele:**
>
> Sondergrößen bei Kleidern und Schuhen, Maßanfertigung in einer Boutique.

(4) Auslauf-, Saison-, Probesortiment

Das **Auslaufsortiment** umfasst Waren, die in absehbarer Zeit aus dem Sortiment herausgenommen werden.

Das **Saisonsortiment** umfasst Waren, die nur zu bestimmten Zeiten (z. B. Skimode im Winter, Bademode im Sommer) oder zu bestimmten Anlässen (z. B. Feuerwerkskörper zu Silvester, Osterhasen zur Osterzeit) im Sortiment geführt werden, um das Sortiment zu ergänzen.

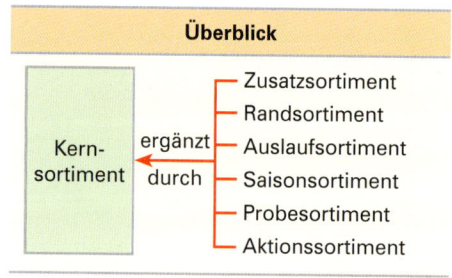

Das **Probesortiment** umfasst Waren, die neu ins Sortiment aufgenommen werden (z. B. Diätsortiment im Supermarkt).

(5) Aktionssortiment

Es umfasst **Aktionsware** (Saisonartikel, Modeartikel, Neuheiten), die **kurzzeitig** und **preisaggressiv** angeboten wird, um damit den Absatz des Kernsortiments zu unterstützen bzw. ein Abwandern von Kunden zu verhindern.

Zusammenfassung

- Als **Sortiment** bezeichnet man die Gesamtheit der Waren und Dienstleistungen, die ein Einzelhandelsunternehmen zusammengestellt hat und dem Verbraucher anbietet.

- Für die **Planung des Sortiments** sind von Bedeutung:
  - die Wünsche des Kunden
  - das Angebot der Konkurrenten
  - die Geschäftspolitik der Hersteller

- Zur **Gliederung des Sortiments** vgl. Sortimentspyramide S. 30.

- Der **Umfang des Sortiments** ist gekennzeichnet durch:
  - **Sortimentsbreite:** Sie kennzeichnet die Anzahl der Warengruppen. Danach unterscheidet man in **breites** und **schmales** Sortiment.
  - **Sortimentstiefe:** Sie kennzeichnet die Anzahl der Artikel innerhalb einer Warengruppe. Danach unterscheidet man in **tiefes** und **flaches** Sortiment.

- Der wichtigste Sortimentsbereich ist das **Kernsortiment**. Mit diesem Bereich erzielt der Einzelhändler den größten Umsatz. Er wird ergänzt durch:
  - Zusatzsortiment
  - Randsortiment
  - Auslaufsortiment
  - Saisonsortiment
  - Probesortiment
  - Aktionssortiment

Kompetenztraining

3

1. Das Sortiment eines Kaufhauses ist nach folgenden Teilbereichen aufgebaut: Warenbereich, Warengruppe, Warenart, Artikel.

    Aufgabe:

    Bilden Sie zu jedem Teilbereich ein Beispiel aus der Branche Ihrer Wahl!

2. 2.1 Beschreiben Sie das Kernsortiment eines Fachgeschäftes bezüglich Breite und Tiefe! Bilden Sie hierzu Beispiele aus der Branche, in der Sie tätig sind!

    2.2 Charakterisieren Sie das Sortiment eines Warenhauses hinsichtlich der Sortimentsbreite und Sortimentstiefe allgemein und mithilfe von Beispielen!

3. Übertragen Sie das angegebene Schema in Ihre Unterlagen und ordnen Sie die folgenden Betriebsformen in das Schema ein: Boutique, Verbrauchermarkt, Spezialgeschäft, Warenhaus, Supermarkt, Discounter, Convenience Store, Fachmarkt!

🔽 DOWNLOAD

		Sortimentsbreite	
		schmal	breit
Sortimentstiefe	flach		
	tief		

4. Nennen und erläutern Sie vier Faktoren, welche die Wahl Ihres Sortiments beeinflussen!

5. 5.1 Entscheiden Sie sich für eine Branche! Nennen Sie vier Warengruppen, die Sie zum Kernsortiment rechnen, und je zwei Warengruppen, die zu Ihrem Zusatz- und Randsortiment gehören!

    5.2 Unterscheiden Sie die Begriffe Kernsortiment und Randsortiment! Nennen Sie je ein Beispiel und geben Sie die Branche an!

33

6. Ergänzen Sie die Kernsortimente „Herrenhemden" in der Bekleidungsabteilung und „Weine" in der Lebensmittelabteilung um sinnvolle Artikel!

7. Nennen Sie drei Gründe, warum ein Unternehmen Sortimentsveränderungen vornimmt!

8. Wiederholen Sie den Begriff Sortimentspyramide (siehe S. 30). Lesen Sie zunächst das vorgegebene Beispiel zur Gliederung eines Sortiments. Geben Sie dann beim Begriff Sorte drei Beispiele aus Ihrem Betrieb an und bestimmen Sie nacheinander den zugehörigen Artikel, die Artikelgruppe, die Warengruppe usw.! Verwenden Sie zur Lösung der Aufgabe die nachfolgende Tabelle!

	Beispiel	Beispiel 1 aus Ihrem Betrieb	Beispiel 2 aus Ihrem Betrieb	Beispiel 3 aus Ihrem Betrieb
Sorte	Turnschuhe „Samba"			
Artikel	Hallenfußball-schuhe			
Artikelgruppe	Fußballschuhe			
Warengruppe	Sportschuhe			
Warenart	Sportbekleidung			
Warenbereich	Sportwaren			
Alle Einzel-handelswaren	Sport- und Freizeitwaren			

9. Die Drogerie Braunmüller e. Kfm. weist folgendes Sortiment auf:
   – Lebensmittel (z. B. Müsli, Vitamine und Mineralstoffe),
   – Arzneimittel, die nicht apothekenpflichtig sind,
   – Wasch- und Reinigungsmittel,
   – Bücher (Liebesromane und Bücher über Gesundheitsvorsorge),
   – Kosmetikartikel,
   – Parfümerieartikel,
   – Pflegemittel für Autos,
   – CDs und DVDs,
   – Accessoires (z. B. Handschuhe, Schals, Sonnenbrillen, Tücher, Krawatten),
   – Fotoservice.

Die Gesellschafter der Drogerie, Kurt und Carina Braunmüller, führen die folgende Diskussion über das Sortiment ihrer Drogerie:

Kurt: „Ist Dir schon aufgefallen, dass immer mehr Kunden zur Konkurrenz, den großen Drogerieketten gehen?"

Carina: „Ja, ich habe mir auch schon Gedanken gemacht. Aber die sind einfach günstiger!"

Kurt: „Vielleicht sollten wir unser Sortiment überdenken? Wir versuchen immer mitzuhalten und haben mittlerweile schon viel zu viele Warengruppen."

Carina: „Die Kosten für diese Vielfalt sind sehr hoch. Dafür fehlen uns in vielen Warengruppen wichtige Artikel."

Kurt: „Viele unserer Warengruppen gehören ja nicht einmal zum Kernsortiment einer Drogerie."

Carina: „Was können wir ändern?"

Aufgaben:

9.1 Erläutern Sie, wie das Sortiment der Drogerie Braunmüller e. Kfm. angelegt ist. Benutzen Sie die Fachbegriffe im Schulbuch!

9.2 Untersuchen Sie das Warensortiment der Drogerie Braunmüller e. Kfm.! Ordnen Sie die Warengruppen dem Kernsortiment und dem Randsortiment einer Drogerie zu!

9.3 Stellen Sie dar, welche Änderungen am Sortiment Braunmüller e. Kfm. vornehmen muss, um das Geschäft für die Kundschaft wieder interessanter zu machen!

Hinweis:

Das Kernsortiment einer Drogerie sollte Waren

– zur Selbstbehandlung und Selbstmedikation bei Gesundheitsbeschwerden,
– zur vorsorgenden Erhaltung der Gesundheit (Prävention),
– für die gesunde Ernährung, Reform und Diät,
– für die Hygiene und Pflege des Körpers, für die Schönheitspflege,
– zur Unterstützung jeglicher Leiden mittels Sanitätsartikeln,
– zur Ernährung und Pflege des Kleinkindes und
– für die ökologische Sachpflege und Sachwerterhaltung

enthalten.

5 Organisation von Einzelhandelsbetrieben

> **Organisation** gestaltet den **Aufbau** und die **betrieblichen Abläufe** des Einzelhandelsbetriebs.

Durch die Organisation muss der Einzelhändler **zwei Bereiche** regeln:

- ■ zum einen hat er **Aufgaben** und **Zuständigkeiten** der einzelnen Mitarbeiter festzulegen (**Aufbauorganisation**) und
- ■ zum anderen hat er die **Abfolge der Arbeiten** mithilfe von **Arbeitsanweisungen** zu bestimmen (**Ablauforganisation**).

5.1 Aufbauorganisation

5.1.1 Gliederung der betrieblichen Aufgaben

> Die **Aufbauorganisation** legt die **Aufgaben** und **Zuständigkeiten** von Mitarbeitern fest. Dazu werden **Stellen** und **Abteilungen** gebildet.

Die Gliederung der Aufgaben erfolgt im Einzelhandelsbetrieb entweder nach **Funktionen (Aufgaben)** oder nach **Objekten (Warengruppen)**:

- ■ Die Gliederung nach **Funktionen** ist vor allem bei kleineren Einzelhandelsbetrieben üblich.

- ■ Die Gliederung nach **Objekten** ist meist bei größeren Einzelhandelsbetrieben anzutreffen.

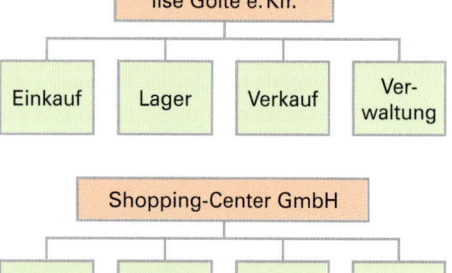

5.1.2 Stellenbildung, Abteilungsbildung und Organisationsplan

(1) Stellenbildung

Alle Arbeiten in einem Einzelhandelsbetrieb, die von **einer Person** bewältigt werden können, nennt man **Stellenaufgabe**. Die mit einer Stellenaufgabe betraute Person ist der **Stelleninhaber**. Die **Stelle** ist die kleinste Einheit der Aufbauorganisation. Die Anzahl der Stellen in einem Einzelhandelsbetrieb hängt von seiner Größe ab.

> Die **Stelle** fasst Teilaufgaben zu einem **Arbeitsbereich für eine Person** zusammen.

Art und Umfang der Aufgabe sowie die Einbindung der Stelle in die Organisation des Einzelhandelsbetriebes wird in einer **Stellenbeschreibung**[1] festgehalten. Aus der Stellenbeschreibung leiten sich die **Zuständigkeit** und die **Verantwortung des Stelleninhabers** ab.

> **Beispiel: Stellenbeschreibung**
> **Fachverkäuferin Bekleidung**
>
> Waren präsentieren; Kunden informieren (z. B. Modetrends, Farben, Preise) und beraten (z. B. Material, Qualität, Pflege); Lagerbestände überwachen; Lieferbereitschaft sichern; Neubestellungen veranlassen; Waren auszeichnen; Waren im Verkaufsraum präsentieren.

(2) Abteilungsbildung

Werden mehrere Stellen, die **gleichartige Aufgaben** erfüllen, unter einer **gemeinsamen Leitung** (z. B. einem **Abteilungsleiter**) zusammengefasst, so spricht man von einer **Abteilung**.

> Die **Abteilung** fasst mehrere Stellen zu einem Verantwortungsbereich unter einer gemeinsamen Leitung (z. B. Abteilungsleiter) zusammen.

Zwischen den Abteilungen gibt es Rangunterschiede. Es gibt Abteilungen, die **Teilaufgaben** erfüllen (z. B. Spielwarenabteilung), und Abteilungen, die die **Hauptaufgaben** des Einzelhandelsbetriebs übernehmen (z. B. Abteilung Einkauf).

(3) Organisationsplan[2]

Stellen und Abteilungen werden im **Stellen- und Abteilungsplan** festgehalten. Er schreibt ihre Aufgabenstellung und Rangordnung zueinander fest. Werden die einzelnen Stellen- und Abteilungspläne zu einem Gesamtplan zusammengefasst, ergibt dies den **Organisationsplan.** Er bildet den organisatorischen Aufbau eines Einzelhandelsbetriebs vollständig ab. Einen Organisationsplan finden Sie auf S. 38.

> Der **Organisationsplan** weist die **einzelnen Stellen- und Abteilungspläne** aus. Er zeigt den organisatorischen Aufbau eines Einzelhandelsbetriebs.

5.1.3 Leitungssysteme

(1) Begriff Leitungssysteme (Weisungssysteme)

> **Leitungssysteme** (Weisungssysteme) sind Organisationspläne, die alle Mitarbeiter durch **Anordnungen (Weisungen)** erfassen.

Durch das Leitungssystem werden die **Zuständigkeiten (Kompetenzen)** zwischen der Geschäftsleitung, den Hauptabteilungen, den Abteilungen und den Stellen geregelt. Es

---

1 Auf die Stellenbeschreibung wird im 3. Ausbildungsjahr im Lernfeld 9 näher eingegangen.

2 Man verwendet auch den Begriff **Organigramm**.

Beispiel: Organisationsplan der Central-Supermarkt GmbH

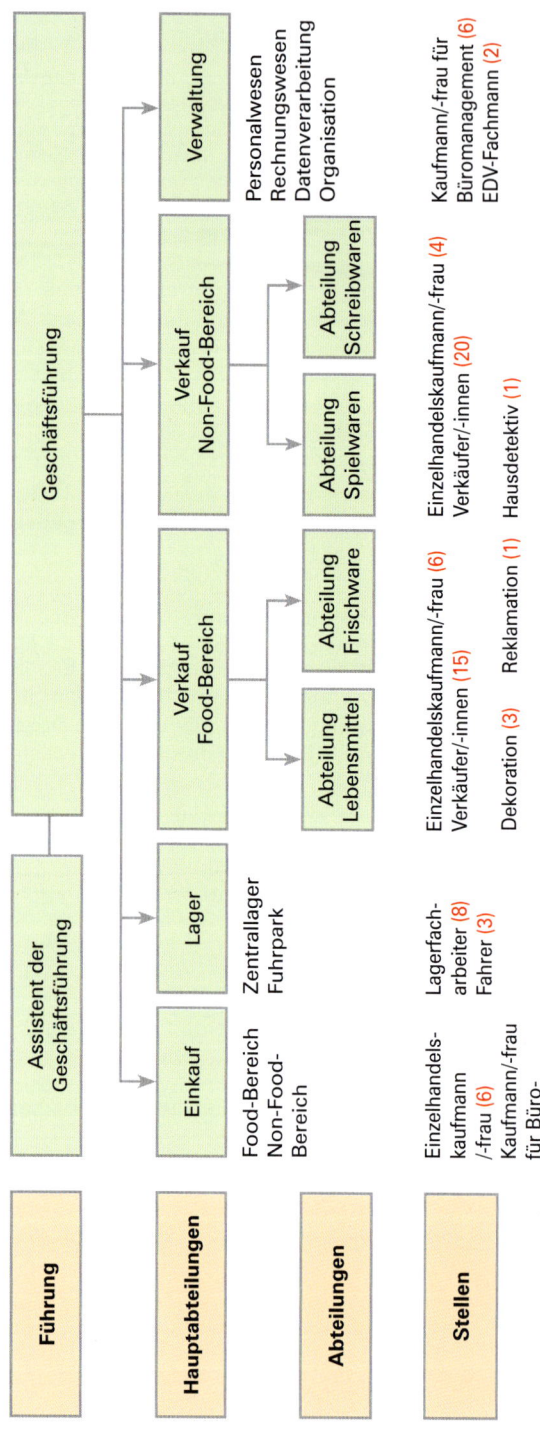

Führung	Geschäftsführung / Assistent der Geschäftsführung
Hauptabteilungen	Einkauf, Lager, Verkauf Food-Bereich, Verkauf Non-Food-Bereich, Verwaltung
Abteilungen	Food-Bereich / Non-Food-Bereich; Zentrallager / Fuhrpark; Abteilung Lebensmittel / Abteilung Frischware; Abteilung Spielwaren / Abteilung Schreibwaren; Personalwesen / Rechnungswesen / Datenverarbeitung / Organisation
Stellen	Einzelhandelskaufmann/-frau (6), Kaufmann/-frau für Büromanagement (2); Lagerfacharbeiter (8), Fahrer (3); Einzelhandelskaufmann/-frau (6), Dekoration (3), Reklamation (1); Einzelhandelskaufmann/-frau (4), Verkäufer/-innen (20), Hausdetektiv (1); Kaufmann/-frau für Büromanagement (6), EDV-Fachmann (2); Verkäufer/-innen (15)

(Die roten Zahlen bedeuten die jeweiligen Mitarbeiterzahlen)

wird festgelegt, wer die Entscheidung in einem Sachverhalt trifft (**Leitungsaufgaben**) und wer die Entscheidungen auszuführen hat (**Ausführungsaufgaben**).

Beispiele:

Der Abteilungsleiter der Hauptabteilung Einkauf muss ab einem Wareneinkauf in Höhe von 50 000,00 EUR das Einverständnis der Geschäftsleitung einholen.

Der Abteilungsleiter Lebensmitteleinkauf hat die Anweisungen der Hauptabteilung Einkauf auszuführen.

Der Abteilungsleiter Lebensmitteleinkauf ist berechtigt, den Mitarbeitern seiner Abteilung (Stelleninhabern) Aufträge zu erteilen.

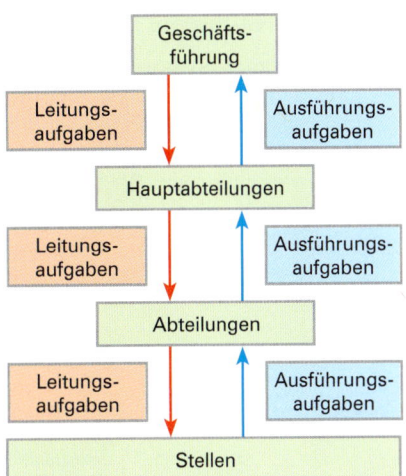

(2) Arten von Leitungssystemen

■ **Ein-Linien-System**

Das Ein-Linien-System geht vom Grundsatz der **einheitlichen** Anordnung aus. Alle Mitarbeiter des Unternehmens sind bei dieser Organisationsform in den einheitlichen Befehlsweg eingegliedert.

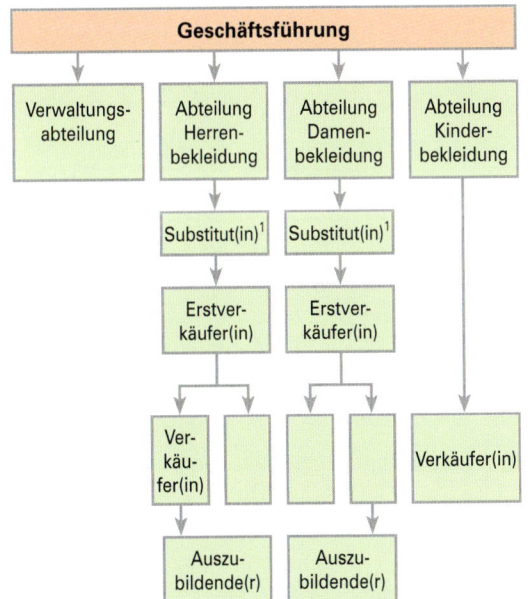

Vorteile:

■ Jeder Mitarbeiter hat nur einen Vorgesetzten.

■ Genaue Zuordnung der Verantwortung.

■ Erleichterte Kontrolle.

Nachteile:

■ Lange Informationswege.

■ Überlastung der Geschäftsführung.

■ Gefahr von Fehlentscheidungen.

---

1 Der **Substitut** ist eine besondere Stelle in der Betriebshierarchie von Einzelhandelsbetrieben. Der Substitut ist direkt dem Abteilungsleiter unterstellt und hat insbesondere die Aufgaben, den Abteilungsleiter beim Einkauf und Verkauf zu unterstützen sowie den Personaleinsatz im Verkauf festzulegen.

■ **Stab-Linien-System**

Beim Stab-Linien-System werden der Geschäftsleitung Stäbe zugeordnet, in denen Spezialisten, z. B. EDV-Fachleute, Fachleute für den Kauf internationaler Waren, Experten für Rechtsfragen, zusammengefasst werden. Die Stäbe haben **keine Weisungsbefugnis**. Dadurch wird sichergestellt, dass Anordnungen ausschließlich von der Geschäftsführung vorgenommen werden. Die übrige Organisation entspricht dem Ein-Linien-System.

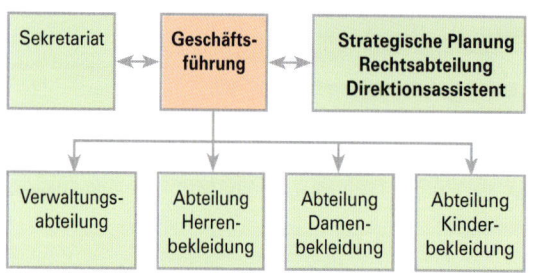

Vorteile:

■ Ausnutzung von Spezialwissen.

■ Entlastung der Geschäftsführung.

■ Entscheidungen werden sicherer.

Nachteile:

■ Hohe Kosten (Spezialisten sind teuer).

■ Gefahr der Entwicklung von Expertenmacht.

■ **Matrix-System**

Das **Matrix-System** gliedert die Organisation zum einen nach den **betrieblichen Aufgaben** (z. B. Einkauf, Verwaltung, Verkauf) und zum anderen nach **Produkten** (z. B. Warengruppe Möbel; Warengruppe Textilien). Es gibt somit **zwei Leitungssysteme**. Dies hat zur Folge, dass es für jeden Mitarbeiter zwei gleichberechtigte, weisungsbefugte Vorgesetzte gibt, den **Aufgabenvorgesetzten** und den **Produktmanager,** die gegenüber der Geschäftsführung für ihre betrieblichen Aufgaben bzw. Warengruppe verantwortlich sind.

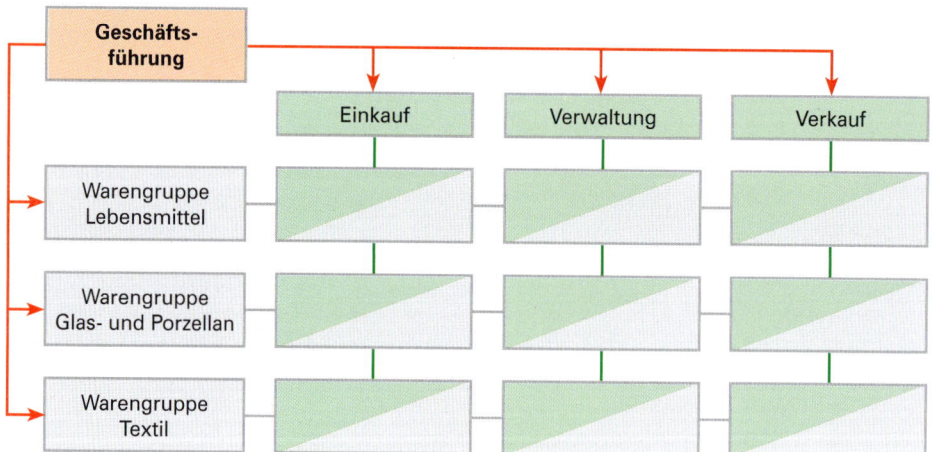

5.2 Ablauforganisation

5.2.1 Arbeitsanweisung

> Die **Ablauforganisation** regelt die **Arbeitsabläufe** im Einzelhandelsbetrieb.

Die **einzelnen Arbeitsabläufe** werden in **Arbeitsanweisungen** festgehalten.

Die Arbeitsanweisung legt verbindlich fest, dass ein Arbeitsvorgang

- auf eine **bestimmte Art und Weise** durchgeführt wird,
- in immer **gleicher Weise wiederholt** wird, sodass
- das Ergebnis des Arbeitsvorgangs immer **gleich ausfällt,** gleichgültig, von welchem Mitarbeiter er ausgeführt wird.

Es ist üblich, die Arbeitsanweisungen **schriftlich** niederzulegen. Bei Neueinstellungen und Urlaubsvertretungen durch eigene Mitarbeiter können somit mündliche Einweisungen entfallen, weil einfach auf die bestehende schriftliche Arbeitsanweisung verwiesen werden kann.

Beispiel:

Anweisung für den Kassenabschluss[1]

1. Telecash-Abschluss machen

Belegübersicht kann nur vor dem Abschluss gemacht werden. Bei Differenzen sind in der Belegübersicht Doppelbuchungen leicht erkennbar.

2. Bargeld für Bankeinzahlung fertig machen

2.1 Kassenschublade öffnen: Taste **„Funktionen"** und anschließend die Taste **„Schublade"** drücken. Passwort eingeben und auf **„OK"** drücken. Kassenschublade öffnet sich und ein Bon wird ausgedruckt. Bon unterschreiben und Grund für Öffnung der Kasse vermerken – **Bon** geht an Buchhaltung.

2.2 Die Taste **„Ausg"** auf Bildschirm drücken, Auszahlungsart **„Bareinzahlung"** wählen (die Letzte in der Liste) und die Taste **„Enter"** drücken. Den **Bankeinzahlungsbetrag** (mit den zwei Kommastellen) eingeben und Taste **„OK"** drücken. **Bon** geht unterschrieben an Buchhaltung.

3. Wechselgeld zählen

Es gibt die Möglichkeit, das Wechselgeld über das sogenannte **„Zählformular"** zu errechnen. Dabei muss für jede vorhandene Währungseinheit nur die Menge eingegeben werden. Die Werte werden dann automatisch aufsummiert. Das Wechselgeld kann auch manuell addiert und der Endbetrag eingegeben werden.

4. Zwischenabschluss durchführen (X-Abschluss)

Mit dieser Funktion kann vor Durchführung des End-Abschlusses geprüft werden, ob Differenzen vorhanden sind. Wenn der Zwischenabschluss ausgedruckt ist, müssen die Soll-Werte mit den Ist-Werten (Wechselgeld, Girocard-Abschluss) verglichen werden. Wenn Differenzen vorhanden sind, können diese noch gezielt gesucht und korrigiert werden. Nach einer evtl. Korrektur kann der Zwischenabschluss noch einmal ausgedruckt werden (kann beliebig oft geschehen). Wenn beim Kassieren das falsche Zahlmittel verbucht wurde (z. B. Girocard-PIN statt Girocard-Last), so kann dies vor Abschluss mit der Funktion Zahlmitteltausch korrigiert werden. Im Kassierprogramm auf Funktionen und dann **„Z Tausch"**.

---

1 Die Kassenanweisung ist den „Organisationsanweisungen für die Handhabung der Kassenabrechnung" des Schuhhauses Werdich GmbH & Co. KG, Dornstad, entnommen.

5. Kassenabschluss durchführen (Z-Abschluss)

5.1 Jetzt müssen die Ist-Werte eingegeben werden

- Gezähltes Bargeld in der Kasse (Wechselgeld)
- Werte von Girocard-Abschluss
  - Elektronische Lastschrift
  - Girocard-PIN
  - Mastercard
  - Visacard

HIER MÜSSEN UNBEDINGT UND OHNE AUSNAHME IMMER DIE TATSÄCHLICHEN WERTE EINGEGEBEN WERDEN.

5.2 Bevor die OK-Taste gedrückt wird, nochmals die Werte prüfen und dann abschließen (auch wenn eine nicht gefundene Differenz vorhanden ist).

5.3 **Kassenabschluss muss nicht in der Filiale archiviert werden,** kann jederzeit im Abschluss-archiv aufgerufen und bei Bedarf ausgedruckt werden.

6. Wechselgeld für den nächsten Tag eingeben

Der Kassenabschluss ist nach folgendem Muster zu erstellen und nach ZL 80 in die Buchhaltung zu schicken.

6.1 Für den Kassenabschluss kann Konzeptpapier verwendet werden. Es muss jedoch auf der Vorderseite unbedruckt sein. Die bedruckte Rückseite muss mit einem Stift durchgestrichen sein (z. B. stimmige Reduzierungslisten).

6.2 Auf die Vorderseite wird der Kassen- und Girocard-Abschluss geklebt. **Nicht zusammen-tackern!!!**

6.3 Auf die Rückseite kommt der Bareinzahlungsbeleg und der Beleg, wenn die Kassenschub-lade geöffnet worden ist (Beschriftet mit Grund- und Unterschrift).

6.4 Ausgabenbelege werden dem Kassenbericht lose beigefügt.

Die **Arbeitsanweisung** ist ein Hilfsmittel zur Sicherung eines reibungslosen Arbeits-ablaufs.

5.2.2 Warenfluss

Der Arbeitsablauf in einem Einzelhandelsbetrieb richtet sich nach dem Weg, den die Waren im Betrieb nehmen **(Warenfluss)**.

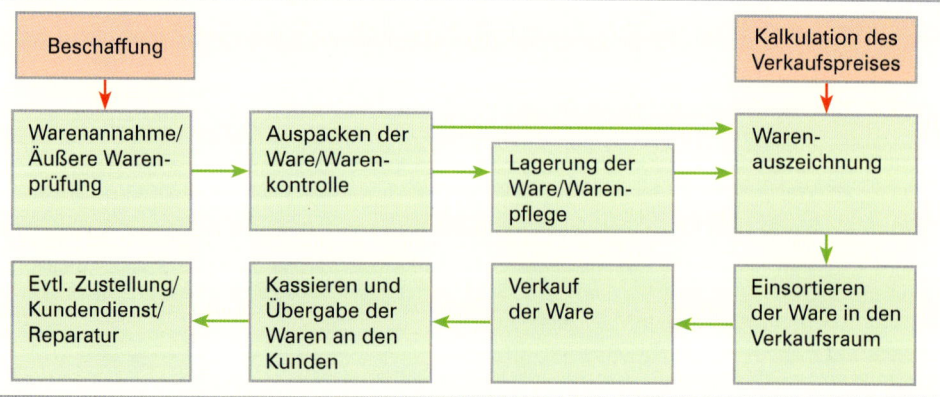

Der Warenfluss muss sicherstellen, dass jeder Artikel in der **richtigen Menge,** am **richtigen Ort** und zum **richtigen Zeitpunkt** für die Kunden verfügbar ist. Leistbar ist dies bei größeren Einzelhandelsbetrieben nur mit der Unterstützung von Computersystemen. Solche Computersysteme bezeichnet man als **Warenwirtschaftssysteme.**

- Der **Warenfluss** im Einzelhandelsbetrieb zeigt den Weg auf, den die Güter vom Wareneingang bis zum Verkauf an den Verbraucher nehmen.

- Das **Warenwirtschaftssystem** ist eine Software, die den Warenfluss mengen- und wertmäßig vom Einkauf, der Lagerhaltung, dem Lagereingang, dem Lagerausgang sowie dem Verkauf abbildet und steuert.

Zusammenfassung

- Die **Organisation** ist ein System von Regelungen und Arbeitsanweisungen, durch das der Aufbau des Einzelhandelsbetriebs und die betrieblichen Abläufe gestaltet werden.

- Die **Aufbauorganisation** legt die Aufgaben und Weisungsbefugnisse von Mitarbeitern sowie die Bildung von Stellen und Abteilungen fest.

  - Eine **Stelle** ist die Zusammenfassung von Teilaufgaben zu einem Arbeitsbereich für eine Person. Für eine Stelle wird in der Regel eine Stellenbeschreibung angefertigt.

  - Eine **Abteilung** ist die Zusammenfassung mehrerer Stellen unter der Leitung eines Abteilungsleiters.

- Das Ergebnis der Aufgabengliederung in Stellen und Abteilungen ergibt den **Organisationsplan** des Einzelhandelsbetriebs.

- **Leitungssysteme** sind Organisationspläne, die alle Mitglieder der Belegschaft durch Anordnungen (Weisungen) erfassen und einordnen.

- Die **Ablauforganisation** gestaltet die Arbeitsabläufe mithilfe von Arbeitsanweisungen.

- Die **Arbeitsanweisung** beschreibt, in welcher Art und Weise ein Arbeitsvorgang durchgeführt werden muss.

- Der Weg, den die Güter vom Hersteller bis zum Verbraucher durchlaufen, bezeichnet man als **Warenfluss.**

Kompetenztraining

4   1. Beschreiben Sie den Begriff Organisation!

2. Nennen Sie die Hauptaufgabe der betrieblichen Organisation!

3. Beschreiben Sie den Begriff Aufbauorganisation!

4. Führen Sie für einen Einzelhandelsbetrieb eine einfache Aufgabengliederung an einem  selbst gewählten Beispiel durch und nennen Sie hierbei jeweils drei Beispiele für einzelne Aufgaben!

5. Erläutern Sie den Begriff Stellenbildung!

6. Erklären Sie den Begriff Abteilungsbildung!

7. Grenzen Sie die Begriffe Stelle und Abteilung voneinander ab! Fertigen Sie hierzu eine Skizze an!

8. Nach den Leitungsbefugnissen wird u. a. zwischen dem Linien- und dem Stab-Linien-System unterschieden.

   Aufgabe:

   Erklären Sie die genannten Organisationsformen der Leitung!

5

1. Erläutern Sie den Begriff Ablauforganisation!

2. Nennen Sie die Aufgabe der Ablauforganisation!

3. Begründen Sie die Notwendigkeit von Arbeitsanweisungen!

4. Erstellen Sie eine Arbeitsanweisung für den Arbeitsplatz, an dem Sie gerade arbeiten!

5. Stellen Sie in vereinfachender Weise die Aufbauorganistion Ihres Ausbildungsbetriebes dar!

6. Herr Lutz und Herr Ritz als Hobbyköche möchten in ihrer jeweiligen Küche Pellkartoffeln kochen. Folgende Arbeitsgänge sind erforderlich: ① Der Kochtopf wird aus dem Küchenschrank ⊠ geholt. ② Die Kartoffeln werden aus dem Unterschrank des Kühlschranks geholt und ③ zur Spüle zum Abwaschen gebracht. ④ Anschließend werden die Kartoffeln in den Topf gelegt und auf den Herd gestellt.

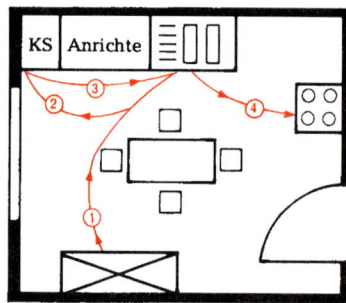

KS: Kühlschrank
Küche von Herrn Ritz

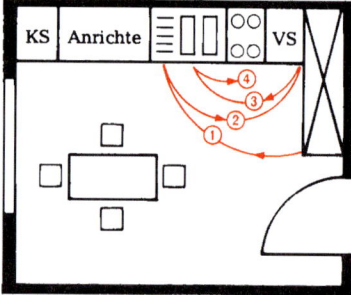

VS: Vorratsschrank
Küche von Herrn Lutz

Aufgabe:

Erläutern Sie, welche Problematik mit diesem Beispiel angesprochen wird!

7. Die Buchhändlerin Martina Kober möchte den Aufbau ihrer mittelgroßen Buchhandlung „Leseratte" neu organisieren. Martina hat die Buchhandlung von ihren Eltern übernommen. Sie selbst hat keinerlei Erfahrung im Buchhandel, aber eine abgeschlossene Ausbildung zur Kauffrau im Einzelhandel und sehr gute Kenntnisse im Rechnungswesen.

   Martina beschäftigt in ihrer Buchhandlung drei Angestellte, eine Auszubildende im ersten Jahr und einen Auszubildenden im zweiten Jahr:

   – Monica Traute, 37 Jahre, ausgebildete Buchhändlerin;

   – Tobias Schneider, 26 Jahre, sehr belesen, angelernter Verkäufer;

   – Karla Brunner, 54 Jahre, ehemalige selbstständige Buchhändlerin mit 32 Jahren Berufserfahrung. Sie ist Ausbilderin;

   – Sabine Schuhwerk, 16 Jahre, im ersten Ausbildungsjahr;

   – Stefan Winkner, 17 Jahre, im zweiten Ausbildungsjahr.

Die Aufgaben in der Buchhandlung sind folgendermaßen gegliedert:

– Bibliografieren[1] und Recherchieren in Informationssystemen,
– Erfassung betrieblicher Bestände und Lagerorganisation,
– Einkauf der Waren,
– Buchführung,
– Betreuung der Kasse,
– Beobachtung des Buchmarktes,
– Beratung der Kunden,
– Dekoration der Auslagen,
– Einräumen der Bücher in die Verkaufsregale,
– Geschäftsleitung,
– Ausbildung der Auszubildenden.

Aufgabe:

Erstellen Sie einen Organisationsplan nach folgendem Muster!

Geschäftsleitung	
Name:	Aufgabenbereiche:
	– ...

Mitarbeiter/Auszubildende	Name	Name	Name	Name
Aufgabenbereiche	– ...	– ...	– ...	– ...
	– ...	– ...	– ...	– ...
	– ...	– ...	– ...	– ...
	– ...	– ...	– ...	– ...

Hinweis:

Frau Kober möchte ihren Organisationsplan nach den Mitarbeitern/Auszubildenden gliedern und ihnen jeweils Aufgabenbereiche zuordnen. Die Aufgaben der Geschäftsleitung sind in den Organisationsplan einzufügen.

1 **Bibliografie:** Zusammenstellen von Büchern, die zu einem bestimmten Fachgebiet erschienen sind.

6 Geschäftsprozesse

(1) Begriff und Merkmale von Geschäftsprozessen

Bei der **Bildung von Geschäftsprozessen** werden **verschiedene Tätigkeiten** zu einer **Folge von zusammenhängenden Tätigkeiten (Geschäftsprozesse)** zusammengefasst. Sie werden gebildet, sofern sie den **Kunden** einen **Nutzen bringen** und die **Verkaufserlöse höher** als die **aufgewendeten Kosten** sind.

Geschäftsprozesse werden nur für **betriebliche Tätigkeiten** gebildet, die sich **regelmäßig wiederholen.**

Merkmale von Geschäftsprozessen
■ Zusammenhängende Folge von Tätigkeiten.
■ Geschäftsprozess bringt dem Kunden einen Nutzen.
■ Verkaufserlöse höher als die aufgewendeten Kosten.
■ Betriebliche Tätigkeiten wiederholen sich in gewisser Regelmäßigkeit.

- ■ Geschäftsprozesse bestehen aus einer **zusammenhängenden, abgeschlossenen Folge von Tätigkeiten,** die zur **Erfüllung einer betrieblichen Aufgabe** notwendig sind und den **Kunden einen Nutzen liefern.**

- ■ Geschäftsprozesse werden nur für sich **wiederholende betriebliche Tätigkeiten** beschrieben.

(2) Zielsetzungen von Geschäftsprozessen

Geschäftsprozesse werden gebildet, um **verschiedene Tätigkeiten aufeinander abzustimmen,** und sie in immer **gleichartiger Weise auszuführen.** Dadurch sollen die **Tätigkeiten kostengünstiger** ausgeführt, **Fehler vermieden** und **Kundenbedürfnisse besser befriedigt** werden.

In der Regel wird **einem Mitarbeiter** die Verantwortung für die Abwicklung des Geschäftsprozesses übertragen.

(3) Vorteile von Geschäftsprozessen

Aus Sicht des Einzelhandelsbetriebs ergeben sich durch den Einsatz von Geschäftsprozessen insbesondere folgende **Vorteile:**

- ■ Verhindert Konflikte zwischen den Abteilungen.
- ■ Ermöglicht die reibungslose Abwicklung der Kundenwünsche.
- ■ Ist ausgerichtet auf die Erfüllung der Kundenwünsche.
- ■ Fördert die Zusammenarbeit der Mitarbeiter.
- ■ Senkt in der Regel die Kosten.

(4) Beispiel für den Ablauf eines Geschäftsprozesses

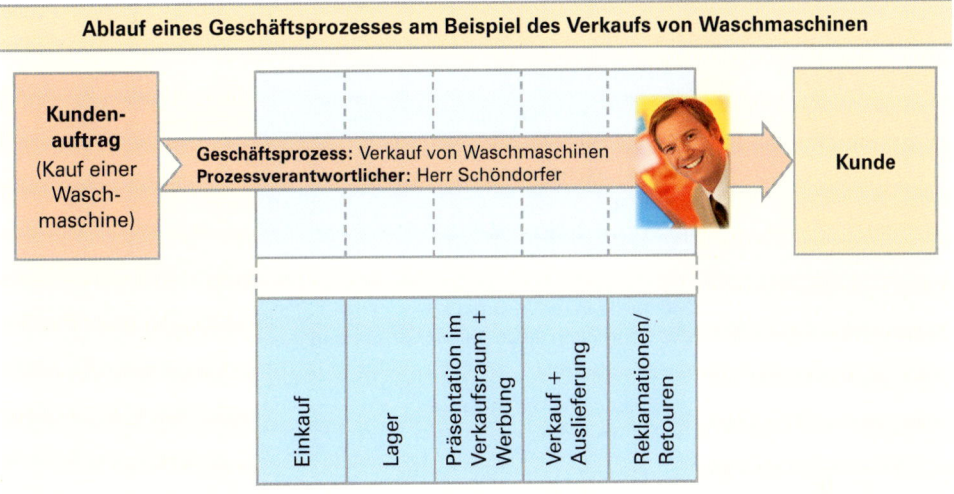

Ablauf eines Geschäftsprozesses am Beispiel des Verkaufs von Waschmaschinen

Der weit gespannte Geschäftsprozess „Verkauf von Waschmaschinen" kann auch in kleinere Teilprozesse untergliedert werden. Als Beispiel für den Aufbau eines Teilprozesses wird der **Teilprozess Retouren** dargestellt.

Beispiel: Teilprozess Retouren

Vorgang: Der Kunde bringt einen Artikel zurück und bekommt den Kaufpreis ausbezahlt.

❶ Auswahl des Programms Artikelerfassung und Eingabe der Verkäufernummer.

❷ Taste „RET" auf der Tastatur drücken und dann mit der Tastatur die Artikelnummer eingeben (d. h. wie auf Etikett bzw. vom Kassenbon abschreiben) und Taste „Enter" drücken.

❸ Größe (z. B. Waschmaschine) mit Tastatur eingeben und Taste „Enter" drücken.

❹ Menge eingeben.

❺ Die Taste „Gutschein" auf der Tastatur drücken.

❻ Wert des Gutscheins (Preis) eingeben und die Taste „Enter" drücken. Es muss ein zweiter Bon wie beim Kassieren („Druck wiederholen" drücken) ausgedruckt werden, der zusammen mit dem Kassenzettel zum Zentrallager geht.

❼ Auszahlung des Kaufpreises.

Zusammenfassung

- ■ **Geschäftsprozesse** fassen **verschiedene betriebliche Tätigkeiten** zu einer **Einheit** zusammen. Sie werden **immer in der gleichen Art und Weise** ausgeführt.

- ■ Durch Geschäftsprozesse sollen betriebliche Tätigkeiten **kostengünstiger** ausgeführt, **Fehler vermieden** und **Kundenbedürfnisse besser befriedigt** werden.

Kompetenztraining

6

1. 1.1 Beschreiben Sie die Kernaussage der Geschäftsprozess-Konzeption!

   1.2 Nennen Sie die Zielsetzungen, die die Geschäftsprozess-Konzeption verfolgt!

2. Notieren Sie, ob es sich bei den nachfolgenden Prozessen um Geschäftsprozesse handelt. Begründen Sie Ihre Entscheidung!

   2.1 Überprüfung eines Wareneinkaufs,

   2.2 Gründung einer Filiale,

   2.3 Löhne berechnen und buchen,

   2.4 Inventur im Lager durchführen,

   2.5 Schulung der Auszubildenden,

   2.6 Schadensfeststellung nach einer Überschwemmung des Verkaufsraumes,

   2.7 Einstellung einer Verkäuferin,

   2.8 Einführung eines neuen Kassensystems.

7 Stellung des Einzelhandels in der Gesamtwirtschaft

(1) Überblick

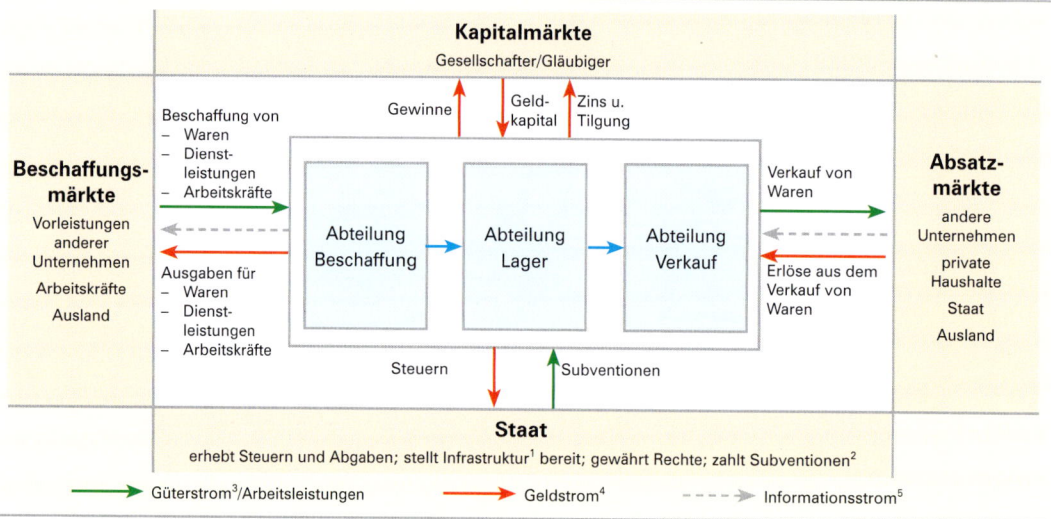

Die Einzelhandelsbetriebe sind über die Beschaffungs-, Absatz- und Kapitalmärkte sowie durch Gesetze und Verordnungen des Staates mit der Gesamtwirtschaft verbunden.

---

1 **Infrastruktur:** Ist die Grundausstattung eines Landes mit öffentlichen Einrichtungen, z.B. Straßen, Post, Telefon, Gas, Strom, Eisenbahn, Krankenhäuser, Schulen, Hochschulen.

2 **Subvention:** Unterstützung (z.B. Geldzahlungen, Steuervergünstigungen) des Staates für Unternehmen ohne Gegenleistung.

3 **Güterstrom.** Die Lieferung der bestellten Waren löst einen Güterstrom vom Lieferer zum Kunden aus. Der Güterstrom läuft dem Informationsstrom entgegen.

4 Im Gegenzug für die Lieferung der Waren erhält der Einzelhandelsbetrieb von den Kunden Geld. Damit finanziert der Einzelhändler seine Einkäufe. Es entsteht ein **Geldstrom** vom Kunden zum Lieferer.

5 **Informationsstrom.** Der Einzelhandelsbetrieb erfährt über den Verkauf der Waren Kundenwünsche, die er an seine Lieferer weitergibt. Damit entsteht ein Informationsstrom vom Kunden über den eigenen Betrieb bis zum Lieferer.

(2) Beschaffungsmärkte

Auf den Beschaffungsmärkten kaufen die Einzelhandelsbetriebe Waren, Dienstleistungen und Rechte. Außerdem suchen sie auf dem Arbeitsmarkt Mitarbeiter und binden sie mit einem Arbeitsvertrag an das Unternehmen.

(3) Absatzmärkte

Auf den Absatzmärkten besteht derzeit ein **Käufermarkt,** d. h., das **Angebot an Gütern** ist **größer** als die **Nachfrage.**[1] Dies führt dazu, dass die Unternehmen die Bedürfnisse und Wünsche der Kunden ermitteln müssen, um diese dann wirksamer und wirtschaftlicher zufriedenzustellen als die Mitbewerber.

Durch den Verkauf der Erzeugnisse erhält das Unternehmen Einnahmen. Diese Geldmittel werden benötigt, um die Ausgaben z. B. für Löhne, Energie, Zinsen und die Anlagegüter z. B. Gebäude, Maschinen, Fahrzeuge zu finanzieren.

(4) Kapitalmärkte

Die Kapitalbeschaffung erfolgt über die Kapitalmärkte. Die Bereitstellung des Kapitals kann entweder durch die **Eigentümer (Eigenkapital)** oder durch **Gläubiger (Fremdkapital)** erfolgen. Für die Kapitalbereitstellung erhalten die Eigentümer einen Gewinnanteil, die Gläubiger Zinsen. Außerdem muss das Fremdkapital zurückgezahlt werden.

(5) Staat

Der Staat setzt für die Unternehmen den Rechtsrahmen, stellt die Infrastruktur[2] zur Verfügung und greift über wirtschafts- und sozialpolitische Maßnahmen (z. B. Arbeitsschutzgesetz, Sozialgesetzbuch, Kündigungsschutz, Umweltschutzgesetze zum Gewässerschutz oder der Luftreinhaltung und Lärmbekämpfung) in die Entwicklung der Wirtschaft ein.

---

1 Der **Verkäufermarkt** ist eine Marktsituation, bei der die **Nachfrage** nach Gütern **größer** ist als das **Güterangebot.**

2 Siehe Fußnote 1, S. 48.

49

Kompetenztraining

7

1. Beschreiben Sie die Beziehung der Einzelhandelsbetriebe zu den Kapitalmärkten und zum Staat!

2. Beschreiben Sie die Aufgaben der Abteilung Beschaffung im Einzelhandelsbetrieb!

3. Ein Einkaufszentrum hat seinen Standort am Stadtrand. Zeigen Sie auf, inwieweit das Einkaufszentrum von einer guten Infrastruktur abhängig ist!

4. Der Güterstrom läuft dem Informationsstrom entgegen. Erläutern Sie diesen Sachverhalt!

5.

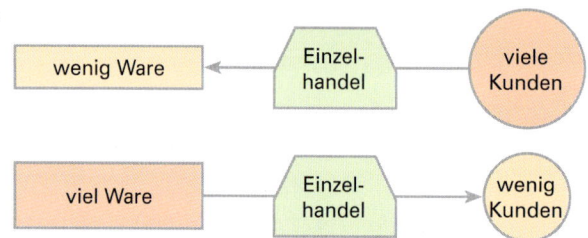

Aufgaben:

5.1 Beschreiben Sie die Marktsituationen, die durch diese Abbildung dargestellt werden!

5.2 Erklären Sie, in welchem Fall Geschäftsprozesse besonders sinnvoll eingesetzt werden können!

Lernfeld 2: Verkaufsgespräche kundenorientiert führen

Die Ausbilderin wird sich mit ihrer Auszubildenden, die Sie auf den folgenden Seiten kennenlernen werden, mit dem Verkaufsgespräch auseinandersetzen. Ob sie immer recht haben, müssen Sie selbst entscheiden. Vielleicht haben Sie ja auch eine ganz eigene Meinung.

1 Voraussetzungen für erfolgreiche Verkaufsgespräche

Die **Vorbereitung des Verkäufers** auf die Verkaufsgepräche umfasst

- den Erwerb von **Kenntnissen über die Gesprächsführung** und
- den Erwerb von **Fachkenntnissen über die Waren**.

1.1 Kenntnisse über die Gesprächsführung

1.1.1 Sprache

1.1.1.1 Sprache als Vertrauensauslöser

Der Verkäufer gewinnt insbesondere durch seine Sprache das Vertrauen der Kunden. Mit der Sprache kann der Verkäufer das Gespräch positiv gestalten und eine angenehme, verkaufsfördernde Atmosphäre schaffen. Die Sprache ist das **wichtigste Verkaufsinstrument** eines Verkäufers. Wer mag schon einem Verkäufer zuhören, der zu laut, zu schnell, einen nicht gewohnten Dialekt oder undeutlich spricht?

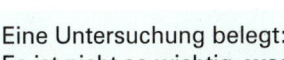

Eine Untersuchung belegt:
Es ist nicht so wichtig, **was** ein Verkäufer sagt, sondern **wie** er es sagt.

1.1.1.2 Verwenden von Gesprächsförderern

Gesprächsförderer sind Aussagen und Verhaltensweisen des Verkäufers, die dem Kunden signalisieren: *„Ich finde Sie sympathisch und ich werde Sie gerne und gut beraten."*

(1) Aktives Zuhören

Jeder kennt das Spiel „Stille Post" und jeder ist immer wieder erstaunt, was am Ende der „Flüsterkette" als Ergebnis herauskommt. Sich auf sein Gegenüber zu konzentrieren, ist für einen Verkäufer sehr wichtig, da er nur so die Kundenwünsche ermitteln kann. Dabei muss er auch die mitschwingenden Botschaften des Kunden heraushören.

 Zuhören ist eine **aktive Tätigkeit,** durch die der Verkäufer dem Kunden zeigt, dass er ihm mit Interesse zuhört und eine Lösung für sein Anliegen sucht.

Ausbildungsgespräch

Ausbilderin: *„Ein guter Verkäufer kann gut reden, aber ein sehr guter Verkäufer, der kann zuhören."*

Azubi: *„Dann werde ich schnell eine Spitzenverkäuferin! Zuhören ist doch einfach."*

Ausbilderin: *„Ja, dem Klang der Stimme lauschen, das ist nicht so schwer. Einem Kunden aktiv zuhören bedeutet jedoch, sich in ihn hineinzuversetzen, mit ihm zu denken und mitzufühlen. Wir müssen dazu wirklich an der Meinung des Kunden interessiert sein."*

(2) Kundenorientierte Sprache

■ **Kunden persönlich ansprechen mit dem „Sie-Stil"**

Mit Wörtern wie „ich" oder „man" fühlt sich ein Kunde nicht persönlich angesprochen. Eine kundenorientierte Sprache beinhaltet hingegen die Wörter „Sie", „Ihr", „Ihre" oder „Ihnen". Diese Vorgehensweise wird allgemein als **„Sie-Stil"** bezeichnet.[1] Ein Kunde hört es lieber, wenn ein Verkäufer zu ihm sagt *„Damit können Sie ..."* anstatt *„Damit kann man ..."*.

■ **Positive Formulierungen verwenden**

Eine wichtige Regel ist: **Negative Formulierungen** stören die Gesprächsatmosphäre *(„Ich glaube nicht, dass wir etwas Passendes finden"),* **positive Formulierungen** führen zu einer angenehmen Gesprächsatmosphäre *(„Bei Badeanzügen haben wir eine außergewöhnlich vielfältige Auswahl").*

---

1 Vgl. hierzu auch die Ausführungen auf S. 92.

Beispiel:

Verkaufs-Formulierungen

- „Welchen Wunsch darf ich Ihnen noch erfüllen?"
- „Kennen Sie unsere neuen Spezialitäten schon?"
- „Ich bin immer für Sie da. Das bedeutet für Sie ..."
- „Sie gehen kein Risiko ein. Sie sparen dadurch ..."

■ Verständliche Formulierungen benutzen

Für den Verkaufserfolg ist es wichtig, dass der Verkäufer **verständliche Formulierungen** verwendet. Das besagt

- kurze Sätze bilden,
- bekannte Wörter verwenden,
- anschaulich sprechen,
- sich auf das Wesentliche beschränken,
- den „Sie-Stil" einsetzen.

Beispiel:

„Mit dieser Saftpresse sind Sie technisch auf dem neuesten Stand. Sie ist handlich. Sie können jede Frucht schonend bis auf den letzten Tropfen auspressen. Außerdem lässt sich das Gerät sehr leicht reinigen. Dies bedeutet eine enorme Zeitersparnis für Sie. Wir gewähren Ihnen zwei Jahre Garantie. Alle Serviceleistungen werden bei uns ausgeführt. Sie müssen dadurch nie lange auf Ihr Gerät verzichten. Wir sind jederzeit Ihr Ansprechpartner. Sie erhalten diese Saftpresse zu einem sensationellen Tiefstpreis, den wir Ihnen aufgrund eines Großeinkaufs einräumen können."

(3) Stimme als Werkzeug des Verkäufers

Stimme und Sprache stellen eine Einheit dar, die unmittelbar zusammengehören. Es geht darum, den Inhalt entsprechend zu „präsentieren".

- Ein **angenehmer Tonfall,**
- eine **saubere Aussprache,**
- eine **melodische Stimmführung,**
- eine **abwechslungsreiche Lautstärke** und
- **gekonnte Sprechpausen**

machen es dem Kunden leichter und angenehmer, mit dem Verkäufer ein Gespräch zu führen. Dabei ist darauf zu achten, dass die Stimme natürlich klingt.

In einer Untersuchung wurde festgestellt, dass sich eine positive persönliche Ausstrahlung aus drei Bestandteilen zusammensetzt: der Optik (55 %), der Stimme (38 %) und dem Sprachinhalt (7 %).

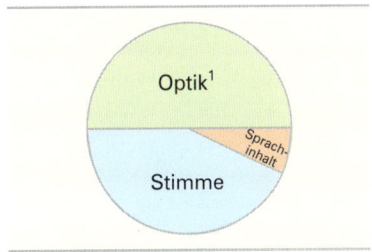

---

1 **Optik:** Hier ist das äußere Erscheinungsbild gemeint.

Azubi: *„Die Stimme ist doch unabänderlich! Bin ich mit meiner Stimme für den Verkauf überhaupt geeignet?"*

Ausbilderin:  *„Durch ein ständiges Training können Sie Ihre sprachlichen Fähigkeiten und Fertigkeiten verbessern. Hilfreich sind auch Videoaufzeichnungen. Dadurch erlangen Sie mehr Sicherheit im Verkauf. Ihnen fallen Ihre eigenen Schwächen auf, die Sie dann nach und nach abbauen können."*

1.1.1.3 Vermeiden von Gesprächsstörern

 Gesprächsstörer sind Aussagen des Verkäufers, die das **Verkaufsgespräch belasten.** Sie sollten vermieden werden.

Gesprächsstörer	Erläuterungen	Beispiele
Befehle	Durch sie kommt zum Ausdruck, dass sich der Verkäufer gegenüber dem Kunden überlegen fühlt.	■ *„Greifen Sie sofort zu!"* ■ *„Entscheiden Sie sich jetzt!"* ■ *„Gehen Sie zu Herrn Feist mit Ihrer Beschwerde!"*
Killerphrasen	Es sind abwertende und verletzende Äußerungen, die oft verwendet werden, wenn Sachargumente fehlen.	■ *„Ich bin hier der Fachmann!"* ■ *„Das verstehen Sie nicht!"* ■ *„So ein Quatsch!"*
Überredungsversuche	Dadurch möchte der Verkäufer dem Kunden den Kauf aufzwingen.	■ *„Ich kann nicht oft genug sagen, nehmen Sie …"* ■ *„An Ihrer Stelle würde ich mit dem Kauf nicht warten, denn …"* ■ *„Mit diesem Ballkleid sind Sie die Schönste …"*
Vorwürfe	Sie werden häufig gemacht, wenn der Kunde der Argumentation des Verkäufers nicht folgt.	■ *„Ich habe doch mehrmals gesagt …"* ■ *„Wären Sie früher gekommen …"* ■ *„Sie haben meinen Rat nicht befolgt …"*
Erwartungen dämpfen	Durch sie verunsichert der Verkäufer den Kunden.	■ *„Dieses Handy ist schwierig zu bedienen."* ■ *„Mit diesem Geschenkvorschlag werden wir sicher Schwierigkeiten haben."* ■ *„Mit diesen Ausstattungswünschen wird das Auto aber teuer."*

Zusammenfassung

- Die **Sprache** ist das **wichtigste Verkaufsinstrument** eines Verkäufers. Er kann damit insbesondere **Vertrauen schaffen**.

- **Gesprächsförderer** sind Aussagen und Verhaltensweisen des Verkäufers, die das Verkaufsgespräch **positiv beeinflussen**. Wichtige Gesprächsförder sind:
  - aktives Zuhören,
  - kundenorientierte Sprache,
  - gute Stimmtechnik.

- **Gesprächsstörer** sind Aussagen des Verkäufers, die das Verkaufsgespräch belasten, z. B. Befehle, Killerphrasen, Vorwürfe.

Kompetenztraining

8

1. „Die Sprache ist ein wichtiges Instrument in Verkaufsgesprächen." Nennen Sie den Hauptgrund für diese richtige Aussage!

2. Erläutern Sie die Begriffe Gesprächsförderer und Gesprächsstörer jeweils mithilfe eines Beispiels!

3. Auch guten Verkäufern unterläuft immer wieder der Fehler, dass sie negative Formulierungen verwenden. Hier einige Beispiele:
   - *„Da bin ich nicht zuständig."*
   - *„Da muss ich mal nachsehen."*
   - *„Das könnte ein Problem sein."*
   - *„Das geht nicht."*
   - *„Ich werde es versuchen."*

   Aufgabe:
   Formulieren Sie die angeführten Negativ-Formulierungen in Positiv-Formulierungen um!

4. Erklären Sie, wie man einem Kunden signalisieren kann, dass man ihm zuhört!

5. Nennen Sie drei Vorteilsformulierungen für einen Artikel aus dem Sortiment Ihres Ausbildungsbetriebs!

6. Schildern Sie, wie ein Kunde reagiert, wenn der Verkäufer
   6.1 unverständlich spricht,
   6.2 unklare Formulierungen wählt,
   6.3 zu leise spricht,
   6.4 ständig Wörter wiederholt und
   6.5 Kunstpausen macht!

7. Notieren Sie Gesichtspunkte, die sich negativ auf ein aktives Zuhören auswirkt!

8. Probieren Sie das aktive Zuhören in Ihrer Lerngruppe aus! Bestimmen Sie einen Schiedsrichter, der korrigierend eingreift, sollte jemand die Gesprächsregeln (z. B. ins Wort fallen) verletzen! Reflektieren Sie im Anschluss die Chancen für die zwischenmenschliche Kommunikation durch das aktive Zuhören! Thematisieren Sie auch Ihre Schwierigkeiten!

9. Lesen Sie den nachfolgenden Text laut vor! Wenn möglich, zeichnen Sie Ihre Stimme auf oder holen Sie sich ein Feedback von Ihren Mitschülern!

Achten Sie dabei auf Folgendes:

Lautstärke:	weder zu laut noch zu leise
Sprechtempo:	weder zu schnell noch zu langsam
Sprechpausen:	weder pausenlos noch mit Kunstpausen
Stimmhöhe:	weder zu hoch noch zu tief
Aussprache:	weder zu wenig betonen noch überbetonen

Für den Kunden sich bewusst Zeit nehmen

Der Aufforderung „Reden Sie ruhig weiter, ich höre schon zu!" sollten Sie nicht nachkommen, wenn sie von jemandem kommt, der dabei gleichzeitig mit einer anderen Arbeit beschäftigt ist. Man kann nur eine Sache richtig machen, niemals zwei zur gleichen Zeit.

Wer zuhören will, muss sich darauf konzentrieren und kann sich nicht gleichzeitig mit etwas anderem beschäftigen. Wenn Sie also wollen, dass Ihre Botschaft voll und ganz von Ihrem Gegenüber aufgenommen wird, dann dürfen Sie nicht mit der Übermittlung beginnen, ehe Sie sicher sind, sein „volles Gehör" zu haben.

Sie benötigen die volle Aufmerksamkeit Ihres Partners, wenn Ihr Gesprächsinhalt Tiefenwirkung besitzen soll. Selbstverständlich brauchen Sie auch den Blickkontakt zu ihm, um eine Rückkopplung zu haben. Lassen Sie sich nicht in eine solche „Zeitfalle" verstricken, sagen Sie vielleicht: „Oh, ich sehe, Sie sind gerade beschäftigt. Ich warte gern, bis Sie fertig sind." Wenn Ihr Partner dann wirklich sehr stark beansprucht ist, wird er Ihr Entgegenkommen und Ihr Verständnis sicherlich anerkennen und Ihnen dafür dankbar sein. Eine gute Voraussetzung für den Erfolg des später erfolgenden Gesprächs!

Quelle: Peter Ebeling, Verkäuferwissen für den Einzelhandel.

1.1.2 Körpersprache

Die Körpersprache ist die **Sprache „ohne Worte".** Sie erfolgt unbewusst, unwillkürlich und unbeabsichtigt. Die Körpersprache trifft Aussagen, vermittelt Botschaften.

Beispiel:

Wenn der Kunde bei der Vorführung einer Kaffeemaschine den Blickkontakt mit dem Verkäufer meidet, kann dies Desinteresse oder Ablehnung bedeuten.

Zur **Körpersprache** gehören

Mimik   Körperhaltung

Gestik   Distanzzonen

(1) Mimik

Unter Mimik versteht man das **Mienen- und Gebärdenspiel des menschlichen Gesichts.** Das Gesagte wird unbewusst oder bewusst durch Mimik unterstrichen. Die Mimik des Kunden gibt dem Verkäufer Anhaltspunkte über dessen Gefühlszustand, ob er sich freut, unsicher, angespannt, interessiert oder ablehnend ist.

Beispiele:

Mimik, die Interesse und Offenheit signalisiert:

- Augen sind weit geöffnet
- freundliches Lächeln, wobei der Kunde mit dem Verkäufer Augenkontakt hat
- Mundwinkel und Augenbrauen sind etwas nach oben gezogen
- Konzentrationsfalte über der Nasenwurzel

Mimik, die Unzufriedenheit, Unbehagen signalisiert:

- Augen sind etwas zusammengekniffen
- gequältes Lächeln, wobei der Kunde mit dem Verkäufer keinen Augenkontakt hat
- Mundwinkel sind herabgezogen
- zusammengekniffene Lippen
- Rümpfen der Nase

(2) Gestik

Unter Gestik versteht man die **Ausdruckbewegungen des Körpers,** insbesondere von **Kopf, Arm, Hand** und den **Fingern.** Zum einen wird die Gestik dazu benutzt, die Beschreibung eines Sachverhaltes zu unterstützen (z. B. die Größe des Zierbaumes, der in einem Katalog abgebildet ist, wird durch eine entsprechende Handbewegung dem Kunden verdeutlicht). Zum anderen drückt die Gestik auch Gefühle aus wie z. B. Stärke, Unsicherheit, Offenheit, Hilflosigkeit.

Beispiel:

Die Hände sind ein Verräter des Gefühlszustandes. Die Hände und insbesondere die Handbewegungen sind mitentscheidend, ob ein Verkäufer überzeugend wirkt.

- Durch Verlegenheitsgesten wie das Spielen mit den Haaren oder Schmuck wird ein ängstlicher und nervöser Eindruck vermittelt.
- Die Hand vor dem Mund lässt einen Verkäufer gehemmt und unehrlich aussehen. Es scheint so, als ob der Verkäufer seine Worte

nicht aus seinem Mund lassen möchte.

- Ein Verkäufer, der die Hände ausbreitet und dem Kunden die offenen Handflächen zeigt, signalisiert Offenheit.
- Ballt der Verkäufer die Hand zu einer Faust oder weist er mit dem Zeigefinger auf den Kunden, bedeutet dies Aggression bzw. „Ich" weiß es besser.

(3) Körperhaltung

Die Körperhaltung vermittelt deutliche Signale.

Beispiele:

Ausdruck von Interesse, positiver Einstellung:

- Aufrichten des Kopfes
- Zuwendung des Körpers zur Ware bzw. dem Kunden
- Vorwärtsbewegung von Kopf und Körper

Ausdruck von Desinteresse, negativer Einstellung:

- Zurücknehmen des Kopfes
- Abwendung des Körpers von der Ware bzw. dem Kunden
- Rückwärtsbewegung von Kopf und Körper (größere Distanz zum Kunden).

- Ein guter Verkäufer spricht mit seiner Stimme und mit dem ganzen Körper. Er unterstreicht das Gesagte durch seine **Mimik,** seine **Gestik** und seine **Körperhaltung.**

- Ein guter Verkäufer achtet auf die **Körpersprache des Kunden.**

- **Kein Körpersignal** ist absolut **eindeutig zu erklären.**

(4) Distanzzonen

Der richtige „Abstand" zum Kunden ist von hoher Bedeutung. Ein Verkäufer, der die Distanzzonen nicht beachtet, dringt in die Privatsphäre des Kunden ein und verletzt diese.

Die **gesellschaftliche Distanz** ist (zumindest zu Beginn des Verkaufsgespräches) der **ideale Abstand zwischen Verkäufer und Kunden.** In der Bekleidungsbranche, in der auch mal Körperkontakt notwendig wird, bestehen andere Regeln. Hier sollte der Verkäufer den Kunden um sein Einverständnis fragen, bevor er in „seine Sicherheitszone" eindringt.

Man unterscheidet folgende Distanzen:

- die **Intimdistanz** zwischen Familienmitgliedern. Sie beträgt bis 0,6 m.

- die **persönliche Distanz** zwischen Freunden und Bekannten. Sie beträgt zwischen 0,6 und 1,2 m.

- die **gesellschaftliche Distanz** zwischen fremden Personen (z. B. zwischen Käufer und Verkäufer). Sie beträgt zwischen 1,20 und 3,00 m.

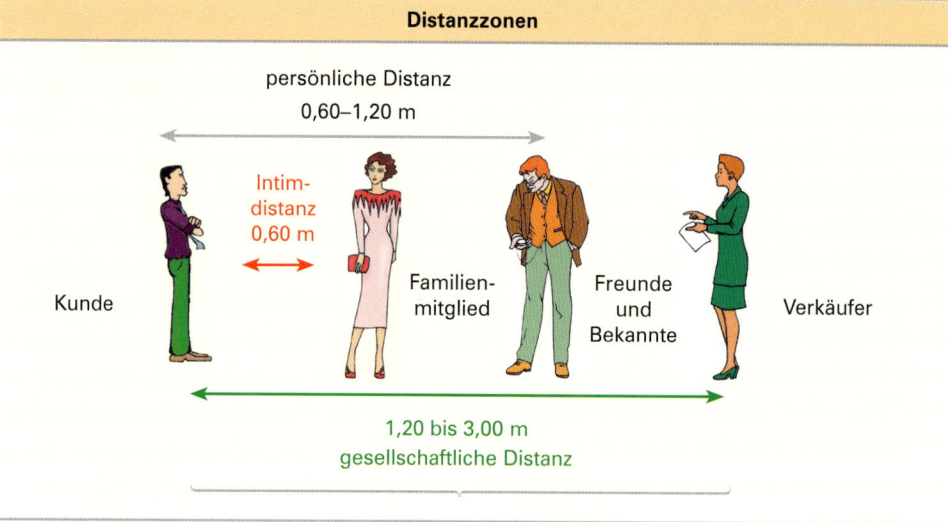

Zusammenfassung

■ Die nachfolgende Tabelle zeigt **Zeichen der Körpersprache** und mögliche **Deutungsmuster:**

Typische körpersprachliche Signale	Mögliche Deutung
Kunde reibt sich die Hände	Zufriedenheit
Kunde verschränkt seine Arme	Ablehnung, Verschlossenheit
Kunde zieht den Kopf ein	Verkrampfung, Unbehagen, Nervosität
Kunde ballt die Hand	Wut
Kunde spielt mit einem Gegenstand	Nervosität, Unsicherheit, Halt suchend
Kunde zieht die Oberlippe nach oben	Verachtung, Geringschätzung
Kunde hebt die Augenbrauen	Erstaunen, Unglaube
Kunde nimmt Finger zum Mund	Verlegenheit, Unsicherheit, Nachdenken
Kunde streichelt sich während des Sprechens das Kinn	Nachdenklichkeit, Zufriedenheit
Kunde wippt mit den Füßen	Nervosität
Kunde hält seinen Zeigefinger nach oben gerichtet	Belehrung
Kunde hat die Augen weit geöffnet und die Stirn zeigt waagerechte Falten	Erstaunen
Kunde hat senkrechte Stirnfalten und die Augen werden kleiner	Einwand, negative Überraschung

■ Ein Verkäufer achtet auf die **eigene Körpersprache** und die **Körpersprache des Kunden.** Kein Körpersignal ist absolut eindeutig interpretierbar.

Kompetenztraining

9
1. Drücken Sie verschiedene Situationen durch Körpersprache aus und lassen Sie Ihre Mitschüler diese interpretieren! (Zum Beispiel: 1. Sie sind zufrieden; 2. Sie haben den Eindruck, Ihnen glaubt man nicht; 3. Sie wissen nicht, was Sie sagen wollen und suchen nach einer Antwort.)

2. Erstellen Sie eine Übersicht mit von Ihnen gezeichneten Strichmännchen, die mit ihrem Körper etwas ausdrücken!
   Zum Beispiel:

3. Erläutern Sie die Rolle der Distanz in einem Verkaufsgespräch!

4. Erarbeiten Sie eine Gebots- und eine Verbotsliste „körpersprachliches Verhalten" für die Mitarbeiter im Verkauf!

5. Nennen Sie Tipps, welche Sie haben, um sich wieder positiv zu stimmen, wenn Sie verärgert sind! Tauschen Sie Ihre Erfahrungen im Klassenverband aus.

6. Nehmen Sie Stellung zu folgender Verkäuferaussage! Begründen Sie Ihre Meinung!

   „Wenn ich schlechte Laune habe, dann muss meine Umwelt damit zurechtkommen. Die Kunden sind auch oft griesgrämig und ich ertrage sie."

10
1. Erklären Sie, was die Aussage „es spricht jemand mit Händen und Füßen" umschreibt!

2. Nennen Sie Motive und Absichten, die Ursache einer „Kommunikation mit Händen und Füßen" sein können!

3. Übersetzen Sie folgende Verhaltensweisen:

   3.1 Weit ausgestreckter Arm bei der Begrüßung.

   3.2 Stirn in Falten legen.

   3.3 Hochziehen der Augenbrauen.

   3.4 Zurückgelehnte Oberkörperhaltung, übereinander geschlagene Beine als Sitzhaltung auf einem Stuhl.

   3.5 Im Stehen Schultern nach vorne gezogen und Blick auf den Boden.

   3.6 Stuhlbeine mit den Füßen umklammert, beide Arme vor der Brust verschränkt.

   3.7 Ausgestreckter Kugelschreiber zeigt auf den Gesprächspartner.

4. Übersetzen Sie folgende Empfindungen in der Körpersprache:

   4.1 Anspannung, Nervosität   4.4 Engagement

   4.2 Ruhe, Aufmerksamkeit   4.5 Unruhe

   4.3 Sicherheit, Wohlbefinden   4.6 Desinteresse

11 Erläutern Sie, welche Bedeutung die nachfolgenden Piktogramme (stilisierte Darstellungen) und ihre Beschreibungen haben!

1.   Zusammengekniffene Lippen

2.   Der Blickkontakt wird gehalten

3.   Die Unterlippe wird hochgezogen; das Gesicht wird verdeckt

4.   Armbewegungen unterhalb der Taille, sich an die Nase fassen

5.  Die Brille hastig abnehmen

6.  Körperliches Zurückweichen (Distanz vergrößern); Blick über Schulter; Oberkörper wird abgewendet

7.   Sitzen mit breit auseinander gespreizten Beinen; jemandem auf die Schulter klopfen

8. Die Brille hochschieben

1.2 Erwerb von Fachkenntnissen

Azubi:

„Beim Verkaufsgespräch kommt ein Kunde auf mich zu und bittet um Rat. Ich muss nun gut zuhören, damit ich dem Kunden weiterhelfen kann, da ich ihn, wenn es nicht gerade ein Stammkunde ist, in den seltensten Fällen kenne."

Ausbilderin: *„Ja, da gebe ich Ihnen recht, wir müssen uns immer wieder neu auf unsere Kunden und ihre Wünsche einstellen. Dennoch meine ich, dass auch wir uns auf ein Verkaufsgespräch angemessen vorbereiten können. Fangen wir bei unserer Ware an:*

Wir als Verkäufer können durch unsere persönliche Vorbereitung im Verkaufsgespräch besser auf den Kunden eingehen und ihn kompetent beraten, wenn wir unsere Ware richtig kennen und wissen, an welchem Ort wir sie finden. Am besten erstellen Sie sich einen eigenen Warenkundeordner, in dem Sie Informationsbroschüren von Herstellern, Fachaufsätze aus den Fachzeitschriften und eigene Aufzeichnungen aufbewahren."

Azubi: *„Ach, dafür sind die Warenbeschreibungsbögen! Dort kann ich die wichtigsten Daten eines bestimmten Artikels zusammentragen?"*

Ausbilderin: *„Ja, ich gebe Ihnen gleich ein Muster, dann können Sie mithilfe der Kriterien Ihr Warenwissen zu einem Produkt zusammentragen."*

(1) Warenkenntnisse

Quellen, um sich das Warenwissen über neue Produkte anzueignen, sind z. B.:

- **Fachliteratur,** Fachzeitschriften, Internet, Testergebnisse …

- **Hersteller** mit Prospekten, Katalogen, Angaben auf Verpackungen, Gebrauchs-, Bedienungs- und Montageanleitungen, Schulungen durch die Hersteller …

- **Weiterbildungsprogramme** durch Fachschulen des Einzelhandels, Kurse bei der Industrie- und Handelskammer, Fernlehrgänge …

Beispiel: Informationsquelle Internet

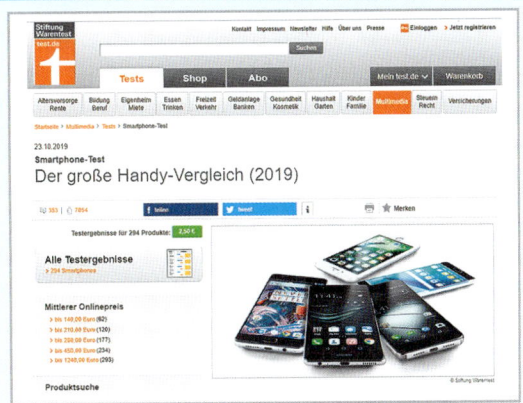

Quelle: www.test.de (Stiftung Warentest), 14. 01. 2020

■ **Messen.** Auf Messen werden Waren und Dienstleistungen vorgestellt und erklärt sowie Neuheiten präsentiert. Zudem können Fragen mit Herstellern und Lieferanten in einem persönlichen Gespräch geklärt werden.

(2) Warenbeschreibungsbogen

Das erworbene Warenwissen kann vom Verkäufer in einem Warenbeschreibungsbogen festgehalten werden. Dadurch hat er im Bedarfsfall das **Nutzenprofil** einer Ware auf einen Blick und kann es im Verkaufsgespräch einsetzen.

Warenbeschreibungsbogen[1]		
	Genaue Bezeichnung der Ware (Name)	Brooklyn Jacket (Bikerjacke speziell für Frauen)
	Warengruppe und Warenart	Radbekleidung Windstopperjacke
	Hersteller/Herkunftsland	Gore Bike Wear/produziert in China
Materialien/Rohstoffe		100 % Polyester
Ausführung der Ware (Farben, Größen, Qualitätsmerkmale etc.)		Graphit/Schwarz Größe XS-S-M-L-XL
Aussehen		Spezielle Schnittführung für Frauen Regulierbarer Stehkragen durch Kordel Zwei seitliche Lüftungsschlitze Rückentasche Reflexstreifen vorne und hinten
Pflegehinweise		40 Grad Celsius Schonwäsche/Feinwaschmittel Keinen Weichspüler verwenden Nicht bügeln Nach dem Waschen in Form ziehen Nicht Wäschetrockner geeignet
Lebensdauer		Abhängig von der Beanspruchung und Pflege
Verwendungszweck/ Gebrauchsnutzen/ Gebrauchseigenschaften/ Vorteile		Hält den Körper warm und lässt keinen Wind durch Optimale Bewegungsfreiheit beim Rad fahren Sicherheit im Straßenverkehr duch Reflektoren Luftzirkulation durch die Lüftungsschlitze
Zusatznutzen		Macht eine gute Figur
Kaufmotive/bestimmter Kundentyp		Abenteuer und Sicherheit; sportlicher Frauentyp
Ergänzungsartikel		Stirnband, Funktionsunterwäsche
Alternativprodukt		Z. B. Bikerjacke des Herstellers Adidas
Preis		149,90 EUR
Wirksame Vorlage der Ware durch		Zeigen und Anprobieren

---

1 Je nach Branche kann ein Warenbeschreibungsbogen unterschiedliche Inhalte aufweisen.

- Der **Warenbeschreibungsbogen**[1] fasst wichtige Informationen über die Ware zusammen.
- Er liefert dem Verkäufer **Argumente,** die er bei einem Verkaufsgespräch nutzen kann.

Mit dem Warenbeschreibungsbogen ist der Verkäufer in der Lage, jeden Kunden individuell zu beraten, indem er jeweils die Produkteigenschaften in den Vordergrund stellt, die für die konkrete Verwendungssituation entscheidend sind.

Kompetenztraining

12   1. Erstellen Sie einen Warenbeschreibungsbogen und nehmen Sie Ihre Aufzeichnungen als Grundlage für einen Warenvortrag vor Ihrer Lerngruppe! Der abgedruckte Warenbeschreibungsbogen (siehe S. 62) stellt eine Anregung dar. Je nach Branche sind andere Kriterien relevant.

   Tipp: Eine Ware lässt sich besser erklären, wenn Sie sie mitbringen!

   2. Nennen Sie vier Beispiele, wie bzw. wo sich Verkäufer über einen neuen Artikel informieren können!

2   Phasen des Verkaufsgespräches

Verkäufer und Kunden haben ein gemeinsames Ziel: den **Kaufabschluss** am **Ende des Verkaufsgesprächs.** Um zu einem erfolgreichen Abschluss für beide Seiten zu gelangen, werden im Allgemeinen **zehn Phasen (Stufen)** durchlaufen.

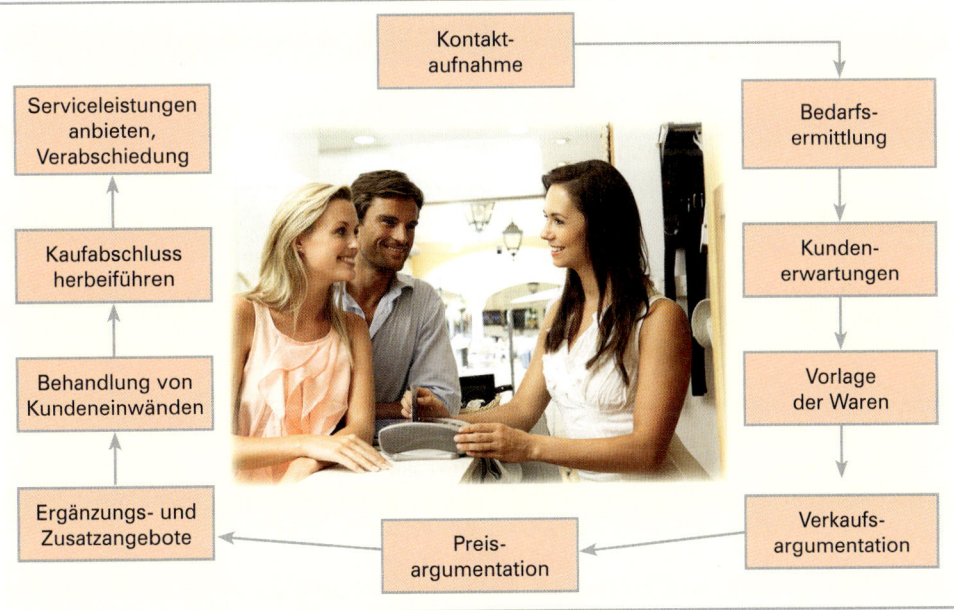

---

1   Man spricht in diesem Zusammenhang auch von einem „Warensteckbrief".

Ausbildungsgespräch

Azubi: *„Hat denn jedes Verkaufsgespräch zehn Phasen oder Stufen?"*

Ausbilderin: *„Sie dürfen das Verkaufsgespräch nicht so gleichförmig sehen. Jedes Gespräch hat seinen individuellen Ablauf. In manchen Kundengesprächen kommt es gar nicht zum Kaufabschluss, in anderen befindet man sich direkt in der Angebotsphase."*

Azubi: *„Dann sind die Phasen wohl auch nicht alle gleich lang?"*

Ausbilderin: *„Genau! Und den Begriff **Stufen** finde ich hier sehr passend, denn einen Lift gibt es im Verkaufsgespräch nicht. Um an unser Ziel, den ‚Kaufabschluss‘, zu gelangen, müssen wir uns auf jeden Kunden neu einstellen. Dazu hören wir ihm genau zu, damit wir ihm eine entsprechende **Problemlösung** anbieten können!"*

Azubi: *„Wenn es keine allgemein gültigen Handlungsmuster gibt, um sich auf ein Verkaufsgespräch vorzubereiten, wie kann ich dann **das Verkaufen lernen?"***

Ausbilderin: *„Gut zu verkaufen bedeutet zunächst, den Kunden als Partner zu begreifen. Das müssen Sie sich immer wieder bewusst machen!"*

Kompetenztraining

13

1. Erklären Sie, warum es „das Verkaufsgespräch" nicht geben kann!

2. Sammeln Sie Gesichtspunkte, wodurch ein Verkaufsgespräch beeinflusst wird!

3. Versuchen Sie eine Erklärung dafür zu finden, warum ein Verkaufsgespräch sowohl für den Verkäufer als auch für den Kunden ein Lernprozess ist!

4. In einem Einzelhandelsgeschäft ergeben sich die nachfolgenden Verkaufssituationen.

   4.1 Ein Kunde fragt an der Käsetheke: *„Schmeckt dieser Käse wirklich so gut, wie es in der Werbung heißt?"*

   Verkäuferin: *„Ja, das stimmt."*

   Aufgabe:
   Beurteilen Sie die Äußerung der Verkäuferin!

   4.2 Ein Kunde überlegt lange, ob er einen hochwertigen Rasierapparat mit Desinfektionsset und Wandhalterung für 98,90 EUR kaufen soll. Schließlich hat er sich entschieden und kauft.

   Aufgabe:
   Wie können Sie den Kunden in seiner Kaufentscheidung bestärken? Unterbreiten Sie einen Vorschlag in wörtlicher Rede!

5. Beschreiben Sie, welches Ziel ein Verkäufer bei einem Verkaufsgespräch vorrangig verfolgen sollte!

6. Vervollständigen Sie die Merkregel, indem Sie die fehlenden Wörter in Ihrem Heft notieren!

> Ziel eines Verkaufsgespräches ist es, einen vom Verkäufer und **6.1** gewünschten Verkaufsabschluss herbeizuführen.
>
> Der Verkäufer führt das Verkaufsgespräch, um die **6.2** und **6.3** des Kunden zu erfahren. Der Verkäufer bietet dem Kunden daraufhin das **6.4** bzw. die **6.5** an, die den Wünschen und Bedürfnissen des Kunden entsprechen. Der Verkaufsabschluss ist erst dann **6.6**, wenn es zu einem vom **6.7** und **6.8** gewünschten **6.9** kommt und für das Unternehmen ein Gewinn abfällt.

🔵 DOWNLOAD

3   Kontaktaufnahme

Stufen des Verkaufsgesprächs									
Kontakt-aufnahme	Bedarfs-ermittlung	Kunden-erwar-tungen	Vorlage der Waren	Verkaufs-argumen-tation	Preis-argumen-tation	Ergän-zungs- und Zusatz-angebote	Behand-lung von Kunden-einwänden	Kauf-abschluss herbei-führen	Service-leistungen anbieten, Verab-schiedung

Die Kontaktaufnahme zwischen Verkäufer und Käufer ist abhängig vom **Anspruch des Kunden** und von der **Verkaufsform des Einzelhandelsbetriebs**.

3.1   Bedienung[1]

(1)   Blickkontakt mit dem Kunden herstellen

Nehmen Sie so schnell wie möglich Blickkontakt mit dem Kunden auf. Durch den Blickkontakt wird Interesse, Offenheit, Zuwendung, Wertschätzung und Ehrlichkeit signalisiert. Er schafft gute Voraussetzungen, dass sich der Kunde im Geschäft wohlfühlt.

Lassen Sie den Kunden nicht warten. Brechen Sie die bisherige Tätigkeit (z. B. Einsortieren der Ware) umgehend ab und wenden Sie sich dem Kunden zu. Kunden fühlen sich schnell zurückgesetzt, wenn man sie warten lässt.

(2)   Kunden personen- und situationsgerecht begrüßen

Die Grußformel hängt vom Alter, Geschlecht, Beruf, Titel, Vertrautheit mit dem Kunden ab.

> **Beispiele:**
>
> *„Guten Abend, Herr Gemeinder, wie kann ich Ihnen behilflich sein?"*
>
> *„Schönen guten Morgen, Frau Dr. Hanse, was darf ich Ihnen zeigen?"*   ⟶   Begrüßung Erwachsener
>
> *„Grüß Gott", „Guten Tag. Das Kleid, das Sie in den Händen halten, ist aus unserer neuen Kollektion."*

---

1 Man spricht auch von **Vollbedienung**.

65

„Hallo Georg", „Hallo. Das T-Shirt ist top. *Das Modell ist erst gestern bei uns eingetroffen."*	→ Begrüßung von Jugendlichen
„Das ist schön, dass du schon einkaufen kannst."	→ Begrüßung von Kindern

(3) Kunden das Gefühl geben, dass sie willkommen sind

Mit der Begrüßung ist darauf zu achten, dass sich der Kunde im Geschäft wohlfühlt. Älteren Kunden wird eine Sitzgelegenheit und eine Erfrischung angeboten. Kinder werden beschäftigt, Begleitpersonen werden mit der Begrüßung in das Verkaufsgespräch mit einbezogen.

> Der **erste** Eindruck zählt und hat unmittelbar Auswirkungen auf den Verkaufserfolg des Verkäufers.

3.2 Vorwahlsystem

Bei der **Kontaktaufnahme** im Vorwahlsystem sind **vier Grundsituationen** zu unterscheiden:

(1) Der Verkäufer spricht den Kunden an

Da der Kunde sich selbst bedienen kann, keine Beratung wünscht oder braucht, genügt es, wenn der Verkäufer den Kunden „im Auge behält".

Beispiele:

Der Verkäufer sollte versuchen, die Verhaltensweisen des Kunden zu deuten, um anschließend ein gezieltes Verkaufsgespräch führen zu können. Welcher Artikel wird bevorzugt betrachtet?		Für welches Produktdetail interessiert sich der Kunde im Besonderen? Werden verschiedene Produkte verglichen? Interessiert sich der Kunde besonders für das Preisetikett?

Ein Aufdrängen von Beratungsleistungen verschreckt und verhindert Kaufentscheidungen.

Zu beachten ist ferner, dass ein Kunde **niemals von hinten** angesprochen werden sollte. Der Kunde könnte sich dadurch „überfallen" fühlen und ablehnend reagieren. Es sollte immer zunächst Blickkontakt zum Kunden aufgebaut werden.

(2) Der Kunde zeigt Interesse an der Ware

Folgende **Signale** können ein Hinweis darauf sein, dass der **Kunde angesprochen werden möchte**:

Der Kunde

- schaut sich z. B. suchend im Geschäft nach einem Verkäufer um.
- geht direkt auf das Verkaufspersonal zu.
- betrachtet eine Ware interessiert, prüft diese, indem er sie z. B. in die Hand nimmt.
- steht vor einer verschlossenen Vitrine.
- kratzt sich am Kopf und macht ein ratloses Gesicht.

Entschließt sich der Verkäufer zur Kontaktaufnahme, kann er dies auf zweierlei Weise tun. Entweder wählt er eine

- **allgemeine Kontaktaufnahme.** *„Guten Tag, wie kann ich Ihnen helfen?"; „Guten Morgen, was wünschen Sie bitte?"* oder eine

- **warenbezogene Kontaktaufnahme.** *„Das Modell, das Sie in den Händen halten, hat eine Karbonschiene. Dies hat den Vorteil ..."; „Guten Tag. Diese Stofftiere der Firma XY zeichnen sich durch eine besonders sorgfältige und widerstandsfähige Verarbeitung aus."*

(3) Der Kunde möchte nicht angesprochen werden

Wenn ein Kunde nicht angesprochen werden möchte, dann kann man dies gelegentlich an seinem Verhalten erkennen. **Typische Signale** sind z.B.:

Der Kunde
- schaut weg und meidet den Blickkontakt.
- dreht dem Verkäufer bewusst den Rücken zu.
- geht dem Verkaufspersonal aus dem Weg.

Zu welchem Zeitpunkt ein Ansprechen des Kunden sinnvoll ist, hängt von der jeweiligen Situation ab. Als allgemeine Regel kann festgehalten werden, ein Verkäufer sollte immer seinem Kunden zeigen, dass er ihn wahrgenommen hat.

(4) Der Kunde möchte sich zunächst im Geschäft nur umsehen

Einige Kunden fühlen sich schnell „überrumpelt", wenn sie sofort beim Betreten des Ladens vom Personal „überfallen" werden. Für diese Situation muss ein Verkäufer im Laufe seiner Berufspraxis ein Gespür entwickeln. Für eine Reihe von Kunden ist das Bummeln durch die Geschäfte Zeitvertreib und eine willkommene Abwechslung. Sie kommen ohne Kaufabsichten und lieben es, sich umzuschauen, sich zu informieren, Ware aus- oder anzuprobieren und sich inspirieren zu lassen. Ihnen sollte der **Freiraum gelassen werden,** ungestört zu stöbern, natürlich nicht, ohne vorher **Bereitschaft zum Helfen** zu signalisieren.

3.3 Selbstbedienung

Die Selbstbedienung ist darauf ausgerichtet, dass der Kunde seine Waren ungestört zusammenstellt. Der Kunde erwartet keine Kontaktaufnahme durch den Verkäufer. Selbstverständlich ist, dass der Kunde von jedem Mitarbeiter, der ihm begegnet, begrüßt wird, und dass ihm geholfen wird, wenn er z.B. eine Ware nicht findet. Grundsätzlich findet jedoch im Selbstbedienungsgeschäft die erste Kontaktaufnahme an der Kasse statt.

Zusammenfassung

- Der **erste Eindruck** ist entscheidend und hat unmittelbar Auswirkungen auf den Verkaufserfolg.
- Wichtige **allgemeine Regeln zur Kontaktaufnahme** mit dem Kunden sind:
  - Blickkontakt mit dem Kunden herstellen,
  - den Kunden personen- und situationsgerecht begrüßen,

- dem Kunden Willkommen signalisieren.

- Die **Kontaktaufnahme** ist je nach **Verkaufsform unterschiedlich** zu gestalten.

- Bei der **warenbezogenen Kontaktaufnahme** ermittelt der Verkäufer den Bedarf des Käufers, indem er die Ware in den Mittelpunkt stellt und erste Wareninfomationen gibt.

Kompetenztraining

14

1. Eine modisch gekleidete Frau, etwa 40 Jahre, betritt ein Fachgeschäft für Herrenmode. Eine Verkäuferin spricht sie an:

   V: *„Guten Tag. Schön, dass Sie uns besuchen."*

   K: *„Hallo, mein Mann wünscht sich zum Geburtstag eine Jacke. Ich weiß gar nicht, was ich da nehmen könnte."*

   V: *„Haben Sie an ein bestimmtes Material gedacht?"*

   K: (überlegt) *„Ich weiß nicht so recht. Mein Mann mag Baumwolle."*

   V: *„Baumwolle führen wir leider nicht. Wir haben sehr schöne Jacken aus Schurwolle, Goretex und Leder."*

   Aufgaben:

   1.1 Beurteilen Sie die Kontaktaufnahme!

   1.2 Nehmen Sie an, die Kundin hält bereits eine Jacke in der Hand. Formulieren Sie eine Möglichkeit der Kontaktaufnahme in wörtlicher Rede!

   1.3 Die Verkäuferin fragt die Kundin nach dem bevorzugten Material. Ist dies sinnvoll? Geben Sie für Ihre Antwort zwei Gründe an!

   1.4 Bei der Vorwahl ist es wichtig, im richtigen Moment mit dem Kunden Kontakt aufzunehmen. Beschreiben Sie drei geeignete Möglichkeiten/Situationen für die Kontaktaufnahme!

2. In der Lebensmittelabteilung wird Frischfisch bei Bedienung angeboten.

   Aufgaben:

   2.1 Beschreiben Sie den Verkaufsablauf!

   2.2 Erläutern Sie den Aufgabenschwerpunkt des Verkäufers!

   2.3 Nennen Sie zwei Gründe, warum Fische bei Bedienung verkauft werden!

   2.4 Nennen Sie zwei weitere Waren- oder Artikelgruppen aus anderen Branchen, die vorwiegend bei Bedienung verkauft werden (mit Begründung)!

3. Nennen Sie Waren, die bevorzugt in den beiden Verkaufsformen Bedienung und Vorwahl angeboten werden!

4. Beschreiben Sie typische Verkäufertätigkeiten in den Verkaufsformen Bedienung und Vorwahl!

5. Sie arbeiten in einer Abteilung, in der die Waren in Vorwahl angeboten werden. Eine Kundin hält sich schon eine Weile in der Abteilung auf und zeigt großes Interesse an den Waren.

   Aufgaben:

   5.1 Erklären Sie, welchen Zeitpunkt Sie wählen, um die Kundin anzusprechen!

   5.2 Nennen Sie noch zwei weitere geeignete Verhaltensweisen des Verkäufers bei der Kontaktaufnahme mit Vorwahl!

6. Sammeln Sie mögliche Begrüßungsformeln und erproben Sie diese in Rollenspielen! „Spielen" Sie jede Verkaufsform durch! (Tipp: Achten Sie hier besonders auf den so wichtigen Blickkontakt!)

7. Viele Verkäufer behaupten, dass die persönliche Anrede des Kunden mit seinem Namen und/oder Titel verkaufsfördernd sei.

   Aufgabe:

   Formulieren Sie Ihre Meinung!

8. In der Sportabteilung eines Kaufhauses nimmt ein junger Mann, Anfang 20, nacheinander verschiedene Sportschuhe aus dem Regal, prüft sie eingehend und stellt sie wieder zurück. Er sieht sich dabei immer wieder um und scheint recht unschlüssig.

   Der Verkäufer spricht den Kunden von hinten an:

   V: *„Suchen Sie etwas Bestimmtes?"*

   K: *„Ja, einen Sportschuh."*

   V: *„Welche Größe?"*

   K: *„Normalerweise 42, manchmal auch 43."*

   V: *„Da kommen diese beiden Regale infrage; was möchten Sie denn anlegen?"*

   K: *„Och, was kostet denn ein guter Schuh?"*

   V: *„Das kommt darauf an; welche Sportart betreiben Sie denn vorwiegend?"*

   K: *„Ich gehe jede Woche einmal in die Halle zur Gymnastik, und da spielen wir anschließend Volleyball, Basketball und so."*

   V: *„Ja, das wird natürlich schwierig, da brauchen Sie ja einen Schuh mit heller Sohle."*

   K: *„Das habe ich mir schon gedacht. Haben Sie denn nichts Entsprechendes da?"*

   V: *„Probieren Sie mal diesen hier, der hat eine helle Sohle und ist außerdem mit 59,00 EUR recht günstig."*

   Aufgaben:

   8.1 Beurteilen Sie das Verhalten und die Vorgehensweise des Verkäufers bei der Kontaktaufnahme!

   8.2 Formulieren Sie in wörtlicher Rede, wie Sie als Verkäufer in diesem Fall zu dem Kunden Kontakt aufnehmen würden und begründen Sie die Vorteile Ihrer Vorgehensweise!

9. Ein ca. 60-jähriger Kunde betritt den Laden und wendet sich entschlossen den Regalen mit den Kaffeemaschinen zu. Der Verkäufer bemerkt den Kunden, geht auf ihn zu und spricht ihn an.

   Verkäufer: *„Hallo, kann ich Ihnen helfen?"*

   Kunde: *„Nein danke, ich möchte mich erst umsehen."*

   Verkäufer: *„Sie interessieren sich für Kaffeemaschinen?"*

   Kunde: *„Ja schon, aber ich möchte mir erst einen Überblick verschaffen".*

   Verkäufer: *„Wenn Sie meinen."*

   Der Verkäufer wendet sich mit einer entnervten Geste ab.

   Aufgaben:

   9.1 Vergleichen Sie die Kontaktaufnahme des Verkäufers mit dem Kunden mit den allgemeinen Regeln, wie mit Kunden in Kontakt getreten werden soll!

   9.2 Formulieren Sie in Partnerarbeit mit Ihrem Sitznachbarn einen besseren Kontaktvorschlag in wörtlicher Rede!

   9.3 Führen Sie Ihren Kontaktvorschlag der Klasse in einem Rollenspiel vor!

4 Bedarfsermittlung

Stufen des Verkaufsgesprächs									
Kontakt-aufnahme	Bedarfs-ermittlung	Kunden-erwar-tungen	Vorlage der Waren	Verkaufs-argumen-tation	Preis-argumen-tation	Ergän-zungs- und Zusatz-angebote	Behand-lung von Kunden-einwänden	Kauf-abschluss herbei-führen	Service-leistungen anbieten, Verab-schiedung

Ausbildungsgespräch

Azubi:  „Angenommen, ein Kunde sucht für den Urlaub eine Sonnenbrille. Der Verkäufer bietet ihm daraufhin drei Modelle an, ohne nach den Vorstellungen des Kunden zu fragen. Handelt der Verkäufer korrekt?"

Ausbilderin: „Hier wurde dem Kunden ein **Testangebot** unterbreitet und dann auf seine Reaktionen gewartet. Wenn der Kunde mit dem Vorschlag nicht einverstanden ist, muss er reagieren. Dieses Vorgehen im Verkaufsgespräch bezeichnet man als **indirekte Bedarfsermittlung.**"

Azubi: „Ist so ein Vorgehen nicht gewagt?"

Ausbilderin: „Nur dann, wenn ein Verkäufer bei Ablehnung des Kunden willkürlich weitere Testangebote macht, ohne weitere Kundenreaktionen zu berücksichtigen."

4.1 Vertrauensauslöser

Zu Beginn der Bedarfsermittlung muss der Verkäufer darauf achten, **das Vertrauen des Kunden** in seine **Person** und in die **Leistungsfähigkeit des Geschäfts** zu stärken. Dem Kunden muss das Gefühl vermittelt werden: „Ich bin hier willkommen, ich bin in einem leistungsfähigen Geschäft mit fachkompetenten Verkäufern, die meinen Kaufwunsch verstehen und eine Lösung finden werden." Als Vertrauensauslöser setzt der Verkäufer „Gesprächsförderer"[1] ein.

Beispiele:

- „Ich bin überzeugt, wir finden für Sie das Richtige."
- „Wir haben vor wenigen Tagen neue Ware bekommen."
- „Für die Lösung Ihres Problems sind wir der Spezialist."

---

1 Vgl. hierzu die Ausführungen auf S. 51 ff.

4.2 Verkaufsgespräch durch Fragen steuern

Azubi: *„Wann nehme ich denn welche Frageart?"*

Ausbilderin:  *„Je nachdem welches Ziel verfolgt wird, bietet sich eher die eine oder die andere Frageart an. In der Kontaktphase nimmt man besser Informationsfragen. Zum Ende des Verkaufsgespräches sind Kontrollfragen oder Entscheidungsfragen sinnvoll."*

(1) Fragen, um Informationen zu erhalten

■ **Informationsfragen[1] (offene Fragen)**

Informationsfragen beginnen in der Regel mit Fragewörtern wie Wer, Wie, Was, Warum, Weshalb. Sie werden auch **W-Fragen (weite Fragen)** genannt.

Hier kann der Kunde nicht mit Ja oder Nein antworten. Sie dienen der Informationsbeschaffung. Offene Fragen eignen sich besonders während der Bedarfsermittlung. Mit offenen Fragen erfährt der Käufer viel über die Wünsche der Kunden.

Beispiele:

■ *„Welche Anforderungen stellen Sie an einen Schlafsack?"*

■ *„Wie gefällt Ihnen dieser Mantel?"*

■ *„Wozu möchten Sie die Bohrmaschine vor allem verwenden?"*

■ *„Wann benötigen Sie die Ware?"*

■ **Kontrollfragen (geschlossene Fragen)**

Mit einer **Kontrollfrage** wird der Kunde aufgefordert, eine Aussage zu treffen.

Hier ist es sinnvoll, dem Kunden zu erklären, warum diese Frage gestellt wird. Mögliche Erklärungen können z. B. mit *„Ich frage das, weil ..."* eingeleitet werden. Sie dienen dazu, vom Kunden eine **Zustimmung** oder eine **Ablehnung** zu erhalten. Die Antwort ist meist ein Ja oder Nein des Kunden. Diese Frageart ist deshalb zu Beginn eines Verkaufsgespräches unpassend.

Beispiele:

■ *„Hat Ihr Sohn bereits eine Isomatte zum Unterlegen?"*

■ *„Haben Sie die Schuhgröße 42?"*

■ *„Sind Sie damit einverstanden, dass wir den Schrank in Ihrer Wohnung zum Preis von 45,00 EUR aufstellen?"*

■ *„Möchten Sie einen einfarbigen Rock?"*

---

1 Für den Begriff Informationsfrage wird auch der Begriff **Erkundungsfrage** verwendet.

(2) Fragen, um das Verkaufsgespräch zu lenken

Frageform	Erläuterungen	Beispiele
Entscheidungs-fragen	■ Mit einer Entscheidungsfrage bezweckt der Verkäufer beim Kunden eine Entscheidung herbeizuführen. ■ Der Kunde muss sich für die eine oder andere Ware entscheiden.	■ „Bevorzugen Sie den gelb-orangen oder den blau-grünen Schlafsack?" ■ „Sagt Ihnen der Wanderschuh oder der Sportschuh besser zu?" ■ „Möchten Sie lieber die Geschirrspülmaschine mit den vier Programmen oder bevorzugen Sie die einfachere, preisgünstigere Maschine?"
Lenkungsfragen (Suggestiv-fragen)[1]	■ Sie sind mit Vorsicht zu benutzen, da sie den Kunden in eine bestimmte Richtung drängen. Sie dürfen vor allem nicht dazu benutzt werden, einen Kunden „über den Tisch zu ziehen". ■ Eine Lenkungsabsicht üben die vom Verkäufer benutzten Wörter „sicher" und „wohl" aus. Mit dieser Frageart kann der Kunde positiv oder negativ beeinflusst werden.	■ „Sie möchten doch sicher auch, dass der Schlafsack für Ihre Tochter nicht nächstes Jahr schon zu klein ist?" ■ „Sie entscheiden sich doch sicher für das Holzauto, schließlich ist es haltbarer als das Auto aus Plastik und nur geringfügig teurer?" ■ „Sie finden wohl auch, dass Ihnen dieses Kleid sehr gut steht?"

- Wer fragt, bekommt Informationen, spart Zeit, bekundet Interesse, bringt seinen Gesprächspartner dazu, seinen Bedarf zu formulieren und/oder sich dessen bewusst zu werden.
- Wer Fragen stellt, steuert das Verkaufsgespräch.
- Zu beachten ist: Der Kunde darf sich nicht ausgefragt fühlen.

4.3 Direkte und indirekte Bedarfsermittlung

Die Bedarfsermittlung kann auf zwei Arten erfolgen: Wird der Bedarf des Kunden über eine **Fragekette** ermittelt, spricht man von **direkter Bedarfsermittlung**. Erfolgt die Bedarfsermittlung über den **Kontakt mit der Ware**, liegt eine **indirekte Bedarfsermittlung (warenbezogene Kontaktaufnahme)** vor.

	Direkte Bedarfsermittlung	Indirekte Bedarfsermittlung
Grund-überlegung	■ Bei der direkten Bedarfsermittlung erkundigt sich der Verkäufer nach dem Zweck, Anlass oder Einsatzbereich der gewünschten Ware. ■ Durch die Kundenantworten kann der Verkäufer eine den Kundenwünschen entsprechende Produktvorauswahl treffen.	■ Bei der indirekten Bedarfsermittlung stellt der Verkäufer kaum Fragen. ■ Er legt, nachdem der Kundenwunsch formuliert wurde, ein Testangebot aus seinem Sortimentsbereich vor und wartet die Reaktionen des Kunden ab. ■ Wenn die gezeigte Ware nicht den Kundenbedürfnissen entspricht, nähert sich der Verkäufer mit weiteren Angeboten an.

---

1 **Suggestiv:** hier einen Menschen stark beeinflussend.

	Direkte Bedarfsermittlung	Indirekte Bedarfsermittlung
Vorgehens-weise	1. Offene Fragen zum Anlass, Zweck, Gelegenheit, Einsatzbereich, Erwartungen etc. 2. Rückschlüsse aus den Kundenantworten ziehen und geeignete Ware vorlegen.	1. Testangebot vorlegen. 2. Kundenwunsch ermitteln. 3. Aus den Kundenreaktionen auf die Erwartungen schließen.
Beispiel	V: „Für welchen Anlass suchen Sie das Kleid?" K: „Für einen festlichen Abend." V: legt Cocktailkleider vor.	K: „Ich suche eine Freizeithose." V: legt Jeans vor. K: „Kann man damit auch wandern?" V: „Besser ist, Sie nehmen diese Trekkinghose, sie ist atmungsaktiv, wasserabweisend und hat viele Taschen."
Vorteile	■ Durch gezielte Fragen kann direkt die Ware vorgelegt werden, die der Kunde wünscht. ■ Die Antworten des Kunden ermöglichen eine gezielte Beratung.	■ Das Interesse wird sofort auf die Ware gelenkt. ■ Ein unnötiges Befragen des Kunden wird vermieden. ■ Anhand des Testangebotes können sich die Kundenwünsche herauskristallisieren.

Eine **Bedarfsermittlung** ist beim **Aushändigungsverkauf nicht erforderlich**. Ein Aushändigungsverkauf liegt vor, wenn der Kunde genau weiß, was er kaufen möchte. Dies ist insbesondere der Fall beim Verkauf von **Waren des täglichen Bedarfs**.

Beispiele:

Kauf von Brot- und Backwaren, Fleisch- und Wurstwaren, nicht alkoholische Getränke, Zeitungen, Süßigkeiten.

Hier kann sich der Verkäufer in der Regel beschränken auf eventuell notwendige Ergänzungsfragen (die sich meist auf die benötigte Art, Menge oder Größe der Ware beziehen), auf das Herbeiholen der Ware, auf eine schnelle Überprüfung hinsichtlich Mängeln, auf das Verpacken und Kassieren.

Zusammenfassung

■ Die **Bedarfsermittlung** ist bei **beratungsintensiver Ware** die **Schlüsselstelle zum erfolgreichen Verkaufen**.

■ Zu Beginn der Bedarfsermittlung muss der Verkäufer beim Kunden das Vertrauen in die Leistungsfähigkeit des Geschäftes stärken **(Vertrauensauslöser einsetzen)**.

■ Folgende Fragearten steuern Verkaufsgespräch: **Informationsfragen** (offene Fragen), **Kontrollfragen** (geschlossene Fragen), **Entscheidungsfragen**, **Lenkungsfragen** (Suggestivfragen).

■ Es werden zwei **Arten der Bedarfsermittlung** unterschieden:
   ■ die **direkte Bedarfsermittlung**: Über eine Fragekette wird die Beschaffenheit der gewünschten Ware ermittelt.
   ■ die **indirekte Bedarfsermittlung**: Aus der Reaktion des Kunden auf „Testangebote" von verschiedenen infrage kommenden Waren, werden Rückschlüsse auf seinen Bedarf gezogen.

Kompetenztraining

15 1. Ein Kunde steht im Elektrofachmarkt vor dem Regal mit Druckern und betrachtet diese ratlos. Ein Verkäufer geht auf ihn zu und spricht ihn folgendermaßen an: *„Kann ich Ihnen behilflich sein?"*

Aufgaben:

1.1 Beurteilen Sie den Einstieg in das Verkaufsgespräch!

1.2 Formulieren Sie für diesen Sachverhalt zwei mögliche Gesprächseröffnungen! Wählen Sie einmal die direkte und einmal die indirekte Methode der Bedarfsermittlung!

1.3 Nennen Sie zwei körpersprachliche Signale, die die Ratlosigkeit eines Kunden zeigen!

2. Überprüfen Sie nachfolgende Aussagen von verschiedenen Verkäufern auf ihre Einsatzfähigkeit in der Kontaktphase!

2.1 Verkäufer 1: *„Wie kann ich Ihnen helfen?"*

2.2 Verkäufer 2: *„Sie kommen zurecht?"*

2.3 Verkäufer 3: *„Suchen Sie etwas Bestimmtes?"*

2.4 Verkäufer 4: *„Ja bitte?!"*

2.5 Verkäufer 5: *„Guten Tag!?"*

2.6 Verkäufer 6: *„Haben Sie an etwas Bestimmtes gedacht?"*

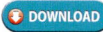

3. Diskutieren Sie die Vor- und Nachteile der direkten und indirekten Bedarfsermittlung für den Verkäufer und den Kunden!

4. Die immer elegant gekleidete Stammkundin, Frau Wolf, etwa 60 Jahre alt, betritt das Textilfachgeschäft Modetreff GmbH. Die Verkäuferin, Frau Meier, spricht die Kundin an:

[1] Frau Meier: *„Guten Tag, was kann ich für Sie tun?"*

Kundin: *„Guten Tag, Frau Meier! Mein Sohn wünscht sich einen neuen Pullover zum Geburtstag. Ich habe mir schon so viele angesehen und weiß jetzt gar nicht mehr, was für einen ich nehmen soll!"*

[2] Frau Meier: *„Aus welchem Material sollte der Pullover denn sein?"*

Kundin: *„Darüber bin ich mir noch unschlüssig. Merinowolle vielleicht?"*

[3] Frau Meier: *„Einen Pullover aus Merinowolle führen wir zurzeit leider nicht. Wir haben jedoch schöne Lambswoolpullover und hochwertige Pullover aus Alpaka."*

Kundin: (überlegt)

[4] Frau Meier: *„Alpaka ist ein sehr hochwertiges Material, dadurch wird der Pullover natürlich teurer. Wie viel wollen Sie denn anlegen?"*

Kundin: *„Darüber habe ich mir bisher keine Gedanken gemacht."*

[5] Frau Meier: *„Dann wird es schwierig einen geeigneten Pullover für Ihren Sohn zu finden!"*

Aufgaben:

4.1 Beurteilen Sie die Kontaktaufnahme!

4.2 Wie würden Sie die Kundin ansprechen, wenn diese bereits einen Pullover in den Händen hält? Formulieren Sie in wörtlicher Rede eine geeignete Kontaktaufnahme!

4.3 Die Verkäuferin fragt die Kundin nach ihren Materialvorstellungen. Halten Sie diese Frage für gelungen? Begründen Sie Ihre Meinung!

4.4 Formulieren Sie eine sinnvolle Einstiegsfrage zur Bedarfsermittlung!

4.5 Beurteilen Sie die Formulierung der Verkäuferin in [4]! Stellen Sie dar, wie Sie vorgegangen wären!

4.6 Beurteilen Sie die Schlussformulierung [5] der Verkäuferin! Gehen Sie dabei auf die Kundenwirkung der gewählten Worte ein!

16 Rollenspiele

1. Die 17-jährige Lisa betritt das Jeansgeschäft big easy GmbH. Die beiden Verkäuferinnen Isabella Sommer und Ines Neumann stehen hinter einem Rundständer mit Sonderangeboten. Isabella sortiert die Artikel nach Größen und Farben.

   Aufgaben:

   Spielen Sie die Situation in zwei Varianten:

   1.1 Die Verkäuferinnen verhalten sich nicht korrekt.

   1.2 Die Verkäuferinnen verhalten sich angemessen.

   1.3 Analysieren Sie beide Versionen und leiten Sie dazu Verhaltensregeln ab!

2. In der Parfümerie Flakon probiert die Stammkundin Daisy Huber das neue Parfüm von Chanel aus. Die Verkäuferin bedient bereits eine Kundin.

Rollenkarte: Daisy Huber	Rollenkarte: Verkäuferin	Rollenkarte: 2. Kundin
Sie möchten sich ein neues Parfüm kaufen, dass in der letzten Zeit stark beworben wurde und probieren dies in einem Geschäft aus.	Heute ist ziemlich viel los. Sie befinden sich in einem Verkaufsgespräch. Die Stammkundin, Frau Huber, betritt das Geschäft und wendet sich den Parfüms zu. Nehmen Sie Kontakt zur Kundin Huber auf.	Sie lassen sich in der Parfümerie von einer Verkäuferin ausführlich beraten.

   Aufgabe:

   Lassen Sie mehrere Male die Verkäuferin von unterschiedlichen Personen spielen! Vergleichen Sie anschließend die Verhaltensweisen! Halten Sie das richtige Vorgehen schriftlich fest!

17

1. Entscheiden Sie, um welchen Fragetyp es sich bei den nachfolgenden Fragen jeweils handelt:

   1.1 *„Möchten Sie lieber die braune oder die schwarze Ledermappe?"*

   1.2 *„Welche Anforderungen stellen Sie an einen Rasenmäher?"*

   1.3 *„Kann ich Ihnen helfen?"*

   1.4 *„Sie möchten doch bestimmt die wiederaufladbaren Batterien!"*

2. Stellen Sie Fragen nach dem Verwendungszweck für die nachfolgenden Produkte:

   2.1 Sonnenbrille,   2.3 Bohrmaschine und

   2.2 Kugelschreiber,   2.4 Kaffee!

3. Erklären Sie die Bedeutung von Informationsfragen im Verkaufsgespräch!

4. Formulieren Sie aus den Kontrollfragen Informationsfragen!

   4.1 *„Haben Sie bestimmte Vorstellungen von Ihrem Fahrrad?"*

   4.2 *„Gefällt Ihnen die Farbe Gelb?"*

   4.3 *„Kennen Sie die neue Office-Version?"*

5. Vervollständigen Sie den Satz!

Informationsfragen werden immer mit einem … eingeleitet, Kontrollfragen beginnen mit einem …

6. Mit geschlossenen Fragen erhält man wenig Informationen. Probieren Sie dies aus, indem Sie folgendes Frage-Antwort-Spiel anwenden:

Einer aus der Lerngruppe denkt sich einen komplexen Sachverhalt aus, gibt jedoch nur einen Teil davon preis, den Rest müssen die Mitschüler mithilfe von geschlossenen Fragen ermitteln. Wer eine Ja-Antwort bekommt, darf so lange weiterfragen, bis er eine Nein-Antwort erhält.

Beispiel: Folgender Sachverhalt liegt vor. Sie gehen nach der Berufsschule mit drei Mitschülern in die Eisdiele. Sie essen dort immer Spaghettieis. Eine Mitschülerin trinkt dort grundsätzlich einen Milchkaffee. Sie hat sich dort in den Kellner verliebt.

7. Erklären Sie, warum die Entscheidungsfrage gerne im Rahmen des Verkaufsabschlusses benutzt wird!

8. Begründen Sie, in welcher Phase des Verkaufsgespräches sich folgende Fragen eignen!

8.1 *„Möchten Sie lieber die gestreifte oder die einfarbige Krawatte?"*

8.2 *„Zu den Schuhen brauchen Sie bestimmt noch die geeignete Schuhcreme?"*

18 1. In einem Einzelhandelsgeschäft mit Vorwahlsystem beobachtet ein Verkäufer einen Kunden, der an einer Hose das Preisschild liest und das Pflegeetikett studiert. Daraufhin geht der Verkäufer auf den Kunden zu und spricht ihn an:

Verkäufer: *„Guten Tag!"*

Kunde: *„Guten Tag!"*

Verkäufer: *„Suchen Sie etwas Bestimmtes?"*

Kunde: *„Ich suche eine Hose."*

Aufgaben:

1.1 Formulieren Sie in wörtlicher Rede, wie in diesem Fall eine bessere Kontaktaufnahme erfolgen sollte!

1.2 Der Verkäufer hat im Rahmen der Bedarfsermittlung verschiedene Möglichkeiten, das Verkaufsgespräch weiterzuführen. Beschreiben Sie die Weiterführung des Verkaufsgespräches

1.2.1 im Rahmen der direkten Bedarfsermittlung!

1.2.2 im Rahmen der indirekten Bedarfsermittlung!

2. Ein Kunde liest in einem Reformhaus das Etikett eines Traubensaftes. Der Verkäufer kommt vorbei und sagt zu ihm: *„Guten Morgen! Diesem Traubensaft ist eine Extraportion Eisen zugefügt."*

Aufgabe:

Nennen Sie die Art der Kontaktaufnahme, die der Verkäufer wählt!

3. Stellen Sie fest, welches Einkaufsproblem die Kunden 1 bis 5 jeweils haben und formulieren Sie in wörtlicher Rede einen Gesprächseinstieg!

3.1 Kunde 1 hält sich prüfend eine Jeans an und betrachtet sich im Spiegel.

3.2 Kundin 2 liest die Rückseite der Verpackung eines Kinderspiels.

3.3 Kundin 3 hält einen mitgebrachten Stoffrest an eine buntgemusterte Bluse.

3.4 Kunde 4 studiert das Etikett einer Rotweinflasche.

3.5 Kundin 5 testet das Make-up auf dem Handrücken.

4. Barbara Schrode ist Auszubildende im zweiten Ausbildungsjahr in einem Foto-Fachgeschäft. Heute beobachtet sie einen etwa 20-jährigen jungen Mann, der schon einige Zeit vor der verschlossenen Glasvitrine mit den Fotoapparaten steht und die ausgestellte Ware betrachtet. Barbara geht auf den Kunden zu:

A	V: *„Guten Tag, wie kann ich Ihnen helfen?"* K: *„Guten Tag, ich suche einen Fotoapparat."*
B	V: *„Haben Sie schon eine bestimmte Vorstellung?"* K: *„Nein; wissen Sie, ich fahre im Sommer mit meiner Freundin in Urlaub, da möchte ich ein paar Erinnerungsfotos knipsen."* V: *„Mit welcher Kamera haben Sie bisher fotografiert?"* K: *„Na ja, ich hatte die Kamera von meinem Vater; damit bin ich überhaupt nicht zurechtgekommen. Ich habe immer alles falsch eingestellt, die Bilder waren ständig verwackelt."*

Aufgaben:

4.1 Nennen Sie die Phase des Verkaufsgespräches, um die es sich bei A handelt!

4.2 Beurteilen Sie Barbaras Vorgehen in der vorgegebenen Situation!

4.3 Stellen Sie dar, welche situationsbezogene Lösung hier auch möglich gewesen wäre!

4.4 Nennen Sie die Phase des Verkaufsgespräches, um die es sich bei B handelt!

4.5 Beurteilen Sie Barbaras Fragestellungen in der vorgegebenen Situation!

5. Ein älterer Herr betritt ein Spielwarengeschäft und schaut sich einige Zeit bei den Stofftieren um. Eine Verkäuferin tritt auf ihn zu.

Verkäuferin: *„Guten Tag, kann ich Ihnen helfen?"*

Kunde: *„Ich suche ein Geburtstagsgeschenk für meinen Enkel."*

Verkäuferin: *„Haben Sie an etwas Bestimmtes gedacht?"*

Kunde: *„Ich weiß noch nicht so recht. Er hat schon so viel."*

Verkäuferin: *„Da ist es natürlich schwierig, etwas zu finden, worüber das Kind sich freut. Wie wäre es mit einem Puzzle?"*

Aufgaben:

5.1 Beurteilen Sie die Kontaktaufnahme durch die Verkäuferin!

5.2 Formulieren Sie – in wörtlicher Rede – eine warenbezogene Kontaktaufnahme zur oben geschilderten Situation!

5.3 Begründen Sie, warum die Vorgehensweise der Verkäuferin bei der Bedarfsermittlung ungeschickt ist!

5.4 Formulieren Sie zwei Fragen der Verkäuferin, die sie bei einer geschickt durchgeführten direkten Bedarfsermittlung stellen könnte!

5 Kundenerwartungen

5.1 Kaufmotive

Ausbildungsgespräch

Ausbilderin: „Kunden, die etwas bei uns kaufen, haben immer ein Kaufmotiv."

Azubi: „Was ist denn genau ein Kaufmotiv?"

Ausbilderin: „Ein Motiv ist der Beweggrund oder der Antrieb, aus dem heraus ein Mensch etwas tut. Ein Kaufmotiv ist dementsprechend der Beweggrund eines Kunden, ein bestimmtes Produkt zu kaufen. In jeder Branche gibt es typische Kaufmotive. In der Outdoorbranche spielt z. B. die Abenteuerlust und die Sicherheit eine große Rolle."

Azubi: „Ach so. Es sind also die Gründe, warum Kunden ein bestimmtes Produkt kaufen. Dann hat unser Kunde, der die Sportsonnenbrille gekauft hat, dies getan, weil er beim Ski fahren Sicherheit haben wollte."

Ausbilderin: „Ja, der Kunde wollte bestimmt auch Sicherheit. Für ihn war es darüber hinaus wichtig, dass ihm die Brille steht und es gab sicherlich noch weitere Beweggründe, weshalb der Kunde dieses Modell gewählt hat."

Azubi: „Aber die wissen Sie nicht?"

Ausbilderin: „Nein. Vieles läuft im Verborgenen ab."

Stufen des Verkaufsgesprächs									
Kontakt-aufnahme	Bedarfs-ermittlung	Kunden-erwar-tungen	Vorlage der Waren	Verkaufs-argumen-tation	Preis-argumen-tation	Ergän-zungs- und Zusatz-angebote	Behand-lung von Kunden-einwänden	Kauf-abschluss herbei-führen	Service-leistungen anbieten, Verab-schiedung

Nach der Kontaktaufnahme und Bedarfsermittlung versucht der Verkäufer, die Kaufmotive des Kunden herauszufinden.

Kaufmotive sind die Gründe, die einen Käufer zum Kauf einer Ware bewegen.

Die Kaufmotive können von Kunde zu Kunde unterschiedlich sein. Sie können vom Verstand gelenkt sein (**objektive Kundenmotive**) oder vom Gefühl (**subjektive Kundenmotive**).

Beispiel:

Ein Kunde kauft eine Sportsonnenbrille. Er tut dies, weil er z.B. beim Skifahren Sicherheit haben möchte.

Für ihn ist es darüber hinaus wichtig, dass ihm die Brille steht. Und es gibt sicherlich noch weitere Beweggründe, weshalb der Kunde dieses Modell wählt.

Vom Verstand geleitete (objektive) Kaufmotive ≙ rationale[1] Kaufgründe	■ Kauf biologisch produzierter Lebensmittel (Gesundheit) ■ Kauf von Gütern mit einem hohen Gebrauchswert (Qualität) ■ Kauf preiswerter Sonderangebote (Geldersparnis) ■ Kauf von Gütern mit einem Umweltsiegel (Umweltbewusstsein) ■ Kauf von Fertiggerichten (Zeitersparnis) ■ …
Vom Gefühl geleitete (subjektive) Kaufmotive ≙ emotionale[2] Kaufgründe	■ Kauf einer teuren goldenen Uhr (Geltungsbedürfnis) ■ Kauf einer Ware, die viele besitzen (Nachahmungsverhalten) ■ Kauf von Büchern (Unterhaltung) ■ Kauf von Videospielen (Freizeitspaß) ■ …

Objektive Kundenmotive sind für den Verkäufer **erkennbar**. Teilweise **nicht erkennbar** sind die **subjektiven** (teilweise unbewussten) **Kaufmotive**.

5.2 Ansprüche der Kunden

Aus den Kaufmotiven entwickelt der Kunde Ansprüche an das Geschäft, den Verkäufer und die Ware.

Ansprüche sind der Bedarf eines Kunden, den dieser gegenüber dem Verkäufer äußert.

Ansprüche	Beispiele
an das Geschäft	■ *„Es wundert mich, dass Sie diese neue Top-Marke nicht in Ihr Sortiment aufgenommen haben;"* ■ *„Die Möglichkeit, die Sportgeräte in Ihrer Abteilung ausprobieren zu können, finde ich sehr gut."*
an den Verkäufer	■ *„Erklären Sie mir bitte, welche Funktionen dieses Smartphone besitzt und wie ich sie aufrufen kann."* ■ *„Erläutern Sie mir bitte die Inhaltstoffe dieses Holzschutzmittels für den Innenraum und deren Auswirkungen auf die Atemwege."*
an die Ware[3]	■ *„Bitte führen Sie mir einen geräuscharm konstruierten Rasenmäher vor."* ■ *„Wo finde ich Bio-Eier von Hühnern in Freilandhaltung?"* ■ *„Dieser Wäschetrockner hat ein TÜV-Zeichen. Bitte erläutern Sie mir die Bedeutung des TÜV-Zeichens."*

---

1 **Rational:** von der Vernunft bestimmt.

2 **Emotional:** vom Gefühl bestimmt.

3 Zu Einzelheiten siehe S. 82.

Zusammenfassung

- **Kaufmotive** sind Beweggründe, die den Menschen dazu veranlassen, sich für eine Ware zu interessieren und sie gegebenenfalls auch zu kaufen.

  - **Objektive Kaufmotive** liegen vor, wenn die Kaufentscheidung vom Verstand beeinflusst wird. Sie sind vom Verkäufer **erkennbar**.

  - **Subjektive Kaufmotive** liegen vor, wenn die Kaufentscheidung von Gefühlen beeinflusst wird. Sie können vom Verkäufer **teilweise nicht erkannt** werden.

- **Ansprüche** sind der Bedarf des Kunden, den dieser gegenüber dem Verkäufer äußert.

Kompetenztraining

19

1. Der Mörder im Krimi hat ein Motiv, der Kunde auch. Erklären Sie in diesem Zusammenhang den Begriff „Motiv"!

2. Formulieren Sie in wörtlicher Rede zu den Kundenansprüchen 2.1 bis 2.4 je eine Verkäuferaussage! (Ware nach eigener Wahl!)

   2.1 Geltungsbedürfnis

   2.2 Sicherheitsbedürfnis

   2.3 Abenteuer

   2.4 Sparsamkeit

3. Untersuchen Sie das nachfolgende Verkaufsgespräch! Erklären Sie, ob der Verkäufer die Kaufmotive des Kunden angemessen berücksichtigt hat!

   Der Kunde möchte eine Spülmaschine erwerben. Er wünscht sich eine mit niedrigem Wasserverbrauch und erwähnt, dass er Single ist.

   Der Verkäufer antwortet darauf: *„Das hier ist unser Preisschnäppchen. Sie sparen 150,00 EUR, wenn Sie sich noch diese Woche entscheiden."*

4. In einem Textilgeschäft mit Vorwahl möchte eine Kundin für ihren 10-jährigen Sohn Finn-Lukas einen Trainingsanzug kaufen. Es entwickelt sich folgendes Verkaufsgespräch:

Verkäuferin:	*„Guten Tag, wie kann ich Ihnen behilflich sein?"*
Kundin:	*„Ich möchte für meinen 10-jährigen Sohn Finn-Lukas einen Trainingsanzug kaufen."*
Verkäuferin:	*„Gerade bei den preisgünstigen Trainingsanzügen für Kinder haben wir eine große Auswahl."*
Kundin:	(Die Kundin ist unschlüssig) *„Wie viel kostet denn ein Trainingsanzug?"*
Verkäuferin:	*„Bevorzugen Sie ein Markenprodukt oder darf es auch billiger sein?"*
Kundin:	*„Ein ordentlicher Trainingsanzug soll es schon sein, jedoch nicht zu teuer!"*
Verkäuferin:	*„Sicher werden wir bei der großen Auswahl das Richtige finden!"*

   Aufgaben:

   4.1 Nennen Sie zwei Kaufmotive, welche aufgrund der Aussagen der Kundin erkennbar sind (mit Begründung)!

   4.2 Erläutern Sie ein weiteres mögliches Kaufmotiv, das die Kundin zum Kauf eines Trainingsanzugs veranlassen könnte!

   4.3 Erklären Sie, warum es für Verkäufer wichtig ist, die Kaufmotive ihrer Kunden zu erkennen!

5. Frau Edelmann möchte sich eine neue Brille zulegen.

Verkäufer: *„Frau Edelmann, was kann ich für Sie tun?"*

Fr. Edelmann: *„Ich brauche unbedingt eine elegante Brille, die zu meiner neuen Frisur passt, und gleichzeitig für sportliche Aktivitäten geeignet ist."*

Verkäufer: *„Wie wäre es denn mit diesem Modell?"*

Fr. Edelmann: *„Das Aussehen ist ja sehr schön, aber der Preis ist viel zu hoch!"*

Verkäufer: *„Ein elegantes Brillengestell zu finden, das gleichzeitig wenig kostet, ist sehr schwer."*

Fr. Edelmann: *„Was ist denn mit der Brille dort in der Auslage?"*

Verkäufer: *„Die ist ja noch teurer. Da müssen Sie bei Ihren Ansprüchen einfach Abstriche machen."*

Aufgaben:

5.1 Nennen Sie die Kaufmotive, die nach Aussage der Kundin erkennbar sind!

5.2 Erklären Sie, welche Schwierigkeit für den Verkäufer aus den Kaufmotiven der Kundin entsteht!

5.3 Erläutern Sie, welchen Fehler der Verkäufer in Bezug auf eine positive Verkaufsatmosphäre, bezüglich seiner Fragetechnik und seiner Kontaktaufnahme mit der Kundin macht!

5.4 Formulieren Sie in direkter Rede bessere Fragen des Verkäufers!

6   Warenvorlage

Stufen des Verkaufsgesprächs									
Kontakt-aufnahme	Bedarfs-ermittlung	Kunden-erwar-tungen	**Vorlage der Waren**	Verkaufs-argumen-tation	Preis-argumen-tation	Ergän-zungs- und Zusatz-angebote	Behand-lung von Kunden-einwänden	Kauf-abschluss herbei-führen	Service-leistungen anbieten, Verab-schiedung

Azubi: *„Den Kunden möglichst schnell mit der Ware in Kontakt bringen ist gut, oder?"*

Ausbilderin:

„Ein erfolgreicher Verkäufer wird an dieser Stelle nicht zu viel sagen, sondern die Ware für sich sprechen lassen. Denn der Mensch nimmt seine Umwelt über seine Sinne wahr und erhält z.B. durch das Fühlen des Stoffes einen besseren Eindruck als durch das bloße Anschauen."

6.1 Kundenerwartungen an die Ware und der Zeitpunkt der Warenvorlage

6.1.1 Kundenerwartungen an die Ware

Kunden-erwartungen	Erläuterungen	Beispiele
Gebrauchswert (Nutzungswert)	Die Ware hat den Zweck, den der Kunde erwartet, zu erfüllen und dem Kunden damit einen praktischen Nutzen zu bringen.	*„Dieser Anorak ist wärmend, wasserdicht und atmungsaktiv."*
Geltungswert	Die Ware gibt dem Käufer einen persönlichen Zusatznutzen. Sie gibt ihm persönliche Freude, erregt Aufmerksamkeit und verschafft dem Käufer Prestige.[1]	*„Dieser Marken-Anorak ist hochmodisch mit einem tollen Farbmotiv auf der Rücken- und Vorderseite. Man wird Sie beneiden."*
Preis	Leistung und Nutzen der Ware sollte den geforderten Preis rechtfertigen.	*„Der Preis für dieses Markenprodukt ist günstig, wir haben den Preis festgelegt auf ..."*
Umweltverträglichkeit	Die Ware sollte umweltschonend hergestellt sein. Die Ware muss hinsichtlich ihrer nachhaltigen[2] Auswirkung auf die Umwelt betrachtet werden.	*„Sie sehen, dieser Anorak trägt das Siegel Naturtextil IVN BEST und steht damit für Nachhaltigkeit in Sachen Umwelt."*
Sicherheit	Die Ware sollte zum einen bezogen auf Material und Funktion alle Sicherheitsauflagen erfüllen und zum anderen, wenn möglich, eine Zusatzsicherheit anbieten.	*„Der Anorak ist aus schwer brennbaren Material und durch die Leuchtstreifen auf dem Rücken und den Ärmeln sind Sie bei Dunkelheit gut erkennbar."*

6.1.2 Zeitpunkt der Warenvorlage

(1) Zeitpunkt der Warenvorlage bestimmen

Die Warenvorlage ist mit der Bedarfsermittlung verknüpft. Wenn der Kunde direkt einen bestimmten Artikel im Auge hat, dann ist es sinnvoll, den gewünschten Artikel ohne viele Worte vorzulegen.

Ist der Kaufwunsch noch nicht eindeutig bestimmt, sollte der Verkäufer sofort Testartikel vorlegen, um über ergänzende Fragen den genauen Kaufwunsch des Kunden herauszufinden.

---

1 **Prestige:** Ansehen, Geltung.

2 **Nachhaltigkeit** beschreibt eine dauerhafte umweltgerechte Entwicklung, die die Vorsorge für zukünftige Generationen einschließt.

(2) Art der Warenvorlage auswählen

Möchte der Verkäufer die Ware vorlegen, so hat er zu entscheiden, in welcher Form diese erfolgen soll. Grundsätzlich stehen ihm vier Möglichkeiten zur Auswahl:

Ausprobieren	Bei allen dafür geeigneten Waren soll der Verkäufer den Kunden zum Ausprobieren veranlassen und dabei zweckmäßige Angaben machen (einfache Bedienung, Gefahrlosigkeit, Handlichkeit, vielseitige Verwendungsmöglichkeit usw.). Der Besitzwunsch wird durch das Ausprobieren gesteigert und die Chance, einen Verkaufserfolg zu erzielen, erhöht.
Anprobieren	Bei Bekleidung soll der Kunde immer zum Anprobieren angehalten werden, soweit es nicht hygienische Gründe verbieten. Geeignete Hinweise nicht nur über die Qualität (z. B. bügelfrei, atmungsaktiv), sondern auch über das Aussehen sind sehr wichtig.
In die Hände geben	Soweit sich die Ware nicht zum Anprobieren bzw. Ausprobieren eignet, sollte sie der Verkäufer dem Kunden zum Betasten, Anfühlen u. dgl. in die Hände geben. Der Kunde gewinnt dadurch am besten den Eindruck, dass ihm an der Ware nichts verborgen wird.
Kostproben	Alle Esswaren eignen sich für gelegentliche Kostproben. Die Wirkung soll durch geeignete Hinweise (über Geschmack, Bekömmlichkeit usw.) verstärkt werden.

Beispiel:

Waren	Sehen (Zeigen)	Hören (Worte, Geräusche)	Berühren	Riechen	Schmecken
Pralinen	Anblick der Verpackung	–	–	Duft der Schokolade	Probieren einer Praline
Fahrrad	Anschauen des Fahrrades Vorführen des Fahrrades durch den Verkäufer	Geräusche bei der Betätigung der Gangschaltung/Produktinformationen im Verkaufsgespräch	Sitzprobe und Testfahrt	Eigengeruch eines neuen Fahrrades (Gummi, Kunststoff)	–
Parfüm	Betrachtung des Flakons[1]	–	Fühlen der glatten, wohlgeformten Oberfläche des Flakons	Duftprobe am eigenen Körper	–

1 **Flakon:** Glasfläschen mit Stöpsel z. B. zum Aufbewahren von Parfüm.

6.2 Preislage der Warenvorlage

Es ist falsch, den Kunden sofort nach der Preislage zu fragen, an die er denkt. Der Verkäufer macht im Allgemeinen auch einen Fehler, wenn er beim Vorzeigen der Ware jedes Mal gleich den Preis der Ware nennt. Er soll vielmehr durch geschicktes Zeigen und Beschreiben **zuerst den Besitzwunsch wecken.** Vorzeitig genannt kann der Preis den Weg zum Kaufentschluss versperren. (Zum „Zeitpunkt der Preisnennung" siehe S. 97 f.)

Mit welcher Preislage soll der Verkäufer bei der Vorstellung der einzelnen Warenausführungen beginnen?

Äußert der Kunde eine Qualitäts- oder Preisvorstellung, muss sich der Verkäufer an diese Vorgabe halten. Ist die Qualitäts- und Preisvorstellung noch nicht vollständig ermittelt, ist es sinnvoll, eine Ware **mittlerer Qualitäts-** und **Preisklasse** anzubieten. Damit ist ein Spielraum vorhanden, der − je nach Reaktion des Kunden − stufenweise die Vorlage von **Waren höherer oder niedrigerer Qualität und Preislage** zulässt. Mit der niedrigsten oder höchsten Qualitäts- oder Preislage zu beginnen, ist unklug.

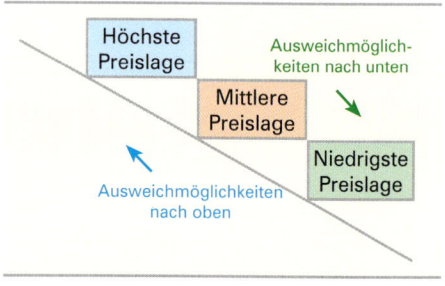

Nachteile bei Vorlage der niedrigsten Qualitäts- oder Preislage

- Es fehlt die Ausweichmöglichkeit nach unten, wenn der Kunde noch billigere Ware verlangt.
- Es besteht die Gefahr, dass sich der kaufkräftige Kunde falsch eingeschätzt fühlt und empört ablehnt.
- Mancher Kunde zieht negative Rückschlüsse auf die Leistungsfähigkeit des Geschäfts („Ramschladen").
- Das Anbieten der billigsten Warenausführung liegt nicht im Interesse des Geschäfts.

Nachteile bei Vorlage der höchsten Qualitäts- oder Preislage

- Es fehlt die Ausweichmöglichkeit nach oben, wenn der Kunde noch teurere Ware verlangt.
- Billigere Ausführungen gefallen eventuell dem Kunden nicht mehr. Kann sich der Kunde die Ware zu dem hohen Preis nicht leisten, wird er eventuell auf jeglichen Kauf verzichten.
- Der Kunde wird verschreckt. Er vermutet ausschließlich teure Ware im Geschäft („Apotheke").

Der Einstieg bei der Warenvorlage mit der **mittleren Preislage** ist ein **gutes Richtmaß.** Allerdings ist diese Vorgehensweise kein Gesetz, welches immer befolgt werden sollte.

6.3 Artikelzahl

Nach einer **Faustregel** ist es sinnvoll, **drei Artikel vorzulegen.** Im Einzelfall können es auch fünf sein. Dadurch wird dem Kunden eine echte Auswahl angeboten. Verlangt der Kunde die Vorlage weiterer Artikel, legt der Verkäufer weitere Artikel, die dem Kundenanspruch näher liegen, vor. Artikel, die dem Kunden nicht gefallen, werden beiseite geräumt, um auf diese Weise das Angebot schrittweise wieder einzugrenzen.

Beispiel:

Der Kunde möchte eine Sonnenbrille kaufen.

Falsch	Falsch	Richtig
Verschiedene Sonnenbrillen-modelle liegen (durch-einander) auf der Theke!	Nur eine Sonnenbrille liegt auf der Theke!	3 bis 5 Sonnenbrillen liegen geordnet auf der Theke!

6.4 Überprüfung der Kundenerwartungen an die Ware

Um sicherzustellen, dass der Kunde mit der vorgeleg-ten Ware einverstanden ist und keine weiteren Vor-schläge erwartet, kann der Verkäufer Kontrollfragen stellen. Der Kunde sollte die Frage möglichst mit „Ja" beantworten.

Beispiel:

Verkäufer:	*„Sie sagten, Sie suchen für Ihren 6-jährigen Sohn einen stark wärmenden Schlaf-sack, in seiner Lieblingsfarbe ‚Blau', der von der Größe her 2 bis 3 Jahre genutzt werden kann. Trifft dies zu?"*
Käufer	*„Ja".*
Verkäufer:	*„Dann ist dieser Schlafsack in der Farbe Blau für 59,90 EUR der richtige für Ihren Sohn. Sehen Sie das auch so?"*

Zusammenfassung

- Die **Warenvorlage** schließt sich an die Ermittlung der Kundenerwartungen an.

- Die Warenvorlage muss den **Kundenerwartungen** entsprechen.

- Für die Warenvorlage ist Folgendes von Bedeutung:
  - Zeitpunkt der Vorlage
  - Art der Vorlage
  - Preislage der Vorlage
  - Artikelzahl
  - Sinne ansprechen[1]
  - Kontrollfragen

---

1 Auf das Ansprechen der Sinne und die Kundenaktivitäten wird im Lernfeld 4, Kapitel 6 „Visual Merchandising", S. 174 ff. eingegan-gen.

Kompetenztraining

20

1. Beschreiben Sie, wie Sie sich in der folgenden Situation verhalten!

   Eine Kundin fragt an der Wursttheke: *„Schmeckt der Schinken wirklich so gut wie er aussieht?"*

2. Bei einer Warenvorlage schweifen die Augen des Kunden ab, als Sie ihm die Ware erläutern.

   Aufgabe:

   Beschreiben Sie, was Sie tun!

3. Eine jüngere Frau betritt ein Schuhgeschäft. Eine Verkäuferin tritt auf sie zu.

   Verkäuferin: *„Darf ich Ihnen behilflich sein?"*

   Kundin: *„Ich hätte gerne ein Paar Schuhe gekauft."*

   Verkäuferin: *„Welche Größe haben Sie? Ich zeige Ihnen gerne einige Modelle."*

   Die Verkäuferin rennt weg, um einige Schuhkartons zu holen. Die Schuhe werden von der Kundin mehrfach anprobiert und der Stapel der Schuhkartons wird immer größer.

   Aufgaben:

   3.1 Beurteilen Sie die Kontaktaufnahme!

   3.2 Begründen Sie, ob sich die Verkäuferin bei der Warenvorlage richtig verhalten hat!

4. Auf die Theke aufgestützt, wartete ein Verkäufer in einem Fachmarkt für Sportschuhe und schaute sehr auffällig und fast herausfordernd wirkend zum Kunden hinüber. Der Kunde ging darauf zu diesem Verkäufer, der ihn weiter in der beschriebenen Weise anblickte und auch nichts sagte, als der Kunde schließlich unmittelbar vor ihm stand. Der Kunde nannte deshalb von sich aus einen Wunsch. Ohne die Haltung zu verändern, und weiterhin mit lässig aufgestütztem Kopf, fragte der Verkäufer: *„Was wollen Sie ausgeben?"* Eingeschüchtert machte der Kunde seine Angaben. Ohne weiteren Kommentar richtete sich der Verkäufer jetzt auf, machte auf dem Absatz kehrt und verschwand hinter den Regalen. Nach kurzer Zeit kehrte er zurück, stellte einen verpackten Fitness-Schuh auf den Tisch und meinte, diesen könnte er wirklich empfehlen, außerdem sei der Fitness-Schuh im Angebot (45,99 EUR statt 79,99 EUR).

   Aufgaben:

   4.1 Stellen Sie fest, ob sich der Verkäufer in der oben beschriebenen Situation kundengerecht verhalten hat im Hinblick auf

       4.1.1 Kontaktaufnahme,

       4.1.2 Bedarfsermittlung,

       4.1.3 Warenvorlage!

       Begründen Sie Ihre Antworten!

   4.2 Im Vorwahlsystem haben Sie als Verkäufer verschiedene Möglichkeiten der Kontaktaufnahme.

       4.2.1 Zeigen Sie an einer selbst gewählten Ware, die im Vorwahlsystem verkauft wird, wie Sie mit einer Kundin, die sich mit der Ware beschäftigt, Kontakt über die Ware aufnehmen (warenbezogene Kontaktaufnahme)!

          Nennen Sie zuerst die Ware und formulieren Sie dann die Kontaktaufnahme in wörtlicher Rede!

       4.2.2 Formulieren Sie außerdem eine kundenbezogene Kontaktaufnahme mit einem Stammkunden!

   4.3 Die Kundin bittet um eine Warenvorlage. Sie haben unterschiedliche Ausführungen der gewünschten Ware.

       Mit welcher Preisklasse beginnen Sie Ihre Warenvorlage? Begründen Sie Ihr Vorgehen!

4.4 Verkäufer: *„Kann ich Ihnen helfen?"*

Kunde: *„Nein, danke. Ich möchte mich erst einmal umschauen."*

Beschreiben Sie, wie Sie als Verkäufer reagieren würden! (Wörtliche Rede!)

4.5 Für den Erfolg eines Beratungsgesprächs ist die Warenvorlage durch den Verkäufer von entscheidender Bedeutung.

4.5.1 Beschreiben Sie an einem Artikel Ihrer Wahl eine Möglichkeit, den Kunden verstärkt in die Verkaufshandlung mit einzubeziehen!

4.5.2 Formulieren Sie zu der in Aufgabe 4.5.1 beschriebenen Möglichkeit der Kundenaktivierung eine Kontrollfrage in wörtlicher Rede!

Begründen Sie, warum eine solche Kontrollfrage sinnvoll ist!

5. In einem Fotogeschäft wird folgendes Verkaufsgespräch geführt:

Kundin: *„Ich hätte gerne eine Kamera."*

Verkäufer: *„Denken Sie an eine bestimmte Marke?"*

Kundin: *„Nein, eigentlich nicht."*

Verkäufer: (holt drei Kameras aus einem Regal und beginnt damit, sie vorzustellen)

Kundin: *„Sie soll nicht zu kompliziert sein, aber gute Bilder machen."*

Verkäufer: *„Wir haben hier eine Kamera mit digitalem Spiegelreflex."*

Kundin: *„Wie funktioniert die Kamera?"*

Verkäufer: *„Die genaue Beschreibung finden Sie in der Bedienungsanleitung."*

Aufgaben:

5.1 Nennen Sie die zwei Kaufmotive, die die Kundin hat!

5.2 Erklären Sie, mit welcher Fragestellung der Verkäufer das Verkaufsgespräch beginnt! Nennen Sie, welchen Nachteil diese Fragetechnik hat!

5.3 Beschreiben Sie, welchen Vorteil die vom Verkäufer angewandte Methode der Bedarfsermittlung (Vorlage von drei Kameras) hat!

5.4 Erläutern Sie, welche Auswirkungen möglich sind, wenn sich der Verkäufer nur mit dem Hinweis auf die Bedienungsanleitung begnügen würde! (Geben Sie drei Auswirkungen an!)

5.5 Nennen Sie zwei Grundsätze der Warenvorlage und erläutern Sie diese!

6. Ergänzen Sie die Spalte Produkte in der Tabelle mit fünf Waren aus Ihrem Ausbildungsbetrieb. Formulieren Sie, in welcher Weise die Waren die Sinne

– Sehen, – Riechen und
– Hören, – Schmecken
– Berühren,

ansprechen und vervollständigen Sie die Tabelle.

Produkte	Sehen	Hören	Berühren	Riechen	Schmecken	

7 Verkaufsargumentation

7.1 Kundenerwartungen

Stufen des Verkaufsgesprächs									
Kontakt-aufnahme	Bedarfs-ermittlung	Kunden-erwar-tungen	Vorlage der Waren	**Verkaufs-argumen-tation**	Preis-argumen-tation	Ergän-zungs- und Zusatz-angebote	Behand-lung von Kunden-einwänden	Kauf-abschluss herbei-führen	Service-leistungen anbieten, Verab-schiedung

Bei der Verkaufsargumentation[1] werden dem Kunden Gründe angeboten, warum es für ihn sinnvoll ist, gerade diese Ware zu kaufen. Dies gelingt umso mehr, je genauer der Verkäufer auf die bereits ermittelten Kundenerwartungen (Kaufmotive) eingeht.

> Die **Stufe der Verkaufsargumentation** hat das Ziel, dem Kunden **Gründe für seinen Kauf** zu vermitteln.

Der Verkäufer muss dem Käufer das Gefühl geben, dass seine Bedürfnisse durch den Kauf in hohem Maße befriedigt werden. Die Bedürfnisbefriedigung bezieht sich dabei nicht allein auf die **Produktmerkmale** und **Produktvorteile**. Miteinbezogen wird auch der **Produktnutzen,** den der Kunde durch den Erwerb der Ware erzielen kann.

Beispiele:

- *„Durch den Kauf einer Heckenschere erleichtern Sie sich die Arbeit."*
- *„Mit diesem Kosmetikartikel tun Sie Ihrer Haut etwas Gutes."*
- *„Mit dem Kauf dieses Anzugs können Sie überall selbstsicher auftreten."*
- *„Der Kauf dieses Sonderangebots erspart Ihnen viel Geld."*

7.2 Aufbau einer Verkaufsargumentation

Die Verkaufsargumentation in einem Verkaufsgespräch kann in drei Schritte gegliedert werden:

- **Produktmerkmale** benennen,
- **Produktvorteile** aufzeigen,
- **Produktnutzen** für den Kunden (Kundennutzen) darlegen.

---

1 **Argument:** Rechtfertigungsgrund; Punkt einer Beweisführung.

7.2.1 Produktmerkmale

Produktmerkmale sind die Eigenschaften, die ein bestimmter Artikel besitzt.

Produkt-merkmale	Beispiele
Verwendete Materialien	Socke aus 80 % Baumwolle, 20 % Polyamid mit plüschiger Laufsohle.
Machart	Federleichter Clog aus Croslite™-Material; umklappbarer Fersenriemen; zahlreiche Belüftungsöffnungen; leichte, abriebfeste Sohle.
Verwendungs-möglichkeiten	Das variable Aufbewahrungssystem besteht aus engmaschigem Drahtgeflecht. Die vier Würfel lassen sich nach Belieben über- oder nebeneinander anordnen. Lieferung erfolgt zerlegt mit Aufbauanleitung.
Service-leistungen	**Kann man Zeit und Ahnung kaufen? Klar das geht!** Moderne Technik begeistert uns mit ihren vielfältigen Möglichkeiten. Aber wer kein ausgesprochener Nerd[1] ist, kann in Kommunikation, Entertainment oder Produktivität oft nicht alles ausschöpfen, was die leistungsstarke Technik bietet. Sie haben keine Freude, sich in komplexe Technik reinzufuchsen? Sie haben keine Zeit, langatmige Bedienungsanleitungen zu studieren? Sie haben einfach keine Ahnung, was Ihre neue Technik angeht? Entspannen Sie sich – wir helfen Ihnen mit unserem ready2go@home Service und jeder Menge Zeit, Ahnung und Freude am Einrichten und Erklären weiter. (Quelle: https://www.saturn.de/de/service/deutsche-technikberatung [20.10.2021]

Es gilt, je mehr Warenkenntnisse der Verkäufer über einen Artikel besitzt, desto überzeugender kann er die Produktmerkmale und Produktvorteile im Verkaufsgespräch herausstellen.

---

1 **Nerd**: sehr intelligenter, aber sozial isolierter Computerfan.

7.2.2 Produktvorteile

Ausbildungsgespräch

Ausbilderin:

„Nicht jeder Verkäufer argumentiert, denn zu argumentieren heißt, etwas zu beweisen. Im Verkaufsgespräch begründet der Verkäufer dem Kunden seinen persönlichen Vorteil, wenn er das Produkt erwirbt. Eine Verkaufsargumentation ist Überzeugungsarbeit und keine Überredungskunst."

Azubi: *„Wann ist denn eine Verkäuferaussage ein Argument?"*

Ausbilderin: *„Verkaufsargumente unterliegen bestimmten Anforderungen und können je nach Kunden unterschiedlich sein, auch wenn Sie sämtlichen Kunden das gleiche Produkt verkaufen."*

Aus den Produktmerkmalen kann der Verkäufer **Vorteile der Produkte** ableiten. Vorteile eines Produktes ergeben sich aus folgenden Bereichen:

Bereiche der Verkaufsargumentation	Beispiel: Smartphone
Eigenschaften des Produktes	Ansprechendes Design mit großem, fast rahmenlosen Infinity-Display (6,7 Zoll), brillantes und leuchtstarkes Super-AMOLED-Display; solide Performance und ausreichend Speicherplatz (128 GB); Triple-Hauptkamera mit Ultra-Weitwinkel- und Tiefenschärfeobjektiv (Auflösung 32 MP); Akku mit hoher Kapazität. Android 9.0 ab Werk vorinstalliert.
Verwendungszweck	Elegantes und besonders schlankes Smartphone mit hellem Display und einer flotten Alltags-Performance. Fotos und Videos als Erinnerung oder zum Teilen lassen sich mit dem Smartphone vielseitig festhalten. Aufgrund seiner tollen Akkulaufzeit auch für Dauernutzer geeignet.
Umweltverträglichkeit	Einsatz erneuerbarer Energien in der Produktion. Damit das Smartphone nach dem Ausdienen recycelt werden kann, kann es beim Hersteller zurückgegeben werden, wo es im Anschluss eingeschmolzen und wiederverwertet wird.
Service	Reparaturen innerhalb 24 Stunden; zwei Jahre Garantie.
Preis	Preis-Leistungs-Verhältnis stimmt; Preisvorteile gegenüber vergleichbaren Konkurrenzprodukten.

7.2.3 Produktnutzen

(1) Nutzenbezogene Argumentation

Eine **nutzenbezogene Argumentation** ermöglicht es, den Kundennutzen mit der angebotenen Ware zu verbinden. Um diese Verknüpfung zu erreichen, muss der Verkäufer die Kundenerwartungen genau kennen. Schätzt der Verkäufer die Ansprüche seines Kunden nicht richtig ein, baut er eine völlig falsche Argumentation auf.

Beispiel:			
Sachverhalt	**Nutzenanalyse**	**Nutzenargumentation**	**Kaufentscheidung**
Kundin möchte ein Kleid für eine Party, mit dem sie sich von anderen Frauen abhebt und das sie besonders attraktiv macht.	**Nutzenmotiv (Kaufmotiv) richtig erkannt:** Geltungs-bedürfnis/ Schönheit	**Nutzenbezogene Argu-mentation:** Mit diesem raffinierten Kleid sind Sie auf der Party ein Hingucker. Viele Frauen werden Sie beneiden.	**wahrscheinlich** (Kunde fühlt sich verstanden)
	Nutzenmotiv (Kaufmotiv) nicht richtig erkannt: Pflegeleicht	**Keine nutzenbezogene Argumentation:** Dieses Kleid können Sie in der Waschmaschine waschen, dadurch sparen Sie die Reinigungskosten.	**unwahrscheinlich** (Kundin fühlt sich nicht verstanden)

(2) Vorteilsbezogene Argumentation

Vorteilsformulierungen führen dazu, dass der Kunde den **persönlichen Vorteil (Nutzen)** erkennt. Dies ist bedeutsam, denn in vielen Fällen kauft der Kunde nicht die Ware (z. B. die Waschmaschine, das Fertiggericht), sondern deren Vorteil (z. B. die Arbeitsentlastung, die schnelle und einfache Zubereitung).

Beispiel: Kunde möchte eine neue Uhr

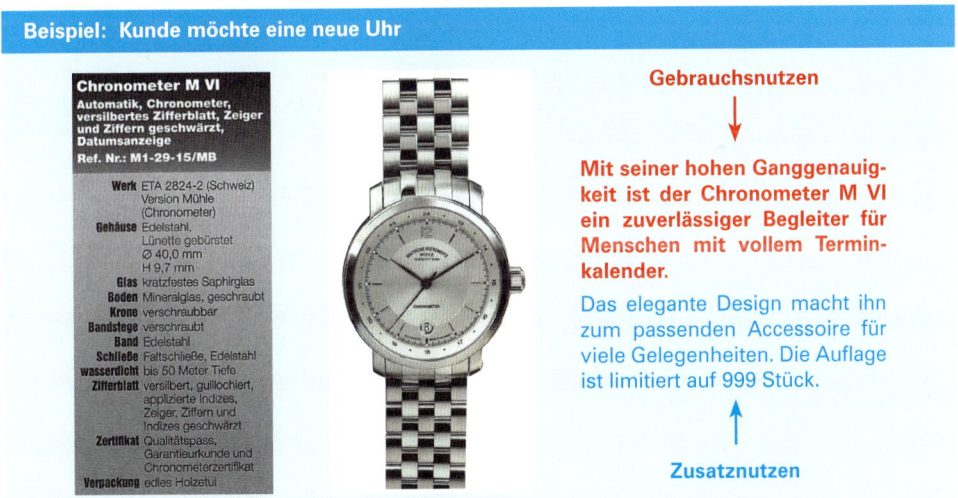

Gebrauchsnutzen

Mit seiner hohen Ganggenauig-keit ist der Chronometer M VI ein zuverlässiger Begleiter für Menschen mit vollem Termin-kalender.

Das elegante Design macht ihn zum passenden Accessoire für viele Gelegenheiten. Die Auflage ist limitiert auf 999 Stück.

Zusatznutzen

Der Teil der Wareneigenschaften, der zur Befriedigung eines bestimmten Bedarfs (Prob-lems) nötig ist, bezeichnet man als **Gebrauchsnutzen**. Daneben gibt es noch Wareneigen-schaften, die für die eigentliche Bedarfsbefriedigung nicht erforderlich sind, die aber dem Kunden Ansehen, Geltung, (stolze) Gefühle verschaffen. Diese Eigenschaften einer Ware bezeichnet man als **Zusatznutzen** bzw. **Geltungsnutzen**.[1]

---

1 Der **Geltungsnutzen** geht über den Zusatznutzen hinaus. Er soll vor allem die Person (das Geltungsbedürfnis) des Kunden heraus-stellen (Beispiel: wertvolle Uhr als Statussymbol).

(3) Personenbezogene Argumentationskette

Durch die **„Sie"-Formulierung** wird der Kunde persönlich angesprochen. Dadurch verstärkt sich der Kaufwunsch, weil auf seine Belange eingegangen wird. Der Kunde fühlt sich verstanden und gut beraten.

Von Bedeutung für den Verlauf der Argumentation ist, dass der Verkäufer seine Argumente **ständig steigern** kann. Das bedeutet, dass das **stärkste Argument** an den **Schluss der Argumentationskette** gehört. Begonnen werden sollte jedoch nicht mit dem schwächsten Argument, sondern mit einem wichtigen Argument, um das Interesse des Kunden zu wecken.

Beispiele für Vorteilsformulierungen sind:
■ *„Sie sparen dadurch ..."*
■ *„Das hilft Ihnen ..."*
■ *„Damit können Sie ..."*
■ *„Dadurch verbessern Sie ..."*
■ *„Das garantiert Ihnen ..."*
■ *„Das erhöht Ihre ..."*
■ *„Damit vereinfachen Sie ..."*
■ *„Das ersetzt Ihnen ..."*
■ *„Dadurch erzielen Sie ..."*

(4) Verkaufsargumentation mit der Gesundheits- und Umweltverträglichkeit der Ware

In der Gesellschaft hat sich das Umwelt- und Gesundheitsbewusstsein in den letzten Jahrzehnten stark verändert. Die Kunden sind zunehmend umwelt- und gesundheitsbewusster geworden. Sie verlangen nach Waren, die gesund sind und die Umwelt nicht oder nur in geringerem Umfang belasten. Insbesondere achten die Kunden darauf, dass die gekauften Gebrauchsartikel nach ihrer Nutzung recycelfähig sind, d.h. in den industriellen Produktionsprozess zurückgeführt werden können. Aus Konsumgüterabfällen werden dann keine Abfälle, sondern neue Werkstoffe und Energien gewonnen.

Beispiele für einen umwelt- und gesundheitsverträglichen Sortimentsaufbau:	
■ Fleisch und Gemüse aus ökologisch orientierter Tierhaltung bzw. ökologisch orientiertem Anbau führen.	■ Gebrauchsgegenstände führen, die recycelfähig bzw. leicht zu entsorgen sind.
■ Regionale Produkte anbieten, um lange (umweltschädliche) Transportwege zu vermeiden.	■ Nur Waren aus Entwicklungsländern führen (z.B. Kaffee, Bananen, Tee, Teppiche, Textilien), bei denen sichergestellt ist, dass ein fairer Handel mit diesen Ländern gefördert wird.
■ Artikel führen, zu denen es Nachfüllpackungen gibt.	
■ Überflüssiges Verpackungsmaterial vermeiden sowie nur umweltfreundliche Materialien verwenden.	■ Gebrauchsgüter führen, die wasser- bzw. energiesparend sind.

Wo immer möglich, muss der Verkäufer in seiner Verkaufsargumentation auf die Gesundheits- bzw. Umweltverträglichkeit der Ware hinweisen.

Beispiele:	
■ *„Das Gemüse, das ich Ihnen anbiete, ist ein Bioprodukt aus der Region."*	*Dampf und Druck die Reiz- und Bitterstoffe entzogen werden."*
■ *„Dieser Kaffee ist sehr bekömmlich, da den Kaffeebohnen vor dem Rösten mit heißem*	■ *„Dieses Brot ist aus Natursauerteig mit 100 % Roggenmehl gebacken."*

Zusammenfassung

■ In der **Argumentationsphase** führt der Verkäufer **Gründe (Argumente)** an, die den Käufer überzeugen sollen, dass der **Kauf** die **angestrebte Problemlösung** ist.

■ Eine überzeugende Argumentation setzt voraus, dass der Verkäufer das **Vertrauen des Kunden** gewonnen hat und über die fachlichen Kenntnisse verfügt.

■ Die **nutzenbezogene Verkaufsargumentation** verknüpft den **Produktnutzen** mit dem **Kundennutzen**. Sie ist umso erfolgreicher, je besser der Verkäufer den vom Kunden angestrebten Nutzen (die Kaufmotive) kennt.

■ Die Verkaufsargumentation besteht aus **drei Schritten:**

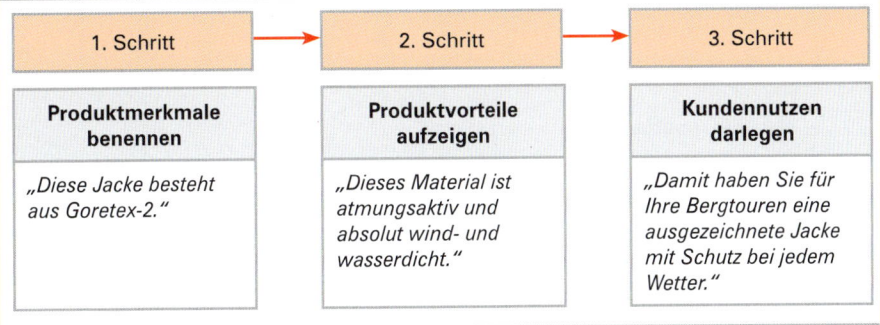

1. Schritt	2. Schritt	3. Schritt
Produktmerkmale benennen	**Produktvorteile aufzeigen**	**Kundennutzen darlegen**
„Diese Jacke besteht aus Goretex-2."	*„Dieses Material ist atmungsaktiv und absolut wind- und wasserdicht."*	*„Damit haben Sie für Ihre Bergtouren eine ausgezeichnete Jacke mit Schutz bei jedem Wetter."*

Kompetenztraining

21   1. Nachfolgende Verkäuferformulierungen sind etwas „unglücklich".

Aufgaben:

Formulieren Sie die nachfolgenden Verkäuferformulierungen um!

1.1 *„Diese Gesichtspflege macht nicht so schnell alt."*

1.2 *„Der Käse aus dem Angebot riecht sehr stark."*

1.3 *„In diesen Socken befindet sich eine Faser mit antibakterieller Wirkung, dann stinken Ihre Füße nicht so schnell."*

1.4 *„Die Cordhose ist sehr bequem und ‚bollert' nach mehrmaligem Tragen. Das ist bei Cord aber normal."*

1.5 *„Diese Kekse sind garantiert fettfrei. Sie werden dadurch nicht so schnell dick."*

1.6 *„Das sieht bei Ihnen nicht gut aus."*

1.7 *„Dieses Gerät ist nicht das schlechteste auf dem Markt."*

1.8 *„Auch wenn dieser Laptop im Vergleich sehr teuer ist, so ist er doch besser als die anderen."*

1.9 *„Der mittelalte Gouda schmeckt super, aber der junge Gouda wird lieber genommen."*

2. 2.1 Beurteilen Sie die nachfolgenden Verkäuferargumentationen!

Verkäufer 1: *„Nehmen Sie diese Hose, die ist viel besser als die andere."*

Verkäufer 2: *„Die Uhr habe ich mir auch gekauft, die muss man einfach haben."*

2.2 Machen Sie es besser! Formulieren Sie die Verkäuferaussagen 1 und 2 neu! Gehen Sie davon aus, dass Sie

    2.2.1 einen sparsamen Kunden und

    2.2.2 einen prestigeorientierten Kunden bedienen!

2.3 Ein Verkaufserfolg hängt nicht nur von der Ware und der Sprache ab. Zeigen Sie an zwei Beispielen auf, wie Sie während des gesamten Verkaufsgespräches eine vertrauensvolle Verkaufsatmosphäre aufbauen können!

3. Nennen Sie zu Waren Ihrer Branche je zwei Verkaufsargumente, die sich

    3.1 auf die Eigenschaft beziehen (z. B. farbecht, hitzebeständig, formstabil, schmutzabweisend),

    3.2 auf die Umwelt oder Gesundheit beziehen (z. B. schadstoffarm, naturbelassen, vitaminreich)!

4. Formulieren Sie mithilfe der Wareninformationen (1 bis 3) eine Verkaufsargumentation! Verwenden Sie hierzu die 3 Schritte: Produktmerkmal benennen, Produktvorteil aufzeigen und Kundennutzen darlegen!

Wareninformation 1:

Akku-/Netzrasierer: Syncro-System Smart Logic

4fach beweglicher Scherkopf, SMART LOGIC INSIDE für optimale Akkuleistung über die Lebenszeit des Rasierers, LED-Ladekontroll- und Restkapazitätsleuchte, Ladezeit 1 Std., Schnellladezeit: 5 Minuten, Langhaarschneider, automatische Spannungsanpassung, Schnellreinigung, Dauereinschaltsperre, Komfort-Reiseetui.

Wareninformation 2:

Siemens Espressoautomat mit NESPRESSO-System

Einzigartiges Automatik-Kapseleinzugssystem, unterschiedliche Geschmacksrichtungen, integrierte Cappuccino-/Café-Latte-Düse zum Milchaufschäumen, Heißwasserdüse, Wassertank abnehmbar, 1,2 Liter, Entkalkungsprogramm, Pumpendruck 19 bar.

Wareninformation 3:

Waterproof Picknickdecke

Taschenformat und Schlaufe zur Rucksackbefestigung, gefaltet 25 x 8 x 6 cm, 100 % Polyester, Rückseite aus 2 oz Nylon, Wasserdichte bis 3,5 m Wassersäule, Maschinenwäsche bis 40 Grad Celsius.

5. Teilweise formulieren Einzelhandelsbetriebe für einzelne Waren bzw. Warengruppen Warennutzenkarten. Sie enthalten den Namen der Ware; die mögliche Kundengruppe; das Kaufmotiv, das beim Kunden angesprochen wird; die Wareneigenschaften; den Warennutzen sowie Vorteilsformulierungen.

Aufgabe:

Legen Sie eine Warennutzenkarte für eine Ware aus Ihrer Branche an!

Ware		
Kundengruppe, -typ		
Kaufmotive		
Produktmerkmal	Produktvorteil	Kundennutzen
usw.		

22 1. Schreiben Sie die folgenden Sätze so um, dass sie positiver wirken und schreiben Sie die Sätze in den „Sie-Stil" um.

    1.1 Mit dem Auto fällt man echt auf.

    1.2 Damit wird viel Zeit gespart.

    1.3 Der Hersteller gibt ganze drei Jahre Garantie auf das Gerät.

    1.4 Das Gerät kann jeder idiotensicher bedienen.

    1.5 Das Regal ist Ruckzuck aufgebaut.

    1.6 Mein dreijähriger Sohn kommt sogar mit dieser Fernbedienung klar.

    1.7 Man muss die Bedienungsanleitung durchlesen.

2. Die folgenden Sätze sind unverständlich formuliert. Bilden Sie daraus kurze Sätze, verwenden Sie bekannte Wörter, beschränken Sie sich auf das Wesentliche und setzen Sie den „Sie-Stil" ein.

Recherchieren Sie die Ihnen nicht bekannten Begriffe im Internet!

Aufgaben:

    2.1 Die Konfiguration der Extras bringt einem bei diesem Auto, besonders bei Bestellung eines Navigationssystems, einen unglaublichen Komfortzuwachs, der, bedingt durch das Editionsangebot, auch noch nicht teuer erkauft wird.

    2.2 Die Vitaminzusammensetzung garantiert dem Käufer bei regelmäßigem Genuss, vor allem in Verbindung mit einer ansonsten cholesterinfreien und nicht mit tierischen Fetten durchsetzten Nahrung, eine bessere Gesundheitskonstitution.

3. 3.1 Wie kann der Einzelhändler den Umweltschutzgedanken fördern? Bilden Sie hierzu drei Beispiele!

    3.2 Erkunden Sie, welche Rolle der Umwelt- und Gesundheitsschutz in Ihrem Ausbildungsbetrieb spielt und berichten Sie darüber in der Klasse!

    3.3 Erstellen Sie eine Umwelt-Checkliste für den Geschäftsbereich „Verkauf"!   ⊕ **DOWNLOAD**

4. In einem Spielwarengeschäft ist der Verkäufer gerade damit beschäftigt, neu gelieferte Waren auszupacken. Frau Krüger, eine Stammkundin, betritt das Geschäft.

    Frau Krüger: *„Guten Morgen."*

    Verkäufer: *„Guten Tag, Frau Krüger. Schön, dass Sie mal wieder bei uns hereinschauen. Sie finden sich ja zurecht. Ich bin sofort bei Ihnen, ich räume nur noch schnell den Karton aus."*

Kurze Zeit später wendet sich der Verkäufer an Frau Krüger, die inzwischen ratlos vor einem Regal mit Holzspielzeug steht, und spricht sie an.

    Verkäufer: *„Womit kann ich Ihnen heute behilflich sein?"*

    Frau Krüger: *„Ich möchte wieder mal ein Spielzeug für meinen kleinen Neffen kaufen. Irgendetwas Stabiles aus Holz wäre nicht schlecht!"*

    Verkäufer: *„Wie Sie sehen, sind wir in Holzspielzeug gut sortiert. Wir werden bestimmt das Richtige finden. Hier ist ein netter Bagger, der von unseren Kunden gern gekauft wird."*

    Frau Krüger: *„Ich weiß nicht so recht. Man hört so viel über schadstoffbelastetes Kinderspielzeug. Sind die Farben und der Lack auf dem Bagger nicht mit sehr viel Chemie hergestellt?"*

Verkäufer: *„Sie haben sicher recht, dass so etwas vorkommt. Aber schauen Sie, dieser Bagger ist mit dem Blauen Engel gekennzeichnet, d. h., dass das Spielzeug umweltfreundlich hergestellt wurde und für das spielende Kind gesundheitlich unbedenklich ist."*

Aufgaben:

4.1 Beurteilen Sie die Kontaktaufnahme des Verkäufers!

4.2 Erläutern Sie, welche Art der Bedarfsermittlung der Verkäufer anwendet!

4.3 Leiten Sie aus den Aussagen der Kundin zwei Kaufmotive ab, die für sie beim Kauf des Holzspielzeugs eine Rolle spielen, und erläutern Sie diese!

4.4 Beurteilen Sie die Verkaufsargumentation des Verkäufers!

8 Preisargumentation

Stufen des Verkaufsgesprächs									
Kontakt-aufnahme	Bedarfs-ermittlung	Kunden-erwar-tungen	Vorlage der Waren	Verkaufs-argumen-tation	**Preis-argumen-tation**	Ergän-zungs- und Zusatz-angebote	Behand-lung von Kunden-einwänden	Kauf-abschluss herbei-führen	Service-leistungen anbieten, Verab-schiedung

8.1 Beziehungen zwischen Preis und Kundennutzen

Für den Kunden bedeutet jeder Kauf ein mehr oder weniger großes „Opfer". Er muss sich von einem Teil seines Geldes trennen und verzichtet damit auf den Kauf anderer Güter. Der Kunde wird sich deshalb nur dann zum Kauf entschließen, wenn ihm die Ware zum Kaufzeitpunkt einen Nutzen bringt, der höher ist als der Nutzen, den er beim Kauf einer anderen Ware gewinnen könnte.

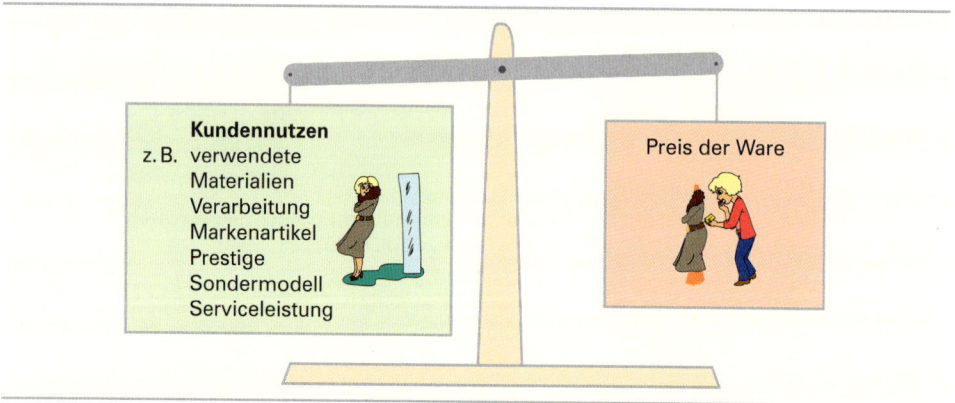

■ Eine Ware ist so viel wert, wie der Kunde ihr beimisst.

■ Ob ein Preis als hoch, angemessen oder niedrig empfunden wird, hängt von der persönlichen Nutzenerwartung des Kunden ab.

8.2 Zeitpunkt der Preisnennung

Ausbildungsgespräch

Ausbilderin:  *„Angenommen, ein Kunde erkundigt sich nach dem Preis eines Schuhs und ich würde als Verkäufer Folgendes antworten:*

‚Dieser Freizeitschuh ist mit einer Goretex-Membrane ausgestattet, sodass die Füße bei jedem Wetter trocken bleiben.  *Somit ist der Preis von 79,90 EUR vergleichsweise niedrig. Der Schuh hat eine sehr stabile Sohle, damit Sie auch bei Eis und Schnee nicht ins Rutschen kommen.'*

Was fällt Ihnen bei dieser Verkaufsargumentation auf?“

Azubi: *„Sie haben den Preis zwischen zwei Argumente gepackt.“*

Ausbilderin: *„Genau. Dadurch steht der Preis nicht ohne Nutzen bzw. Wert da. Dieses geschickte Vorgehen bei der Preisnennung wird Sandwich-Methode genannt. Der Preis wird von beiden Seiten von Verkaufsargumenten gestützt.“*

Azubi: *„Sollte ein Verkäufer bei der Preisfrage immer die Sandwich-Methode benutzen?“*

Ausbilderin: *„Auf gar keinen Fall!“*

(1) Frühe Preisnennung

Erkundigt sich der Kunde gleich zu Beginn des Verkaufsgespräches nach **Sonderangeboten oder Schnäppchenware,** sollte der Verkäufer mit der Warenvorlage **sofort den Preis nennen.** In diesem Fall wird der niedrige Preis zum Warenvorteil und stellt ein wichtiges Verkaufsargument dar.

Beispiel:

Kunde: *„Ich benötige dringend einen neuen Anzug. Auf aktuelle Mode lege ich dabei keinen Wert. Haben Sie in meiner Größe ein ‚Schnäppchen' anzubieten?“*

Verkäufer: *„Wir haben einige qualitativ hochwertige Einzelstücke in Ihrer Größe stark reduziert.“*

Das Preisangebot muss der Verkäufer jedoch noch dadurch ergänzen, dass er dem Kunden das Gefühl vermittelt, dass er auch mit der preisgünstigen Ware den **gewohnten Qualitätsstandard** erhält.

(2) Sandwich-Methode

Zwischen dem Preis und dem Kundennutzen besteht eine enge Beziehung. Es ist daher vorteilhaft, den **Preis erst zu nennen,** wenn der **Kundennutzen aufgebaut ist.** Ist der Preis zwischen zwei Kundennutzen verpackt, erscheint er weniger hoch **(Sandwich-Methode).**

Das Smartphone ist hochwertig verarbeitet und liegt mit einem angenehmen Gewicht in der Hand.

Mit der leistungsstarken Smartphone-Kamera können Bilder und Videos vielseitig aufgenommen werden.

97

(3) Verzögerungsmethode

Fragt der Kunde nach dem **Preis, bevor der Kundennutzen** deutlich gemacht werden konnte, sollte der Verkäufer die Antwort auf die Frage nach dem **Preis hinauszuschieben** versuchen, bis er den Nutzen der Ware kurz beschrieben hat **(Verzögerungsmethode)**. Die Verzögerung darf nicht lange dauern, weil der Kunde ansonsten annimmt, dass mit dem Preis etwas nicht stimmt.

8.3 Arten der Preisnennung

Das Preisgefühl des Kunden hängt eng mit der Art zusammen, wie er den Preis vom Verkäufer erfährt. Um einen „Preisschock" beim Kunden zu verhindern bzw. abzumildern, haben sich folgende vier Arten der **Preisnennung** durchgesetzt.

Arten der Preisnennung	Erläuterungen	Beispiele
Verkleinerungsmethode (Divisionsmethode)	Der Verkäufer nutzt Worte wie: nur, bloß, Sonderpreis, Discountpreis, Abholpreis, Jubelpreis, Treuepreis, Schottenpreis, Nimm-mit-Preis usw. Außerdem wird der Preis einer Ware auf eine kleine Menge bezogen, bzw. der Gesamtpreis wird von der gesamten Nutzungsdauer auf einen kürzeren Zeitabschnitt umgerechnet.	„Krankenversichert für nur 3,40 EUR pro Tag." „Bei unserem Waschmittel XP 05 kostet Sie die einzelne Waschladung bloß 12 Cent." „Der Staubsauger kostet 120,00 EUR. Sie können ihn länger als fünf Jahre benutzen. Wenn aber lediglich fünf Jahre zugrunde gelegt werden, sind das nur 24,00 EUR pro Jahr und nur 6,5 Cent pro Tag."
Vergleichsmethode	Der Preis der Ware wird mit einer erheblich teureren Alternativware verglichen. Dadurch erscheint der Preis weniger hoch.	„Bitte vergleichen Sie die beiden Fernsehgeräte. Das Fernsehgerät für 680,00 EUR hat die gleichen Funktionen wie das Gerät für 890,00 EUR. Der teurere Fernsehapparat ist mit der OLED-Technik ausgestattet. Wenn Sie auf die Optik verzichten, sparen Sie 210,00 EUR."
Zerlegungsmethode (Puzzlemethode)	Die angebotene Gesamtleistung wird in mehrere Teilleistungen zerlegt. Die Gesamtsumme wird nicht genannt, nur die niedrigeren Teilleistungen. Diese Methode wird gerne beim Autoverkauf angewandt.	„Die Grundausstattung des Vans kostet 21 400,00 EUR, für Lederpolster kommen noch 890,00 EUR hinzu. Für das Navigationssystem bezahlen Sie nur 1 490,00 EUR."
Verharmlosungsmethode	Der Verkäufer verharmlost den Mehrpreis der preislich höheren Ware, indem er nur den Aufpreis nennt.	„Bitte fühlen Sie doch selbst, welcher Handtuchhalter stabiler und wertbeständiger ist. Diesen da bekommen Sie im Baumarkt um die Ecke und der hier aus unserem Qualitätsprogramm kostet lediglich 4,50 EUR mehr."

Zusammenfassung

- Zwischen dem **Kundennutzen** und dem **Preis** einer Ware besteht ein **enger Zusammenhang**.

- Die Ware ist immer nur **so viel Wert,** wie der **Kunde ihr beimisst**.

- Ob ein Preis als hoch, angemessen oder niedrig empfunden wird, hängt von der **persönlichen Nutzenerwartung** des Kunden ab.

- Der Preis kann zwischen zwei Kundennutzen „verpackt" werden, um ihn zu relativieren **(Sandwich-Methode)**.

- Der Preis sollte erst genannt werden, wenn der Kundennutzen dargestellt worden ist. Bis zu diesem Zeitpunkt sollte die Preisnennung hinausgezögert werden **(Verzögerungsmethode)**.

- In der Praxis haben sich vier **Arten der Preisnennung** durchgesetzt:
  - **Verkleinerungsmethode**
  - **Vergleichsmethode**
  - **Zerlegungsmethode**
  - **Verharmlosungsmethode**

Kompetenztraining

23

1. Erklären Sie anhand eines selbst gewählten Beispiels, wie die Preisnennung mit der Sandwich-Methode funktioniert!

2. Sammeln Sie Argumente, die für und gegen die Sandwich-Methode sprechen!

3. Kunde: *„Was soll denn das Smartphone kosten?"*

   Verkäufer: *„349,00 EUR."*

   Kunde: *„Das erscheint mir aber viel!"*

   Verkäufer: *„Das verstehe ich, es handelt sich jedoch um ein Markenprodukt aus dem Hause ComeTalk!"*

   Kunde: *„Gut, ich überlege es mir noch mal!"*

   Aufgabe:

   Formulieren Sie in wörtlicher Rede eine verkaufsaktivere Preisnennung! Verwenden Sie hierzu die nachfolgende Wareninformation!

   Preis-Leistungs-Kracher in der Mittelklasse
   - 6,7 Zoll großes helles Display, Auflösung 2.400 x 1.080 Pixel
   - Testergebnis: optimale Kontrastwerte, enorme Helligkeit
   - Acht-Kern-CPU für zügiges Bedientempo und flotte Performance
   - 48-Megapixel-Haupt- und 32-Megapixel-Frontkamera
   - microSD-Schacht
   - 125 GB Speicherplatz
   - Akku-Online-Laufzeit: 12 Stunden (Dauersurf-Szenario)
   - Schnellladen per USB-C
   - optischer Fingerscanner im Display
   - mit wasserdichtem Gehäuse

4. Erklären Sie an einem Beispiel, in welchen Fällen die „nackte Preisnennung" die richtige Vorgehensweise sein kann!

5. Erproben Sie die Preisnennung in Rollenspielen! Wählen Sie hierzu unterschiedliche Produkte:
   - hochwertiges Markenprodukt (langlebig),
   - Produktneuheit,
   - Auslaufmodell,
   - günstiges Me-too-Produkt!

6. Ferris Straub, ein guter Kunde, benötigt eine Spaltaxt.

   Als Ferris Straub nach dem Preis fragt, wollen Sie einen Preisschock vermeiden.

   Aufgaben:

   6.1 Erläutern Sie zwei Methoden der Preisnennung, die Sie in diesem Falle anwenden könnten!

   6.2 Formulieren Sie für beide von Ihnen genannten Methoden eine mögliche Verkäuferantwort in wörtlicher Rede!

   6.3 Ferris Straub fragt nach einem Preisnachlass. Wie verhalten Sie sich? Formulieren Sie Ihre Aussage in wörtlicher Rede!

7. Bei der Vorlage einer Ware sagt der Kunde: *„Das ist aber teuer!"* Geben Sie in wörtlicher Rede eine Antwort am Beispiel eines Artikels aus Ihrer Branche!

24 1. Herr Seidel möchte im Elektrofachgeschäft ein Bügeleisen kaufen. Beim Discounter könnte er ein Bügeleisen für 17,99 EUR kaufen. Weil der Preis der Ware nicht ausgezeichnet ist, spricht er eine Verkäuferin an.

Herr Seidel: *„Wie viel kostet dieses Philips Bügeleisen?"*

Verkäuferin: *„Das Bügeleisen kostet 49,00 EUR."*

Es tritt eine längere Gesprächspause ein. Herr Seidel ist irritiert wegen des hohen Preises.

Herr Seidel: *„Das ist aber teuer!"*

Verkäuferin: *„Das ist der marktübliche Preis."*

Herr Seidel: *„Beim Discounter gegenüber kostet ein Bügeleisen nur 17,99 EUR!"*

Verkäuferin: *„Das können Sie nicht vergleichen. Das hier ist ein Markenbügeleisen!"*

Herr Seidel: *„Danke für die Information."*

Bevor die Verkäuferin Herrn Seidel die Vorteile des Bügeleisens wie
- genügend Bewegungsfreiheit beim Bügeln durch ein langes Kabel (3 m) und das 360° Kabelgelenk,
- zusätzliche Erleichterung durch den Kugelgelenkkopf, dadurch kein Verheddern des Kabels möglich,
- automatische Antikalk-Funktion

nennen kann, verlässt dieser das Geschäft.

Aufgaben:

1.1 Erklären Sie, welche entscheidenden Fehler die Verkäuferin macht!

1.2 Formulieren Sie in direkter Rede eine Antwort auf die Frage nach dem Preis mithilfe der „Sandwich-Methode"!

1.3 Erläutern Sie, warum es nicht sinnvoll ist, mit der Nennung des Preises zu lange zu warten!

1.4 Erklären Sie, in welchem Fall eine frühe Preisnennung sinnvoll ist!

2. Geben Sie zu den Formen der Preisnennung,
   - Verkleinerungsmethode,
   - Vergleichsmethode,
   - Zerlegungsmethode und
   - Verharmlosungsmethode

jeweils ein Produkt aus Ihrem Ausbildungsbetrieb an und formulieren Sie für das jeweilige Produkt ein Beispiel für die Preisnennung in direkter Rede.

9 Ergänzungs- und Zusatzangebote

Stufen des Verkaufsgesprächs									
Kontakt-aufnahme	Bedarfs-ermittlung	Kunden-erwar-tungen	Vorlage der Waren	Verkaufs-argumen-tation	Preis-argumen-tation	Ergän-zungs- und Zusatz-angebote	Behand-lung von Kunden-einwän-den[1]	Kauf-abschluss herbei-führen[1]	Service-leistungen anbieten,[1] Verab-schiedung

9.1 Ergänzungsangebote

> Als **Ergänzungsangebote** bietet der Verkäufer seinen Kunden solche Waren an, die für die **Nutzung der Hauptware notwendig** sind.

Wenn der Verkäufer versäumt, dem Kunden den Ergänzungsartikel anzubieten, wird dieser in der Regel enttäuscht sein, da er den gekauften Artikel zunächst nicht nutzen kann. Ergänzungsartikel sollten **immer angeboten werden**.

Beispiele:
- Batterie zum Funkwecker,
- Glühbirnen für die Deckenleuchte,
- Blasebalg für das Schlauchboot,
- Software zum PC,
- Füller und Patrone.

9.2 Zusatzangebote

(1) Begriff Zusatzangebote

> - Als **Zusatzangebot**[1] bietet der Verkäufer seinen Kunden solche Waren an, die den **Nutzen der Hauptware erhöhen**.
> - Zusatzartikel verschaffen dem Käufer einen **Zusatznutzen**.

Zusatzangebote werden von den Kunden nicht erwartet. In der Regel sehen die Kunden die Angebote jedoch als hilfreich an. Zusatzangebote führen für den Einzelhändler zu einer Umsatzsteigerung.

---

1 Der Bildungsplan sieht vor, diese Stufen des Verkaufsgesprächs im zweiten Ausbildungsjahr, in Lernfeld 6 zu behandeln.

1 **Zusatzartikel** können auch in keiner Verbindung zur gekauften Ware stehen. Sie dienen dann einzig dazu, den Umsatz zu steigern (z. B. Anbieten von Süßigkeiten, Zigaretten, Spielwaren usw. im Kassenbereich eines Lebensmittelgeschäftes).

Beispiele:

- Passendes Hemd und farblich abgestimmte Krawatte sowie ein Gürtel für den Anzug.
- Schutzhülle für die Gitarre.
- Passende Perlenclips zur Perlenkette.
- Zusatzgeräte für eine Feinschnittsäge (siehe nebenstehende Abbildungen).

Maschinenleuchte mit Leuchtstoffröhre

Dreibeiniger Maschinen-ständer

Feinschnittsäge

Not-Aus-Schlag-taster

Sägeblatt-Klemme

Fußschalter

Vierkantschlüssel für Sägeblatt-Klemme

(2) Anbieten von Zusatzartikeln

Im Verkaufsgespräch muss der Verkäufer den entsprechenden **Kundennutzen des Zusatz-artikels überzeugend herausstellen.** Dies gelingt ihm insbesondere dann, wenn er

- den Zusatznutzen **anschaulich präsentiert,**
- den Hauptartikel und Zusatzartikel im Beratungsgespräch **gemeinsam präsentiert,**
- den **Kunden** an der Präsentation des Zusatzartikels **teilnehmen lässt,** damit dieser sich von dessen Vorteilen selbst überzeugen kann.

Beispiel:

Kundin: *„Ich bin begeistert von diesem Wan-derschuh! Da drückt gar nichts! Das ist gar kein Vergleich zu meinen alten Wanderschuhen."*

Verkäufer: *„Dieses gute Ergebnis können Sie noch verbessern, indem Sie speziell abgestimmte Wandersocken dazu tra-gen. Möchten Sie den Unterschied einmal ausprobieren? Wir haben Pro-besocken da."*

Kundin: *„Sportsocken habe ich eigentlich genug!"*

Verkäufer: *„Diese Wandersocken sind extra für leichte Hikingschuhe entwickelt worden. Durch die Polsterungen an den Belastungszonen kommen Sie ohne Druckstellen von jeder noch so langen Wanderung zurück."*

Kundin: *„Wenn das so viel ausmacht, dann nehme ich direkt zwei Paar mit! Danke, dass Sie mich darauf aufmerksam gemacht haben."*

(3) Zeitpunkt für ein Zusatzangebot

Ein Zusatzangebot kann **zusammen mit dem Kauf des Hauptartikels** oder **nach der Kauf-entscheidung eines Kunden** gemacht werden.

- Wird das Zusatzangebot **während des Hauptkaufs** unterbreitet, hat der Verkäufer die Möglichkeit, die Bedeutung des Zusatzartikels für den Hauptartikel in seine Argumentation einfließen zu lassen. Er kann die Vorteile des Zusatzartikels mit den Eigenschaften des Hauptartikels verbinden. Dadurch wird der Eindruck vermieden, dass der Zusatzartikel dem Kunden aufgeschwatzt wird.

Beispiele:	
■ *„Ihre Tagliatelle sollten Sie unbedingt durch einen frisch geriebenen Parmesankäse verfeinern. Außerdem könnte ich Ihnen aus unserer großen Auswahl an italienischen Weinen den passenden Rotwein anbieten."*	■ *„Es wäre sinnvoll, wenn Sie für dieses hochwertige Mountainbike bei uns gleich eine Diebstahlversicherung abschließen würden, um sich vor Schaden zu schützen."*

■ Ist der **Hauptkauf getätigt,** fällt es schwer, einen Zusatzartikel noch sinnvoll anzubieten. Oftmals bleibt es hier bei plumpen Redewendungen *(„Brauchen Sie noch ... ?", „Wäre das noch etwas für Sie ... ?")* oder negativen Suggestivfragen *(„Ein Ladegerät haben Sie sicher schon?", „Ich darf Ihnen zu Ihrer Bluse sicher noch den passenden Schal zeigen?").* An der Kasse ist es in der Regel für einen Zusatzverkauf zu spät.

Zusammenfassung

■ Zu unterscheiden sind:

Ergänzungsartikel	Zusatzartikel
z. B. Füller – Patrone Taschenlampe – Batterie	z. B. Schuhe – Schuhcreme PC – Software PC – Scanner

■ **Ergänzungsartikel** müssen **immer empfohlen** werden, da der Kunde den Hauptartikel ansonsten nicht verwenden kann.

■ **Zusatzangebote** sind Waren, die den Hauptartikel sinnvoll ergänzen und den Wert erhalten oder steigern.

■ Es gibt nicht **den** „richtigen" Zeitpunkt für das Anbieten eines Zusatzartikels. Oft ist es sinnvoll, den Zusatzartikel **während des Hauptkaufs** anzubieten.

Kompetenztraining

25   1. In einem Verkaufsgespräch ist es die Aufgabe des Verkäufers, den Kunden auf Ergänzungsartikel aufmerksam zu machen.

Aufgabe:

Erklären Sie den Begriff Ergänzungsangebot! Finden Sie hierzu drei passende Beispiele!

2. Formulieren Sie in wörtlicher Rede, wie Sie einen Zusatzartikel anbieten bzw. empfehlen! (Ware nach eigener Wahl!)

DOWNLOAD

3. 3.1 Notieren Sie zu zwei Artikeln Ihrer Wahl jeweils einen Ergänzungsartikel und einen Zusatzartikel!

3.2 Nennen Sie Vorteile, die der Kauf eines Zusatzartikels für den Kunden und für den Einzelhändler hat!

3.3 Erklären Sie, zu welchem Zeitpunkt es sinnvoll ist, Ergänzungs- und Zusatzartikel im Verkaufsgespräch anzubieten!

26 1. Eine junge Frau betritt ein Sportfachgeschäft mit Vorwahl.

V: *„Guten Tag, kann ich etwas für Sie tun?"*

K: *„Noch nicht, ich will mich zuerst mal umsehen!"*

Aufgaben:

1.1 Beurteilen Sie die Kontaktaufnahme der Verkäuferin!

1.2 Formulieren Sie in wörtlicher Rede eine geeignete Antwort der Verkäuferin!

2. Wenig später sagt die Kundin: *„Ich suche für mich einen schicken Jogginganzug in Größe 38."*

Die Verkäuferin geht mit der Kundin zum entsprechenden Regal, zieht drei Artikel heraus und führt den ersten vor.

V: *„Dieser weiße Jogginganzug der Weltmarke ‚M & S' ist aus hochwertiger Baumwolle, er wirkt sehr sportlich und Sie können ihn hervorragend kombinieren."*

Aufgaben:

2.1 Begründen Sie, welche Art der Bedarfsermittlung die Verkäuferin anwendet!

2.2 Beschreiben Sie zwei Vorteile dieser Art von Bedarfsermittlung!

3. Die Kundin entscheidet sich für den weißen Jogginganzug.

Aufgaben:

3.1 Finden Sie zwei Zusatzartikel, die ihr spätestens jetzt angeboten werden sollten!

3.2 Nennen Sie Vorteile, die Zusatzangebote (je ein Vorteil)
   – der Kundin,
   – der Verkäuferin,
   – dem Geschäft bringen!

4. **Rollenspiel:**

Formulieren Sie in wörtlicher Rede ein kurzes Verkaufsgespräch, in dem Sie einen Zusatzartikel anbieten!

Rolle des Verkäufers: Er möchte einen Zusatzartikel verkaufen, aber den Kunden nicht dazu drängen.

Rolle des Kunden 1: Der Kunde ist nicht abgeneigt, das Angebot anzunehmen.

Rolle des Kunden 2: Der Kunde ist nicht bereit, das Angebot anzunehmen.

Lernfeld 3: Rechtsgrundlagen und Zahlungsarten beim Warenverkauf erarbeiten

1 Rechtsgrundlagen

1.1 Rechts- und Geschäftsfähigkeit

1.1.1 Rechtsfähigkeit

Rechtsfähigkeit ist die Fähigkeit, Träger von Rechten und Pflichten zu sein.

(1) Natürliche Personen

Natürliche Personen sind **alle Menschen**. Der Gesetzgeber verleiht ihnen **Rechtsfähigkeit**.

> **Beispiele:**
>
> - Das Recht des Erben, ein Erbe antreten zu dürfen.
> - Das Recht des Käufers, Eigentum zu erwerben.
> - Recht auf körperliche Unversehrtheit.
>
> - Die Pflicht, Steuern zahlen zu müssen.
> - (Das Baby, das ein Grundstück erbt, ist Steuerschuldner, z. B. in Bezug auf die Grundsteuer.)

Die **Rechtsfähigkeit des Menschen beginnt** mit der Vollendung der Geburt und **endet** mit dem Tod. **Jeder Mensch** ist rechtsfähig. § 1 BGB

(2) Juristische Personen

Juristische Personen[1] sind **„künstliche" Personen,** denen der Staat die Eigenschaft von Personen verliehen hat. Sie erlangen die Rechtsfähigkeit durch Eintragung in ein Register (z. B. die GmbH durch Eintragung in das Handelsregister).

> **Beispiele:**
>
> Eingetragene Vereine, Gesellschaft mit beschränkter Haftung [GmbH], Aktiengesellschaft [AG], Anstalten des öffentlichen Rechts (Schule, Krankenhaus), Industrie- und Handelskammern, Stadt/Gemeinde.

1.1.2 Geschäftsfähigkeit

Geschäftsfähigkeit ist die Fähigkeit, Rechtsgeschäfte rechtswirksam abzuschließen.

(1) Geschäftsunfähigkeit

Kinder vor Vollendung des **siebten Lebensjahres** und **Menschen** mit einer geistigen Behinderung sind **geschäftsunfähig**. § 104 BGB

---

1 **Juristisch**: rechtlich.

Rechtsfolge:

Verträge mit Geschäftsunfähigen sind **ungültig**.

Da Geschäftsunfähige keine Rechtsgeschäfte abschließen können, brauchen sie einen **Vertreter,** der für sie handeln kann. Bei Kindern sind dies in der Regel kraft Gesetzes die Eltern. Man bezeichnet die Eltern daher auch als „**gesetzliche Vertreter**".

(2) Beschränkte Geschäftsfähigkeit

§ 106 BGB

Minderjährige, die zwar das **siebte** Lebensjahr, aber noch **nicht** das **achtzehnte** Lebensjahr vollendet haben, sind **beschränkt geschäftsfähig**.

§ 107 BGB

Rechtsgeschäfte mit einem beschränkt Geschäftsfähigen bedürfen der **vorherigen Einwilligung** des gesetzlichen Vertreters. Sie können aber auch durch eine **nachträgliche Genehmigung** des gesetzlichen Vertreters rechtswirksam werden.

Rechtsfolge:

Solange die Genehmigung des gesetzlichen Vertreters fehlt, ist ein durch den beschränkt Geschäftsfähigen abgeschlossenes **Rechtsgeschäft schwebend unwirksam**. Dies bedeutet: Wird die **Genehmigung verweigert,** ist der **Vertrag von Anfang an ungültig**. Wird **sie erteilt,** ist der **Vertrag von Anfang an wirksam**.

§ 108 BGB

Beispiel:

Die 17-jährige Schülerin Sabine kauft sich ein Smartphone mit 2-jähriger Vertragsbindung, ohne dass sie die Eltern vorher gefragt hat. Genehmigen die Eltern nachträglich den Kauf, ist der Kauf rechtswirksam. Verweigern sie die Genehmigung, kommt kein Kaufvertrag zustande.

Keiner Zustimmung bedürfen folgende Rechtsgeschäfte:

Ausnahmen	Beispiele
§ 107 BGB	**Rechtsgeschäft bringt nur rechtlichen Vorteil**	Der 15-jährige Volker erhält zum Geburtstag ein Smartphone geschenkt.
§ 110 BGB	**Rechtsgeschäfte im Rahmen des Taschengeldes oder der Ausbildungsvergütung**	Die 17-jährige Auszubildende kauft von ihrer Ausbildungsvergütung eine Jeans.
§ 113 BGB	**Rechtsgeschäfte im Rahmen des Ausbildungs- oder Arbeitsverhältnisses**	Eine 17-jährige Verkäuferin darf Vereinbarungen mit dem Arbeitgeber über Arbeitszeit, Urlaub, Gehalt treffen, ohne dass der gesetzliche Vertreter zustimmen muss.

§ 2
BGB

(3) Unbeschränkte Geschäftsfähigkeit

Personen, die das achtzehnte Lebensjahr **vollendet** haben, sind **unbeschränkt geschäftsfähig**. Ausnahmen bestehen nur für Personen, die sich in einem dauernden Zustand krankhafter Störung der Geistestätigkeit befinden.

Rechtsfolge:

Unbeschränkte Geschäftsfähigkeit bedeutet, jedes Rechtsgeschäft kann, soweit dies gesetzlich erlaubt ist, **rechtsgültig abgeschlossen** werden.

Zusammenfassung

■ **Rechtsfähigkeit** bedeutet, Rechte und Pflichten haben zu können.

■ Die **Geschäftsfähigkeit** ist in Abhängigkeit vom Alter in **drei Stufen** gegliedert:

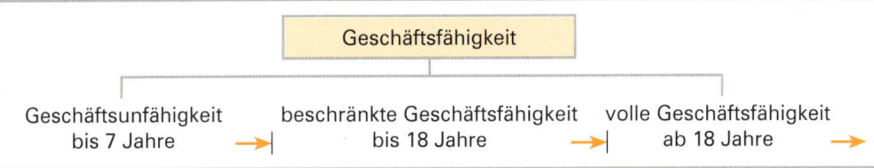

■ **Geschäftsunfähigkeit** heißt, dass die Erklärungen geschäftsunfähiger Personen rechtlich unerheblich sind. Geschäftsunfähige können keine Rechtsgeschäfte abschließen, ändern und auflösen.

■ **Beschränkte Geschäftsfähigkeit** bedeutet, dass Rechtsgeschäfte beschränkt Geschäftsfähiger grundsätzlich der Zustimmung des gesetzlichen Vertreters bedürfen. **Ausgenommen** sind folgende Rechtsgeschäfte:

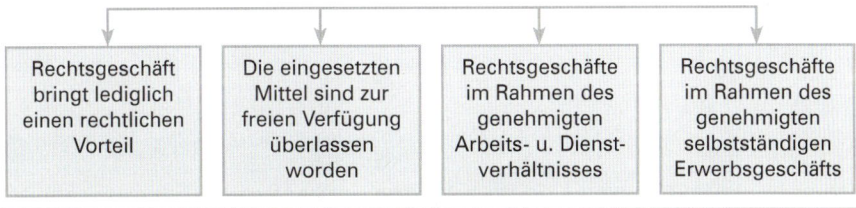

■ **Unbeschränkte Geschäftsfähigkeit** bedeutet, Rechtsgeschäfte ohne Zustimmung des gesetzlichen Vertreters abschließen, ändern und auflösen zu können.

Kompetenztraining

27
1. Unterscheiden Sie die Begriffe Rechtsfähigkeit und Geschäftsfähigkeit!

2. 2.1 Erklären Sie, welche Rechtsgeschäfte eine beschränkt geschäftsfähige Person ohne Einwilligung des gesetzlichen Vertreters abschließen darf! Bilden Sie hierzu jeweils ein eigenes Beispiel!

 2.2 Franziska ist am 20.10.2016 geboren. Nennen Sie das Datum, ab dem Franziska beschränkt geschäftsfähig ist!

3. Begründen Sie, warum das BGB bei den Stufen (Arten) der Geschäftsfähigkeit feste Altersgrenzen zugrunde legt! Nennen Sie die Altersgrenzen!

4. Erklären Sie, welche Rechtsfolgen eintreten, wenn geschäftsunfähige, beschränkt geschäftsfähige oder voll geschäftsfähige Personen Rechtsgeschäfte abschließen!

28 Lösen Sie folgende Rechtsfälle! Prüfen Sie jeweils die Rechtslage und begründen Sie Ihre Lösungen!

1. Axel Breher schenkt seinem geistig behinderten Bruder ein Mietshaus. Kann der Beschenkte Eigentümer des Hauses und wegen der Mieteinkünfte steuerpflichtig werden?

2. Das Finanzamt verlangt von einem 4 Jahre alten Kind die Bezahlung rückständiger Steuern. Ist dies überhaupt möglich?

3. Ein 6-jähriges Kind erhält von seinem Patenonkel zu Weihnachten Spielzeug geschenkt. Kann das Kind die Schenkung annehmen?

4. Felix, 12 Jahre, ist Sohn eines Millionärs. Er erhält monatlich 250,00 EUR Taschengeld zur freien Verfügung. Davon kauft er sich einen WLAN-Lautsprecher für 230,00 EUR, bezahlt diesen bar und nimmt ihn mit. Die Eltern sind nicht einverstanden.

5. Angenommen, der 12-jährige Felix hätte den WLAN-Lautsprecher nicht bar bezahlt, sondern nur 100,00 EUR angezahlt, um den Rest in 20,00-EUR-Raten „abzustottern". Die Eltern sind wiederum dagegen.

6. Linus, 9 Jahre, erhält von seiner Tante Anna 20,00 EUR. Als Gegenleistung verpflichtet er sich, den Sommer über ihren Rasen zu mähen.

7. Nachdem Tante Anna mit ihren neuen Inlineskates gestürzt war, hat sie die Lust daran verloren. Sie ist bereit, die Inlineskates zum Freundschaftspreis von 20,00 EUR an den 9-jährigen Linus zu verkaufen. Dafür reicht aber sein Taschengeld nicht und er müsste an seine Sparbüchse. Dennoch möchte er sie gerne kaufen, weil er wiederum eine Nachbarin kennt, an die er die Inlineskates für 150,00 EUR verkaufen könnte.

8. Die Oma von Adrian (6 Jahre) schickt diesen mit einem Einkaufszettel (s. u.) zum Dorfladen, damit er für sie einige Besorgungen erledigt.

Beurteilen Sie die Rechtslage! Beachten Sie auch den nachfolgenden Auszug aus den Vorschriften des Jugendschutzgesetzes!

§ 9 Alkoholische Getränke

(1) In Gaststätten, Verkaufsstellen oder sonst in der Öffentlichkeit dürfen

1. Branntwein, branntweinhaltige Getränke oder Lebensmittel, die Branntwein in nicht nur geringfügiger Menge enthalten, an Kinder und Jugendliche,

2. andere alkoholische Getränke an Kinder und Jugendliche unter 16 Jahren weder abgegeben noch darf ihnen der Verzehr gestattet werden.

(2) Absatz 1 Nr. 2 gilt nicht, wenn Jugendliche von einer personensorgeberechtigten Person begleitet werden.

1.2 Rechtsgeschäfte

1.2.1 Begriff Rechtsgeschäft

Wenn wir Rechtsgeschäfte abschließen wollen (z. B. einen Kauf tätigen möchten), müssen wir unseren Willen äußern (erklären). Dies geschieht durch **Willenserklärungen.**

- **Rechtsgeschäfte** kommen durch **Willenserklärungen** zustande.
- **Willenserklärungen** sind Äußerungen (Handlungen) einer Person, die mit der Absicht vorgenommen werden, eine **rechtliche Wirkung herbeizuführen.**[1]

1.2.2 Arten von Rechtsgeschäften

(1) Einseitige Rechtsgeschäfte

Einseitige Rechtsgeschäfte benötigen nur **eine Willenserklärung.**

Rechtsgeschäfte	Erläuterungen	Beispiele
Empfangsbedürftige Rechtsgeschäfte	Sie sind erst rechtswirksam, wenn die Willenserklärung dem Empfänger **zuge-gangen ist.**	Eine **Kündigung** ist erst dann rechtswirksam, wenn sie dem Erklärungsempfänger rechtzei-tig zugegangen ist.
Nicht empfangs-bedürftige Rechtsgeschäfte	Sie sind bereits mit der **Abgabe der Willenserklärung** rechtswirksam.	Ein **Testament** ist bereits mit der Niederschrift rechtswirk-sam und nicht erst dann, wenn der Erbe das Testament emp-fangen oder gelesen hat.

Beim **Zugang der empfangsbedürftigen Willenserklärung** ist zu unterscheiden, ob sie unter Anwesenden oder unter Abwesenden abgegeben wird.

Unter Anwesenden	Unter Anwesenden abgegebene Willenserklärungen sind mit ihrer **Abgabe rechtswirksam.**	
Unter Abwesenden	Die Willenserklärung ist dann zugegangen, wenn der Empfänger normaler-weise von ihr **Kenntnis nehmen kann** (z. B. die Kündigung liegt im Briefkas-ten des Mitarbeiters zu Hause. Ob er sie liest, ist seine Sache.).	§ 130 BGB

Beachte:

Solange eine Willenserklärung **noch nicht rechtswirksam** geworden ist, kann sie **widerrufen** werden. Es reicht, wenn der Widerruf dem Empfänger spätestens gleich-zeitig mit der Erklärung zugeht.　§ 130 BGB

1　Dazu zählt auch eine mittelbare Handlung, z. B. Münzeinwurf in einen Automaten, Einsteigen in die Straßenbahn. Man spricht in diesem Zusammenhang auch von **schlüssigem Handeln.**

(2)   Zweiseitige Rechtsgeschäte (Verträge)

- **Zweiseitige Rechtsgeschäte** kommen zustande, wenn **zwei übereinstimmende Willenserklärungen** abgegeben werden.
- Zweiseitige Rechtsgeschäte bezeichnet man als **Verträge.**

Je nachdem, ob sich aus den abgeschlossenen Verträgen nur für einen oder für beide Vertragspartner (Vertragsparteien) Leistungsverpflichtungen ergeben, unterscheidet man folgende Rechtsgeschäte:

Rechtsgeschäte	Erläuterungen	Beispiele
Einseitig verpflichtende Verträge	Sie liegen vor, wenn nur einem Vertragspartner eine Verpflichtung zur Leistung auferlegt ist.	Ein einseitig verpflichtender Vertrag ist der Schenkungsvertrag. Der Schenker verpflichtet sich, dem Beschenkten das Geschenk zu übergeben und zu übereignen, während der Beschenkte keine Gegenleistung zu erbringen hat.
Zweiseitig verpflichtende Verträge	Es handelt sich um Rechtsgeschäte, bei denen jeder Vertragsteil zu einer Leistung verpflichtet ist.	<ul><li>Kaufvertrag,</li><li>Mietvertrag,</li><li>Berufsausbildungsvertrag.</li></ul>

1.2.3   Form der Rechtsgeschäfte

(1)   Formfreiheit

Formfreiheit bedeutet, dass die Rechtsgeschäfte **in jeder möglichen Form** abgeschlossen werden können. Im Rahmen der geltenden Rechtsordnung besteht für die weitaus meisten Rechtsgeschäfte der Grundsatz der Formfreiheit.

> **Beispiele:**
>
> Die meisten Rechtsgeschäfte können mit beliebigen Mitteln, z. B. durch **Worte** (mündlich, fernmündlich, per Fax oder E-Mail), durch **schlüssige Handlungen** (Kopfnicken, Handheben, Einsteigen in ein Taxi usw.) und in bestimmten Fällen sogar durch **Schweigen** abgeschlossen werden.

(2)   Formzwang

Abweichend von dem Grundsatz der Formfreiheit gibt es bestimmte Gruppen von Rechtsgeschäften, für die das Gesetz bestimmte Formen vorschreibt **(gesetzliche Formen)**. Der Formzwang dient

- der **Beweissicherung** und
- dem **Schutz vor voreiligen Verpflichtungen** (z. B. des Schenkers).

Gesetzliche Formen	Erläuterungen	Beispiele	
Schriftform	Sie verlangt, dass die Erklärung schriftlich festgehalten und durch den Erklärenden unterschrieben wird. Bei Verträgen müssen alle Vertragsparteien unterschreiben.	■ Beendigung von Arbeitsverhältnissen durch Kündigung, ■ Berufsausbildungsvertrag (Ausbildende haben unverzüglich nach Abschluss des Berufsausbildungsvertrages, spätestens vor Beginn der Berufsausbildung, den wesentlichen Inhalt des Vertrages schriftlich niederzulegen).	§ 126 BGB
Elektronische Form	Zur Rechtswirksamkeit muss der Aussteller der Erklärung seinen Namen hinzufügen und das elektronische Dokument mit einer qualifizierten elektronischen Signatur nach dem Signaturgesetz versehen.	■ Onlinebanking, ■ Kreditkartennutzung, ■ Pay-TV, Teleshopping, ■ elektronische Ausweispapiere, ■ automatische Empfangsbestätigung von Schriftstücken im Schriftverkehr mit Behörden.	§ 126a BGB
Öffentliche Beglaubigung	Sie ist eine Schriftform, bei der der Notar die **Echtheit der eigenhändigen Unterschrift des Erklärenden** beglaubigt.	Anmeldungen ■ zum Handelsregister, ■ zum Vereinsregister, ■ zum Güterrechtsregister.	§ 129 BGB
Notarielle Beurkundung	Der Notar beurkundet die **Unterschrift und** den **Inhalt der Erklärung**. Es handelt sich um eine öffentliche Urkunde.	■ Grundstücksverträge, ■ Schenkungsversprechen.	§ 128 BGB

§ 125 BGB Rechtsgeschäfte, die **nicht** in der vom **Gesetz vorgeschriebenen Form** erfolgt sind, sind grundsätzlich **nichtig**.

Zusammenfassung

■ **Rechtsgeschäfte** kommen durch Willenserklärungen zustande.

■ **Willenserklärungen** sind solche Äußerungen einer Person (oder mehrerer Personen), die mit der Absicht abgegeben werden, eine **rechtliche Wirkung** herbeizuführen.

■ Rechtsgeschäfte können **nicht empfangsbedürftig** oder **empfangsbedürftig** sein.

■ Eine Willenserklärung ist **rechtswirksam**:
  ■ bei **Abwesenden**: wenn sich die Willenserklärung im Zugriffsbereich des Empfängers befindet.
  ■ bei **Anwesenden**: mit der Abgabe der Willenserklärung.

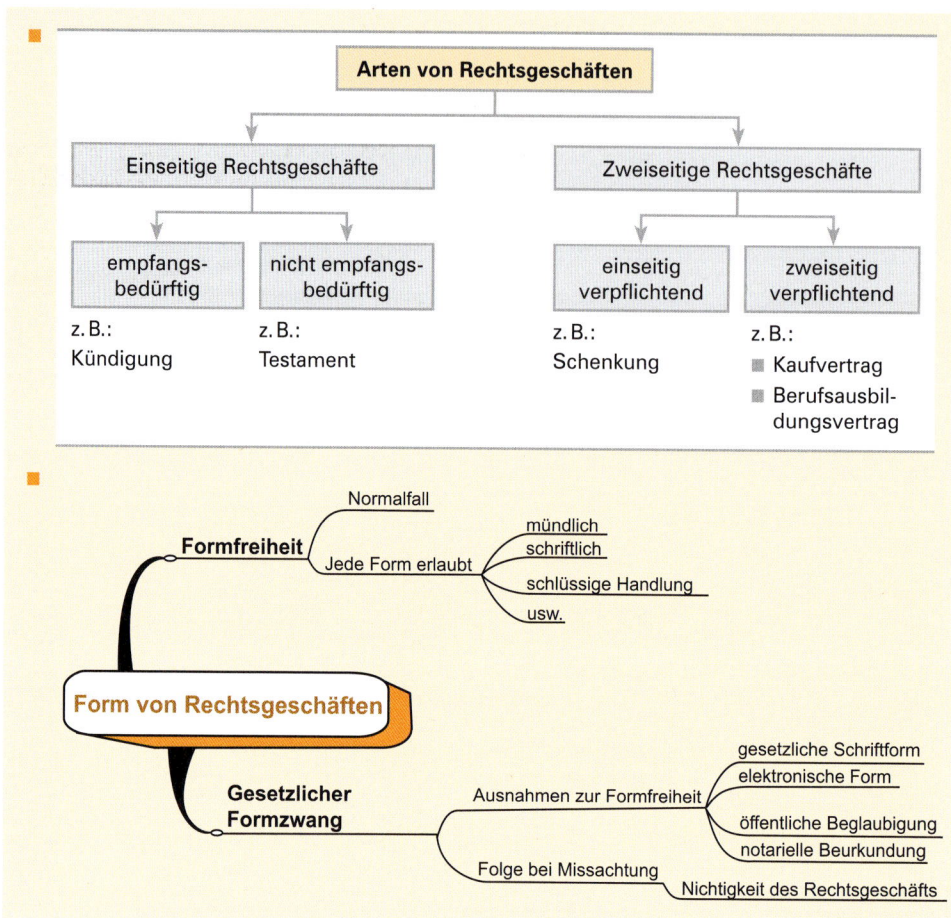

Kompetenztraining

29

1. Erklären Sie den Begriff „Rechtsgeschäft"!

2. Prüfen Sie, ob ein- oder zweiseitige Rechtsgeschäfte vorliegen:

   2.1 Der Hauseigentümer schließt mit Ihren Eltern einen Vertrag über die Benutzung von Wohnräumen ab.

   2.2 Mike Detzel steigt in Kiel in den Linienbus ein.

   2.3 Jan Mossel bestellt bei der Buchhandlung Natterer zwei Bücher.

   2.4 Der Angestellte Bert Baltian kündigt seinen Arbeitsvertrag.

   2.5 Herr Westermeyer verliert seinen wertvollen Ring und lässt öffentlich bekanntgeben, dass er dem ehrlichen Finder 300,00 EUR Finderlohn zahlt (man nennt dies „Auslobung").

3. Erklären Sie den Unterschied zwischen einseitig verpflichtenden und zweiseitig verpflichtenden Verträgen!

4. Nennen Sie zwei einseitig und drei zweiseitig verpflichtende Verträge!

5. Prüfen Sie, inwieweit es rechtlich von Bedeutung ist, ob eine empfangsbedürftige Willens-erklärung unter Anwesenden oder unter Abwesenden abgegeben wurde!

6. Erklären Sie, bis zu welchem Zeitpunkt Willenserklärungen von dem Erklärenden wider-rufen werden können!

7. 7.1 Ein Arbeitgeber kündigt einem Angestellten. Die schriftliche Kündigung erfolgt mit Schreiben vom 16. September. Am 19. September erhält der Angestellte die Kündi-gung durch „Einschreiben-Eigenhändig" vom Briefzusteller ins Haus gebracht.

   Aufgabe:

   Entscheiden Sie begründet, wann ein Widerruf der Kündigung spätestens beim Ange-stellten hätte eingetroffen sein müssen!

   7.2 Sie sind als Auszubildende(r) beim Möbelfachgeschäft Möbel-Wetzel-GmbH in Leipzig beschäftigt. Herr Wetzel gibt Ihnen den Auftrag, bei der Kleinert-Möbelfabrik e. Kfm. in Erfurt 8 Wohnzimmerschränke nach Katalog Nr. G/74.9 zu bestellen. Am 24. Juni wird die schriftliche Bestellung um 18:00 Uhr zur Post gebracht. Am nächsten Morgen kommt Herr Wetzel zu Ihnen und beauftragt Sie, die Bestellung zu widerrufen. Er habe festgestellt, dass von den bestellten Schränken noch genügend im Lager stehen.

   Aufgabe:

   Prüfen Sie, ob Sie die Bestellung noch widerrufen können; wenn ja, stellen Sie dar, wie Ihnen dies gelingen könnte!

30 1. Erklären Sie, warum die Abmachungen zwischen Käufer und Verkäufer grundsätzlich Vor-rang vor den gesetzlichen Vorschriften haben!

2. Begründen Sie, warum in der Bundesrepublik Deutschland für die weitaus meisten Rechts-geschäfte der Grundsatz der Formfreiheit gilt!

3. Zeigen Sie an zwei Beispielen auf, warum gesetzliche Formvorschriften notwendig sind!

4. Erklären Sie, welchen Zweck die Vertragsparteien verfolgen, wenn diese für die abzu-schließenden Rechtsgeschäfte eine bestimmte Form vereinbaren!

5. 5.1 Erklären Sie den Unterschied zwischen der öffentlichen Beglaubigung und der nota-riellen Beurkundung!

   5.2

   > **Urkundenrolle Nummer: 333**
   >
   > Vorstehende, vor mir vollzogene (bzw. anerkannte) Unterschrift des Herrn Franz Müller, Kaufmann, wohnhaft in Karlsruhe, Benzstraße 57, geboren am 1. Januar 1952, beglaubige ich. Herr Müller wies sich durch seinen Personalausweis aus.
   >
   > Karlsruhe, den 5. März 20..
   > (Ort und Datum)

   Erläutern Sie die abgebildete Urkunde!

6. Erklären Sie, welchen Zweck das BGB verfolgt, wenn es bestimmt, dass Rechtsgeschäfte, die nicht in der vorgeschriebenen gesetzlichen Form erfolgt sind, grundsätzlich nichtig sind!

113

1.3 Vertragsfreiheit und allgemeine Geschäftsbedingungen

1.3.1 Vertragsfreiheit

Art. 2 GG Die Rechtsordnung der Bundesrepublik Deutschland beruht auf dem **Grundsatz der Vertragsfreiheit**. Die Vertragsfreiheit ist im Grundgesetz verfassungsrechtlich festgeschrieben.

Die Vertragsfreiheit ist durch folgende **Merkmale** gekennzeichnet:

Abschlussfreiheit	■ Jeder Einzelne kann in eigener Verantwortung selbst darüber entscheiden, ob, wann und mit wem er ein Rechtsgeschäft (z. B. einen Vertrag) abschließen will oder nicht abschließen will.
	■ Niemand kann zum Abschluss von Rechtsgeschäften gezwungen werden.
Inhaltsfreiheit, Vertragsgestaltungsfreiheit	Jeder Einzelne hat das Recht, über den Inhalt der abgeschlossenen Rechtsgeschäfte selbst zu bestimmen.
Auflösungsrecht	Wurde ein Rechtsgeschäft abgeschlossen (z. B. ein Mietvertrag), ist es den Vertragspartnern möglich, dieses Rechtsgeschäft auch wieder aufzulösen (z. B. den Mietvertrag zu kündigen).

Art. 2 GG (neben der Tabelle, zweite Zeile)

Die **Grenzen der Vertragsfreiheit** hat der Gesetzgeber dort gesetzt, wo die Gefahr besteht, dass der wirtschaftlich **schwächere Vertragspartner benachteiligt** wird. Zwei Einschränkungen der Vertragsfreiheit werden in diesem Lernfeld dargestellt:

- ■ **Einhaltung von Formvorschriften** (siehe S. 110 f.) und
- ■ **Grenzen von allgemeinen Geschäftsbedingungen**.

1.3.2 Allgemeine Geschäftsbedingungen

Die Einzelhändler sind bestrebt, durch verbindliche allgemeine Geschäftsbedingungen für sie **günstigere vertragliche Vereinbarungen** zu erzielen. Außerdem werden allgemeine Geschäftsbedingungen formuliert, um **nicht immer** wieder in jedem neuen Vertrag **dieselben Dinge neu regeln** zu müssen (z. B. Festlegung der Zahlungsbedingungen). Allgemeine Geschäftsbedingungen **vereinfachen die Abwicklung des Tagesgeschäftes**.

(1) Begriff „allgemeine Geschäftsbedingungen"

Allgemeine **G**eschäfts**b**edingungen **[AGB]** sind **Vertragsbedingungen, die eine** Vertragspartei (z. B. der Einzelhändler) der anderen Vertragspartei (z. B. den Kunden) bei Abschluss eines Vertrages stellt.

§ 305 BGB

(2) Allgemeine Geschäftsbedingungen und Verbraucherschutz

■ **Gültigkeit der allgemeinen Geschäftsbedingungen**

Ein „Trick" mancher Einzelhändler ist, diese möglichst klein[1] in für Kunden unverständlicher juristischer Sprache in einer blassen Farbe auf die Rückseite der Angebote bzw. Rechnungen zu drucken. Das ist nach dem BGB verboten.

---

1 Deswegen werden die AGB in der Umgangssprache auch als das **„Kleingedruckte"** bezeichnet.

Allgemeine Geschäftsbedingungen werden nur dann **Vertragsbestandteil,** wenn

- der Einzelhändler beim Vertragsabschluss den Kunden **ausdrücklich** auf sie hinweist,
- der **Kunde in zumutbarer Weise vom Inhalt der AGB Kenntnis nehmen kann** und
- mit deren Geltung **einverstanden** ist.

Vorschriften zum Verbraucherschutz

Die nachfolgende Tabelle enthält Beispiele für **unwirksame** AGB-Klauseln.

Klauseln	Erläuterungen	Beispiele	
Überraschende Klauseln	Es sind Klauseln, mit denen der Kunde nicht zu rechnen braucht.	Bei einer Autowaschanlage wird die Haftung für Sachschäden bei leichter Fahrlässigkeit ausgeschlossen.	
Kurzfristige Preiserhöhungen	Wird bei einer Warenlieferung innerhalb von vier Monaten nach Abschluss des Kaufvertrages durch die allgemeinen Geschäftsbedingungen eine kurzfristige Preiserhöhung erlaubt, ist diese für Verbraucher unwirksam.	In einem am 2. März abgeschlossenen Kaufvertrag über die Lieferung eines Pkw ist als Liefertermin der 15. Mai festgelegt. Eine in der Zwischenzeit eingetretene Preiserhöhung ist für den Käufer ohne Bedeutung.	§§ 308, 309 BGB
Leistungsverweigerungsrecht	Ein Gewährleistungsausschluss[1] bei neu hergestellten Waren ist unwirksam.	Die AGB eines Elektrofachgeschäfts legen fest, dass der Kunde im Fall einer zu Recht bestehenden Beanstandung lediglich ein Recht auf Beseitigung des Mangels haben soll.	
Pauschalierung von Schadensersatzansprüchen	Eine Schadenspauschalierung ist stets unwirksam, wenn dem Kunden z.B. nicht ausdrücklich der Nachweis gestattet wird, dass ein Schaden gar nicht oder nur in wesentlich niedrigerer Höhe eingetreten ist.	In den AGB einer Autovermietung steht: Bei jedem Unfall, bei dem ein Schaden an dem gemieteten Pkw entsteht, wird, ohne dass der Vermieter einen Nachweis zu führen hat, ein Mindestentgelt von 750,00 EUR fällig.	
Verkürzung gesetzlicher Fristen zur Sachmängelhaftung	Die Verkürzung gesetzlicher Fristen zur Sachmängelhaftung beim Verbrauchsgüterkauf sind unwirksam.[2]	Die AGB eines Elektrogeschäftes legen fest, dass der Kunde im Fall einer zu Recht bestehenden Beanstandung lediglich innerhalb 3 Monaten ein Recht auf Beseitigung des Mangels hat.	§ 438 I, Nr. 3 BGB

---

1 Zu **Gewährleistungsrechten** zählen z.B. das Recht auf Mängelbeseitigung oder Ersatzlieferung, Rücktritt vom Kaufvertrag und das Recht auf Schadensersatz. Die Gewährleistungsrechte sind Gegenstand des 2. Ausbildungsjahres.

2 Die Gewährleistungsrechte verjähren beim Verbrauchsgüterkauf innerhalb von zwei Jahren nach Übergabe der Kaufsache. Eine Verkürzung der Verjährungsfrist ist nicht zulässig.

Zusammenfassung

- **Vertragsfreiheit** ist das Recht, Rechtsgeschäfte nach Belieben abschließen, auflösen und gestalten zu können.

- **Allgemeine Geschäftsbedingungen [AGB]** haben den Zweck, für die Unternehmen günstige und über längere Zeit gleichbleibende Vertragsbedingungen zu schaffen.

- Um die wirtschaftlich schwächeren **Verbraucher vor einer möglichen unangemessenen Benachteiligung** durch die Unternehmer **zu schützen,** hat der Gesetzgeber die Vertragsfreiheit durch **besondere Vorschriften** zu den allgemeinen Geschäftsbedingungen eingeschränkt.

Kompetenztraining

31
1. Erklären Sie den Begriff Vertragsfreiheit und deren Bedeutung!

2. Begründen Sie die Notwendigkeit einer Einschränkung der Vertragsfreiheit anhand von zwei Beispielen!

3. Begründen Sie, warum die Vorschriften des BGB zur Geschäftsfähigkeit eine Einschränkung der Vertragsfreiheit darstellen!

4. Die Kundin Petra Kühn hat im Textilfachgeschäft Fritz Bauer e. Kfm. eine sehr schöne antike Brosche an einem dekorierten Sommerkleid gesehen, die sie gerne erwerben möchte. Der Einzelhändler Bauer lehnt den Verkauf der Brosche ab, da er sie auch weiterhin als Dekorationsstück verwenden möchte.

   Aufgabe:

   Prüfen Sie, ob der Einzelhändler Bauer diese Brosche an die Kundin verkaufen muss!

 **32**
1. Erläutern Sie die Bedeutung der „allgemeinen Geschäftsbedingungen"

   1.1 aus der Sicht des Einzelhändlers,

   1.2 aus der Sicht der Käufer (insbesondere der Konsumenten)!

2. Die allgemeinen Geschäftsbedingungen der Tüchtig Handelsgesellschaft mbH sollen neu formuliert werden.

   Aufgaben:

   2.1 Prüfen Sie, ob folgende Formulierung rechtlich möglich ist!

   - „Erfolgen Preiserhöhungen 8 Wochen nach Vertragsabschluss, gelten die neuen Preise."

   - „Liefertermine sind unverbindlich. Wir bemühen uns jedoch um eine pünktliche Lieferung."

   - „Wir erkennen Reklamationen bei offensichtlichen Mängeln nur an, wenn sie einen Tag nach Warenempfang abgesandt werden."

   2.2 Stellen Sie dar, unter welchen Voraussetzungen die AGB Vertragsbestandteil werden!

3. Notieren Sie, welchen Vorteil die Formulierung von allgemeinen Geschäftsbedingungen hat!

   3.1 Die AGB beschleunigen den Abschluss eines Vertrages.

   3.2 Die AGB führen dazu, dass der Käufer bessere Bedingungen erhält.

3.3 Die AGB erleichtern Vertragsabschlüsse, weil sie die Grundlage für viele Verträge bilden.

3.4 Die AGB erschweren häufig einen Vertragsabschluss.

3.5 Die AGB werden vom Gesetzgeber festgelegt.

4. Ein Autohaus verweist den Käufer eines Neuwagens bei einem Motordefekt an den Autohersteller.

Aufgabe:

Beurteilen Sie diese AGB-Klausel rechtlich!

5. Prüfen Sie, ob folgende Klauseln in allgemeinen Geschäftsbedingungen gegenüber Nichtkaufleuten rechtswirksam sind: Lesen Sie hierzu §§ 308, 309 BGB! Recherchieren Sie den Gesetzestext im Internet!

Aufgaben:

5.1 „Wir sind berechtigt, die vereinbarte Leistung zu ändern oder von ihr abzuweichen."

5.2 „Erfolgt die Lieferung nicht zum vereinbarten Termin, so kann uns der Käufer eine dreimonatige Nachfrist setzen mit der Erklärung, dass er nach deren fruchtlosem Ablauf vom Kaufvertrag zurücktreten werde."

5.3 „Wir sind jederzeit berechtigt, vom Kaufvertrag zurückzutreten."

5.4 „Kleinere fabrikationstechnisch bedingte Farbabweichungen müssen wir uns vorbehalten."

5.5 „Verlangt ein Käufer aufgrund berechtigter Reklamation Nacherfüllung, müssen wir eine Nutzungsgebühr in Höhe von 50 % des Barverkaufspreises verlangen."

5.6 „Bis zur Auslieferung des Kaufgegenstandes eintretende Preiserhöhungen gehen zulasten des Käufers."

5.7 „Verlangt der Kunde Nachbesserungen, muss er die dadurch entstehenden Aufwendungen, insbesondere Fahrt-, Arbeits- und Materialkosten, tragen."

5.8 „Der Sonderverkauf erfolgt unter Ausschluss jeder Gewährleistung."

5.9 Aus den AGB einer Reinigung: „Für Schäden haften wir nur bis zum 10-Fachen des Reinigungspreises."

6. Felix Neun kauft ein Mofa für 1 299,00 EUR, das der Händler bestellen muss, da er es gegenwärtig nicht auf Lager hat. Nach 2 Monaten wird das Mofa geliefert. Der Händler verlangt von Felix Neun 150,00 EUR, da der Listenpreis des Mofas um diesen Betrag gestiegen ist und seine allgemeinen Geschäftsbedingungen eine Klausel enthalten, die die Erhöhung eines Entgeltes für Waren oder Leistungen vorsieht, die innerhalb von 4 Monaten geliefert oder erbracht werden sollen.

Aufgabe:

Helfen Sie Felix Neun und überprüfen Sie die Rechtslage.

7. Im Motorradgeschäft Classic Bikes GmbH steht im Ausstellungsraum ein BMW Oldtimer, den der Kunde Arthur Leiner schon seit Jahren kaufen möchte. Am Motorrad hängt ein Schild, das den Wert des Motorrads mit 10 000,00 EUR angibt.

Arthur Leiner geht überglücklich zu Klaus Bayer, dem Inhaber des Motorradladens, und teilt ihm mit, dass er das Motorrad kauft.

Klaus Bayer lehnt den Verkauf rigoros ab.

Arthur Leiner überlegt sich, ob er den Kauf nicht erzwingen kann, da das Motorrad doch mit einem Wert bezeichnet ist und in einem Ausstellungsraum steht.

Aufgabe:

Prüfen Sie die rechtliche Lage!

1.4 Nichtigkeit und Anfechtbarkeit von Rechtsgeschäften

1.4.1 Nichtigkeit von Rechtsgeschäften

> Rechtsgeschäfte, die nach dem Gesetz **ungültig** sind, gelten als **von Anfang an nichtig.**

Die folgenden **Mängel** führen dazu, dass ein Rechtsgeschäft von Anfang an nichtig ist:

	Arten der Mängel	Beispiele
§ 105 BGB	Vertrag mit Geschäfts-unfähigen	Der 6-jährige Peter kauft im Supermarkt ein Eis. Der Vertrag ist nichtig.
	Vertrag eines beschränkt Geschäfts-fähigen ohne Zustim-mung der Eltern	Die 15-jährige Susi kauft einen E-Roller. Der Vertrag ist nichtig, wenn die Eltern die Zustimmung verweigern.
§§ 117, 118 BGB	Scheingeschäfte/ Scherzgeschäfte	■ Es wird ein Grundstücksvertrag über 230 000,00 EUR abgeschlossen, wobei mündlich ein Kaufpreis von 280 000,00 EUR vereinbart wird, um Grunderwerbsteuer zu sparen. ■ Ein Witzbold möchte seine Fahrkarte zum Mond für 5 000,00 EUR verkaufen.
§ 134 BGB	Verstoß gegen ein gesetzliches Verbot	Rauschgift- und Waffengeschäfte, Verkauf von Alkohol an 14-Jährige.
§ 125 BGB	Verstoß gegen Formvorschriften	Ein mündlich abgeschlossener Verbraucherdarlehensvertrag; Kauf eines Grundstücks ohne notarielle Beurkundung.

1.4.2 Anfechtbarkeit von Rechtsgeschäften

(1) Begriff Anfechtbarkeit

> ■ **Anfechtbare Rechtsgeschäfte** sind bis zu der erklärten Anfechtung **voll rechtswirk-sam** (gültig). Nach einer **rechtswirksamen** Anfechtung wird das Rechtsgeschäft **von Anfang an nichtig.**
>
> ■ **Anfechtungsgründe** sind: **Irrtum, arglistige Täuschung** und **widerrechtliche Dro-hung.**

§ 142 BGB

(2) Anfechtung wegen Irrtum

	Formen des Irrtums	Beispiele
§§ 119, 120 BGB	Erklärungsirrtum	Der Verkäufer will sein Auto für 12 000,00 EUR anbieten, schreibt in seinem Angebot jedoch nur 10 000,00 EUR.

Formen des Irrtums	Beispiele
Übermittlungsirrtum	Statt des richtigen Angebotspreises von 500,00 EUR enthält die E-Mail nur einen Preis von 50,00 EUR, weil sich die Sekretärin des Vertreters vertippt hat.
Irrtum über die Eigenschaften einer Person oder einer Sache	Eine Bank stellt einen Buchhalter ein, über den sie nachträglich erfährt, dass dieser bereits Unterschlagungen bei seinem früheren Arbeitgeber begangen hat.

Beachte:

Nicht anfechtbar sind Rechtsgeschäfte, deren geplante Folgen nicht eintreten (**Motivirrtum**).

Beispiel:

Ein Anleger kauft eine Aktie in der Erwartung, dass deren Kurs steigt. Sinkt der Kurs, kann er den Kaufvertrag nicht rechtswirksam anfechten.

(3)   Anfechtung wegen arglistiger Täuschung und widerrechtlicher Drohung

Anfechtungsgründe	Erläuterungen	Beispiele	
Arglistige Täuschung	Sie liegt vor beim **Vorspiegeln falscher** oder bei der **Unterdrückung wahrer Tatsachen**.	Ein Verkäufer verkauft einen Unfallwagen, verschweigt dem Käufer jedoch den Unfall, da dieser den Wagen bei Kenntnis des Unfalls nicht gekauft hätte.	§ 123 BGB
Widerrechtliche Drohung	Dem Betroffenen wird, falls er sich weigert, ein „Übel" (z. B. eine Körperverletzung) angedroht. Die Drohung muss **widerrechtlich** sein.	■ Ein Räuber droht Ihnen: „Geld her oder das Leben!" ■ Ein Gläubiger droht: „Wenn Sie nicht zahlen, erzähle ich Ihrer Frau, dass ich Sie am letzten Sonntag mit Ihrer Sekretärin gesehen habe."	

(4)   Anfechtungsfrist

Die **Anfechtung wegen Irrtum** muss **unverzüglich**[1] nach Entdeckung des Anfechtungsgrunds erfolgen. Wegen **arglistiger Täuschung oder widerrechtlicher Drohung** muss die Anfechtung **innerhalb eines Jahres,** nachdem die Täuschung entdeckt bzw. beendet ist, erklärt werden.

§ 121 I, S. 1 BGB

§ 124 II BGB

Die Anfechtung ist ausgeschlossen, wenn seit der Abgabe der Willenserklärung **zehn Jahre** verstrichen sind.

§ 124 III BGB

---

1 **Unverzüglich** bedeutet ohne schuldhaftes Zögern [§ 121 I, S. 1 BGB].

Zusammenfassung

■ **Ungültige Rechtsgeschäfte** sind **von Anfang an nichtig.** Sie kommen erst gar nicht zustande.

Es kommt kein Vertrag zustande

■ **Anfechtbare Rechtsgeschäfte** sind bis zur Anfechtung **voll rechtswirksam** (gültig). Nach einer **rechtswirksamen Anfechtung** werden die anfechtbaren Rechtsgeschäfte **rückwirkend, d. h. von Anfang an, nichtig.**

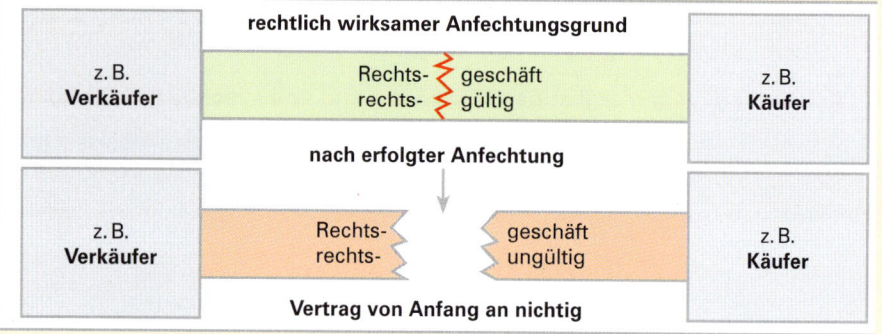

Kompetenztraining

33
1. Unterscheiden Sie Nichtigkeit und Anfechtbarkeit von Rechtsgeschäften, insbesondere hinsichtlich der Rechtsfolgen!

2. Erklären Sie, welchen Zweck der Gesetzgeber mit der Nichtigkeit bestimmter Rechtsgeschäfte verfolgt!

3. Herr Huber möchte seinen Pkw verkaufen, bekommt ihn aber nicht los. Unter der Drohung, er werde ihn wegen Fahrens ohne Führerschein anzeigen, zwingt Huber seinen Nachbarn Wolf zur Unterschrift des Vertrages. Der Wagen wird übergeben und sofort bezahlt.

   Aufgabe:

   Stellen Sie dar, was Wolf, dessen Mut erst einige Zeit später erwacht, gegen Huber unternehmen kann!

4. Geben Sie für die folgenden Rechtsgeschäfte an, ob sie voll gültig, nichtig, anfechtbar oder schwebend unwirksam sind! Begründen Sie jeweils Ihre Lösung!

   4.1 In einem Angebot werden die Ziffern vertauscht, sodass der Stückpreis mit 58,00 EUR statt mit 85,00 EUR angegeben wird.

   4.2 Um seinem Freund die Aufnahme eines Kredits über 12 000,00 EUR zu ermöglichen, verbürgt sich der wohlhabende Prokurist Kellermann mündlich gegenüber einem Kreditinstitut.

   4.3 Die 16-jährige Schülerin Rebecca bestellt eine Zeitschrift im Abonnement. Monatlich sind 18,50 EUR zu zahlen.

4.4 Ein Kaufmann kauft auf Anraten eines gut informierten Geschäftsfreunds Aktien, bei denen Kurserhöhungen mit Sicherheit zu erwarten seien. Schon am nächsten Tag fällt der Kurs dieser Aktien beträchtlich.

4.5 Der 17-jährige Lehmann ist vor einem Jahr mit Zustimmung seiner Eltern ein Arbeitsverhältnis eingegangen. Jetzt kündigt er schriftlich seinem Arbeitgeber, ohne seine Eltern gefragt zu haben.

5. Herr Kern kommt in ein Spielwarengeschäft und erklärt, er wolle den Kaufvertrag anfechten, den ein Verkäufer mit seiner sechsjährigen Tochter Leonie abgeschlossen hat. Er begründet seine Erklärung damit, dass Leonie nicht seine Zustimmung gehabt habe.

Aufgabe:

Nehmen Sie zu seiner Erklärung Stellung!

6. Im Vertragsrecht unterscheidet man zwischen Nichtigkeit und Anfechtbarkeit.

Aufgaben:

Notieren Sie die Ziffer, in welchem Fall Nichtigkeit vorliegt!

6.1 Verstoß gegen eine gesetzliche Formvorschrift,

6.2 Fehlen einer zugesicherten Eigenschaft,

6.3 Irrtum in der Erklärungshandlung,

6.4 arglistige Täuschung,

6.5 widerrechtliche Drohung.

7. Notieren Sie die Ziffer, in welchem der folgenden Fälle der Kaufvertrag zwischen einem Einzelhändler und seinem Großhändler vom Großhändler angefochten werden kann!

7.1 Der Hersteller der Ware kann den Großhändler nur verspätet beliefern.

7.2 Der Hersteller erhöht die Preise gegenüber dem Großhändler.

7.3 Der Großhändler stellt fest, dass der Preis im Angebot anstatt mit 510,00 EUR mit 150,00 EUR angegeben wurde.

7.4 Der Großhändler erfährt, dass der Einzelhändler angeblich Zahlungsschwierigkeiten hat.

7.5 Der Kaufvertrag wurde nur mündlich abgeschlossen.

8. Sven Wagner möchte seinem Nachbarn, Igor Herrmann, schriftlich einen gebrauchten Pkw zum Kauf anbieten, vertippt sich jedoch und schreibt statt 5 500,00 EUR nur  4 500,00 EUR. Igor Herrmann nimmt das Angebot an. Der Wagen wird am folgenden Tag übergeben. Als Igor Herrmann kurz darauf bezahlen will, klärt sich alles auf.

Aufgabe:

Stellen Sie dar, welche rechtliche Möglichkeit Sven Wagner hat!

9. Entscheiden Sie begründet bei den folgenden Fällen, ob die Rechtsgeschäfte voll gültig, nichtig oder anfechtbar sind!

9.1 Ein Sechsjähriger kauft sich Süßigkeiten.

9.2 Ein Händler verkauft absichtlich eine vergoldete Halskette als massive Goldkette.

9.3 Ein 15-jähriger Junge kauft von seinem Taschengeld einen neuen Controller für seine Spielkonsole.

9.4 Nach dem Training im Fitnessstudio ruft Melanie laut: „Ich bin so durstig. Mein Monatsgehalt für eine Flasche Wasser".
Ein Mitsportler antwortet: „Moment, ich gebe dir meine Wasserflasche".

9.5 Max Holl bestellt 10 Sonnenbrillen des Models „Sunlight" per Fax. Zwei Tage später erhält er eine Lieferung über 100 Sonnenbrillen, weil er sich bei seiner Bestellung vertippt hat.

9.6 Sowohl der Antiquitätenhändler als auch der Kunde halten eine französische „Louis-quatorze" Kommode aus dem 17. Jahrhundert für echt. Später stellt sich heraus, dass das Möbelstück eine Fälschung ist.

1.5 Kaufvertrag

1.5.1 Abschluss eines Kaufvertrags

Ein **Kaufvertrag** kommt durch **zwei übereinstimmende Willenserklärungen**, den **Antrag** (1. Willenserklärung) und die Annahme (2. Willenserklärung), zustande.

§ 433
BGB

Möglichkeiten des Kaufvertragsabschlusses:

■ **Der Verkäufer unterbreitet ein verbindliches Angebot, der Käufer bestellt rechtzeitig und ohne Änderung.**

Der Kaufvertrag ist zustande gekommen, sobald der **Verkäufer die Bestellung erhalten hat** und diese ihm **rechtzeitig zugegangen** ist.

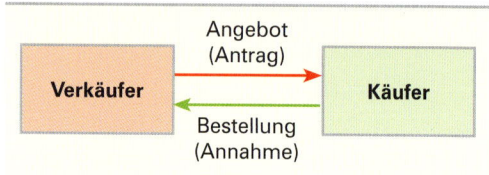

■ **Der Käufer bestellt ohne vorhergehendes Angebot des Verkäufers und der Verkäufer nimmt die Bestellung an.**

Der Kaufvertrag ist zustande gekommen, sobald der **Käufer die Bestellannahme erhalten hat** und diese ihm **rechtzeitig zugegangen** ist.

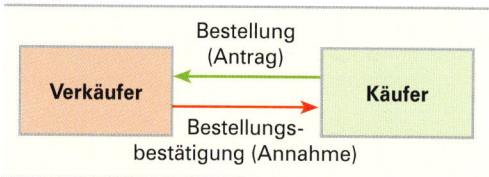

Beachte:

■ Sind Verkäufer und Käufer **Privatpersonen,** liegt ein **bürgerlicher Kauf (Privatkauf)** vor. Hier finden die Vorschriften des **Bürgerlichen Gesetzbuches [BGB]** Anwendung.

■ Sind beide Vertragspartner **Kaufleute,** spricht man von einem **zweiseitigen Handelskauf,** für den das **Handelsgesetzbuch [HGB]** gilt.

■ Ist der **Käufer Privatmann (Verbraucher)** und der **Verkäufer Kaufmann,** so handelt es sich um einen **Verbrauchsgüterkauf.** Zum Schutz des Verbrauchers hat der Gesetzgeber **besondere Schutzvorschriften** erlassen.

1.5.2 Verpflichtungsgeschäft

Durch den Abschluss des Kaufvertrags haben Käufer und Verkäufer **Pflichten übernommen (Verpflichtungsgeschäft).**

Pflichten des Verkäufers (Rechte des Käufers)	Kaufvertrag	Pflichten des Käufers (Rechte des Verkäufers)
■ Der bestellte Pkw muss mängelfrei und fristgemäß übergeben werden. ■ Das Eigentum an dem Pkw muss auf den Käufer übertragen werden.		■ Der bestellte Pkw muss abgenommen werden. ■ Der ordnungsgemäß gelieferte Pkw muss vereinbarungsgemäß bezahlt werden.

Die Pflichten, die Verkäufer und Käufer übernommen haben, müssen erfüllt werden (**Erfüllungsgeschäft**).

1.5.3 Erfüllungsgeschäft

1.5.3.1 Pflichten des Verkäufers

Die **Erfüllung** des **Kaufvertrages** durch den **Verkäufer** umfasst:

- die **Besitzverschaffung** durch **Übergabe der Kaufsache** und
- die **Eigentumsübertragung** an den Käufer.

(1) Besitzverschaffung

§ 854 BGB

Besitz ist die **tatsächliche Gewalt** über eine Sache.

Der Besitz wird bei **beweglichen Sachen** durch **Übergabe**, bei **unbeweglichen Sachen** durch **Gebrauchsüberlassung** verschafft.

Beispiel:

Ein Kunde lässt sich von einem Medienhaus zur Probe einen Fernseher zu Hause aufstellen. Der Kunde ist Besitzer, das Medienhaus bleibt Eigentümer.

(2) Eigentumsübertragung

■ **Eigentum und dessen Übertragung**

§ 903 BGB

Eigentum ist die **rechtliche Verfügungsgewalt** einer Person über Sachen.

Handelt es sich bei der Kaufsache um eine **bewegliche Sache** (z. B. Möbel), so erfolgt die **Eigentumsübertragung** durch **Einigung** und **Übergabe**.

Beispiel:

Die Inhaberin des Modegeschäfts Frieda Fröhlich e. Kfr. übergibt Frau Schnurr das gekaufte Kleid. Mit der Einigung und der Übergabe des Kleids ist Frau Schnurr Eigentümerin geworden.

§ 433 BGB

Handelt es sich bei der Kaufsache um eine **unbewegliche Sache** (z. B. Gebäude), erfolgt die **Eigentumsübergabe** durch **Einigung (Auflassung)** und **Eintragung des Eigentumsübergangs** im Grundbuch.[1]

---

1 Das **Grundbuch** ist ein Verzeichnis (Register) aller Grundstücke in einem Amtsgerichtsbezirk.

Erläuterung:

Die Einigung über den Eigentumsübergang bezeichnet man in diesem Fall als **Auflassung**. Da ein Grundstück nicht wie eine bewegliche Sache „übergeben" werden kann, tritt anstelle der körperlichen Übergabe die Eintragung ins Grundbuch, aus dem jeder, der ein berechtigtes Interesse hat, ersehen kann, wie die Eigentumsverhältnisse bei einem bestimmten Grundstück sind.

■ Eigentumsvorbehalt[1]

Will der Käufer sofort in den Besitz der Kaufsache kommen, aber erst zu einem späteren Zeitpunkt bezahlen, können Verkäufer und Käufer vereinbaren, dass der Käufer zunächst nur Besitzer, der **Verkäufer** bis zur Zahlung des Kaufpreises **Eigentümer der Kaufsache** aber bleibt. Der Eigentumsvorbehalt muss ausdrücklich im Kaufvertrag vereinbart werden.

> **Beispiel:**
>
> „Die Ware bleibt bis zur restlosen Bezahlung aller Forderungen aus laufenden Rechnungen unser Eigentum. Ein Weiterverkauf ist bis zur restlosen Bezahlung der Ware nicht zulässig."

Der **Eigentumsvorbehalt erlischt** z. B., wenn die Ware

- ■ vom Käufer bezahlt wird,
- ■ zu einer neuen Sache verarbeitet wird,
- ■ mit einem Grundstück als wesentlicher Bestandteil fest verbunden wird,
- ■ an einen gutgläubigen Dritten veräußert wird.

(3) Gutgläubiger Eigentumserwerb

§ 932 I
BGB

Konnte ein Erwerber nicht wissen, dass sich der erworbene Gegenstand nicht im Eigentum des Veräußerers befand, wird er Eigentümer.

> **Beispiel:**
>
> Lebensmittelhändler Mehlig e. Kfm. hat Nudeln unter Eigentumsvorbehalt gekauft und noch nicht bezahlt. Frau Fröhlich kauft diese Nudeln. Mit der Einigung darüber, dass das Eigentum an den Nudeln übergehen soll und der Übergabe, wird sie Eigentümerin der Nudeln.

§ 935 I
BGB

Gutgläubiger Erwerb ist **nicht möglich,** wenn es sich um **gestohlene, verlorene** oder **sonst abhandengekommene** (z. B. unterschlagene) **Sachen** handelt. **Ausnahme von der Regel:** Es handelt sich um **Geldzahlungen** und um Sachen, die **öffentlich versteigert** werden.

1.5.3.2 Pflichten des Käufers

Die **Erfüllung** des **Kaufvertrages** durch den **Käufer umfasst**

- ■ die **Abnahme** der **Ware** und
- ■ die **Zahlung** des **Kaufpreises.**

---

1 Ein **Eigentumsvorbehalt** kann nur beim **Kauf beweglicher Sachen** vereinbart werden.

(1) Abnahme der Ware

Vertragsgemäß gelieferte Waren muss der Käufer **abnehmen** (körperliche Entgegennahme).

Beachte:

Bereits bei der Übergabe der Ware muss der Käufer die Unversehrtheit der Verpackung sowie die Übereinstimmung z.B. der gelieferten Stückzahlen mit den auf den Warenbegleitpapieren (Lieferscheine, Frachtbriefe) angegebenen Daten selbst prüfen.

§ 433
BGB

---

(2) Zahlung des Kaufpreises

Der Käufer ist verpflichtet, dem Verkäufer den vereinbarten Kaufpreis zu zahlen. Er übernimmt im Zweifel[1] die Gefahr und die Kosten der Geldübertragung. Die Zahlungsart ist in der Regel dem Käufer überlassen.

§ 433
BGB

Zusammenfassung

- **Abschluss des Kaufvertrages**
  - Der **Kaufvertrag** kommt durch **zwei übereinstimmende Willenserklärungen,** den Antrag und die Annahme, zustande.
  - Durch den Abschluss eines Kaufvertrages ist ein **gegenseitiges Schuldverhältnis** entstanden, das zu gegenseitigen Leistungen verpflichtet: das **Verpflichtungsgeschäft**.

- **Erfüllung des Kaufvertrages**
  - Der **Verkäufer** ist **verpflichtet,** dem **Käufer** die verkaufte Sache in der richtigen Art und Weise, mängelfrei, rechtzeitig und am richtigen Ort **zu übergeben** und dem **Käufer** das **Eigentum** an dem **Kaufgegenstand** frei von Rechtsmängeln zu übertragen.
  - Der **Käufer** ist **verpflichtet,** den vereinbarten **Kaufpreis** zu **zahlen** und die ordnungsgemäß gelieferte **Kaufsache abzunehmen.**

- **Besitz** ist die tatsächliche **Verfügungsgewalt** über eine Sache. („Besitz hat man.")

- **Eigentum** ist das **Recht,** über eine Sache (oder eine Forderung) im Rahmen der gesetzlichen Vorschriften frei verfügen zu können. („Eigentum gehört einem.")

- Wichtige **Möglichkeiten des Eigentumserwerbs** sind
  - an **beweglichen Sachen: Einigung** und **Übergabe.**
  - an **unbeweglichen Sachen: Einigung (Auflassung)** und **Eintragung im Grundbuch.**

- Beim **Eigentumsvorbehalt** vereinbaren Verkäufer und Käufer, dass der Käufer mit der Übergabe der Kaufsache zunächst nur Besitzer und nicht Eigentümer werden soll. Der Eigentumsvorbehalt muss vereinbart werden. Eine einseitige Erklärung des Verkäufers, nur unter Eigentumsvorbehalt zu liefern, reicht nicht.

- Mit der **vollständigen Zahlung des Kaufpreises** geht das Eigentum ohne weitere Willenserklärungen (automatisch) auf den Käufer über.

- Ein **gutgläubiger Eigentumserwerb** ist an gestohlenen, verlorenen oder sonst abhandengekommenen Sachen nicht möglich.

---

1 **Im Zweifel** bedeutet, dass es sich um eine Auslegungsregel handelt, die dann **nicht gilt,** wenn in vertraglichen Vereinbarungen etwas anderes bestimmt ist.

Kompetenztraining

34

1. Beschreiben Sie, unter welchen Bedingungen ein Kaufvertrag bereits mit der Bestellung zustande kommt!

2. Notieren Sie die Ziffer, unter welchen Bedingungen ein Kaufvertrag erst mit der Bestellungsannahme zustande kommt, wenn ein verbindliches Angebot vorliegt!

   2.1 Sie bestellen unmittelbar per E-Mail.

   2.2 Sie schließen den Kaufvertrag telefonisch ab.

   2.3 Sie kürzen die Bestellmenge.

   2.4 Sie bestellen in der angegebenen Frist per Brief.

3. Die Großhandlung Marc Grohe GmbH macht dem Einzelhandelsgeschäft Fritz Krause e. Kfm. unter dem 24. April 20.. ein Angebot über eine Bohrmaschine zum Preis von 140,00 EUR. Unter Bezugnahme auf das Angebot bestellt das Einzelhandelsgeschäft Florian Krause e. Kfm. am 28. Mai 20.. zum Preis von 140,00 EUR. Die Großhandlung Marc Grohe GmbH nimmt die Bestellung von Florian Krause e. Kfm. vom 28. Mai 20.. am 2. Juli 20.. an.

   Aufgabe:

   Prüfen Sie die Rechtslage!

4. Die Elektrogroßhandlung Groß OHG, Berlin, verfügt über einen Restposten an Kühlschränken. Sie bietet diese in einer Fachzeitschrift zum Vorzugspreis von 350,00 EUR je Stück an.

   Aufgaben:

   4.1 Auf die Anzeige hin bestellt das Elektrogeschäft Alexander Kraft e. Kfm. 5 Kühlschränke des angebotenen Modells zu je 350,00 EUR. Begründen Sie, ob die Groß OHG liefern muss!

   4.2 Aufgrund einer Anfrage des Supermarkts Neumann GmbH gibt die Groß OHG am 25. März ein schriftliches Angebot mit folgendem Inhalt ab: „Preis 330,00 EUR bei Abnahme von 20 Stück, Zahlung netto Kasse".

   Am 10. April bestellt die Neumann GmbH 15 Stück zu je 330,00 EUR. Muss an die Neumann GmbH geliefert werden? Erläutern Sie die bestehende Rechtssituation!

5. Nennen Sie die Hauptpflichten des Verkäufers und des Käufers!

6. Begründen Sie, warum es bei einem Kaufvertrag zwei Gläubiger und zwei Schuldner gibt!

7. Erklären Sie den Unterschied zwischen Verpflichtungsgeschäft und Erfüllungsgeschäft!

8. Notieren Sie die Ziffer, in welchem Fall ein zweiseitiger Handelskauf vorliegt!

   8.1 Frau Petzer kauft ihrer Nachbarin den Pkw ab.

   8.2 Ein Textileinzelhändler kauft sich in der Buchhandlung einen Bestsellerroman.

   8.3 Ein Unternehmer verkauft seinen Privatwagen an einen Mitarbeiter.

   8.4 Ein Schreibwarenhändler kauft beim Papiergroßhändler 100 Packungen Kopierpapier.

9. Der Schulleiter Sebastian Wägele kauft bei seinem Fahrradhändler ein Mountainbike. Welche Kaufvertragsart liegt vor? Begründen Sie Ihre Entscheidung!

10. Notieren Sie die Ziffer, welche der folgenden Aussagen richtig ist!

    10.1 Besitz ist die rechtliche Herrschaft, Eigentum die tatsächliche Verfügungsgewalt.

    10.2 Eigentum ist die rechtliche Herrschaft, Besitz die tatsächliche Verfügungsgewalt.

    10.3 Eigentum ist gleich Vermögen.

    10.4 Solange ein Auszubildender ein Schulbuch ausgeliehen hat, ist er Eigentümer.

    10.5 Der Eigentümer ist immer auch der Besitzer einer Sache.

11. Severin Schmidt hat sich ein Einfamilienhaus gebaut. Er nennt sich jetzt stolz „Hausbesitzer".

    Aufgabe:

    Beschreiben Sie, inwiefern dieser Ausdruck zutreffend ist! Begründen Sie Ihre Antwort, wenn Severin Schmidt das Haus mietet!

12. Das Eigentum wird vom Gesetz grundsätzlich geschützt. Klären Sie, ob dies auch für den Besitz zutrifft!

13. Begründen Sie, warum Eigentum nicht gleich Vermögen ist!

14. Erklären Sie Begriff und Zweck des Eigentumsvorbehalts!

15. 15.1 Begründen Sie, warum ein Eigentumsvorbehalt nur durch eine Vereinbarung zwischen dem Verkäufer und Käufer und nicht allein durch die Willenserklärung des Verkäufers, nur unter Eigentumsvorbehalt zu liefern, rechtswirksam werden kann!

    15.2 Nennen Sie den Vorteil, den der Eigentumsvorbehalt für den Lieferanten bietet!

    15.3 Nennen Sie drei Gründe, bei deren Vorliegen der Eigentumsvorbehalt erlischt!

16. In den nachfolgenden Abbildungen sind symbolisch zwei verschiedene Möglichkeiten der Eigentumsübertragung durch Rechtsgeschäft dargestellt.

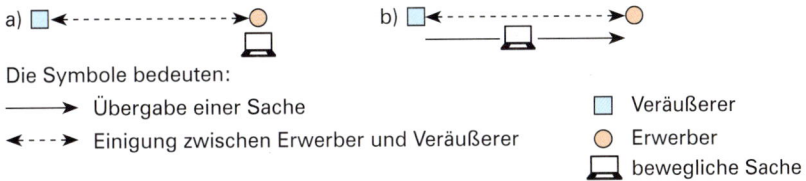

Die Symbole bedeuten:

⟶ Übergabe einer Sache   ☐ Veräußerer

◄--► Einigung zwischen Erwerber und Veräußerer   ○ Erwerber

                                                    💻 bewegliche Sache

    Aufgaben:

    16.1 Beschreiben Sie, welche rechtsgeschäftlichen Möglichkeiten der Eigentumsübertragung dargestellt werden!

    16.2 Erklären Sie, durch welche Vereinbarung im Kaufvertrag sich der Verkäufer das Verfügungsrecht über die Ware bis zum Zahlungseingang sichern kann!

17. Notieren Sie, welche Aussagen über Besitz und Eigentum richtig sind!

    17.1 Der Finder einer Sache ist Eigentümer.

    17.2 Besitz ist die tatsächliche, Eigentum die rechtliche Verfügungsgewalt über eine Sache.

    17.3 Die Eigentumsübertragung an beweglichen Sachen erfolgt in der Regel durch Einigung und Übergabe.

    17.4 Der gutgläubige Käufer erwirbt immer das Eigentumsrecht an gestohlenen Waren.

    17.5 Eigentum und Besitz bedeuten rechtlich dasselbe.

18. Ein Fachgeschäft für Heizungsanlagen verkauft seine teuren, hochwertigen Anlagen nur unter Eigentumsvorbehalt. Notieren Sie, welche der folgenden Aussagen den Eigentumsvorbehalt richtig darstellt!

    18.1 Der Kunde ist nur Besitzer und wird nie Eigentümer der Anlagen.

    18.2 Der Kunde muss das Eigentum an der Anlage nur erwerben, wenn er mit der Heizungsanlage zufrieden ist.

    18.3 Der Heizungshändler überträgt dem Kunden das Eigentum an der Anlage erst, nachdem sie vollständig bezahlt worden ist.

19. Der Auszubildende Felix Neun bestellt sich über das Internet ein Notebook bei dem PC-Händler Kreiser GmbH in Berlin. Die Kreiser GmbH verschickt das Notebook per Post an Felix Neun. Das Notebook kommt mit einem Transportschaden bei Felix Neun an.

    Recherchieren Sie, ob Felix Neun von der Kreiser GmbH ein neues Notebook verlangen kann!

    Hinweis: Lesen Sie zur Lösung des Falls § 446 BGB!

2 Kassenorganisation

Die Vielfalt des Einzelhandels bedingt, dass je nach betrieblichen Erfordernissen, noch eine Vielzahl an unterschiedlichen Kassen im Einsatz sind. Das Spektrum reicht von einfachen **Kassenarten,** die nur der **Zahlungsabwicklung dienen,** bis zu **Datenkassen,** die an ein **Rechnersystem** angeschlossen sind **(Kassensysteme).**

2.1 Kassenarten und Kassensysteme

2.1.1 Kassenarten

Offene Ladenkasse	Sie ist eine einfache Schublade, in die das Wechselgeld und die Kasseneinnahmen gelegt werden. Diese Kassenform ist noch im Markt- und Straßenhandel anzutreffen.
Mechanische Registrierkassen	Sie haben in der Regel Tipptasten und ein mechanisches Rechenwerk, das die eingetippten Geldbeträge erfasst und zusammenzählt. Das Geld wird in die eingebaute Ladenkasse gelegt. Solche Kassen sind nur noch selten anzutreffen.
Elektronische Registrierkassen	Sie sind eine Weiterentwicklung der mechanischen Registrierkassen mit elektronischen Bauteilen. Die Ausstattung umfasst Warengruppenunterteilungen, Festpreisspeicher und mehrstellige Textvorgaben. Diese Kassen sind nicht systemfähig und können nicht an ein Warenwirtschaftssystem angeschlossen werden.

2.1.2 Kassensysteme

(1) Aufbau der Hardware

Die Hardware einer Datenkasse[1] umfasst folgende Einheiten:

- Kassenschublade,
- Tastatur und Monitor (oder Touchmonitor),
- Rechen- und Steuereinheit,
- Bondrucker,
- Kartenleser,
- Scanner,
- Kundendisplay.

Die Einheiten können in einem Gerät integriert sein (siehe Abbildung) oder als Einzelgeräte (Module) eingesetzt werden **(modulare Kassensysteme).**

Kartenleser Kundendisplay

Touchmonitor

Bondrucker Kassenschublade

Scanner mit integrierter Waage

---

1 Es wird auch der Begriff **„elektronische Datenkassen"** verwendet.

(2) Dezentrale Systeme und Verbundsysteme

Dezentrale Systeme	Datenkassen können eine selbstständige Einheit bilden **(Stand-alone-Terminal)**, die unabhängig **(offline)** von anderen EDV-Anlagen arbeiten. Die Kassendaten werden in diesem Fall im Speicher der Kasse oder in einem angeschlossenen Datenträger (z. B. DVDs) erfasst und in einer EDV-Anlage ausgewertet.
Verbundsysteme	In einem **Point-of-Sale-Verbundsystem** sind **alle Geräte miteinander vernetzt** und stehen in direkter Verbindung zu einem **übergeordneten Rechner (Netzwerkserver).** Die Verwaltung der Daten und der Datenaustausch werden in diesem Fall vom Server oder von einer festgelegten Leitkasse übernommen. Beim Point-of-Sale-Verbundsystem kann der Einzelhändler z. B. über folgende Informationen verfügen: ■ Stammdaten für Artikel, Warengruppen, Kassierer, Lieferanten. ■ Automatischer Zugriff auf die Artikeldatenbank. ■ Preislisten für verschiedene Kundengruppen, Angebote. ■ Preisnachlass- und Rabattfunktionen. ■ Auf Verkäufer ausgerichtetes Kassieren. ■ Ein- und Auszahlungen, Storno, Kassenbericht. ■ Verwaltung der Warengruppen.

(3) Zertifizierte Kassensysteme

Seit 2020 ist der Einzelhändler verpflichtet, nur Kassensysteme einzusetzen, die über eine **zertifizierte technische Sicherheitseinrichtung** verfügen.

■ Die Sicherheitseinrichtung gewährleistet, dass die Kasseneingabe **sofort protokolliert** und später **nicht mehr verändert werden kann.**

■ Über jeden Verkauf einer Ware muss ein **Kassenbon ausgedruckt** und dem **Kunden angeboten** werden (Bonpflicht[1]). Sinn der Maßnahme ist, Steuerbetrug mit „Mogelkassen" einzudämmen bzw. zu verhindern. Der Kunde ist nicht verpflichtet, den Kassenbon anzunehmen.

2.1.3 Kassiervorgang im Warenwirtschaftssystem

(1) Ablauf des Kassiervorgangs

Das Warenwirtschaftsprogramm dokumentiert, steuert und überwacht alle Vorgänge, die bei der Beschaffung, der Lagerung und dem Verkauf der Waren anfallen. Es handelt sich um ein **Datenbanksystem.** Es besteht aus einer **Datenbank, unterschiedlichen Dateien** und einem **Datenverwaltungsprogramm.**

Der **Kassiervorgang mithilfe eines Warenwirtschaftssytems** läuft wie folgt ab:

 Ware wird vom Kunden an der Kasse vorgelegt.

 Die **Artikelnummer,** die z. B. in Form eines **Strichcodes (GTIN-Barcode)[2]** auf der Verpackung bzw. dem Etikett aufgedruckt ist, wird vom Scanner optisch-elektronisch **(Scanning)** erfasst und dem **Kassenterminal** (bzw. dem Zentralrechner) gemeldet.

---

1 Die **Bonpflicht** besteht nur für elektronische Kassen. Für „offene Ladenkassen" (Schub, Kasten ohne Registrierung) besteht keine Belegausgabepflicht.

2 **GTIN** ist eine weltweit abgestimmte Artikelnummer, die in Form eines Strichcodes (Barcodes) abgebildet ist und vom Hersteller auf die Warenverpackung aufgedruckt wird. GTIN wird im 2. Ausbildungsjahr, im Lernfeld 7 ausführlich dargestellt.

③ Das installierte Rechensystem ruft daraufhin die zu dieser Artikelnummer gespeicherte Artikeldatei (z. B. Artikelbezeichnung, Preis) ab und überträgt sie in die Kasse. Da der **Preis** und die **Artikelbezeichnung** nicht aus dem Strichcode, sondern **aus dem Rechensystem abgerufen** werden, ist es stets möglich, den Preis eines jeden einzelnen Artikels der jeweiligen Marktsituation (z. B. Sonderaktionen) anzupassen. Dieses Verfahren wird als **„Price-look-up-Verfahren" (PLU-Verfahren)** bezeichnet.

④ Nach der Zuordnung des Preises zur Ware werden die Daten auf dem Kassenmonitor und dem Kundendisplay angezeigt. Anschließend wird der Kassenbon gedruckt.

⑤ Nach Ablauf des Kassiervorgangs wird der betreffende Artikelbestand automatisch um die verkaufte Ware verringert.

(2)   Vorteile von Kassenterminals für den Einzelhandelsbetrieb

Wichtige Vorteile, die mit dem Einsatz eines Kassenterminals verbunden sind, liegen u. a. in der:

- Preissicherheit beim Kassieren,
- exakten Verkaufskontrolle,
- Entlastung des Kassenpersonals,
- Beschleunigung des Kassiervorgangs,
- nicht erforderlichen Einzelartikelauszeichnung,
- Möglichkeit innerbetrieblicher Datenauswertung (z. B. Erstellen von Umsatzstatistiken, artikelgenaue Erfolgskontrolle, Ermittlung des richtigen Bestellzeitpunktes) und einem
- aussagefähigen Kassenbon für den Kunden.

2.2   Kassieranweisungen

Große Einzelhandelsgeschäfte, Kaufhäuser, Filialketten oder Selbstbedienungsläden verfügen über mehrere Einzelkassen. Es ist daher unverzichtbar, dass die jeweilige Unternehmensleitung für das Kassenpersonal **Kassieranweisungen** erlässt, um die **Kassiervorgänge zu vereinheitlichen.**

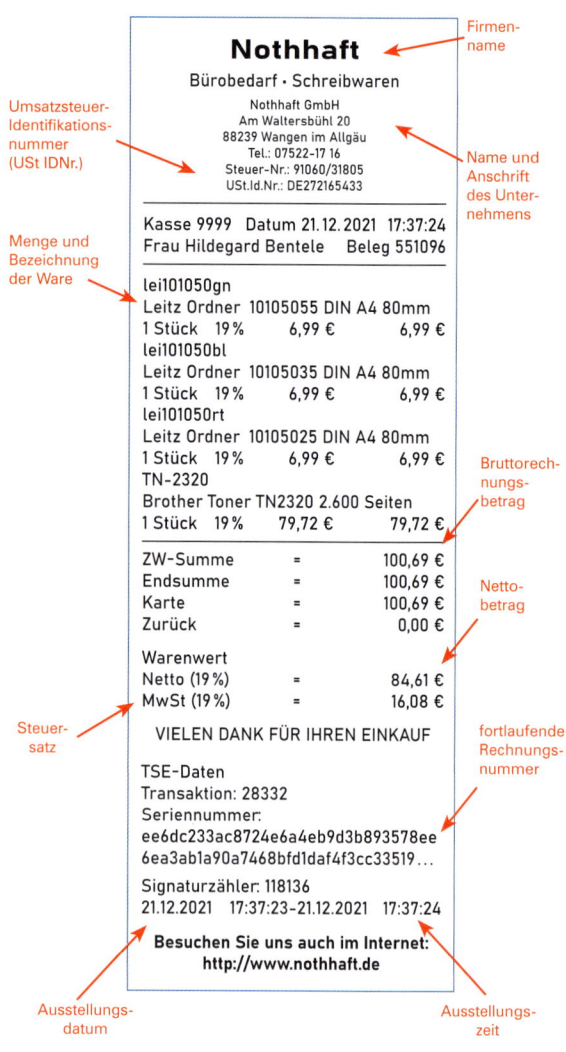

Firmenname	

Nothhaft
Bürobedarf · Schreibwaren

Nothhaft GmbH
Am Waltersbühl 20
88239 Wangen im Allgäu
Tel.: 07522-17 16
Steuer-Nr.: 91060/31805
USt.Id.Nr.: DE272165433

Umsatzsteuer-Identifikationsnummer (USt IDNr.)

Name und Anschrift des Unternehmens

Kasse 9999   Datum 21.12.2021   17:37:24
Frau Hildegard Bentele   Beleg 551096

Menge und Bezeichnung der Ware

lei101050gn
Leitz Ordner 10105055 DIN A4 80mm
1 Stück 19 %   6,99 €   6,99 €
lei101050bl
Leitz Ordner 10105035 DIN A4 80mm
1 Stück 19 %   6,99 €   6,99 €
lei101050rt
Leitz Ordner 10105025 DIN A4 80mm
1 Stück 19 %   6,99 €   6,99 €
TN-2320
Brother Toner TN2320 2.600 Seiten
1 Stück 19 %   79,72 €   79,72 €

Bruttorechnungsbetrag

ZW-Summe   =   100,69 €
Endsumme   =   100,69 €
Karte   =   100,69 €
Zurück   =   0,00 €

Nettobetrag

Warenwert
Netto (19 %)   =   84,61 €
MwSt (19 %)   =   16,08 €

Steuersatz

VIELEN DANK FÜR IHREN EINKAUF

fortlaufende Rechnungsnummer

TSE-Daten
Transaktion: 28332
Seriennummer:
ee6dc233ac8724e6a4eb9d3b893578ee
6ea3ab1a90a7468bfd1daf4f3cc33519…

Signaturzähler: 118136
21.12.2021   17:37:23–21.12.2021   17:37:24

Besuchen Sie uns auch im Internet:
http://www.nothhaft.de

Ausstellungsdatum

Ausstellungszeit

> **Kassieranweisungen** sind besondere Arbeitsanweisungen für das **Kassenpersonal.**
> Sie regeln den **gesamten Kassenvorgang.**

Besondere Kassieranweisungen, für die die jeweiligen Arbeitsschritte im Einzelnen vorgegeben werden, werden z. B. für folgende Kassenvorgänge festgelegt:

- Artikel erfassen mit Scanner
- Artikel erfassen ohne Scanner
- Bezahlen mit Bargeld
- Bargeldlos bezahlen
- Bezahlen mit mehreren Zahlungsmitteln
- Verkauf von Gutscheinen

- Einlösen von Gutscheinen
- Retouren, Umtausch, Reklamationen
- Rabatte, Nachlässe
- Abbruch und Storno eines Vorgangs
- Übergabe der Kasse
- Kassenabschluss

Beispiele für besondere Kassieranweisungen: [1]

Beispiel 1: Artikel erfassen ohne Scanner

(1) **Dies muss unter folgenden Umständen gemacht werden:**
  - wenn Strichcode nicht mehr lesbar,
  - wenn Scanner defekt,
  - wenn bei der nächtlichen Übertragung ein Fehler aufgetreten ist.

  In allen drei Fällen kommt die Fehlermeldung: „Artikel nicht gefunden/Artikel nicht vorhanden".

(2) **Vorgehensweise:**
  - wenn nötig **Verkäufernummer** eingeben,
  - **Artikelnummer** mit Tastatur eingeben (volle Länge, d. h. wie auf dem Etikett) und Taste **„Enter"** drücken,
  - **Größe** mit Tastatur eingeben (immer 3-stellig) und Taste **„Enter"** drücken. Wenn Artikel **keine Größe** hat (z. B. bei Taschen) „1" eingeben.

(3) **Vorgehensweise, wenn Fehlermeldung (Artikel nicht vorhanden) immer noch kommt:**
  - Die Taste **„Funktionen"** auf dem Bildschirm drücken.

- Dann Taste **„PLU"** auf dem Bildschirm drücken (es erscheint in gelber Schrift „kein PLU").
- Jetzt kann der Artikel wie oben beschrieben auf jeden Fall eingegeben werden.

Beispiel 2: Bezahlen mit Bargeld

(1) Nachdem die zu kassierenden Artikel gescannt wurden, die Taste **„Kasse"** drücken.

(2) Im Feld oben rechts (Bildschirm) Betrag mit Tastatur eingeben und **2x „Enter"** drücken.

- Betrag immer mit den zwei Stellen nach dem Komma eingeben:
  100,00 EUR = „10000"
  139,90 EUR = „13990"
    9,90 EUR = „990"
- Bon für Kunden wird ausgedruckt und auf dem Bildschirm angezeigt/Kassenschublade öffnet sich (nach dem Geldkassieren gleich wieder schließen).
- Auf dem Bildschirm „OK" drücken, um zum Programm für die Artikelerfassung zurückzukehren.

---

1 Die Kassieranweisungen sind der „Organisationsanweisung für die Handhabung der Kassenabrechnung" des Schuhhauses Werdich, Dornstadt entnommen.

2.3 Gutscheine

Gutscheine können in fast allen Einzelhandelsgeschäften gekauft werden. In der Regel handelt es sich um **Geschenkgutscheine**. Daneben geben Einzelhandelsgeschäfte noch **Umtauschgutscheine** aus, wenn sie z. B. einer Warenrückgabe aus Kulanzgründen zustimmen. Die Einlösung eines Gutscheins kann vom Einzelhändler befristet werden! Die Frist darf jedoch nicht kürzer als ein Jahr sein.

Der **Inhaber des Gutscheins** erwirbt das Recht, im Gegenwert des Gutscheins Waren beim ausgebenden Einzelhandelsgeschäft zu kaufen. Liegt der Wert des Gutscheins höher als der Kaufpreis der Ware, wird ein neuer Gutschein über den Restbetrag ausgestellt. Eine **Auszahlung** des Geldbetrages kann **nicht verlangt** werden. Löst der Kunde den Gutschein ein, hat der Verkäufer darauf zu achten, dass er entwertet wird.

Beachte:

Weigerte sich der Einzelhändler, den Gutschein einzulösen, hat der Berechtigte einen Anspruch auf Auszahlung des Betrags, abzüglich des entgangenen Gewinns des Einzelhändlers.

2.4 Coupons

Viele Einzelhändler versuchen derzeit über Bezugsberechtigungen (Coupons) Kunden zu gewinnen. Coupons werden über Zeitungen, Zeitschriften, durch Kundenbriefe oder durch Ausgabe im Verkaufsraum verteilt.

Wichtige **Formen von Coupons** sind:

Einkaufsgutscheine (Shopping Coupons)	Beim nächsten Einkauf erhält der Kunde – unabhängig vom eingekauften Produkt – einen festgelegten Betrag von der Gesamteinkaufssumme abgezogen.
Warengutscheine (Free-Offer-Coupons)	Als Anreiz für einen Einkauf erhält der Kunde eine Zugabe.
Treue- bzw. Rabattcoupons (Cash-Coupons)	Der Kunde erhält einen Gutschein (z. B. Bonuskarte, Meilen, bestimmten Eurobetrag), der einen Nachlass auf ein Produkt oder eine Einkaufssumme gewährt. Die Coupons können auch zunächst vom Kunden gesammelt und dann in einer Summe eingelöst werden.

Zusammenfassung

■ Unter der **Kassenorganisation** versteht man die Art und Weise, wie die jeweiligen Kassenvorgänge von einer Kasse erfasst und verarbeitet werden.

■ Die **Hardware einer Datenkasse** umfasst folgende Einheiten: Kassenschublade, Tastatur, Monitor (ggf. Touchmonitor), Rechen- und Steuereinheit, Bondrucker, Kartenleser, Scanner, Kundendisplay. Die Einheiten können in einem Gerät integriert sein oder als Einzelgeräte eingesetzt werden.

■ Datenkassen können als **selbstständige Einheit (Stand-alone-Terminal)** oder im **Datenverbund** arbeiten.

■ Das **Warenwirtschaftssystem** ist ein **Datenbanksystem,** das aus einer **Datenbank,** unterschiedlichen **Dateien** und einem **Datenverwaltungsprogramm** besteht.

■ **Aufgabe des Warenwirtschaftssystems** ist, alle Vorgänge, die bei der Beschaffung, der Lagerung und dem Verkauf der Waren anfallen, zu dokumentieren, steuern und überwachen.

■ Das **Rechensystem** ruft aufgrund der Artikelnummer die **Artikelbezeichnung** und den hinterlegten **Preis** ab **("Price-look-up-Verfahren")** und übermittelt die Daten in die Kasse.

■ Man unterscheidet **allgemeine** und **besondere Kassiervorschriften.** Sie werden in der Regel von der Unternehmensleitung schriftlich festgehalten und sind für das Kassenpersonal verbindlich.

■ **Gutscheine** und **Coupons** sind Formen der Verkaufsförderung.

Kompetenztraining

35 1. Beschreiben Sie den Vorgang der elektronischen Datenerfassung!

2. 2.1 Beschreiben Sie das Grundprinzip des „Price-look-up"-Verfahrens (PLU)!

   2.2 Nennen Sie den Hauptvorteil, der mit dem PLU-Verfahren verbunden ist!

3. In einem Warenhaus sind sämtliche 5 Kassen untereinander und mit einem Server verbunden. Notieren Sie, welche Aussagen zu diesen Verbundkassen richtig sind!

   3.1 Um eine Kasse nutzen zu können, müssen alle 5 Kassen in Betrieb sein.

   3.2 Aufgrund des Anschlusses an den Server kann jede Kasse allein genutzt werden.

   3.3 Ein Sonderrabatt für ein Kleid wegen einer kleinen Farbabweichung löst bei den übrigen Kassen – beim gleichen Artikel – ebenfalls eine Preisreduktion aus.

   3.4 Der Einzelhändler kann jederzeit den Kassen-Ist-Bestand der einzelnen Kassen abrufen.

4. Aufgrund einer Sonderaktion für Krawatten und Hemden hat sich am Kassenterminal der Herrenabteilung eines Kaufhauses eine lange Warteschlange gebildet. Beim Kassieren einer Seidenkrawatte zum Sonderpreis von 9,95 EUR fehlt die Artikelnummer. Trotz des bekannten Preises erfragt die Kassiererin bei einem Kollegen die Artikelnummer, was einige Minuten Zeit in Anspruch nimmt.

   Die Kunden haben für die Vorgehensweise der Kassiererin kein Verständnis und ärgern sich wegen der damit verbundenen längeren Wartezeit. Die Kassiererin entschuldigt sich für die Verzögerung und behauptet, dass sie den Preis nicht ohne Artikelnummer eintippen könne.

   Aufgabe:

   Prüfen Sie, ob die Kassiererin Recht hat!

5. Notieren Sie vier Informationen, die Sie durch das Warenwirtschaftssystem ermitteln können!

6. Sie stellen fest, dass ein Warenverkauf von 5 Bohrmaschinen im Warenwirtschaftssystem nicht erfasst wurde.

   Aufgaben:

   6.1 Erläutern Sie die Auswirkungen, die dies auf den Lagerbestand der Bohrmaschinen hat!

   6.2 Welche Maßnahmen ergreifen Sie? Begründen Sie Ihre Entscheidung!

7. Nennen Sie die Einheiten, die in der Regel ein Kassenterminal umfasst!

8. Informieren Sie sich über das in Ihrem Ausbildungsbetrieb installierte Kassensystem und berichten Sie darüber, nach Rücksprache mit Ihrem Ausbilder, in der Klasse!

9. Erklären Sie, warum immer weniger Selbstbedienungswaagen installiert werden!

10. Formulieren Sie drei Vorteile, die mit dem Einsatz eines Kassenterminals für das Einzelhandelsunternehmen verbunden sind!

11. Die Kassiererin tippt in die Kasse für einen Mantel 180,00 EUR ein, anstelle des tatsächlichen Preises von 160,00 EUR. Um den Fehler auszugleichen, reduziert sie das ebenfalls gekaufte Kleid um 20,00 EUR.

    Aufgabe:

    Beurteilen Sie das Verhalten der Kassiererin!

12. Stellen Sie dar, worauf eine Kassiererin bei der Entgegennahme eines Coupons besonders zu achten hat!

13. Beschreiben Sie das Recht, das der Inhaber des Gutscheins gegenüber dem ausgebenden Einzelhandelsgeschäft besitzt!

14. 14.1 Erläutern Sie mit zwei Argumenten, warum ein Einzelhändler den Kunden Gutscheine anbietet!

    14.2 Beschreiben Sie, was der Verkäufer bei der Einlösung eines Gutscheins zu beachten hat!

3 Abwicklung von Zahlungsvorgängen (Zahlungsarten)

3.1 Barzahlung

3.1.1 Begriff Barzahlung

Bei der **Barzahlung** erfolgen die Zahlungen durch Hingabe und Annahme von **Banknoten** und **Münzen**.

Banknoten	■ Das alleinige **Recht zur Ausgabe von Banknoten** besitzt die **Europäische Zentralbank** in Frankfurt.
	■ Die Banknoten sind die **gesetzlichen Zahlungsmittel** der Bundesrepublik Deutschland. Für sie besteht **Annahmezwang**, d. h., ein Gläubiger muss sie grundsätzlich in unbegrenzter Höhe entgegennehmen.

Münzen	■ Eurocent-Münzen müssen bis zu fünfzig Münzen im Gesamtbetrag von **höchstens 100,00 EUR** in Zahlung genommen werden.
	■ Die deutschen Euromünzen werden von der Deutschen Bundesbank in Umlauf gebracht.

Die Barzahlung hat für den Einzelhändler folgende Bedeutung:

Vorteile	Nachteile
■ Er ist sofort im **Besitz von Bargeld**.	■ Geldverlust durch **falsche Herausgabe** oder **Diebstahl**.
■ Er trägt **kein Risiko** (z. B. Forderungsausfall).	■ Einnahme von **Falschgeld**.[1]
■ Es fallen **keine Mahnkosten** an.	■ **Überfallrisiko** bei großen Geldbeträgen in der Kasse.
■ Es ist **keine Überprüfung der Identität/ Bonität** des Kunden nötig.	

3.1.2 Sicherheitsmerkmale von Banknoten

(1) Grundlegendes[2]

Am 1. Januar 2002 wurde von zwölf Ländern das gemeinsame Euro-Bargeld eingeführt. Derzeit haben 19 europäische Länder mit dem Euro eine gemeinsame Währung.

Die bisher eingeführten Euro-Banknoten wurden durch eine zweite Euro-Banknotenserie ersetzt. Beide Serien sind derzeit gesetzliches Zahlungsmittel. Auf den neuen Banknoten sind auf der Vorderseite Fenster und Türen und auf der Rückseite Brücken dargestellt. Sie zeigen Architekturstile aus sieben Epochen (Zeitabschnitten) europäischer Baugeschichte. Die Abbildungen stellen keine bestimmten Bauwerke dar.

Beispiele:

| 10-Euro-Schein (neu) | 20-Euro-Schein (neu) | 50-Euro-Schein (neu) |
| Romanik | Gotik | Renaissance |

(2) Sicherheitsmerkmale

Ein wichtiger Grund, neue Euro-Banknoten in Umlauf zu bringen, ist die Erhöhung der Fälschungssicherheit. Folgende Punkte sollen dazu beitragen, Fälschungen ohne spezielle Hilfsmittel zu erkennen.

---

1 Technische Hilfsmittel zur Falschgelderkennung sind z. B. Infrarotgeräte, UV-Lampen und Magnetisierungsleser.

2 Quelle: www.bundesbank.de/euro-banknoten. Die nachfolgenden Abbildungen sind entnommen aus: Deutsche Bundesbank (Hrsg.): Die Euro-Banknoten [Stand: August 2016].

■ Fühlen

Zur Herstellung der Euro-Banknoten wird ein Spezialpapier aus Baumwollfasern verwendet. Dieses Papier lässt sich durch seine griffige, charakteristische Struktur gut erkennen. Zudem sind einige Stellen auf der Vorderseite der Banknote durch ein fühlbares Relief[1] hervorgehoben.

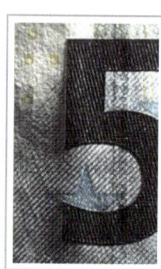

■ Sehen

Einige Merkmale erscheinen erst, wenn die Banknote gegen das Licht gehalten wird. Im Wasserzeichen werden ein Architekturmotiv sowie die Wertzahl sichtbar. In der Mitte der Banknote erscheint der Sicherheitsfaden als dunkler Streifen.

■ Kippen

Wenn die Banknoten gekippt werden, verändern einige Merkmale je nach Betrachtungswinkel ihre Motive oder Farbe. Bei der 5-Euro-, 10-Euro- und 20-Euro-Banknote sind u. a. im Hologrammstreifen[2] die Wertzahl und das €-Symbol zu erkennen. Auf der Rückseite erscheint ein goldfarbener Glanzstreifen.

Bei der 50-Euro-Banknote wechselt die Wertzahl auf der Rückseite die Farbe. Im Hologramm erscheinen abwechselnd die Wertzahl und das Hauptmotiv.

(3) Einzelheiten zu den einzelnen Sicherheitsmerkmalen am Beispiel der 50-Euro-Banknote

Die Euro-Banknoten
Seiten 16/17

Sicherheitsmerkmale
Europa-Serie: 20 Euro,
50 Euro

Fühlbares Druckbild
Auf der Vorderseite der Banknote lässt sich am linken und rechten Rand jeweils eine Reihe kurzer erhabener Linien ertasten. Bei Hauptmotiv, Schrift und großer Wertzahl ist ebenfalls ein Relief spürbar.

Porträt-Hologramm mit Fenster
Im silbernen Streifen auf der Vorderseite erscheinen beim Kippen das €-Symbol, das Hauptmotiv, mehrfach die Wertzahl der Banknote sowie das Porträt der Europa im „Fenster".

Porträt-Fenster
Die Banknote weist oben am Hologrammstreifen ein transparentes Fenster auf, in dem auf beiden Seiten der Banknote ein Porträt der Europa erscheint, wenn der Geldschein gegen das Licht gehalten wird. Auf der Rückseite sind beim Kippen im Fenster regenbogenfarbene Wertzahlen zu erkennen.

Porträt-Wasserzeichen
(s. rechte Seite)

Smaragdzahl
Die Smaragdzahl ist eine glänzende Zahl auf der Vorderseite der Banknote. Beim Kippen der Banknote bewegt sich darauf ein Lichtbalken auf und ab. Je nach Blickwinkel verändert sich ihre Farbe von Smaragdgrün zu Tiefblau.

---

1 **Relief:** Geländeoberfläche oder deren plastische Nachbildung; hier Hervorhebung.

2 **Hologramm:** Speicherbild; dreidimensionale Aufnahme eines Gegenstandes.

Quelle: Deutsche Bundesbank (Hrsg.): Die Euro-Banknoten [Stand: August 2016].

3.1.3 Kassenbon und Quittung

Wichtige Beweismittel für den Kunden, dass er die gekaufte Ware im Ladengeschäft bar bezahlt hat, sind der **Kassenbon** und die **Quittung.**

(1) Kassenbon[1]

Der Kassenbon wird vom jeweils benutzten Kassensystem ausgedruckt. Der Bon ist gleichzeitig der Rechnungs- und Quittungsbeleg für die gekaufte und bar bezahlte Ware. Der Kassenbon enthält in der Regel die nachfolgenden Bestandteile:

Beispiel:

Firmenname		
Freier Text		
Datum		
Artikelkurzbez1	Zeilenpreis 1 (MS)	
Artikelkurzbez2	Zeilenpreis 2 (MS)	
Artikelkurzbez3	Bruttopreis	
	Menge Zeilenpreis 3 (MS)	
Artikelkurzbezn	Zeilenpreis n (MS)	
Summe EUR	Bonsumme	
Gegeben EUR	Gegeben Betrag	
Zurück EUR	Rückgeld	
MwSt	**St-Betrag**	**Nettobetrag**
7 %	MwSt-7	Netto-7
19 %	MwSt-19	Netto-19
Freier Text		

```
REWE
REWE MARKT GmbH
Karl-Hirnbein-Strasse 1-7
86239 Wangen
Tel:07522-20922
UID Nr.: DE812706034

                                    EUR
PARMIGIAN.REGGIA              1,79 B
BIO FR.MILCH 3,8             1,09 B
FRU.JOGH.HEIDEL.             0,39 B
FRU.JOGH.HIMBEER             0,39 B
FRU.JOGH.APRIKOS             0,39 B

SUMME            EUR         4,05

Geg. BAR         EUR         5,05
Rückgeld BAR     EUR         1,00

Steuer %    Netto    Steuer    Brutto
B= 7,0%      3,79     0,26      4,05
Gesamtbetrag 3,79     0,26      4,05

18.02.2020    12:01   Bon-Nr.:4037
Markt:0620    Kasse:1  Bed.:161616
********************************************

Noch keine PAYBACK Karte?

Für diesen Einkauf hätten Sie
2 Punkte erhalten!

Gleich hier am REWE Service-Punkt im Markt
anmelden oder auf www.rewe.de/payback

********************************************
```

---

1 Vgl. hierzu auch die Ausführungen auf S. 130.

(2) Quittungsvordruck

Eine Quittung sollte folgende Bestandteile enthalten:

- Name des Zahlers,
- Zahlungsgrund,
- Zahlungsbetrag in Ziffern und Buchstaben,
- Empfangsbestätigung,
- Ausstellungsort und Ausstellungstag,
- Unterschrift des Zahlungsempfängers.

Beispiel:

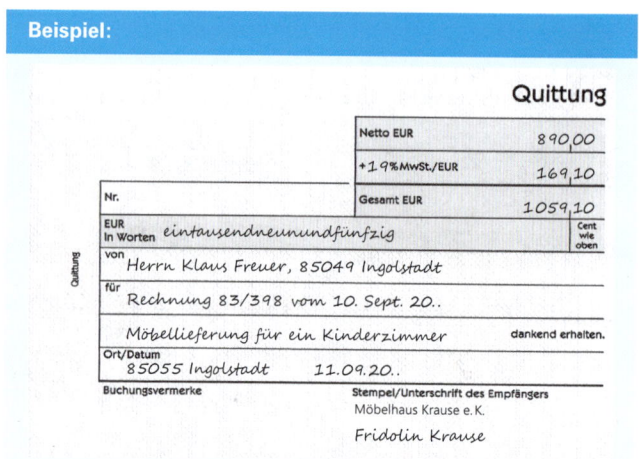

3.1.4 Tätigkeiten im Kassenbereich

(1) Vorbereitende Tätigkeiten für das Kassieren

Vor Geschäftseröffnung muss der Mitarbeiter die Kasse verkaufsbereit machen. Zu den **Vorbereitungsarbeiten** zählen:

- Übernahme und Zählen des Wechselgeldes. Das Wechselgeld wird in die Kasse gelegt, die Bonrolle und das Datumsdruckwerk wird überprüft, eine Ersatzkassenrolle wird bereitgelegt und der Kassenplatz wird auf Sauberkeit überprüft. Anschließend meldet sich der Mitarbeiter mit seinen Zugangsdaten (Benutzerkennung, Passwort) an der Kasse an.
- Überprüfen, ob alle notwendigen Belege (z.B. Vordrucke, Quittungen, Gutscheine …), der Stempel sowie das Stempelkissen und genügend Schreibstifte vorhanden sind.
- Sicherstellen, dass genügend Tragetaschen in den verschiedenen Größen sowie Packmaterial in ausreichender Menge bereitliegen.

(2) Gesprächsführung an der Kasse[1]

Ist das Verkaufsgespräch erfolgreich verlaufen, begleitet der Verkäufer den Kunden zur Kasse und „übergibt" den Käufer – sofern er nicht selbst den Kaufpreis kassiert – an den Mitarbeiter an der Kasse. Während der Kassierarbeiten sollte sich der Mitarbeiter an der Kasse mit dem Kunden unterhalten, z.B. über die **gekaufte Ware** oder über **persönliche Belange,** sofern der Kunde persönlich bekannt ist.

Beispiele:

- *„Mit diesen Gummistiefeln sind Sie für nasses Wetter bestens gerüstet."*
- *„Das sind hochwertige Weingläser, die Ihre Gäste sicher zu schätzen wissen."*
- *„Gefällt es Ihrem Enkel im Kindergarten?"*
- *„Über diesen Pullover wird sich Ihr Mann sicher freuen."*

Beansprucht der Kunde keine Serviceleistung, ist er mit einem freundlichen Gruß (z.B. *„Vielen Dank für Ihren Einkauf", „Danke und auf Wiedersehen"*) zu verabschieden.

---

1 Im Einzelnen wird hierauf im zweiten Ausbildungsjahr, Lernfeld 6 eingegangen.

(3) Kassierregeln

Für ein korrektes Verhalten beim Kassiervorgang sind vom Mitarbeiter folgende Regeln zu beachten:

- Alle **Waren müssen auf den Ladentisch** bzw. auf das **Band** gelegt werden. Es ist eine **Sichtkontrolle des Einkaufswagens** vorzunehmen. Außerdem ist darauf zu achten, dass der Kunde oder der Begleiter **keine Waren in der Hand** halten.

- Der **Kaufpreis ist einzuscannen** bzw. über die Tastatur einzugeben. Dem Kunden ist der zu zahlende Betrag deutlich zu nennen.

- Der Geldbetrag des Kunden ist **auf das Zahlbrett** so zu legen, dass er für den **Kunden sichtbar** bleibt. Anschließend ist der **Geldschein auf Echtheit** zu überprüfen. Erst danach wird das **Rückgeld aus der Kasse** entnommen und dem **Kunden laut vorgezählt**.

- Das Geld des Kunden wird in die **Kassenschublade gelegt** und diese dann **sofort geschlossen**.

- Die Ware und der Kassenbon werden dem Kunden erst übergeben, wenn der **Zahlungsvorgang abgeschlossen** ist.

Die Kassierregeln verdeutlichen, dass an die Mitarbeiter an der Kasse hohe Anforderungen gestellt werden. Sie müssen konzentriert, ehrlich, zuverlässig, selbstständig, freundlich und aufmerksam gegenüber dem Kunden sein. Darüber hinaus benötigen sie ein technisches Verständnis, um die Kasse bedienen zu können.

Zusammenfassung

- **Barzahlung** liegt vor, wenn der Zahler mit Bargeld (Banknoten, Münzen) zahlt und der Zahlungsempfänger Bargeld erhält.

- Im Ladengeschäft dient insbesondere der **Kassenbon** bzw. **Kassenzettel** als Quittung.

- Die **Quittung** ist eine schriftliche Empfangsbescheinigung des Empfängers einer Sach- oder Geldleistung.

- Der Kunde ist **freundlich zu begrüßen** und **zu verabschieden**.

- Während der Kassierarbeiten sollte der Mitarbeiter eine **Gesprächsmöglichkeit** mit dem Kunden suchen.

- Vor der Geschäftseröffnung muss auf die **Verkaufsbereitschaft** der Kasse geachtet werden.

- Beim Kassieren müssen die **Kassierregeln** eingehalten werden.

- **Banknoten** sind auf ihre **Echtheit zu überprüfen**.

Kompetenztraining

36

1. Beschreiben Sie, wodurch die Barzahlung gekennzeichnet ist!

2. Nennen Sie Belege, die im Einzelhandel bei der Barzahlung als Zahlungsbestätigung gelten!

3. Unter bestimmten Voraussetzungen ist eine Quittung eine beweiskräftige Urkunde für die Zahlung.

   Aufgabe: Nennen Sie die Voraussetzungen!

4. Das Elektroeinzelhandelsgeschäft Fritz Holzmüller e. Kfm., Hafenstraße 2, 78462 Konstanz, möchte für seine Monteure, die kleine Reparaturen gegen Barzahlung vornehmen, ein neues Quittungsformular einführen.

   Aufgabe: Entwerfen Sie dieses Formular!

5. Zeigen Sie auf, worin aus Ihrer Sicht bei der Barzahlung der wesentlichste Vorteil für den Zahlungsempfänger bzw. wesentlichste Nachteil besteht!

6. Erläutern Sie zwei Maßnahmen, die zur Vorbereitung der Verkaufsbereitschaft der Kasse getroffen werden müssen!

7. Eine Kundin möchte den Kaufpreis für ein Kleid begleichen. Der Kaufpreis beträgt laut Preisetikett 69,90 EUR. Der Preis erscheint der Mitarbeiterin an der Kasse zu niedrig, da es sich um ein wertvolles Kleid der aktuellen Kollektion handelt.

   Aufgabe: Erläutern Sie, wie Sie sich in dieser Situation verhalten sollten!

8. Ein Kunde legt eine Ware auf den Ladentisch, bei der das Preisetikett fehlt.

   Aufgabe: Beschreiben Sie, wie Sie den Kaufpreis ermitteln!

3.2 Bargeldlose Zahlung

3.2.1 Eröffnung des Girokontos

Voraussetzung für die Teilnahme am bargeldlosen Zahlungsverkehr ist die Eröffnung eines Kontos bei einer Bank. Hauptaufgabe dieser Konten – man nennt sie **Giro- bzw. Kontokorrentkonten** – ist es, Geldzahlungen allein durch Umbuchungen abzuwickeln. Den Geld- oder Kreditbetrag, der sich auf einem Konto befindet, bezeichnet man als **Buchgeld (Giralgeld)**.

- Das **Buchgeld (Giralgeld)** entsteht durch **Bareinzahlung der Kunden** auf Girokonten und durch **Kreditgewährung der Kreditinstitute.**

- Aufgelöst wird das Buchgeld durch **Barabhebung** und **Kredittilgung** der Bankkunden.

Auf dem **Girokonto**[1] der Banken werden die Forderungen und Verbindlichkeiten der Banken gegenüber dem Kunden einander gegenübergestellt.

- **Forderungen der Bank** (Schulden des Kunden) werden im **Soll, Verbindlichkeiten der Bank** (Guthaben des Kunden) werden im **Haben** gebucht.

- Der Kontoinhaber kann über die auf dem Girokonto gebuchten Gelder bzw. über einen eingeräumten Kredit **täglich und uneingeschränkt** verfügen.

---

1 Das Wort **„Giro"** kommt von „Kreis", „Ring". Gelder, die auf Girokonten liegen, kann man nämlich von Konto zu Konto überweisen, weil die Kreditinstitute gewissermaßen „ringförmig" miteinander in Verbindung stehen.

3.2.2 Girocard (Debitkarte[1])

3.2.2.1 Begriff Girocard (Bankkarte)

Girocards werden von Banken ausgegeben. Sie sind mit einer Geheimzahl **(Personal Identification Number: PIN)** ausgestattet. Jeder Karte ist ein **Girokonto zugeordnet,** das bei einer Zahlung sofort belastet wird.

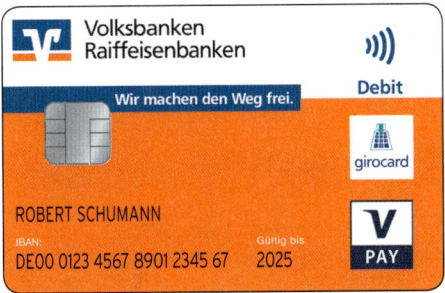

Erläuterung wichtiger optischer Zeichen:

	Das **Logo „girocard"** ist das Symbol für die beiden Zahlungssysteme Bargeldbeschaffung am Geldautomaten und Kartenzahlung mit persönlicher Geheimzahl.
	Ist das Akzeptanzsymbol für das länderübergreifende bargeldlose Bezahlen und die Benutzung des weltweiten Geldautomatennetzes. An den so gekennzeichneten Geldautomaten kann dann im Ausland mittels Girocard und PIN Bargeld in der jeweiligen Landeswährung beschafft werden.
	Neu ausgegebene Girocards sind mit einem fälschungssicheren SECCOS-Chip (Secure Chip Card Operating System) ausgestattet. Dieser Chip ersetzt nach und nach den bisher verwendeten Magnetstreifen.

3.2.2.2 Zahlungen mit der Girocard

Bei der **Girocard-Zahlung** gibt der Kunde seine **Girocard** und die **PIN** in einen **Chipkartenleser** ein und bestätigt.

Per Telefonleitung wird die Geheimnummer, die Echtheit der Karte, eine mögliche Sperre sowie der Kontostand direkt bei der Karten ausgebenden Bank geprüft **(Autorisierungsprüfung).** Wird die Zahlung genehmigt, erhält der Kunde den quittierten Kassenbeleg ausgehändigt. Der **Verkäufer** erhält automatisch von seiner Bank die **Gutschrift.**[2] Der **Käufer** erhält automatisch die **Lastschrift** von seiner Bank.

---

1 **Debit** (engl.): Schulden, Belastung (des Kontos).

2 Dem Händler werden für die Nutzung des Girocard-Systems Gebühren berechnet (in der Regel 0,2 % vom Umsatz).

Eine zusätzliche Zahlungsmöglichkeit ist die **„Girocard kontaktlos"**. In diesem Fall wird die Girocard nah vor das Kartenterminal gehalten. Der Betrag wird dann direkt vom Girokonto des Kunden abgebucht und dem Verkäufer gutgeschrieben. Bei Beträgen bis 50,00 EUR ist in der Regel keine PIN-Eingabe erforderlich.

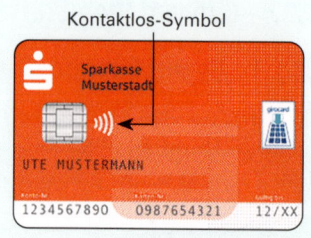

Kontaktlos-Symbol

3.2.2.3 Bezahlen per Handy (mobile Payment)

(1) Bezahlen mit einem NFC-fähigen Handy[1]

Zum Bezahlen muss der Kunde ein NFC-fähiges Smartphone in einem Abstand von bis zu vier Zentimetern über das Display des Bezahlterminals (NFC-Lesegerät) an der Kasse halten. Der entsprechende Betrag wird dann mithilfe der Wallet-App des genutzten Mobilfunkanbieters vom Girokonto abgebucht. Es ist eine PIN-Eingabe erforderlich.

(2) Bezahlen durch Scannen des QR-Codes[2]

Bei diesem Verfahren scannt der Kunde per Smartphone-Kamera einen QR-Code, der ihm auf dem Kassendisplay (oder dem Monitor beim Online-Einkauf) angezeigt wird, ein und startet so den Bezahlvorgang. Der Nutzer muss sich vor dem erstmaligen Einsatz bei dem Dienst (z. B. Girocode) anmelden und die Bezahl-App auf seinem Smartphone installieren. Das System funktioniert wie die Geldkarte, d. h., der Kunde zahlt vor dem Einkauf Geld auf sein Konto ein.

3.2.2.4 Elektronisches Lastschriftverfahren (ELV)

Beim elektronischen Lastschriftverfahren werden die Kontodaten (Kontonummer und Bankleitzahl) elektronisch von der Girocard gelesen. Es werden zwei Zahlungsbelege (Lastschriften) ausgedruckt. Ein Zahlungsbeleg wird vom Kunden unterschrieben. Der Mitarbeiter an der Kasse vergleicht die Unterschrift des Kunden auf dem Beleg mit der auf der Karte. Gegebenenfalls verlangt er noch den Ausweis des Kunden. Der Mitarbeiter behält die unterschriebene Lastschrift ein und gibt den zweiten Zahlungsbeleg, die Karte sowie gegebenenfalls den Ausweis an den Kunden zurück. Der Einzelhändler zieht die Lastschrift über seine Hausbank ein.

---

1 Vgl. https://praxistipps.chip.de/bezahlen-mit-handy-smartphone-einrichten-leicht-gemacht_41896; 15.01.2020.

2 **QR: Q**uick **R**esponse (engl.): schnelle Antwort durch programmierten Link.

3.2.3 Kreditkarte

(1) Einkauf mit einer Kreditkarte

Wer eine Kreditkarte erwerben will, schließt sich einem bestimmten Kreditkartensystem (z. B. Diners Club, VISA, American Express, MasterCard) an. Von der gewählten Kreditkartengesellschaft erhält der Kunde gegen Zahlung einer **jährlichen Gebühr** eine Kreditkarte. Mit der Kreditkarte kann der Inhaber bei allen Einzelhandelsgeschäften, die **Vertragspartner** der betreffenden Kreditkartengesellschaft sind, Rechnungen bargeldlos bis zu einem bestimmten Verfügungsrahmen begleichen.

- Beim Zahlungsvorgang an der Kasse wird die Kreditkarte, nachdem der Rechnungsbetrag in die Kasse eingetippt wurde, in das Kartenlesegerät gesteckt. Bei der Kontaktlos-Zahlung wird die Kreditkarte über das Lesegerät gehalten. Ergibt die Onlineüberprüfung, dass die Karte nicht gesperrt ist, wird die Zahlung freigegeben.
- Der Kunde gibt seine PIN am Kartenterminal ein und bestätigt diese.
- Danach erscheint auf dem Kartenterminal die Bestätigung über den Kauf. Die erfolgreiche Eingabe wird an das Kassenterminal übermittelt und der Beleg wird gedruckt.
- Der Kunde erhält neben dem Kassenbon auch einen gesonderten Betrag, der die Zahlung mit der Kreditkarte bestätigt.
- Die Kreditkartenorganisation überweist den Rechnungsbetrag an den Einzelhändler unter Abzug einer Gebühr in Höhe von ca. 1–3 % und belastet den Karteninhaber im Normalfall monatlich. Gleichzeitig erhält der Karteninhaber eine Zusammenstellung über die in dem Abrechnungszeitraum angefallenen Beträge zugestellt.

(2) Vorteile der Kreditkarte

- **Begrenzte Haftung** des Kreditkarteninhabers bei Verlust oder Diebstahl der Karte (z. B. bis zu 50,00 EUR);
- **Mietwagenservice** (der Mieter muss z. B. keine Kaution leisten);
- zusätzliche **Unfallversicherung** bei Reisen, die mit der Kreditkarte bezahlt wurden;
- **weltweite Hilfe** in Notfällen.

Die Kreditkarten sind **nicht übertragbar.** Sie sind nur für den auf der Kreditkarte angegebenen Zeitraum gültig.

Zusammenfassung

- Voraussetzung für den bargeldlosen Zahlungsverkehr ist das Vorhandensein eines **Girokontos** bei einer Bank.
- **Vergleich der Zahlungsverfahren**

	Girocard-Zahlung	Elektronisches Lastschriftverfahren (ELV)	Kreditkarte
Kartensysteme	Girocard	Girocard	Kreditkarte
Akzeptanzzeichen	girocard	SEPA Lastschrift	mastercard. VISA
Kurzbeschreibung	Elektronisches Zahlungssystem für inländische Debitkarten	Verfahren zwischen Händlern und Netzbetreibern	Ausweis für ein elektronisches Bezahlsystem im In- und Ausland
Legitimation	Persönliche Geheimzahl	Unterschrift	Unterschrift, ggf. persönliche Geheimzahl
Sperrabfrage	Ja	Nein	Je nach Bedarf
Autorisierung	Ja	Nein	Je nach Bedarf
Ablauf	Zahlung wird mit Kontostand verglichen und freigegeben	Kunde unterschreibt einmalige Einzugsermächtigung für Lastschrift	Zahlung wird über die Kreditkartenbank des Händlers und über das Karten ausgebende Kreditinstitut abgewickelt
Sicherheit für Händler	Zahlung garantiert bis max. 2 000,00 EUR/Tag	Nein, daher hohes Risiko	Zahlung garantiert
Kosten	0,2 % vom Umsatz, mind. 0,08 EUR	Nur geringe Verbindungskosten + übliche Bankgebühren für Lastschrifteinzug	Werden mit Kreditkartenbank des Händlers ausgehandelt, z. B. abhängig vom Jahresumsatz

- Bei der **Geldkarte** wird der Betrag vom Chip der Girocard abgebucht und dem Einzelhändler gutgeschrieben.

Kompetenztraining

 **37**

1. Sie befinden sich in Ausbildung zum Kaufmann/zur Kauffrau im Einzelhandel bei Nico Füller Textilhaus e. K., einem bekannten Fachgeschäft in Berlin.

   Aufgaben:

   1.1 Nico Füller entschließt sich, die bargeldlose Zahlungsmöglichkeit mittels Girocard in seinem Fachgeschäft einzuführen. Lediglich über die Art des Verfahrens hat Nico Füller noch keine Entscheidung getroffen.
   Stellen Sie die Abläufe bei der Zahlung mit Girocard und dem elektronischen Lastschriftverfahren (ELV) dar!

1.2 Beschreiben Sie den Zahlungsvorgang bei einer Zahlung mit der Kreditkarte!

1.3 Erklären Sie, welchem Zweck die Kreditkarte dient!

1.4 Nennen Sie zwei Vorteile der Kreditkarte aus Sicht des Karteninhabers!

1.5 Erläutern Sie zwei Vorteile und zwei Nachteile der Kreditkartenzahlung aus Sicht des Einzelhändlers!

1.6 Erklären Sie die Unterrichtungs- und Anzeigepflichten des Karteninhabers (Kontoinhabers) beim Verlust oder bei einer missbräuchlichen Verfügung mit seiner Girocard!

2. Begründen Sie, ob die Zahlung mit dem elektronischen Lastschriftverfahren und mit der Girocard für den Einzelhändler das gleiche Risiko beinhalten!

3. Franziska Stolpe, Inhaberin eines Convenience-Stores, möchte Kartenzahlung einführen und bittet Sie, für die Mitarbeiter eine Kassieranweisung zur EC-Karten-Zahlung mit PIN in Form einer Checkliste zu entwerfen.

4. Sie stellen fest, dass ein 50-Euro-Schein gefälscht ist. Stellen Sie dar, wie Sie sich in diesem Fall zu verhalten haben!

3.2.4 SEPA-Überweisung

(1) Begriff SEPA-Überweisung[1]

Bei einer **Überweisung** wird ein Geldbetrag vom Girokonto des Zahlers auf ein Konto des Zahlungsempfängers umgebucht.

SEPA-Überweisungen können im Inland und in 35 Nationen des einheitlichen Euro-Zahlungsverkehrsraums, kurz SEPA, durchgeführt werden.[2]

Beispiel:

Die Software Raabe GmbH, Kantstr. 12, 88213 Ravensburg, bezahlt eine Rechnung über 9 500,00 EUR an die ABC Europe PC-Systems AG Niederlande, durch einen Überweisungsauftrag an die Kreissparkasse Ravensburg.

---

1 **SEPA**: Single Euro Payments Area.

2 Der Geltungsbereich der SEPA-Überweisung umfasst die 30 Länder des Europäischen Wirtschaftsraums sowie Andorra, der Staat Vatikanstadt, die Schweiz, Monaco, San Marino und das Vereinigte Königreich.

Für Zahlungen in anderen europäischen Währungen (z. B. Britische Pfund oder dänische Kronen) müssen besondere Formulare (z. B. Auslandsüberweisungen) verwendet werden. Außerdem gelten andere Abwicklungskonditionen (z. B. Entgelte, Ausführungsfristen).

145

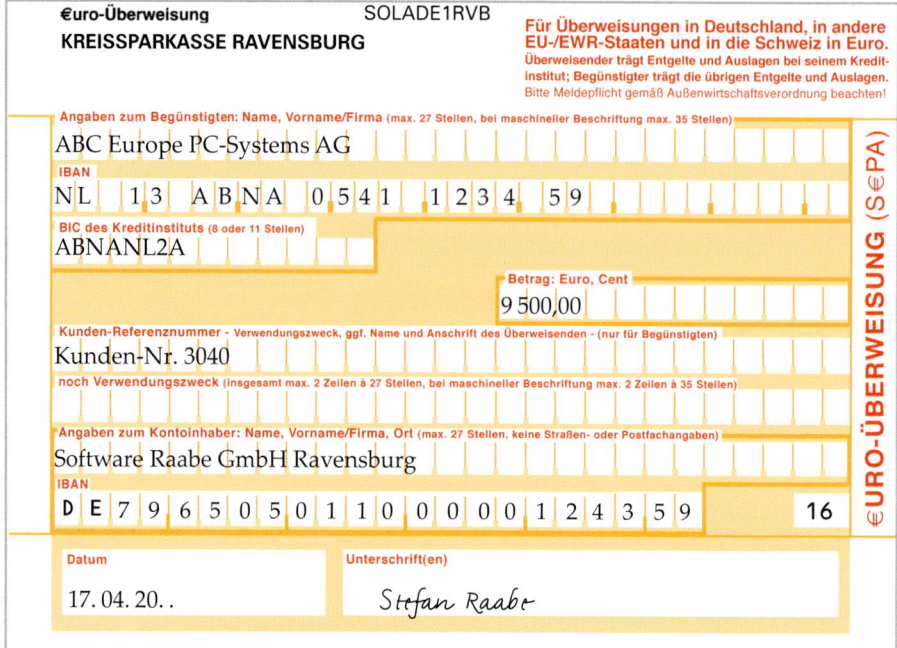

Erläuterungen:

- **BIC (Bank Identifier Code):** Der BIC, auch SWIFT-Code genannt, ermöglicht eine weltweit eindeutige **Identifikation eines Kreditinstituts.** Die Angaben des BICs ist im SEPA-Raum für **Euro-Zahlungen** nicht erforderlich. Sie ist nur bei Zahlungen in die Länder Monaco, Schweiz und San Marino sowie bei Zahlungen außerhalb der SEPA-Länder erforderlich.

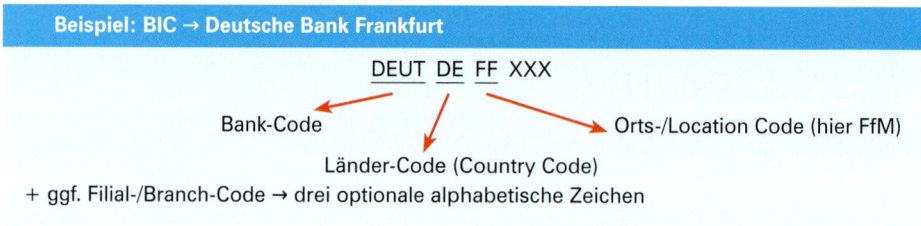

- **IBAN-Code (International Bank Account Number):** Es handelt sich hier um eine international standardisierte **Bank- und Kundenkontonummer.** Sie dient der **Identifikation des Kontos des Zahlungsempfängers.**

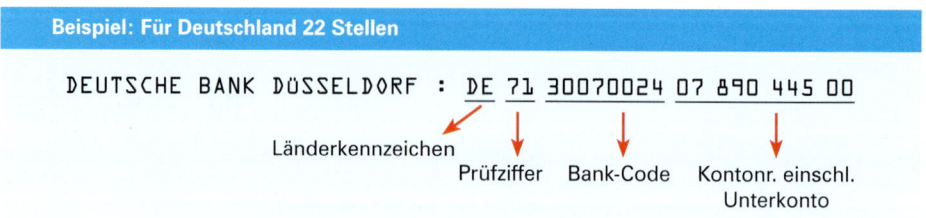

(2) Dauerauftrag

Hier erteilt der Zahlungspflichtige seiner Bank einen **einmaligen** Überweisungsauftrag. Die Bank soll bis auf Widerruf regelmäßig von seinem Konto einen **feststehenden** Betrag zu **bestimmten Terminen** auf das Konto des Zahlungsempfängers überweisen.

Beispiel:

Das Reformhaus Erika Plauel e. Kfr. lässt die Miete für die Geschäftsräume von dem Geschäftskonto monatlich abbuchen und auf das Konto des Vermieters überweisen.

3.2.5 SEPA-Lastschrift

Bei der SEPA-Lastschrift erhält der Zahlungsempfänger (z. B. Lieferer) vom Zahlungspflichtigen (z. B. Einzelhändler) eine **Einverständniserklärung (Mandat)**, Lastschriften von dessen Konto einzuziehen. Gleichzeitig erhält die Bank vom Zahlungspflichtigen den Auftrag, die eingehenden Lastschriften von seinem Konto abzubuchen. Das Lastschrift-

Beispiele:

Gas-, Wasser-, Fernsprechentgelte, Feuerversicherungsumlagen; unterschiedlich hohe Rechnungen zwischen Hersteller und Lieferer, die bei einem Rahmenvertrag anfallen.

verfahren wird angewandt, wenn Zahlungsverpflichtungen in **wechselnder Höhe** und/ oder zu **verschiedenen Zeitpunkten** fällig werden. Im privaten und geschäftlichen Zahlungsverkehr kann der Zahlungspflichtige den **Lastschriftbetrag innerhalb 8 Wochen** nach der Belastung zurückfordern.

- Beim **Lastschriftverfahren** ist der Kontoinhaber damit einverstanden, dass von seinem Konto wiederkehrende, jedoch unterschiedlich hohe Zahlungen vom Zahlungsempfänger (Gläubiger) abgerufen werden.
- Der Zahlungspflichtige hat einen **Erstattungsanspruch innerhalb 8 Wochen** nach der Belastung – ohne Angabe von Gründen.

3.2.6 Online-Bezahlverfahren

Zahlungsformen	Erläuterungen
Vorauskasse	Nach Eingang des Überweisungsbetrags versendet der Anbieter die vom Kunden im Internet oder per E-Mail bestellte Ware bzw. erbringt die Dienstleistung.
Kauf auf Rechnung	Beim Kauf auf Rechnung ist der Rechnungsbetrag erst **nach** Erhalt der Ware vom Käufer zu begleichen (z. B. durch eine Überweisung).
Nachnahme	Die vom Anbieter als Nachnahmesendung z. B. mit der Post versandte Ware wird erst dann ausgehändigt, wenn die Barzahlung an die Zustellkraft erfolgt ist.
Lastschrift	Hier übermittelt der Kunde bei seiner Bestellung dem Anbieter elektronisch eine einmalige Ermächtigung zum Einzug des Kaufpreises.

Zahlungsformen	Erläuterungen
Kauf mit Kreditkarte	Hier gibt der Zahler dem Anbieter seinen Namen, seine Kreditkartennummer und das Ablaufdatum der Kreditkarte an. Die Unterschrift des Zahlers ist nicht erforderlich. Für den Käufer besteht das Risiko, dass der Anbieter z.B. unberechtigte Zahlungen veranlasst. Außerdem können Kreditkartendaten von „Hackern" ausgespäht (entziffert) und anschließend missbräuchlich verwendet werden. Der Nutzer kann bereits im Vorfeld sein Risiko verringern, indem er z.B. nur **SSL** (**S**ecure **S**ocket **L**ayer)-verschlüsselte Verbindungen wählt. Sie sind daran zu erkennen, dass die Internetadresse mit **https**:// beginnt (statt mit **http**://) und am angezeigten Schloss-Symbol. SSL **verschlüsselt die Kreditkartendaten** bei dem Transport durch das Internet und stellt einen sicheren Übertragungsweg zwischen Zahlungspflichtigem (Sender) und Zahlungsempfänger dar. Das SSL-Verfahren wird heute von den meisten Onlineshops angeboten.
Giropay	Die Kunden, die bei einem Unternehmen kaufen, das dem Internetbezahlsystem „Giropay" angeschlossen ist, werden nach dem Kaufabschluss mit einem Klick auf die **Online-Banking-Seite ihrer Hausbank** geleitet. Dort steht eine ausgefüllte Überweisung zur Genehmigung (Autorisierung) durch eine Transaktionsnummer (TAN) bereit. Der Kunde erhält die Bestätigung, dass die Überweisung vorgenommen wurde und das Unternehmen erhält elektronisch eine Zahlungsgarantie. Das Internet-Bezahlsystem „Giropay" wird von den Sparkassen, Volks- und Raiffeisenbanken sowie der Postbank angeboten.
PayPal	Ein Käufer kann sich bei PayPal kostenlos anmelden und sein Bankkonto oder seine Kreditkarte als Zahlungsmittel hinterlegen. Ab der Registrierung kann er nur durch die Eingabe seiner E-Mail-Adresse und einem Passwort die Zahlung von bestellter Ware an den Verkäufer veranlassen. Der Verkäufer erhält sofort eine Zahlungsbestätigung ohne die Bankdaten des Käufers zu sehen, da PayPal die Zahlung abwickelt.
Karten mit Geldkartenfunktion	Für die Zahlung von Kleinstbeträgen (Micropayments) sind Karten mit einer Geldkartenfunktion (z.B. Bankkarten und andere **SmartCards,** die mit einem Geldbetrag aufgeladen werden können) besonders geeignet.

3.2.7 Bedeutung des bargeldlosen Zahlungsverkehrs für den Einzelhandel

Der bargeldlose Zahlungsverkehr beinhaltet für den Einzelhandel Vorteile und Nachteile.

Vorteile	Nachteile
■ Erleichterung der Zahlung: Zahlung ohne großen Aufwand mit einem Formular. ■ Zahlung kann terminiert werden, Terminüberwachung übernimmt die Bank. ■ Billiger als Barzahlung. ■ Keine Aufbewahrung und Sicherung von Bargeld.	■ Teurer für den Einzelhandel. ■ Investitions- bzw. Mehrkosten an die Bank für die Hardware. ■ Verluste durch gefälschte bzw. gestohlene Girocards.

Zusammenfassung

- Eine wichtige Art des Zahlungsauftrags ist die **Überweisung**. Bei der Überweisung wird der Zahlende belastet, der Empfänger erhält eine Gutschrift.

- **SEPA-Überweisungen** können im Inland und in 35 Nationen des einheitlichen Euro-Zahlungsverkehrsraums durchgeführt werden. Sie können **ausschließlich in Euro** abgewickelt werden.

- Beim **Dauerauftrag** führen Banken wiederkehrende Zahlungen in fester Höhe zu bestimmten Terminen aufgrund einer einmaligen Auftragserteilung an bestimmte Empfänger aus.

- Beim **Lastschriftverfahren** ist ein Kontoinhaber damit einverstanden, dass von seinem Konto wiederkehrende, jedoch unterschiedlich hohe Zahlungen vom Zahlungsempfänger abgerufen werden.

- Zu den **Online-Bezahlverfahren** siehe Tabelle S. 147 f.

Kompetenztraining

38

1. Besorgen Sie sich von einer Bank ein bankneutrales Überweisungsformular und füllen Sie  diese Überweisung nach folgenden Angaben aus:

   Sie überweisen 1 500,00 EUR vom Girokonto bei der Commerzbank Ulm IBAN DE 75 7714 0001 0000 8231 50 des Einzelhandelsunternehmens Lennart Hieber e.K., Kornhausplatz 7, 89073 Ulm an die Möbelfabrik Möbel-Center GmbH, Lindenstraße 30, 42275 Wuppertal. Bankverbindung: Credit- und Volksbank Wuppertal, IBAN DE 40 3306 0098 0000 0147 81. Vermerk: Rechnung vom 16. August d. J.

2. 2.1 Unterscheiden Sie den Dauerauftrag vom SEPA-Lastschriftverfahren und bilden Sie zu  jeder Überweisungsart drei Beispiele!

   2.2 Nennen Sie den gemeinsamen Vorteil, den Zahlungen mit Dauerauftrag und SEPA-Lastschriftverfahren für den Zahlenden haben!

3. Begründen Sie, welche Zahlungsart Sie in den nachfolgenden Fällen wählen!

   3.1 Ein Kunde hat bei seinem Elektrohändler eine teure Reparatur für einen neuwertigen Fernsehapparat beglichen. Nach Reklamation des Händlers beim Werk erhält der Kunde eine Gutschrift von 80,00 EUR. Der Kunde hat ein Girokonto.

   3.2 Jens Maier hat von einem Autohaus einen Pkw geleast. Wie wird er die fälligen monatlichen Leasingraten über jeweils 419,00 EUR bezahlen?

   3.3 Das Textilhaus Schwalbe GmbH sucht nach einer günstigen Zahlungsart für die monatlichen Wasser- und Telefonrechnungen.

   3.4 Das Lebensmittelgeschäft Dirk Breme e.K. möchte eine Rechnung über Waschmittel in Höhe von 480,00 EUR begleichen. Es hat ein Girokonto bei der Kreissparkasse des Orts. Auf der Rechnung ist folgendes Konto angegeben:

   WestLB Dortmund, IBAN DE 35 4405 0000 0004 1432 90.

   3.5 Der Flaschnermeister Timo Zwicker hat eine kleine Reparatur an der Dachrinne des Textilhauses Felix Glück KG vorgenommen. Er möchte das Geld für die Reparatur sofort haben.

4. In einem Onlineshop wird die Bezahlung per Giropay angeboten. Beschreiben Sie den Ablauf des Verfahrens!

5. 5.1 Beschreiben Sie, welchem Zweck die Kreditkarte dient!

   5.2 Stellen Sie dar, wie der Kreditkarteninhaber beispielsweise seine Hotelrechnung bezahlt!

6. Recherchieren Sie, welche Pflichten der Karteninhaber (Kontoinhaber) beim Verlust oder einer missbräuchlichen Verfügung mit seiner Girocard hat!

1 Warenkennzeichnung

1.1 Gesetzlich vorgeschriebene Warenkennzeichnung am Beispiel der Lebensmittelkennzeichnungsverordnung[1]

Die weitaus meisten Lebensmittel werden in fertig verpacktem Zustand angeboten. Sie müssen EU-weit einheitlich gekennzeichnet sein. Die wichtigsten Kennzeichnungselemente sind:

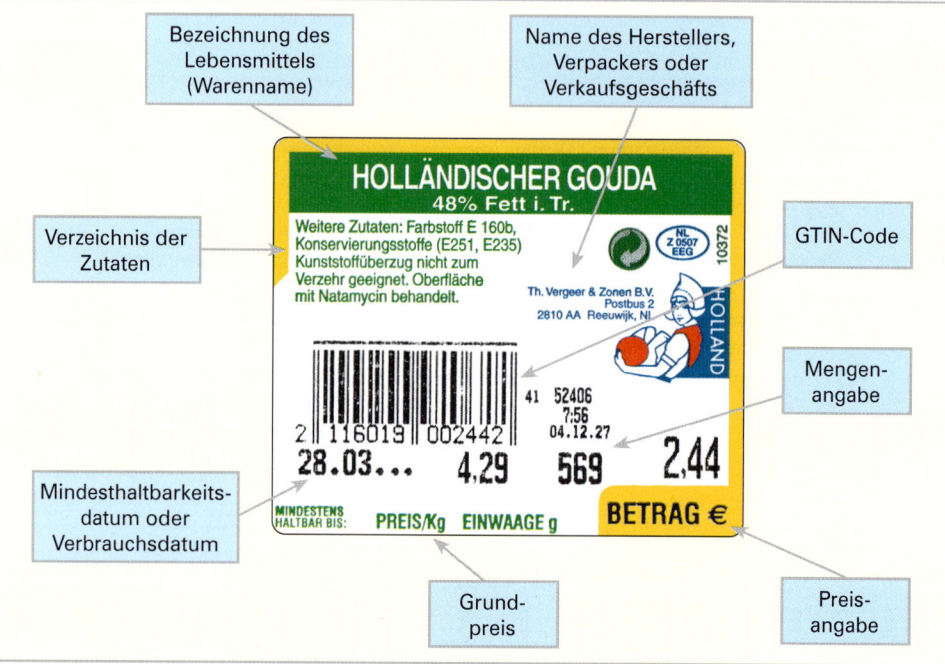

Zutaten, die Allergien oder bestimmte Unverträglichkeiten auslösen können (z. B. glutenhaltiges Getreide, Soja, Milch), sind anzugeben und hervorzuheben.

Mithilfe der **Los- und Chargennummer**[2] (eine beliebige Ziffern- und Buchstabenkombination, beginnend mit dem Buchstaben „L", z. B. „L-20042014") lässt sich das Herstellungsdatum nachvollziehen. Es darf entfallen, wenn das Mindesthaltbarkeitsdatum auf den Tag genau angegeben ist.

Neben diesen grundlegenden Kennzeichnungselementen gibt es weitere, vor allem produktspezifische Kennzeichnungen.

---

1 Weitere Verordnungen zur Warenkennzeichnung sind z.B. **Handelsklassenverordnungen** oder die **Textilkennzeichnungsverordnung.**

2 Ein **Los** ist die Gesamtheit der Verkaufseinheiten eines Lebensmittels, das unter praktisch gleichen Bedingungen erzeugt, hergestellt und verpackt wurde.

Beispiele:

- Bei natürlichem Mineralwasser ist die Angabe der Analysenwerte vorgeschrieben, bei Schokolade die Angabe der Menge der Kakaobestandteile und bei Konfitüren der Gesamtzuckergehalt.

- Bei abgepackter Milch und Milcherzeugnissen muss angegeben sein, ob sie z.B. wärmebehandelt, ultrahocherhitzt oder sterilisiert wurde.

- Nach der Käseverordnung muss die Fettgehaltsstufe (z.B. Rahmstufe) oder der Fettgehalt in der Trockenmasse (Fett i.Tr.) angegeben sein.

- Für diätetische Lebensmittel gelten zusätzliche Kennzeichnungsvorschriften, z.B. für die Angabe des durchschnittlichen Gehalts an Kohlenhydraten, Fetten und Eiweißstoffen.

- Gentechnische Verfahren oder die ionisierende Bestrahlung von Lebensmitteln sind anzugeben[1].

- Bei unverpackten Lebensmitteln, wie Obst und Gemüse, müssen unter anderem Art und Sorte sowie das Herkunftsland angegeben werden.

Die richtige Kennzeichnung wird durch die amtliche Lebensmittelüberwachung kontrolliert.

1.2   Freiwillige Warenkennzeichnung

Die Warenkennzeichnung liefert Kunden Informationen über Eigenschaften, Qualität, Umweltverträglichkeit, Sicherheit u.Ä. von Waren. Sie erleichtert damit die Kaufentscheidung für die Kunden und trägt zur Verbesserung der Marktübersicht bei. Im Folgenden werden wichtige Formen der Warenkennzeichnung vorgestellt.

(1)   Marke

Wenn bestimmte Hersteller sich bewusst von anderen Herstellern abheben wollen, verwenden sie ein besonders gestaltetes Zeichen. Es dient dazu, Waren eines Unternehmens von anderen Unternehmen zu unterscheiden. Die Zeichen (insbesondere Wörter, Abbildungen, Zahlen) sollen den Ursprung und die Qualität einer Ware zum Ausdruck bringen und ein bestimmtes Image aufbauen. Die Marke wird auch als **Warenzeichen** bzw. als **Markenname** bezeichnet.

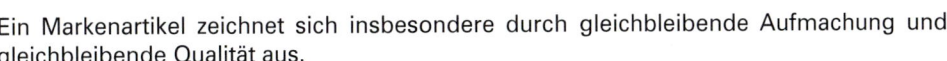

- Eine **Marke**[2] ist dazu bestimmt, Waren und Dienstleistungen eines Unternehmens von denjenigen anderer Unternehmen zu unterscheiden.
- Durch die „**Markierung**" wird die Ware zum **Markenartikel**.

Ein Markenartikel zeichnet sich insbesondere durch gleichbleibende Aufmachung und gleichbleibende Qualität aus.

Die Marke dient als einprägsames Werbemittel und wird durch das **Markengesetz geschützt**.

---

1 Ausführliche Informationen finden Sie im Internet unter www.transgen.de.

2 Die Marke wird auch als **Warenzeichen** bzw. als **Markenname** bezeichnet.

(2) Gütezeichen und Güteklassen

> **Gütezeichen** werden für **gleichartige Waren** verschiedener Hersteller verliehen. Ihre Waren müssen bestimmte **Mindestanforderungen** erfüllen.

Gütezeichen sichern dem Verbraucher eine **gleichbleibende, hochwertige Qualität der Ware** zu. Die Qualitätssteuerung und -sicherung beruht auf **Warentests,** denen sich die Mitglieder des jeweiligen Hersteller- bzw. Händlerverbands unterwerfen.

Vergeben werden die Gütezeichen vom Güteverband der betreffenden Branche. Die Einhaltung der Gütebedingungen wird vom **„Deutschen Institut für Gütesicherung und Kennzeichnung e. V. (RAL)"** überwacht.

Die **Qualität von Lebensmitteln** wird nach verschiedenen Merkmalen (z. B. Aussehen, Geschmack, Größe, Reifegrad) in verschiedenen **Güteklassen** klassifiziert. Gütezeichen genießen **Rechtsschutz.**

(3) Umweltzeichen (Ökolabel)

Umweltzeichen kennzeichnen zum einen die **ökologische Erzeugung der Ware** und zum anderen die **sozialen Bedingungen** des Herstellungsprozesses (z. B. keine Kinderarbeit).

Zwei wichtige Umweltzeichen sind z. B. der „Blaue Engel" und die „Euro-Blume" für die Verwendung umweltfreundlicher Materialien und Herstellungsverfahren.

Auch in der Landwirtschaft werden Ökolabel benutzt, um zu zeigen, dass bestimmte ökologische Auflagen erfüllt werden.

Beispiel: Fairtrade (fairer Handel)

Fairtrade[1] ist eine gemeinnützige Organisation, die sich für menschenwürdige Arbeitsbedingungen von Kleinbauernfamilien sowie Arbeitern im globalen Süden einsetzt. Nur Waren, die den Anforderungen der internationalen Fairtrade-Standards entsprechen, dürfen das Fairtrade-Siegel tragen.

Das Siegel steht für fair angebaute und gehandelte Waren, bei dem alle Zutaten zu 100 % unter Fairtrade-Bedingungen gehandelt und rückverfolgbar sind. Bei Mischprodukten (Eis, Kekse, Schokolade) mit Zutaten, die es nicht Fairtrade-zertifiziert gibt (z. B. Milch), muss der Anteil der Fairtrade-Zutaten mindestens 20 % betragen.

Quelle: https://www.fairtrade-deutschland.de/service/mediathek.

Wesentliches Prinzip des fairen Handels ist die **Nachhaltigkeit.**[2]

---

1 Vgl. www.fairtade-deutschland.de; 15. 01. 2020

2 **Nachhaltiges Wirtschaften** erfordert, dass wir heute so leben und handeln, dass künftige Generationen überall eine lebenswerte Umwelt vorfinden und ihre Bedürfnisse befriedigen können.

(4) Schutz- und Prüfzeichen

■ **Technische Schutz- und Prüfzeichen**

Schutz- und Prüfzeichen werden vom **Technischen Überwachungsverein (TÜV)**, dem **Verband der Elektrotechniker (VDE)** und vom **Deutschen Institut für Normung (DIN)** festgelegt und überprüft und garantieren einen Mindestsicherheitsstandard von Erzeugnissen. Technische Produkte dürfen innerhalb der EU nur mit den CE-Zeichen in den Verkehr gelangen.

	Wird auf Produkte angebracht, die die sicherheitstechnischen Anforderungen des TÜV erfüllen.
	Wird für solche elektrische Geräte vergeben, die den Sicherheitsvorschriften des VDE entsprechen.
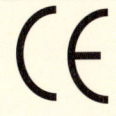	Das CE-Zeichen ist ein Symbol dafür, dass ein Industrieprodukt den Vorschriften der EU auf dem Gebiet der Technik entspricht.

■ **Typenschilder**

Die an den Produkten angebrachten **Typenschilder** geben Auskunft über Sicherheitsstandards, Energie- und Wasserverbrauch, Schutzisolierung, Frostsicherheit, Abriebfestigkeit u. Ä.

GRAEF GmbH & Co. KG
Donnerfeld 6
D-59757 Arnsberg
Internet: www.graef.de   **G R A E F**

Type	EH 170 T2 (170 Classic)		
Short Circle Operation (Kurzzeitbetrieb)		10,0	Min.
SN-No.	6130403	Art.-No.	C170DE
Freq.	50	Hz	Voltage 230 V (~AC)
Power	170	W	Insulating Class B

Made in Germany

■ **Warnzeichen**

Vor Gesundheits- und Umweltschäden, welche von **chemischen Inhaltsstoffen** ausgehen können, warnen **Gefahrensymbole**. Waren, die so gekennzeichnet sind, dürfen ausschließlich über die Sondermüll-Annahmestellen entsorgt werden.

Giftig   Explosionsgefährlich   Umweltgefährlich

Zusammenfassung

Die **Warenkennzeichnung** gibt Informationen über das Produkt, Namen und Warenzeichen, Gütezeichen, Umweltzeichen, Schutz- und Prüfzeichen, Warnzeichen, Typenschilder.

Kompetenztraining

39 1. Die Kennzeichnung von Waren bietet dem Verkäufer Informationen für die Verkaufsberatung und dem Käufer hilft sie bei der Warenauswahl in der Selbstbedienung.

Aufgaben:

1.1 Nennen Sie die Angaben, die eine Brotfabrik, die ihre Brote in einer Klarsichtverpackung auf den Markt bringt, zur Warenkennzeichnung auf der Verpackung anbringen muss!

1.2 Die Grundlage einer fachkundigen Beratung ist ein solides Warenwissen. Nennen Sie vier unterschiedliche Kriterien für eine Warenbeschreibung!

1.3 Erklären Sie, warum Marken, Gütezeichen, Schutz- und Prüfzeichen, Typenschilder und Umweltzeichen Argumentationshilfen im Verkaufsgespräch darstellen!

1.4 Bilden Sie je ein Beispiel für die in 1.3 genannten sechs Zeichen!

1.5 Die in der Farbenhandlung Klecks e.K. angebotenen Lacke für Innenräume sind mit dem „Blauen Engel" ausgezeichnet. Notieren Sie, welches der nachfolgend genannten umweltpolitischen Ziele damit unterstützt wird!

1.5.1 Weniger Lackverbrauch beim Streichen.

1.5.2 Geringere Entsorgungskosten.

1.5.3 Geringere Schadstoffbelastung.

1.5.4 Einsparung von Rohstoffen.

1.5.5 Geringere Produktionskosten.

1.6 Nennen Sie drei Merkmale, wodurch ein Markenartikel gekennzeichnet ist!

2. Erläutern Sie die vier abgebildeten Zeichen!

3. Finden Sie die Bedeutung der folgenden Gütezeichen z. B. mithilfe des Internets heraus!

3.1   3.2   3.3

      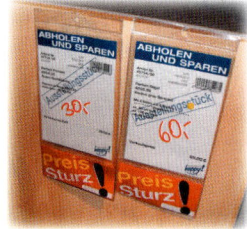

2 Preisangabenverordnung

(1) Angabe von Endpreisen

> Die Grundvorschrift der **Preisangabenverordnung [PAngV]** besagt, dass der Einzelhandel seine Waren oder Leistungen mit einem **Preis auszeichnen muss.**

Diese Grundvorschrift gilt für alle Waren, die für den Kunden im **Verkaufsraum,** in **Schaufenstern,** in **Schaukästen,** auf **Verkaufsständen** oder außerhalb des Verkaufsraums sichtbar sind und von ihm entnommen werden können **(Selbstbedienung).**[1] Der Preis muss ein **Gesamtpreis** sein. Er umfasst:

- den **Preis für die Ware,**
- alle **sonstigen Preisbestandteile** (z. B. Liefer- und Versandkosten),
- die **handelsübliche Waren-/Gütezeichnung** (z. B. Deutsche Markenbutter; Leberwurst grob/ fein; Karatangabe bei Goldschmuck; Qualitätswein; 80 % Leinen, 20 % Seide) und
- die **Umsatzsteuer.**

Gesondert aufgeführt werden muss der Betrag für ein **Pfand.** Das Pfand ist kein Preisbestandteil.

> Der **Gesamtpreis** ist der Preis, der einschließlich der Umsatzsteuer und sonstiger Preisbestandteile für eine Ware oder eine Leistung zu zahlen ist.

---

1 Außerdem besteht eine **Preisangabenpflicht für Waren,** die nach **Musterbüchern, Katalogen, Warenlisten** oder auf **Bildschirmen** angeboten werden. Die Preisangaben sind an der Ware selbst bzw. auf deren Abbildung anzubringen. Zulässig ist auch eine Beschriftung der Regale, in denen die Waren angeboten werden. Die PAngV gilt auch für Werbung, sofern mit Preisen geworben wird.

(2) Angabe des Grundpreises

Werden dem Endverbraucher Waren in **Fertigpackungen** (z. B. abge-
packte Kartoffeln, eingeschweißte Wurst, Lebensmittelkonserven), in
offenen Packungen (z. B. Schale Erdbeeren) oder als **Verkaufseinheit
ohne Verpackung** (z. B. Backwaren, Obst, Gemüse, Fleisch, Fisch)
angeboten, so ist neben dem **Gesamtpreis** auch der **Grundpreis** anzugeben.

- Der **Grundpreis** einer Ware ist der Preis je Mengeneinheit (z. B. 1 Kilogramm, 100 Gramm, 1 Liter, 10 Milliliter, 100 Meter, 1 Meter) einschließlich Umsatzsteuer und sonstigen Preisbestandteilen.
- Der Grundpreis ist **unmissverständlich, klar erkennbar und gut lesbar** anzugeben.

(3) Ausnahmen von der Preisangabenverordnung

Die **Preisauszeichnungspflicht entfällt** z. B. bei

- mündlichen Angeboten, die ohne Angabe von Preisen abgegeben werden, z. B. Lautsprecher-durchsagen im Supermarkt ohne Preisbenennung,
- Waren, die bei Werbevorführungen angeboten werden, sofern der Preis bei der Vorführung und unmittelbar vor dem Verkaufsabschluss genannt wird.

Die **elektronische Regalauszeichnung** ist so zu gestalten, dass der Käufer die Preise ermitteln kann. Für den Einzelhändler hat die elektronische Regalauszeichnung folgende **Vorteile:**

- schnelle Reaktion auf Preisänderungen (z. B. vom Hersteller oder vom Mitbewerber) möglich,
- Zeitersparnis durch die zentral gesteuerte Preisauszeichnung,
- Einsparung von Personalaufwendungen, da das Verkaufspersonal den Austausch von Preis-etiketten nicht mehr händisch durchführen muss,
- Einsparung von Materialkosten aufgrund des Wegfalls von Papieretiketten.

Zusammenfassung

- Der Einzelhandel muss seine Waren mit einem **Preis** versehen.
- Der **Endpreis** muss den **Preis der Ware** und eventuelle **sonstige Preisbestandteile**, die **Verkaufs- und Leistungseinheit** sowie die **Waren-/Gütebezeichnung** enthalten.
- Bei Fertigpackungen, offenen Packungen und Verkaufseinheiten ohne Verpackung ist auch **der Grundpreis** (Bruttoverkaufspreis je handelsübliche Mengeneinheit) anzugeben.
- Zu den **Ausnahmen** von der Verpflichtung zur Grundpreisangabe siehe oben.

Kompetenztraining

40
1. Nach der Preisangabenverordnung ist der Einzelhandel verpflichtet, seine Waren auszu-
zeichnen.

   Aufgaben:

   1.1 Erklären Sie, welche Ziele der Gesetzgeber mit der Preisangabenverordnung verfolgt!

   1.2 Beschreiben Sie den Unterschied zwischen Gesamtpreis und Grundpreis!

2. Nennen Sie vier zulässige Mengeneinheiten!

3. Ein Einzelhändler übernimmt die unverbindliche Preisempfehlung des Herstellers. Prüfen Sie, ob der Einzelhändler die Ware noch zusätzlich auszeichnen muss!

4. Notieren Sie, welche Waren von der Preisauszeichnungspflicht ausgenommen sind!

5. Sie sollen eine blaue Jeans auszeichnen.

   5.1 Nennen Sie die Kennzeichnungsmerkmale, die rechtlich vorgeschrieben sind!

   5.2 Nennen Sie Kennzeichnungsmerkmale, die sinnvollerweise auf dem Etikett enthalten sein sollten, weil sie die innerbetriebliche Organisation erleichtern!

Beachte:

Die Verkaufsraumgestaltung ist untrennbar mit der Warenplatzierung und dem Visual Merchandising verbunden. Sie wird daher in den Kapiteln 4, 5 und 6 mit dargestellt.

3 Erlebniskauf

3.1 Grundlegendes

Beispiel 1:

Frau Hempel fehlt Waschpulver, um die schmutzige Kinderkleidung in der Waschmaschine zu waschen. Sie geht in den benachbarten Supermarkt und kauft das fehlende Waschpulver ein.

Da es sich um eine Ware des täglichen Bedarfs handelt, kennt Frau Hempel die Eigenschaften des Produkts. Sie erwartet beim Kauf ein übersichtliches Warenangebot, benötigt keine Beratung und benötigt keine Bedienung. Man spricht in diesem Zusammenhang von **Versorgungs-** oder **Aushändigungskauf.**

Beispiel 2:

Frau Walter möchte mit ihrem Mann ein neues Kostüm für den Frühling einkaufen. Sie fährt mit ihrem Mann in ein großes Einkaufszentrum mit mehreren Boutiquen. Es wird viel Zeit eingeplant und die Küche soll an diesem Tag kalt bleiben.

Ziel von Familie Walter ist, den Kauf des Kostüms mit einem Unterhaltungs- und Freizeiterlebnis zu verbinden. Man spricht in diesem Zusammenhang von einem **Erlebniskauf.**

3.2 Kriterien des Erlebniskaufs

Zu einem Erlebniskauf gehört, dass dem Kunden mehr geboten wird als nur das passende Warensortiment. Der Einkauf soll ein Wert an sich sein, der in erster Linie Vergnügen bereitet. Für den Einzelhandel ergeben sich daraus Auswirkungen auf die **Sortimentspräsentation,** die **Sortimentsstruktur,** die **Kundenerwartung,** die **Verkaufsform,** die **Zusatzangebote** und die **Betriebsform.**

Kriterien des Erlebniskaufs	Beispiele
Sortimentspräsentation	■ **Überblick geben über das Sortiment** z. B. durch Hinweisschilder, Infostände, Videos, Schaufenster ■ **Bildung von Warengruppen** Gleichartige Waren verschiedener Hersteller, Qualitäten, Verwendungsbereiche werden zusammengestellt, z. B. Herrenhemden, Smartphones, Parfüm. ■ **Zusammenstellen von Bedarfsbündel** Verschiedene Waren, die zu einem bestimmten Lebensbereich gehören, werden zusammengestellt, z. B. „Alles für Ihr Bad", „Urlaub im Süden", „Hochzeit, Ihr schönster Tag". ■ **Einrichten von „Shop-in-Shops"** Einzelne Abteilungen werden optisch abgetrennt und im Boutiquestil eingerichtet, z. B. Schmuckshop im Warenhaus. ■ …
Sortimentsstruktur	Ein Schwerpunkt des Sortiments liegt auf **erklärungsbedürftigen Bedarfsbündel.** Ziel des Einzelhandelsgeschäftes ist, über die Beratungskompetenz der Verkäufer Kunden zu gewinnen und zu halten, z. B. durch Anbieten von ■ Neuheiten auf dem Medienmarkt wie Smart TV, Smartphones, iPhones. ■ innovativen Videos, Vorführen von Drohnen u. Ä. ■ Waren, die gesetzlich nur in Bedienungsform verkauft werden dürfen (offene Lebensmittel, Waffen).
Kundenerwartung	Der Kunde erwartet ■ eine kompetente, freundliche, bedarfsorientierte Beratung bei geringen Wartezeiten. ■ ein vielfältiges Angebot an Marken, das den Markt repräsentiert. ■ eine Verkaufsraumgestaltung, die eine angenehme Verkaufsatmosphäre ausstrahlt und den Kauf zu einem Erlebnis macht.
Verkaufsform	Überwiegend **Vorwahl** und **Bedienung.**

Kriterien des Erlebniskaufs	Beispiele
Zusatzangebote	Mögliche Zusatzangebote sind z. B. ■ Kundenbetreuung, ■ gastronomische Einrichtungen, z. B. Kaffeeecke, Imbissstand, Restaurant, ■ Friseursalon, Reisebüro, Schlüsseldienst usw.
Betriebsform	Der Erlebniskauf erfordert **große Verkaufsflächen**. Häufigste Betriebsformen sind daher Warenhaus, Einkaufszentren, Verbrauchermärkte.

4 Platzierung der Waren innerhalb der Verkaufsfläche

4.1 Raumaufteilung

Bei der Aufteilung des Verkaufsraums wird zwischen **drei Zonen** unterschieden:

Warenfläche	Sie umfasst den Teil des Verkaufsraums, in dem die Waren auf Warenträgern präsentiert werden.
Kundenfläche	Sie steht dem Kunden als Weg zu den Waren zur Verfügung (Laufwege, Ein- und Ausgänge, Treppen usw.).
Übrige Verkaufsfläche	Sie umfasst je nach Betriebstyp Kassenanlagen, Vorführ- und Anprobierräume, Ruhe- und Erfrischungsbereiche.

Hat der Einzelhandelsbetrieb entschieden, als **Verkaufsstrategie** den **Erlebniskauf** zugrundezulegen, kommt der „übrigen Verkaufsfläche" eine immer höhere Bedeutung zu. Sie kann z. B. als Ruhezone, Informationszentrum, Beratungsraum, Kindergarten gestaltet werden.

4.2 Raumordnung

4.2.1 Aufgaben der Raumordnung

Ziel ist, den **Verkaufsraum zu gliedern**, d. h. ihn in Zonen aufzuteilen, Teilbereiche abzugrenzen, Abteilungen anzuordnen und großzügige Laufwege einzurichten.

■ Ein markierter **Laufweg** hat die Sortimentsbereiche zu erschließen.

■ Die **Platzierung der Waren entlang des Laufwegs** hat so zu erfolgen, dass die Kunden in die einzelnen Warenbereiche „hineingeführt" werden.

■ Es ist festzulegen, wie die einzelnen Warengruppen im Verkaufsraum angeordnet werden (**qualitative Raumzuordnung**) und welcher Umfang an Verkaufsfläche ihnen zusteht (**quantitative Raumzuordnung**).

Das Hauptanliegen der Raumordnung ist, die **Kunden in möglichst viele Zonen des Verkaufsraums** zu lenken, damit sie mit dem Großteil des Warensortiments in Kontakt kommen. Außerdem soll erreicht werden, dass der „Kundenstrom" flüssig durch den Verkaufsraum geführt wird.

4.2.2 Kundenlaufstudien und Wegeführung

(1) Formen der Wegeführung (Laufwege)

Der Kundenleitweg im Fußboden ist deutlich markiert.

Ein auffallender Laufweg[1] wird mit unterschiedlichen Bodenbelägen, Flächenbegrenzungen durch Linien, durch farbliche Gestaltung oder mit Licht erreicht. Die Kunden folgen diesen Merkmalen wie einer Fährte. Sie werden so durch das Geschäft gelenkt, dass ein möglichst großer Teil des Sortiments im Blickfeld liegt.

Bei der Festlegung der Laufwege wird angestrebt, den Kunden einen **Loop**[2] **(Rundlauf)** zu ermöglichen, damit er keinen Weg doppelt gehen muss (Loop-Prinzip). Die unterschiedlichen Sortimentsbereiche sind durch **Warenleitbilder** deutlich zu kennzeichnen.

Der Loop kann als Zwangsumlauf oder als Individualumlauf angelegt sein.

■ Beim **Zwangsumlauf** ist die Verkaufsfläche mithilfe der Warenträger so gegliedert, dass der Kunde vom vorgegebenen Laufweg nicht abweichen kann. Er muss von Abteilung zu Abteilung gehen und so das gesamte Geschäft und Sortiment durchlaufen, um zur Kasse zu gelangen.

Der Zwangsweg ist in der Praxis nur noch selten anzutreffen.

■ Der **Individualumlauf** ermöglicht es dem Kunden, den Verlauf des Weges bzw. der Weglänge **eigenständig** zu wählen. Der Individualumlauf kommt in vielfältigen Formen vor.

(In Anlehnung an: Kreft, W.: Ladenplanung, 2. Aufl., Stuttgart, S. 555.)

---

1 An den Laufwegen müssen Hinweise auf **Flucht- und Rettungswege** angebracht werden. Sie weisen auf Wege und Notausgänge hin, die im Notfall (z. B. im Fall eines Brandes) benutzt werden sollen.

2 **Loop** (engl.): Schleife, Schlinge.

Beispiele: [1]

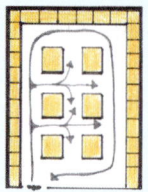

Das **Kreuzprinzip:** Es wird sehr oft angewandt – weiterentwickelt in Lebensmittelmärkten.

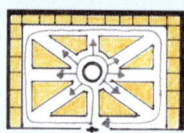

Das **Sternprinzip:** Es ermöglicht die Steuerung aus der Mitte. Gut geeignet für Fachgeschäfte mit vielen unterschiedlichen Waren. Anwendung auch in Kaufhäusern.

Das **Kojenprinzip:** Dies ist ein ausgetüfteltes System mit vielen Kontaktzonen zwischen Konsument und Ware.

(2) Gestaltung der Laufwege

Die Laufwege sind so anzuordnen, dass **alle Sortimentsbereiche wahrgenommen** werden.

Die Sortimentsbereiche sind durch **„Deko-Punkte"** zu kennzeichnen. „Deko-Punkte" sollen zum Besuch der Abteilung einladen und sind daher attraktiv zu gestalten.

Beispiele:

- Regalanlagen bekommen eine Frontanlage, Gondeln einen Fronthänger, womit Ausstellungsstücke ins Blickfeld gerückt werden.
- Aufstellen von Display-Einheiten, d.h. Präsentation von Waren in kleinen Stückzahlen (sogenannte „Stopper").

Die **Rückwand eines Laufwegs** ist besonders aufwendig zu gestalten. Die Gestaltung gibt den Ausschlag, ob der Kunde bis dahin vordringt und so alles erlebt, was bis dorthin aufgebaut ist, oder ob er vorzeitig die Richtung wechselt.

Da Farben schon von einer weiten Distanz erkennbar sind, kann auf eine Warengruppe auch durch die **Gruppierung der Ware nach Farben** aufmerksam gemacht werden. Dabei ist möglichst die Farbe senkrecht und die Größe waagerecht anzuordnen.

---

1 Quelle: In Anlehnung an: Kreft, W.: Ladenplanung, 2. Aufl., Stuttgart, S. 555.

Lange, gerade Laufwege sind durch **„Faszinationspunkte"** zu unterbrechen. Es handelt sich hierbei um eine Kombination von Dekorationsflächen und Warenträger.

Die Laufwege sind durch **Ruhezonen** zu unterbrechen, die zum Verweilen, zur Erfrischung und zur Kommunikation einladen.

Beispiele:

Positionierung einer Sitzgruppe im Bereich eines Fensters, das den Blick nach außen zulässt; Einrichten einer Getränkeecke.

Es ist wichtig, dass der Kunde vom **Hauptlaufweg** einen **ungehinderten Blick auf die Wanddekoration** hat. Die Warengruppen müssen daher **stufenweise aufgebaut werden** wie in einer Arena **(Arenaprinzip):**

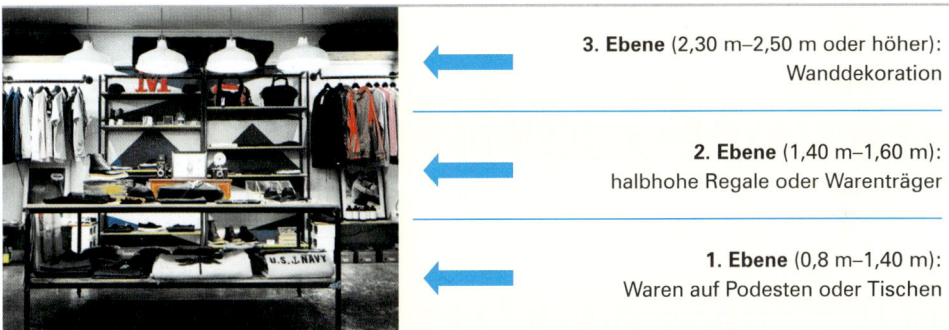

3. Ebene (2,30 m–2,50 m oder höher):
Wanddekoration

2. Ebene (1,40 m–1,60 m):
halbhohe Regale oder Warenträger

1. Ebene (0,8 m–1,40 m):
Waren auf Podesten oder Tischen

Der Kunde muss einen freien Blick auf alle drei Warenebenen haben, um zu erkennen, **wo** und **welche Ware** das Geschäft bietet.

Warenträger im Mittelraum dürfen nicht höher als ca. 1,50 m sein, damit der Verkaufsraum vom Laufweg aus noch überschaubar ist. Höhere Warenträger lassen Nischen und Gänge entstehen. Sie fördern zwar das Gefühl der Behaglichkeit, haben aber den Nachteil, dass ein Sackgasseneindruck entsteht – wie in einer Falle, aus der sich der Kunde schnell befreien möchte.

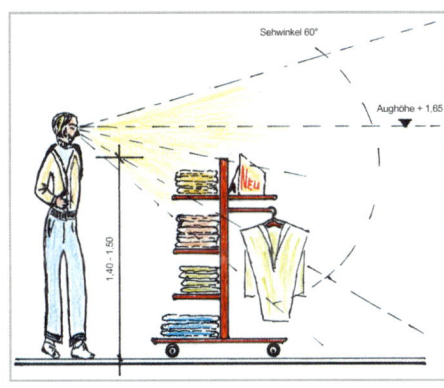

(In Anlehnung an: Grundmann/Wiedemann: Design im Verkaufsraum, Frankfurt, S. 102.)

4.3 Verkaufszonen

(1) Kundenlaufstudien

Kundenlaufstudien haben folgende Ergebnisse erbracht:

- Kunden bevorzugen Außengänge, halten sich vorwiegend rechts (ca. 70 %) und laufen entgegen dem Uhrzeigersinn (Linkslauf).
- Kunden laufen im ersten Teil des Einkaufs eher schnell („Rennstrecke"), dann langsam und gegen Ende des Einkaufs wieder schneller. Breite Gänge erhöhen die Laufgeschwindigkeit der Kunden.

161

- Kunden schauen vornehmlich nach rechts. Mittelbereiche werden deutlich schwächer besucht, weil sie nicht in der Laufrichtung liegen.
- Kunden vermeiden Kehrtwendungen und Ladenecken, so weit es geht.
- Helle Ladenbereiche wirken anziehend, dunkle Bereiche werden gemieden.
- Warenplatzierungen an den Wänden und an den Kopfseiten von Gondeln, auf die die Kunden zulaufen (Auflaufflächen), werden stark beachtet.

Beispiel:

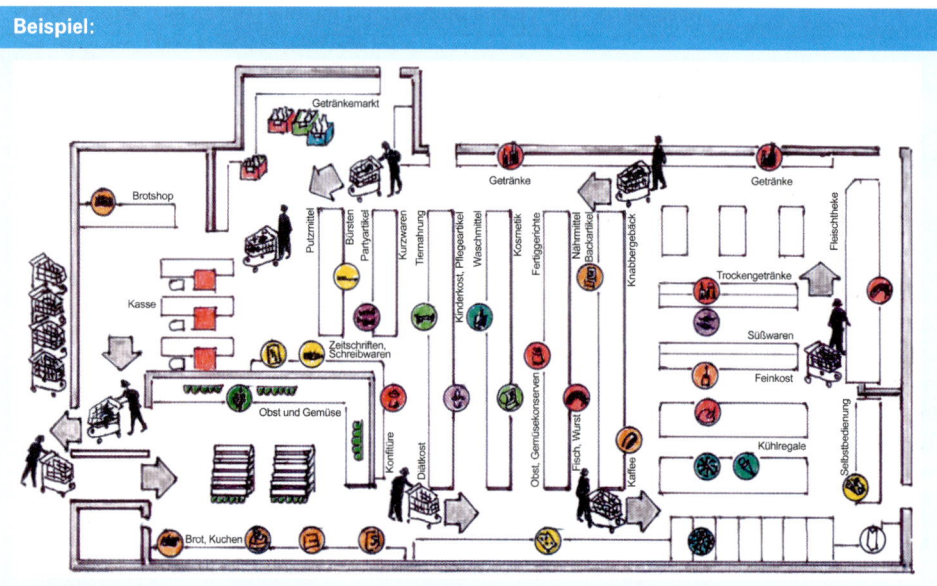

(In Anlehnung an: DIE ZEIT v. 14. März 1997, zitiert in: EinzelHandelsBerater spezial No. 1/97.)

Nach dem **Kundenverhalten** unterscheidet man **verkaufsstarke Zonen** und **verkaufsschwache Zonen**.

Verkaufsstarke Zonen	■ Verkaufsflächen, die rechts des Hauptlaufweges liegen, ■ Flächen, auf die der Kunde automatisch blickt („Auflaufflächen", Kopfseiten von Gondeln) ■ Gangkreuzungen und Bereiche um Beförderungseinrichtungen (z. B. Lift, Treppe) ■ Kassenbereiche
Verkaufsschwache Zonen („tote Zonen")	■ Verkaufsflächen, die links des Hauptlaufweges bzw. an Mittelgängen liegen ■ Eingangszone, die schnell passiert werden ■ Sackgassen des Verkaufsraums und Ladenecken ■ dunkle Ladenbereiche ■ breite Laufwege ■ Bereiche hinter der Kasse

Die Kenntnisse über verkaufsstarke und verkaufsschwache Zonen sowie über umschlagsstarke und umschlagsschwache Warengruppen werden dazu genutzt, die einzelnen Warengruppen strategisch zu platzieren.

(2) Kundenlauf und Wertigkeit von Verkaufszonen

Bei der Platzierung der Waren im Verkaufsraum sind folgende allgemeine Vorgehensweisen zu beachten:

■ Eingangsbereich

Das **Warenangebot im Eingangsbereich** ist die Visitenkarte des Geschäfts. Es muss dem Konsumenten **interessante Warenkontakte** vermitteln, Neues und Aktuelles **(Impulskaufartikel)**[1] zeigen, Artikel für **Zusatzkäufe** anbieten sowie **Fachkompetenz** ausstrahlen.

Zu den Warengruppen, die im Eingangsbereich platziert werden sollten, zählen auch **Sonderangebote, preisgünstige Gebinde** und **Verkaufsförderaktionen**. Sie sollen das Interesse der Kunden wecken. Gleiches gilt auch für **Magnetartikel,**[2] die häufig in Sonderständen vor dem Geschäft stehen.

Die Waren können auf sogenannten „Stoppern" (Warenträger mit Aktionspräsentationen) oder auf Tischen als „Willkommensgruß" präsentiert werden. Dadurch kann der Kundenstrom im Eingangsbereich verlangsamt, geordnet und in „Kaufstimmung" versetzt werden. Trotzdem ist die Eingangszone in der Regel eine **verkaufsschwache Zone.**

> **Beispiel:**
>
> In einem Wäsche- und Bettenfachgeschäft findet man im Eingangsbereich einen Tisch mit flauschigen Frottierbadetüchern für Kinder, der als Stopper wirkt und durch eine farbenfrohe Präsentation zum Einkauf einstimmt.

■ Zone rechts vom Eingang

Da die Mehrzahl der Kunden sich zunächst nach **rechts** bewegt und dabei die Aufmerksamkeit der Blicke zuerst nach rechts geht, ist die Zone rechts vom Hauptgang eine **verkaufsstarke Zone.** Hier ist ein Teil der **absatzstarken Artikel (Renner)** sowie Artikel mit **hohen Gewinnspannen** zu platzieren. Zwischen den umsatzstärksten Warengruppen können auch **absatzschwache Artikel („Penner")** angeboten werden, um den Abverkauf zu steigern.

Ein **„Linksblick"** wird erreicht durch die Platzierung attraktiver Artikel links vom Kundenlauf. Deko, Attraktionen, Licht, Farbe, Tischpräsentationen weisen auf diese Artikel hin. Dadurch wird die Wahrnehmungs- und Bewegungsrichtung der Kunden verändert.

---

1 **Impulskaufartikel** werden vom Kunden spontan und meistens unbewusst gekauft.

2 **Magnetartikel** sind attraktive Waren und Projektartikel, die die Kunden in das Geschäft bzw. zu einem bestimmten Regal locken sollen.

■ Mitte des Verkaufsraums

Sie ist durch die Rechtsorientierung der Kunden eher benachteiligt. Sie stellt eine **verkaufsschwache Zone** dar. Hier werden das **Standardsortiment** sowie **Musskaufartikel (Suchkaufartikel),**[1] Sonderangebote und **Aktionsartikel** platziert. Es wird aufgewertet durch **Zweitplatzierungen**[2] von **Waren mit Magnetwirkung.** Werden umsatzstarke Warengruppen an mehreren Stellen des Verkaufsraums platziert, spricht man von **Mehrfachplatzierung.**

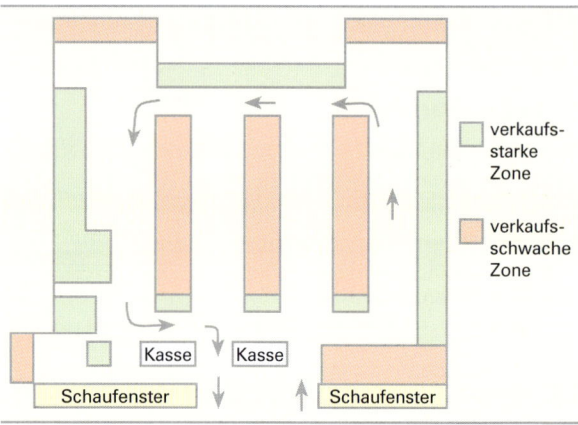

Für die Erschließung der Raummitte bzw. der Rückwände gilt als Faustregel: Positionierung von **visuellen Anziehungspunkten (Eyecatcher)** in den Wahrnehmungsabständen von ca. 7–10 m.

Gleichzeitig sollte – möglichst in der Ladenmitte – ein **Kommunikationspunkt** (z. B. Informationsstand, Getränkeautomat, Cafeteria) geschaffen werden, der zum Verweilen einlädt.

■ Hinterer Bereich des Verkaufsraums sowie Ecken

Sie zählen zu den **verkaufsschwachen Zonen.** Hier sollte die **bedienungsintensive Ware,** das **Spezialsortiment,** die **Musskaufartikel** (z. B. Milch, Mehl, Zucker in Lebensmittelgeschäften) und **Schnäppchenware** platziert werden. Eine **allgemeine Platzierungsregel** lautet: Die Ware staffelt sich **von vorn nach hinten,** von der **unproblematischen zur problematischen Ware.**

---

1 Die **Musskaufartikel** werden in den entlegensten Ecken des Geschäfts platziert (z. B. Frischfleisch- und Käsetheke im Lebensmittelmarkt, Holzschnitt im Baumarkt), damit der Kunde den gesamten Verkaufsraum durchqueren muss.
Musskaufartikel bezeichnet man auch als **Such-** oder **Plankaufartikel.** Es handelt sich um Artikel, deren Kauf der Kunde bereits zu Hause plant.

2 Bei der **Zweitplatzierung** werden Artikel mehrfach an verschiedenen Standorten im Verkaufsraum angeboten.

■ Kassenbereich

Hier wird der Kundenlauf durch Wartezeiten an der Kasse gebremst. Er ist der Ort für **kleine Artikel** und **Accessoires,** mit denen der Zusatz- und Spontankauf gefördert wird. Auch diebstahlgefährdete Waren (z. B. Schmuck, Uhren) werden in der Nähe der Kasse platziert, um sie im Blickfeld zu behalten.

Der Kassenbereich stellt eine **verkaufsstarke Zone** dar.

Zusammenfassung

- Bei der Aufteilung des Verkaufsraums wird im Allgemeinen zwischen **drei Aufgabenzonen** unterschieden:
  - der **Warenfläche** (auf ihr werden die Waren präsentiert),
  - der **Kundenfläche** (Laufwege, Ein- und Ausgänge, Treppen u. Ä.),
  - der **übrigen Verkaufsfläche** (Kassenanlagen, Ruhe- und Erfrischungsräume, Kabinen u. Ä.).
- Die Laufwege werden in der Regel als **Loops (Rundläufe)** angelegt, damit der Kunde keinen Weg doppelt gehen muss.
- Aufgrund von Kundenlaufstudien unterscheidet man **verkaufsstarke Zonen** und **verkaufsschwache Zonen.**

	Verkaufsstarke Zone		Verkaufsschwache Zone		
	Rechts vom Kundenlauf/Außengänge/Auflaufflächen	Kassenbereich	Eingangsbereich	Hinterer Ladenbereich/Ecken	Mittelgänge
Impulskaufartikel		X	X		
Magnetware				X	X
absatzstarke Artikel	X				
Sonderangebote			X	X	X
„Penner"-Artikel	X	X			
Standardsortiment					X
Spezialsortiment				X	
bedienungsintensive Artikel				X	
Suchkaufartikel				X	X
Aktionsplatzierung			X	X	X
Neuheiten	X	X	X		
niedrigpreisige Artikel		X	X	X	X

Kompetenztraining

41

1. In vielen Einzelhandelsgeschäften wird sehr viel Wert auf die Planung eines Laufweges gelegt.

   Aufgaben:

   1.1 Erklären Sie, warum es wichtig ist, einen Laufweg durch den Verkaufsraum zu planen!

   1.2 Beschreiben Sie, wie der Laufweg in Ihrem Ausbildungsbetrieb angelegt ist!

   1.3 Nennen Sie wichtige Ergebnisse von Kundenlaufstudien!

2. Nennen Sie die Zonen, in die sich der Verkaufsraum aufteilen lässt!

3. Eine Einzelhändlerin betreibt seit einigen Jahren im Zentrum einer Kleinstadt ein Haushaltswarenfachgeschäft. Zusammen mit ihren Mitarbeitern und einem Unternehmensberater will sie das Geschäft kundenattraktiver gestalten. Bei dieser Gelegenheit soll die Verkaufsform von der Bedienung auf die Vorwahl umgestellt werden.

   Aufgaben:

   3.1 Erläutern Sie, weshalb viele Kunden Geschäfte mit Vorwahlsystem bevorzugen! Geben Sie dazu drei Gesichtspunkte an!

   3.2 Nennen Sie zwei Erwartungen, die die Einzelhändlerin durch die Änderung der Verkaufsform hat!

   3.3 Ihr Verkaufsraum hat folgenden Grundriss:

   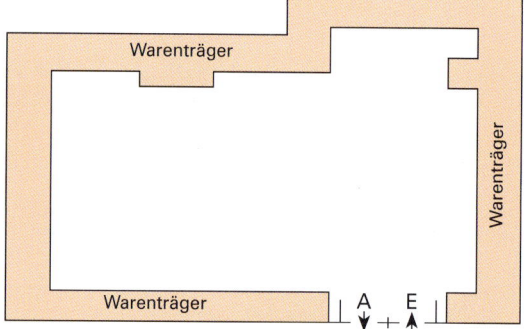

   3.3.1 Entwickeln Sie einen Vorschlag zur verkaufsaktiven Gestaltung/Nutzung der Ladenmitte!

   3.3.2 Erklären Sie, weshalb es ratsam ist, den Kundenstrom in einem Geschäft mit Vorwahlbedienung oder Selbstbedienung sinnvoll zu lenken!

   3.3.3 „Teile des Kernsortiments können auch in verkaufsschwachen Zonen platziert werden." Nehmen Sie Stellung zu dieser Behauptung!

4. Eine Kundin des Lebensmitteldiscounters aus Berlin möchte für ihre Familie einen Kuchen backen. Um die Zutaten für den Kuchen einzukaufen, besucht sie den Discounter am Tag nach der Neueröffnung erwartungsfroh. Vor der Neueröffnung musste sie, oft ohne Abweichung, durch die einzelnen Abteilungen laufen, um so alle Zutaten zusammenzutragen. Nachdem der Discounter umgebaut hat, wird sie nun aufgrund der neuen Wegführung durch das gesamte Geschäft geführt. Dabei kann sie unterschiedliche Wege eigenständig auswählen und erhält dadurch viele Kontakte zum gesamten Sortiment.

   Aufgaben:

   4.1 Nennen Sie die Formen der Laufwege, die hier beschrieben werden!

   4.2 Erläutern Sie, nach welchem Laufprinzip die Kunden nach der Neueröffnung das Geschäft durchlaufen!

5. Im Folgenden wird der Grundriss eines Frischemarktes dargestellt.

🔵 DOWNLOAD

Fisch		Milch u. Ä.
	Fleisch	

frische, exotische Spezialitäten

Obst/ Gemüse

Kaffee/Tee u. Ä.

Imbiss

Käse

Back-waren

Tiefkühlware

Süßigkeiten

Getränke

Kasse

Kasse

Aufgaben:

5.1 Zeichnen Sie den Hauptkundenleitweg in den Grundriss ein!

5.2 Nennen Sie das Prinzip, das der Laufwegführung zugrunde liegt!

5.3 Beschreiben Sie, worauf bei der Laufwegführung besonders geachtet wurde!

5.4 Geben Sie an, welche Bereiche sich in verkaufsschwachen Zonen befinden!

5.5 Notieren Sie (bezogen auf den Grundriss) zwei Beispiele, wie Sie eine verkaufs-schwache Zone aufwerten würden!

5 Platzierung der Waren innerhalb der Warenträger

5.1 Warenträger

> **Warenträger** sind Einrichtungsgegenstände. Sie sind ein **Mittel der Ladengestaltung** und übernehmen die Aufgabe, die **Waren zu präsentieren**.

(1) Regale

Regale präsentieren die Waren in Fächern, Kästchen, Böden oder an Schienen einge-hängt auf verschiedenen Ebenen. Sie sind aus Metall, Holz, Glas oder Kunststoff. Regale stehen an der Wand als Rückwandregale oder sie stehen als Mittelregale frei im Raum.

Eine besondere Form des Rückwandre-gals sind die Nutwände (Lammellen- oder Schlitzwände). Nutwände sind waagerecht geschlitzt zum Einhängen von Trägern, Käst-chen, Böden oder Waren.

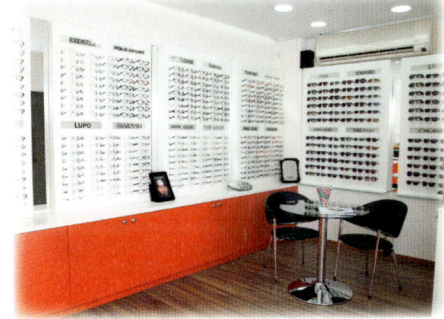

(2) Vitrinen

Vitrinen werden eingesetzt, um das Besondere bzw. den Wert der Ware hervorzurufen.

Vitrinen stehen in der Regel frei im Raum und sind ringsum verglast und der Inhalt wird angestrahlt.

(3) Podeste, Tische, Ständer

Podeste sind Kastenwürfel, nach oben geschlossen, aus den verschiedensten Materialien, sehr oft grell farbig, aber auch leuchtende Glaskästen, sogenannte Leuchtpodeste. Häufig werden auf Podesten Waren in verschiedenen Größen und Farben zu einer Gesamtgruppe inszeniert. Kleinere Gegenstände, die die Nähe des Auges benötigen, brauchen immer die spezielle Ausstellungshöhe durch Podeste.

Tische sind Möbel, auf denen die Waren ausgelegt werden können. Sehr oft werden antike Möbel verwendet, aber auch interessante Glaskonstruktionen. Tische werden häufig mit Aufbauten versehen. Die Stapelung der Ware erfolgt mit der Ware selbst, mit Kartons, Verpackungen oder mit Podesten in verschiedenen Höhen.

Ständer werden im Innenraum aufgestellt und werden dazu genutzt, eine Vielzahl von Waren (Kleider, Anzüge, Brillen usw.) kompakt anzubieten.

(4) Display

Ein Display schafft unter Verwendung verschiedener Materialien (Schilder, Papp-figuren, Regalsäule, Schatztruhe u. Ä.) ein bestimmtes Warenbild. So ist z. B. die Zusammenfassung unterschiedlicher Schokoladensorten in einem aufwendig gestalteten Bodenaufsteller mit einer zentralen Großfigur als Eyecatcher ein Display. Displays werden insbesondere zur auffälligen verkaufsfördernden **Zweitplatzierung eines Artikels** im Verkaufsraum verwendet.

(5) Stopper

Regale, Ständer, Figuren oder Tische können als Stopper eingesetzt werden.

Durch Stopper soll der Schritt des Kunden verlangsamt werden. Außerdem dienen die Stopper dazu, die Aufmerksamkeit der Käufer auf reguläre Ware oder Aktionsware zu lenken.

5.2 Warengruppen- und Verbundplatzierung

(1) Platzierung nach Warengruppen

In vielen Einzelhandelsgeschäften wird das Sortiment nach Warengruppen (z. B. Herrenanzüge, Kleider, Brot, Toilettenartikel) platziert.

Werden viele verschiedene Artikel innerhalb der Warengruppe angeboten, liegt ein **tiefes Sortiment** vor. Das bedeutet, dass der Kunde aus einer Vielzahl gleichartiger Artikel verschiedener Hersteller, Qualitäten, Preisstufen auswählen kann.

(2) Platzierung nach Kundenbedarf

Die **Bedarfsbündelung** spielt in der Warenplatzierung eine zunehmend bedeutende Rolle. Gemeint ist damit die Zusammenführung von Waren quer durch alle Warengruppen, um den Bedarf der Kunden in einem bestimmten Lebensbereich zu befriedigen.

> **Beispiele:**
>
> - Damenbekleidung: die Bluse zusammen mit dem passenden Rock, Tuch und Hut, Gürtel und Tasche,
> - Teezeit: Teesorten, Kandis, Teegebäck, Teegeschirr.

Werden die Waren nach dem Bedarf der Kunden zusammengestellt und platziert, spricht man von **Verbundplatzierung.**

Durch die Verbundplatzierung lässt sich zum einen die Anzahl der Impulskäufe steigern. Durch das Angebot von sich ergänzenden Artikeln wird der Kunde zum anderen dazu ermuntert, Zusatzkäufe zu tätigen.

5.3 Platzierung der Waren im Regal

(1) Wahrnehmung der Regalzonen durch den Kunden

Aus **horizontaler Sicht** bietet das Regal die besten Regalzonen in der Regalmitte und rechts von der Mitte.

Aus **vertikaler Sicht** unterteilt man das Regal in **fünf Zonen:**[1]

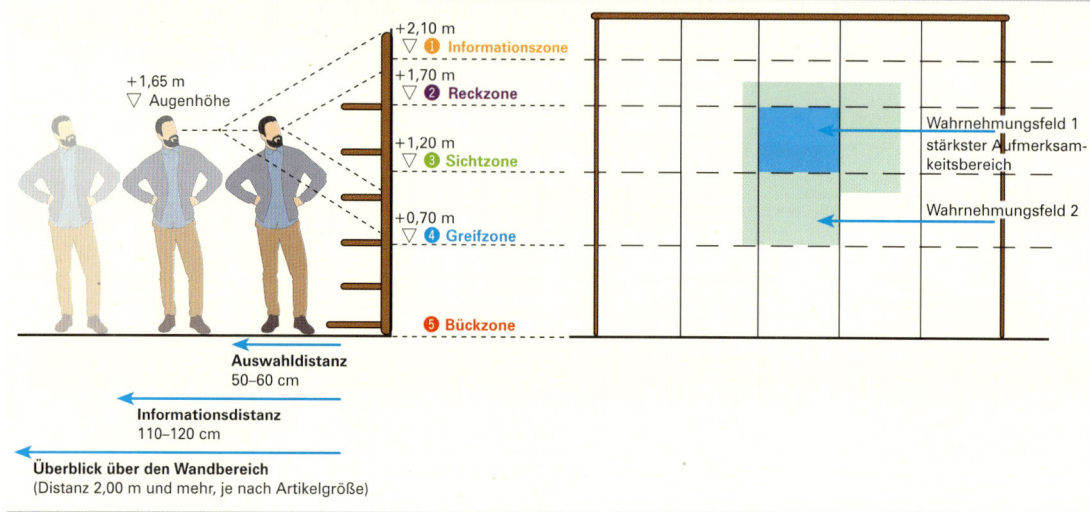

Quelle: in Anlehnung an: Grundmann/Wiedemann: Design im Verkaufsraum, Frankfurt, S. 152.

Erläuterungen:

❶ Die Informationszone dient der **Orientierung**. Sie wird für Warenbilder bzw. zur Beschriftung der Warengebiete, die sich in diesem Regal befinden, benutzt. Sie dient **nicht** der Warenplatzierung.

❷ Die Reckzone ist für die Warenpräsentation die **drittbeste Platzierung**. Hier werden **leichte, nicht verkaufsintensive Waren** angeboten.

❸ Die Sichtzone ist die Zone mit der **größten Verkaufswirksamkeit**. Hier werden **teure Artikel, qualitativ hochwertige Artikel,** Artikel die **gefördert werden sollen** sowie Artikel mit **hohem Gewinnanteil** angeboten.

❹ Die Greifzone ist die **zweitbeste Platzierung**. Hier werden vor allem **Impulskaufartikel** und **Ergänzungsartikel,** die mit den Hauptartikeln (Sichtzone) in Verbindung stehen, platziert.

❺ Die Bückzone ist die **schlechteste Platzierung**. Hier werden **Massenartikel, Plankaufprodukte,** Artikel mit **geringer Gewinnspanne** sowie **Großpackungen** angeboten.

An das Regalende bzw. den Regalkopf sollten kleine Artikel des Alltags (z. B. Schokoriegel, Batterien, Zwieback, Papiertaschentücher u. Ä.) eingeordnet werden, die spontan und häufig unbewusst gekauft werden. Dazu gehören auch saisonale Artikel wie Zuckerhasen an Ostern, Lebkuchen in der Weihnachtszeit, Badeartikel im Sommer.

---

1 Stellt der Einzelhändler dem Hersteller oder einem Großhändler das Regal gegen Entgelt zur Verfügung und übernimmt dieser die Regalbestückung, spricht man von **Rackjobber-System**. Die Ware wird auf Rechnung des Rackjobbers angeboten.

(2) Möglichkeiten der Warenplatzierung im Regal

■ Horizontale Warenplatzierung (Regalzonen- oder Bandplatzierung)

Werden die **Artikelgruppen horizontal** platziert, spricht man von **Regalzonen- oder Band-platzierung.** Bei dieser Form der Platzierung wird eine Artikelgruppe nebeneinander plat-ziert, und zwar unabhängig von der Artikelgröße und vom Hersteller. In diesem Falle kön-nen nicht jeder Artikelgruppe „gute Plätze" zur Verfügung gestellt werden.

Beispiel:					
Reckzone →	Pullover	Pullover	Pullover	Pullover	Pullover
Sichtzone →	Hemden	Hemden	Hemden	Hemden	Hemden
Greifzone →	Hosen	Hosen	Hosen	Hosen	Hosen
Bückzone →	T-Shirts	T-Shirts	T-Shirts	T-Shirts	T-Shirts

■ Vertikale Warenplatzierung (Blockplatzierung)

Werden die **Artikelgruppen vertikal** platziert, spricht man von einer **Blockplatzierung.** Bei dieser Form der Warenplatzierung wird je Regalteil die **Artikelgruppe untereinander** plat-ziert. Der Vorteil dieser Warenplatzierung ist, dass der Kunde alle angebotenen Artikel einer bestimmten Artikelgruppe mit einem Blick übersehen kann. Die Blockplatzierung kann auch sehr gut mit einer Farbsortierung kombiniert werden (siehe S. 175 ff.).

Beispiel:					
Reckzone →	Pullover	Hemden	Hosen	T-Shirts	Westen
Sichtzone →	Pullover	Hemden	Hosen	T-Shirts	Westen
Greifzone →	Pullover	Hemden	Hosen	T-Shirts	Westen
Bückzone →	Pullover	Hemden	Hosen	T-Shirts	Westen

Blockplatzierung

Regalzonen- oder Bandplatzierung

■ **Kreuzblock-Platzierung**

Die Kreuzblock-Platzierung leitet sich aus der Kombination der horizontalen und vertikalen Platzierungsform ab. Vertikal in der Mitte wird der **Marktführer** platziert. Horizontal werden rechts und links **vergleichbare Markenartikel** angeordnet. An den Enden des Regals können Zusatzartikel platziert werden. Die Kreuzblock-Platzierung kann auch sehr gut mit einer Farbsortierung kombiniert werden.

Bei dieser Warenanordnung überblickt der Kunde die Artikel- und Herstellerpalette und kann schnell einen Preis und Artikelvergleich vornehmen.

Beispiel:

Pullover	Hemden^3	Hemden^1	Hemden^2	Westen	1	Hemden des Marktführers
Pullover	Hemden	Hemden	Hemden	Westen	2	Hemden des zweitstärksten Herstellers
Pullover	Hemden	Hemden	Hemden	Westen	3	Hemden des drittstärksten Herstellers
Pullover	Hemden	Hemden	Hemden	Westen		

Zusammenfassung

■ Die **Warenplatzierung** fasst zum einen die Artikel des Sortiments zusammen und zum anderen legt sie den Standort fest, an dem die Waren angeboten werden.

■ Wichtige **Formen der Warenplatzierung** sind:
  ■ Warengruppenplatzierung
  ■ Verbundplatzierung
  ■ Platzierung der Ware im Regal.

■ **Horizontal** gesehen bietet das Regal die **besten Regalzonen** in der Regalmitte und rechts von der Mitte. Werden die Artikelgruppen nach Regalzonen platziert, spricht man von **Regalzonen- oder Bandplatzierung**.

■ **Vertikal** gesehen unterteilt man das Regal in **fünf Zonen**: Informationszone, Reckzone, Sichtzone, Greifzone und Bückzone. Werden die Artikel vertikal platziert, spricht man von **Blockplatzierung**.

Kompetenztraining

42 1. 1.1 Das Warenhaus Elvis Martis e.Kfm. hat eine neuartige energiesparende Glühlampe in das Sortiment aufgenommen. Der Abteilungsleiter ist mit dem Abverkauf dieser Glühlampe nicht zufrieden.

Aufgabe:

Unterbreiten Sie zwei begründete Platzierungsvorschläge, durch die die Absatzchancen erhöht werden könnten!

1.2 Sie sollen für einen neuen Modetrend drei Kleider im Verkaufsraum platzieren. Unterbreiten Sie einen Vorschlag und begründen Sie diesen!

1.3 Nennen Sie drei Maßnahmen aus Ihrer Branche, wodurch die Warenplatzierung kundenorientierter gestaltet werden kann!

2. Nennen Sie die fünf Regalzonen und erklären Sie deren Verkaufswirksamkeit!

3. Unterscheiden Sie die Suchkaufprodukte von den Impulskaufprodukten!

4. Das Warenhaus Anton Geller e.K. in Ulm macht einen etwas angestaubten Eindruck. Deshalb sollen die einzelnen Abteilungen auf den neuesten Stand der Warenpräsentation gebracht werden. Die Beraterfirma schlägt unter anderem vor, verstärkt eine Verbundplatzierung (Bedarfsbündelung) vorzunehmen.

Aufgaben:

4.1 Erklären Sie den Begriff Verbundplatzierung (Bedarfsbündelung)!

4.2 Beschreiben Sie je einen Vorteil für den Kunden und für das Geschäft, den diese Art der Warenpräsentation mit sich bringt!

4.3 Die Lebensmittelabteilung im Untergeschoss soll attraktiver gestaltet werden. Nennen Sie vier absatzfördernde Maßnahmen, die geeignet sind, den Umsatz zu steigern!

4.4 Zwei Wochen nach der Wiedereröffnung möchte die Unternehmensleitung den Erfolg der durchgeführten Maßnahmen feststellen. Erläutern Sie zwei Möglichkeiten der Erfolgskontrolle!

43 Formulieren Sie in Gruppen Kriterien, die ein Geschäft erfüllen muss, damit die Kunden beim Einkaufen von einem Erlebniskauf sprechen! Präsentieren Sie anschließend Ihre Ergebnisse der Klasse!

44 Eine Einzelhandelsgruppe hat über drei Tage alle Kundenfragen – insgesamt waren es 361 Fragen –, die an die Mitarbeiter gestellt wurden, erfasst. Die nachfolgende Grafik zeigt das Ergebnis der Auswertung:

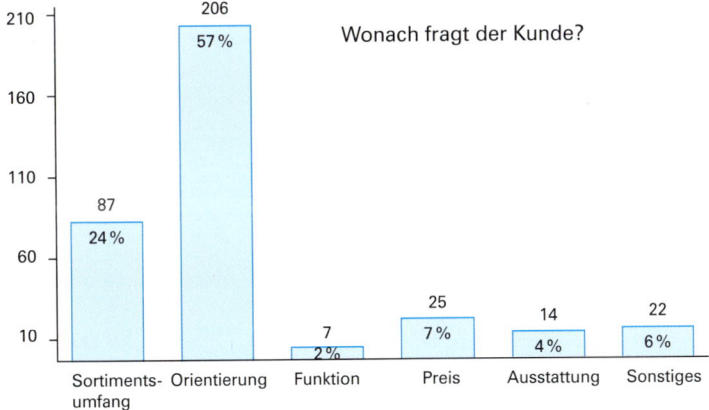

Aufgaben:

1. Erklären Sie die Grafik!

2. Erläutern Sie, welche Schlussfolgerung der Einzelhändler aus der Befragung ziehen sollte!

6 Visual Merchandising

6.1 Begriff und Ziele des Visual Merchandisings

Bei einem Stadtgang informieren sich die Verbraucher über die Waren eines Einzelhandelsgeschäfts durch einen **Blick ins Schaufenster** und/oder in den **Verkaufsraum.** Passanten werden jedoch nur dann zu Kunden, wenn die Schaufenstergestaltung und die Ausstattung des Verkaufsraums als **attraktiv** und **unverwechselbar** wahrgenommen werden. Visual Merchandising setzt sich das **Ziel,** durch eine optisch ansprechbare **Gestaltung des Verkaufsraums,** durch **Maßnahmen der Verkaufsförderung** und der **Schaufenstergestaltung** den Kunden von der Straße direkt zum Kaufabschluss in das Einzelhandelsgeschäft zu führen.

- **Visual Merchandising** möchte über die **Verkaufsraumgestaltung** und die **Warenpräsentation** eine **besondere Verkaufsatmosphäre** schaffen.
- Der **Einkauf** soll für den Kunden zu einem **besonderen Erlebnis** werden und bei ihm den **Wunsch zum Kaufen** wecken.

6.2 Gestaltungselemente des Visual Merchandisings zur Verkaufsförderung

Das Visual Merchandising ist darauf ausgerichtet, eine besondere „Einkaufsatmosphäre" zu schaffen. Der Kunde soll sich wohl fühlen. Er soll lange im Geschäft bleiben und immer wieder gerne zurückkommen. Damit sollen Umsatzsteigerungen erzielt werden.

In der nachfolgenden Übersicht werden Gestaltungselemente aufgeführt, die dazu geeignet sind, den Absatz eines Einzelhandelsgeschäfts zu fördern.

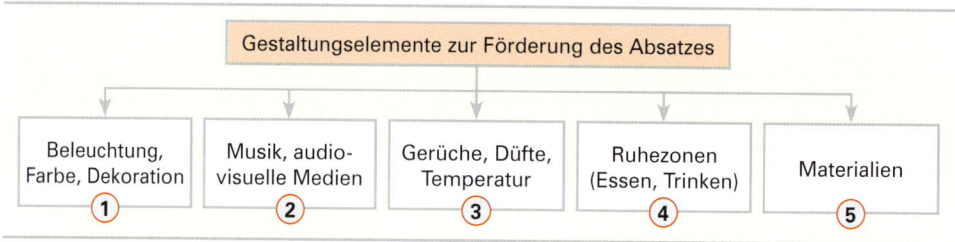

Die angeführten Gestaltungselemente sind darauf ausgerichtet, die **fünf Sinne des Menschen** anzusprechen. Es handelt sich um

① **Visuelle Impulse:** das Sehen betreffend. Sinnesorgan Auge: Sehen.

② **Akustische Impulse:** Schall, Klangwirkung. Sinnesorgan Ohr: Gehörsinn.

③ **Olfaktorische Impulse:** Geruch. Sinnesorgan Nase: Geruchssinn.

④ **Gustatorische Impulse:** kosten, schmecken. Sinnesorgan Zunge: Geschmackssinn.

⑤ **Haptische Impulse:** dem Tastsinn angehörend. Sinnesorgan Haut: Temperatursinn.

6.2.1 Beleuchtung, Farbe, Dekoration

6.2.1.1 Beleuchtung

Hauptaufgabe der Beleuchtung ist, für ausreichendes Licht im Verkaufsraum zu sorgen **(Grundbeleuchtung)**. Gleichzeitig sind bestimmte Waren im Wandbereich **(Warenwandbeleuchtung)** sowie Dekorationsinseln und Warenbilder **(Akzentbeleuchtung)** durch Lichteffekte hervorzuheben und zu betonen.

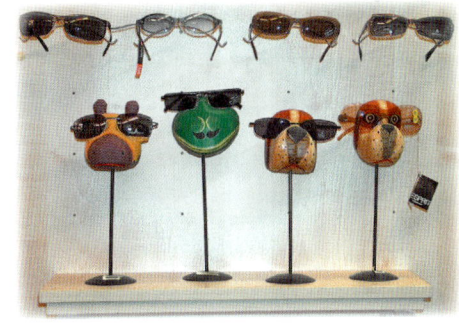

Eine weitere wichtige Aufgabe der Beleuchtung ist, die **Farbe der Artikel wiederzugeben.**

Beispiele:

Während es z.B. am Gemüsestand gewollt ist, dass durch ein warmes Licht die Tomaten tiefrot erscheinen, müssen im Mode- und Textilbereich die Farben durch das künstliche Licht möglichst naturgetreu wiedergegeben werden. Eine Kundin, die im Laden eine hellblaue Bluse gekauft hat, möchte bei Tageslicht nicht feststellen, dass die Bluse eher grünlich ist.

Neben der Aufgabe, Verkaufsraum und Waren mit Licht hervorzuheben, können **Licht** und **Lichtfarbe** auch die **Empfindungen der Kunden** beeinflussen und damit die **Stimmung** und **Kaufbereitschaft** erhöhen oder senken.

> **Licht** ist nicht nur wichtig, um die **Bedeutung der Ware zu zeigen;** es ist auch bedeutsam, um die **gewünschte Stimmung beim Kunden** zu schaffen.

Um die vielfältigen Lichteffekte zu erzielen, ist es notwendig, ein flexibles Beleuchtungssystem mit verschiedenen Lichtquellen (Richtstrahler und Spots, Fluter, Pendelleuchten, Standleuchten, „Sternenhimmel", Lichtbänder u.a.) und variable Lichtstärkenregler zu verwenden.

6.2.1.2 Farbe

Ein wichtiges Element für die Ladenatmosphäre sind die im Verkaufsraum verwendeten **Farben** und **Farbkombinationen**. Die Farben haben **drei Aufgaben** zu erfüllen.

(1) Farbe als Ordnungs- und Gliederungselement

Durch Farbkontraste (z. B. helle und dunkle, warme und kalte, leuchtende und trübe Farben) können verschiedene Warengruppen voneinander abgegrenzt, die unterschiedlichen Bereiche im Verkaufsraum herausgehoben und Kundenwege markiert werden.

(2) Farbe als Element zum Wohlfühlen

Die Farben können eingesetzt werden, um erwünschte Stimmungen bei den Kunden zu erzeugen.

Mit dem Befinden der Menschen durch Farben beschäftigt sich die Farbenpsychologie.[1] Die Wirkungen der einzelnen Farben sind in der nachfolgenden Tabelle zusammengestellt.

Farbe	Mögliche Wirkung auf die Kunden
rot	aktiviert, stärkt Leben, Kraft, Liebe, Feuer, Signal, Leidenschaft, Gefahr
gelb	strahlt, hell, heiter, bringt Licht, Wärme, Erfolg, Offenheit
orange	wirkt anregend, warm, freundlich, signalisiert Spaß, Tatkraft, Ausdauer
blau	wirkt kühl, distanziert, schafft Klarheit, Weite, Himmel, Treue, Ruhe, Harmonie
grün	zeigt Natürlichkeit, Frische, lebensfroh, entspannend, signalisiert Wachstum, Hoffnung, Natürlichkeit
weiß	sauber, frisch, festlich, Unschuld
schwarz	feierlich, Ernst, Trauer, Auflehnung, Eleganz, Abgeschlossenheit

Beispiele:

- Bei teuren und beratungsintensiven Waren wird eine entspannte Atmosphäre durch „kältere Farben" (grün oder blau) erzeugt.

- Bei Impulsartikeln oder preiswerten bzw. problemlosen Angeboten wird ein aktivierendes Umfeld durch „warme" Farben (Rot- oder Gelbtöne) geschaffen.

---

1 **Psychologie:** Seelenlehre, Seelenkunde.

(3) Farbe als Wiedererkennungselement

Die Wiedererkennung wird erreicht durch eine einheitliche Farbgebung für Fassade, Innenraum, Werbeprospekte, Plakate, Geschäftsgebäude. Man spricht in solchen Fällen von der „Hausfarbe" eines Unternehmens (z. B. blau, gelb, rot von Lidl).

6.2.1.3 Dekoration[1]

Die Dekoration leistet einen wesentlichen Beitrag zur Ladenatmosphäre. Ihr steht ein weiter Spielraum zur Verfügung. Es reicht vom herkömmlichen Dekorationsstoff über Dekorationspuppe, Körperteile (Kopf, Beine, Füße, Arme), Warenbilder, Blumen, Kerzen, Kunstwerke bis hin zu „branchenfremden" Schaustücken (z. B. Formel-1-Rennwagen von Ferrari in einem Bekleidungshaus zur Unterstützung einer Aktionswoche für Sportbekleidung).

> Für **alle Dekorationsobjekte gilt** eine **einheitliche Regel:** Die **Objekte** müssen im weitesten Sinne **positiv** und **sympathietragend** sein.

Neben dem Einsatz von Dekorationsobjekten versteht man unter dem Begriff Dekoration auch die **Präsentation von Warengruppen unter einer bestimmten Thematik.**

Beispiele:

■ **Frühjahrs- und Winterstimmung in der Bekleidungsabteilung**

Man kann mittels Dekoration die entsprechende (kommende) Jahreszeit ins Geschäft holen, um die Kunden auf die neue Mode einzustimmen.

■ **Urlaubsstimmung im Reisebüro**

„Urlaub von Anfang an" beginnt mit dem Betreten des Reisebüros; z. B. durch große

Flugzeugmodelle, Sand, Palmen und helles Licht wie im sonnigen Süden kann ein Hauch von Urlaubsstimmung und Fernweh produziert werden.

■ **Das Frische-Erlebnis in der Lebensmittelabteilung**

Aufbau eines kleinen Bauernhofs oder einer Plantage.

6.2.2 Musik, audiovisuelle Medien

Der Einsatz von Musik und audiovisuellen Medien bedarf eines besonderen Feingefühls, denn die Hörempfindungen der Kunden sind sehr unterschiedlich. Eine Grundregel ist wichtig: Die **ausgewählte Musik** muss auf die **Erlebniswelt genau abgestimmt** sein.

---

1 **Dekoration:** das Ausschmücken, Ausgestalten.

177

Beruhigende weiche Klangteppiche im Super-markt oder in Fachgeschäften mit hochwerti-ger teurer Ware lassen die Kunden länger bei den Regalen verweilen. Laute und schnelle Stücke sorgen hingegen für eine deutliche Aktivierung. Sie sind in szenigen Läden mit einer jungen Zielgruppe angebracht.

Neben der traditionellen Hintergrundmusik über Lautsprecher sollte im Bereich der **jungen Mode** die Spannung der Musik durch **Video-** bzw. **TV-Geräte** noch gesteigert werden. **Laute Musik** und **rasche Bildabfolgen** lassen dem Kunden keine Zeit zum Verweilen. Der Impulskauf wird gesteigert.

6.2.3 Gerüche, Düfte, Temperatur

Ob sich ein Kunde in einem Ladengeschäft wohlfühlt oder nicht, wird stark durch die in der Luft befindlichen **Geruchsstoffe** beeinflusst. Dabei reicht es nicht aus, nur die negativen Stoffe zu vermeiden oder herauszufiltern, vielmehr müssen der Luft „**Duftnoten"** hinzuge-führt werden. Sie sollen eine Atmosphäre schaffen, in der sich der Kunde wohlfühlt.

Die Düfte der Natur, von Wiesen, Wäldern oder Blumen sind dem Wohlbefinden des Menschen am zuträglichsten und werden in der Regel unabhängig von persönlichen Vor-lieben als positiv empfunden. Sie vermitteln ein Gefühl der Frische und regen zum tiefen Durchatmen und Entspannen an.

Die Wissenschaft hat herausgefunden, dass beim **richtigen Duft** die **Kaufbereitschaft steigt** und sich die **Verweildauer im Geschäft erhöht**. Außerdem bleibt der Duft dem Menschen am **längsten in Erinnerung**.

Die Qualität der Raumluft steht auch in einem engen Zusammenhang mit der **Raumtem-peratur**. Der Kunde erwartet **spezifische Geschäftstemperaturen**. Untersuchungen ergaben, dass je nach Branche oder Abtei-lung, in der sich der Kunde gerade befindet, eine spezifische Temperatur erwünscht ist.

- In der Obst- und Gemüseabteilung rechnet man mit kühlen, frischen Temperaturen,
- in Ruhezonen oder Boutiquen werden war-me Temperaturen erwartet.

6.2.4 Ruhezonen

Der Kunde ist nicht nur ein möglicher Käufer von Waren aller Art, sondern ist in erster Linie ein Mensch und unterliegt als solcher dem natürlichen menschlichen Rhythmus. So sehnt sich ein Kunde bei einem erlebnisreichen Einkauf nach einer Ruhezone, in der er sich erholen und erfrischen kann. Die Ruhezonen variieren zwischen einer Sitzecke, einem kleinen Imbiss und der Espressobar bis hin zum Bistro oder Restaurant.

Ruhe- und Erfrischungszonen sind meist zentral platziert, damit sie von überall schnell erreichbar sind und man sich von da aus wieder nach allen Richtungen in den Warenbereich begeben kann.

6.2.5 Materialien

Materialwirkungen werden durch die Qualität der Oberfläche und durch den Bezug, den der Kunde mit dem Material verbindet, bestimmt.

Beispiele:

- Edle Hölzer, polierter Marmor, glänzendes Messing oder Glasoberflächen wirken luxuriös und teuer.
- Roh belassene Materialien wie rauhe Steinstrukturen oder unbehandelte Holzoberflächen spiegeln die Naturbezogenheit des Produkts und die Bodenständigkeit des Unternehmens wider.

Materialien und deren Oberfläche können **anziehende oder abstoßende Wirkungen** haben. So erzeugen z. B. hinterleuchtete Glasböden ein Gefühl von Unsicherheit, während ein alter Holzdielenboden Behaglichkeit verströmt. Pflanzen wecken Vertrauen.

7 Schaufenster

(1) Ziele und Aufgaben der Warenpräsentation im Schaufenster

Das Schaufenster ist das **Aushängeschild des Einzelhändlers** und ein wichtiges **Element des Visual Merchandising**. Es muss durch eine entsprechende Warenpräsentation Sehnsüchte wecken, Nachfrage nach mehr Informationen auslösen und somit den Passanten einladen, das Geschäft zu betreten.

Das Schaufenster

- liefert einen **visuellen Eindruck** des Unternehmens;
- stellt eine **Kontaktbrücke** zu den Passanten her;
- stellt Waren aus, die **typisch sind für das Warenangebot** des Unternehmens;

- möchte durch **gute Dekorationen** oder **witzige und originelle Ausstellungsstücke** Aufmerksamkeit erzeugen;
- übermittelt **Informationen** über Sortiment, Qualität, Preise u. Ä.;
- möchte **Zielgruppen emotional ansprechen.**

Der Passant geht in drei bis vier Sekunden an einem Schaufenster vorbei. In diesem Augenblick muss das Warenbild mit seiner Botschaft den Passanten so überzeugen, dass er entweder stehen bleibt oder das Geschäft betritt. Diese Zeit reicht natürlich nicht, um komplizierte Informationen zu übermitteln.

(2) Schaufenstertypen

Im Allgemeinen unterscheidet man fünf Schaufenstertypen:

- Das **Übersichtsfenster** zeigt einen Überblick über das Sortiment des Geschäfts.

  Ein vollständiger Überblick über das Sortiment ist nur in seltenen Fällen möglich.

- Das **Fantasiefenster** möchte durch eine originelle Thematik die Fantasie, Sehnsüchte und Träume der Passanten anregen.

  Fantasiefenster stehen immer unter einem bestimmten Leitgedanken (z. B. Karneval, Sonnenschutz, Schulanfang, Sommerurlaub).

- Im **Stapelfenster** wird eine bestimmte Warengruppe vorgestellt (z. B. nur Kinderkleidung, nur Bürostühle, nur Weine, „Alles für den Fahrradfahrer").

■ Das **Durchblickfenster** (Einblickfenster) gibt freie Sicht in den Verkaufsraum, in dem eine attraktive Warenpräsentation bei Tag und Nacht angestrahlt wird und auf die Straße hinausleuchtet.

■ Das **Anlassfenster** bezieht besondere Themen in die Gestaltung des Schaufensters ein, z. B. Weihnachten, ein lokales Jubiläum, Freizeit. Im Mittelpunkt steht ein Leitgedanke.

Zusammenfassung

■ **Visual Merchandising** sind alle absatzfördernden Maßnahmen, die das Warenangebot für den Kunden sichtbar bzw. wahrnehmbar machen.

■ Visual Merchandising ist bestrebt, zur Förderung des Absatzes **alle Sinne des Käufers** anzusprechen. Dies geschieht über
  ■ Beleuchtung, Farbe, Dekoration,
  ■ Musik und audiovisuelle Medien,
  ■ Gerüche, Düfte, Temperatur,
  ■ Ruhezonen (Essen, Trinken),
  ■ ausgewählte Materialien.

■ Im **Schaufenster** werden die Waren präsentiert, die der Kunde in den Verkaufsräumen vorfinden kann.

Kompetenztraining

45

1. Erläutern Sie den Begriff „Visual Merchandising"!

2. Wichtige Elemente der visuellen Kommunikation sind Beleuchtung und Farbe.

   Aufgaben:

   2.1 Welche Aufgaben kommen der Beleuchtung zu? Bilden Sie zu jeder Aufgabe jeweils ein Beispiel!

   2.2 Erklären Sie, warum Farben ein wichtiges Element zur Verkaufsraumgestaltung darstellen!

   2.3 Erklären Sie, warum der Duft ein wichtiger Faktor für die Verkaufsraumgestaltung ist!

2.4 Sollte der Einzelhandel Ihrer Meinung nach gezielt Riechstoffe im Verkaufsraum einsetzen? Sammeln Sie zu dieser Thematik Pro- und Contra-Argumente und diskutieren Sie darüber in der Klasse!

3. Daniel Zwister, 35 Jahre alt, ist begeisterter Snowboarder im Winter und Kletterer im Sommer. Er hat beschlossen, ein Sportfachgeschäft für Snowboards in Essen zu eröffnen. Einen Namen für das Geschäft hat er sich bereits ausgedacht „Daniels Snowboard-Point". Im Zentrum kann er in der innerstädtischen Nebenlage einen Laden (200 m^2) anmieten. Als Zielgruppe will er vor allem junge Leute ansprechen.

Aufgaben:

3.1 Daniel macht sich Gedanken über die Gestaltung seines Geschäfts. Er will eine Verkaufsatmosphäre schaffen, die zur Zielgruppe und zu der Sportart passt und zudem alle fünf Sinnesorgane der Käufer anspricht.

Benennen Sie die fünf Sinne und bilden Sie jeweils ein Beispiel, wie Sie diese im Hinblick auf die Zielsetzung von Daniel Zwister ansprechen! Begründen Sie Ihre Vorschläge! Verwenden Sie hierzu folgende Tabelle:

🔵 DOWNLOAD

Sinne	Beispiele für die Verkaufsraumgestaltung

3.2 Daniel möchte die Snowboards an einer Wand besonders wirkungsvoll präsentieren.

Beschreiben Sie die Gestaltung der Wand!

3.3 Zur Eröffnung möchte Daniel besondere Maßnahmen zur Absatzförderung durchführen.

Beschreiben Sie zwei geeignete Maßnahmen!

4. Beschreiben Sie den Unterschied zwischen Warenpräsentation und Warenplatzierung!

5. Ein Schaufenster soll unter der Thematik „Sommerurlaub" mit Freizeitkleidung dekoriert werden.

Aufgaben:

5.1 Welche Farben würden Sie bei der Schaufensterdekoration bevorzugen? Begründen Sie Ihre Entscheidung!

5.2 Welchen Schaufenstertyp würden Sie dabei bevorzugen? Begründen Sie Ihre Meinung!

5.3 Erläutern Sie den Begriff „Übersichtsfenster" und bilden Sie hierzu ein Beispiel!

46 Lesen Sie das Kapitel zum Visual Merchandising. Übertragen Sie die Tabelle in Ihre Unterlagen und füllen Sie diese anschließend aus:

🔵 DOWNLOAD

Gestaltungselemente	Mögliche Wirkung auf den Kunden
Beleuchtung, Farbe, Dekoration	
Gerüche, Düfte, Temperatur	

Gestaltungselemente	Mögliche Wirkung auf den Kunden
Musik, audiovisuelle Medien	
	■ Kunde kann z. B. Stoffe von Kleidungsstücken fühlen (Struktur, Qualität, Feinheit, . . .) ■ Kaufbereitschaft steigt
Ruhezonen (Getränke, Essen)	

47 Auf den folgenden Fotos sind verschiedene Schaufenster dargestellt.

Nennen Sie den jeweiligen Schaufenstertyp und begründen Sie, welches Schaufenster Sie am meisten anspricht.

A

B

C

D

48 Frau Seidel ist Eigentümerin eines Reformhauses. Ihr Sortiment besteht aus Lebensmitteln und Körperpflegeprodukten.

In letzter Zeit sind die Umsätze von Frau Seidels Geschäft zurückgegangen.

Aufgaben:

1. Beraten Sie Frau Seidel, wie sie die Sinne ihrer Kunden ansprechen könnte, damit die Kunden zum Kauf angeregt werden. Nennen Sie zwei Sinne und ein jeweils dazu passendes Beispiel.

2. Frau Seidel hat festgestellt, dass sich das Duschgel „Orangenblüten" schlecht verkauft. Erklären Sie Frau Seidel, wo sie das Duschgel in ihrem Geschäft platzieren soll, damit die Kunden vermehrt auf das Produkt aufmerksam werden.

3. Frau Seidel hat einen Bio-Heidelbeerjoghurt in einem 150 g Becher neu in ihr Sortiment aufgenommen.

   Recherchieren Sie die Angaben, die das Preisschild laut Preisangabenverordnung enthalten muss!

49 Ein Lebensmittelgeschäft ist nach folgendem Grundriss aufgebaut:

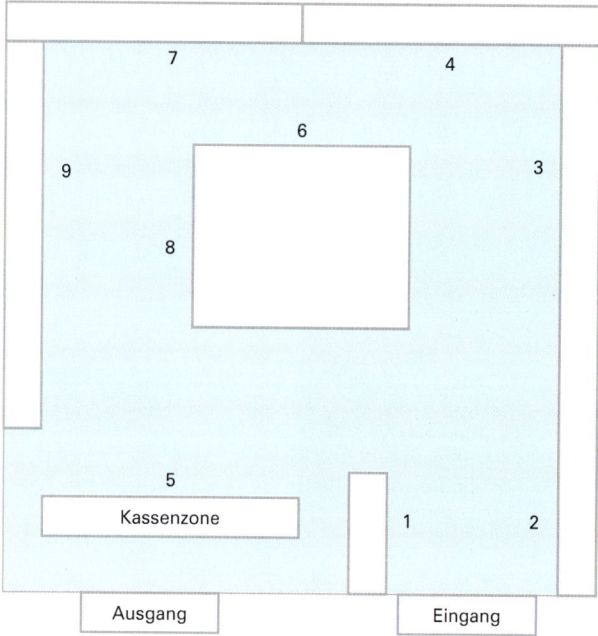

Aufgaben:

1. Geben Sie drei verkaufsschwache Zonen an, indem Sie die entsprechende Bereichsnummer (1–9) notieren!

2. Geben Sie an, wo sich drei verkaufsstarke Zonen befinden und notieren Sie die entsprechenden Bereichsnummern!

3. Welche Art von Artikeln sollten im Bereich 6 platziert werden? Begründen Sie Ihre Antwort.

4. Erklären Sie, welche Art von Artikeln im Kassenbereich angeboten werden sollten!

Lernfeld 5: Werben und den Verkauf fördern

1 Werbung

> „Werbung ist der Versuch, Leuten Geld aus der Tasche zu ziehen, das sie nicht haben, damit sie Sachen kaufen, die sie nicht brau- chen, um Leuten zu gefallen, die sie nicht mögen."
>
> (Unbekannt)

Werbung sind alle Maßnahmen, die dazu dienen, das Kaufverhalten von Kunden zu beeinflussen, um den Absatz einer Ware oder Dienstleistung zu fördern.

Aus Sicht des Einzelhandelsbetriebs:

- Möglichkeit, Verbraucher über das Angebot zu informieren
- **Ziel:** Kunden gewinnen und binden

W E R B U N G

Aus Sicht des Kunden:

- Möglichkeit, den richtigen Anbieter zu finden
- **Ziel:** bestmögliche Erfüllung der Bedürfnisse

1.1 Werbearten

(1) Direktwerbung und Massenwerbung

Direktwerbung	Bei der Direktwerbung werden einzelne Personen direkt und persönlich angesprochen bzw. angeschrieben.	**Beispiel:** Durch einen Werbebrief werden Stammkunden auf einen bevorstehenden Aktionsverkauf aufmerksam gemacht und zu einem Vorabkauf eingeladen.
Massenwerbung	<ul><li>Die Massenwerbung richtet sich in der Regel an die **Allgemeinheit**.</li><li>Die Massenwerbung kann auch eine **bestimmte Gruppe** (z. B. Campingfreunde, Radsportler, Heimwerker, Jugendliche, Senioren) ansprechen.</li></ul>	

(2) Alleinwerbung und Kollektivwerbung

Alleinwerbung (Einzelwerbung)	Hier wirbt ein Einzelhändler mit dem eigenen Namen für sein Warenangebot und sein Unternehmen.	
Kollektivwerbung ■ **Gemeinschafts-werbung**	Hier tritt ein ganzer Wirtschaftszweig (z. B. die deutsche Milchwirtschaft) als Werber auf. Die Namen der beteiligten Unternehmen werden nicht genannt.	
■ **Verbundwerbung (Sammel-werbung)**	Sie liegt vor, wenn mehrere Einzel-handelsbetriebe aus unterschiedli-chen Branchen gemeinsam werben. Die Namen der beteiligten Unter-nehmen werden genannt.	**Beispiel:** Alle Einzelhändler des Einkaufs-zentrums Gänsbühl werben gemeinsam für das Zentrum.

1.2 Werbegrundsätze

Wichtige **Grundsätze der Werbung** sind:

Klarheit und Wahrheit	Die Werbung muss für den Kunden klar und leicht verständlich sein. Sie soll sachlich unterrichten, die Vorzüge eines Artikels eindeutig herausstel-len, keine Unwahrheiten enthalten und nicht täuschen.
Wirksamkeit	Die Werbung muss die Wünsche der Umworbenen ansprechen bzw. ver-stärken. Eine wirksame Werbung muss genau auf die Zielgruppe abge-stimmt sein.
Einheitlichkeit, Stetigkeit, Einprägsamkeit	Die Werbung soll stets einen gleichartigen Stil aufweisen (bestimmte Far-ben, Symbole, Figuren, Slogans), um beim Kunden einen Wiedererken-nungseffekt[1] zu erzielen. Durch die regelmäßige Wiederholung der Werbe-botschaft wird deren Einprägsamkeit erhöht.
Wirtschaftlichkeit	Die Aufwendungen der Werbung müssen in einem wirtschaftlichen Ver-hältnis zum Erfolg stehen. Der auf die Werbung zurückzuführende zusätzli-che Erfolg muss höher sein als der Werbeaufwand.

---

1 **Effekt:** Wirkung, Erfolg.

Zusammenfassung

■ Um auf die Leistungsfähigkeit seines Einzelhandelsbetriebs aufmerksam zu machen, setzt der Einzelhändler Maßnahmen der **Werbung** ein.

■ Bei der Durchführung der Werbung sind **Werbegrundsätze** zu beachten.

■ Wichtige **Arten der Werbung** sind:
  ■ Direktwerbung
  ■ Massenwerbung
  ■ Alleinwerbung
  ■ Kollektivwerbung
    – Gemeinschaftswerbung
    – Verbundwerbung

Kompetenztraining

50

1. Erläutern Sie, um welche Art der Werbung es sich bei den nachfolgenden Anzeigen handelt!

1.1

1.2

1.3

1.4

2. Bilden Sie zu den vorgestellten Werbegrundsätzen (siehe S. 186) jeweils ein Beispiel aus  DOWNLOAD
Ihrer Branche!

3. Frau Liebig ist Geschäftsführerin eines Modehauses. Frau Liebig kann sich nicht zwischen Einzel- und Kollektivwerbung entscheiden.

   Aufgaben:

   3.1 Unterscheiden Sie diese beiden Werbearten!

   3.2 Nennen Sie für jede Werbeart zwei Vorteile!

4. Gustav Heine ist Inhaber eines Juweliergeschäfts mit guten Umsätzen. Sein Unternehmensberater empfiehlt ihm mehr Werbung zu betreiben. Gustav Heine überlegt sich, ob es sinnvoll ist, viel Geld für Werbung auszugeben, wenn sein Geschäft doch gut läuft.

   Aufgabe:

   Nehmen Sie Stellung zur Empfehlung des Unternehmensberaters.

1.3 Werbeplanung

1.3.1 Erstellen eines Werbeplans

Im Werbeplan sind folgende Inhalte zu regeln:

Werbeziele formulieren	Werbeobjekt bestimmen	Streukreis, Streugebiet, Streuzeit festlegen	Höhe des Werbeetats bestimmen

1.3.1.1 Werbeziele formulieren

Der Einzelhändler muss die Frage klären, warum er werben will. Ziele können sein:

- Ausweitung der Geschäftstätigkeit,
- Sicherung des Kundenstamms durch ständiges Erinnern der Kunden an das Warensortiment,
- Einführung neuer Artikel,
- Aufmerksamkeit wecken,
- Image aufbauen.

1.3.1.2 Werbeobjekte bestimmen

Werbeobjekte (Gegenstand der Werbung) eines Einzelhändlers kann eine **einzelne Ware,** eine **Warengruppe,** das **gesamte Sortiment** oder das **Einzelhandelsunternehmen** selbst sein.

- Bei der **Warenwerbung** stellt der Einzelhändler einzelne Artikel seines Geschäfts heraus. Häufig wird diese Werbung durch die Hersteller erstellt und finanziert.

Beispiel:

■ Durch die **Sortimentswerbung,** die die Breite, Tiefe und das Niveau des Sortiments präsentiert, möchte der Einzelhändler seine Leistungsfähigkeit demonstrieren.

Beispiel:

■ Bei der **Firmenwerbung** stellt der Einzelhändler neben dem Warenangebot noch den Namen des Einzelhandelsbetriebs (die Firma) sowie die Leistungsfähigkeit (z. B. „Wir garantieren Qualität zu fairen Preisen") besonders heraus.

Beispiel:

Foto: Nordsee

■ Bei der **Aktionswerbung** sollen die Kunden auf besondere Angebote aufmerksam gemacht werden. Ziel der Aktionen ist, Waren (z. B. Möbel, Winterkleidung, Lebensmittel kurz vor dem Verfalldatum) kurzfristig abzuverkaufen.

Beispiel:

1.3.1.3 Streukreis, Streugebiet, Streuzeit festlegen

(1) Streukreis

Der **Streukreis** beschreibt den Personenkreis, der umworben wird.

■ **Umworbener Personenkreis** für die **meisten Einzelhandelsbetriebe** sind **alle Verbraucher,** die im Einzugsgebiet des Geschäfts wohnen oder dort ihre Besorgungen vornehmen und einen Bedarf nach den angebotenen Waren oder Dienstleistungen haben.

■ Werden **besondere Waren oder Dienstleistungen angeboten,** z. B. Motorräder, Brautmoden, Campingbedarf, Versicherungen, Bankkredite, ist es sinnvoll, die dafür infrage kommende **Gruppe direkt anzusprechen.**

(2) Streugebiet

> Das **Streugebiet** ist das Gebiet, in welchem die Werbemaßnahmen durchgeführt werden.

Streugebiete sind deswegen festzulegen, weil Art und Umfang des Bedarfs in den einzelnen Gebieten (z. B. andersartige Bedürfnisse von Stadt- und Landgemeinden) unterschiedlich sein können.

Weitet der Einzelhändler das Streugebiet über sein Einzugsgebiet hinaus aus, hat er darauf zu achten, dass mit zunehmender Entfernung zwischen Wohn- und Einkaufsort die Bereitschaft der Verbraucher sinkt, die durch die Werbung übermittelten Einkaufsvorteile auszunutzen.

(3) Streuzeit

> Durch die **Streuzeit** wird Beginn und Häufigkeit der Werbung sowie den zeitlichen Einsatz der Werbemittel und Werbeträger bestimmt.

Grundsätzlich hat der Einzelhändler **drei Möglichkeiten** für die zeitliche Planung von Werbeaktionen:

- **einmalig** bzw. **zeitlich begrenzt** und intensiv zu werben,
- **regelmäßig** zu werben (pro Tag, pro Woche, pro Monat),
- in **unregelmäßigen Abständen** kurz, aber intensiv zu werben.

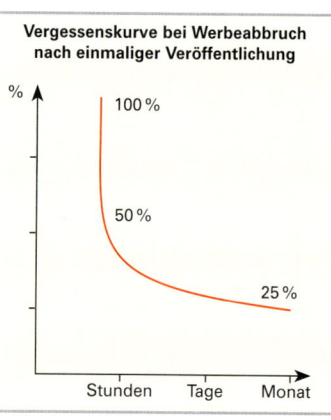

Vergessenskurve bei Werbeabbruch nach einmaliger Veröffentlichung

Vergleicht man die Wirkung von kurzzeitigen Werbeaktionen mit Werbeaktionen, die über einen längerfristigen Zeitraum angelegt sind, so gilt:

> Je länger und je häufiger geworben wird, desto schneller treten wirtschaftliche Werbewirkungen ein.

Die **Vergessenskurve** aus der Lernforschung zeigt, dass binnen weniger Stunden 50 % der empfangenen Informationen bereits wieder vergessen sind.

Dennoch sprechen auch **Gründe** für einen **kurzzeitigen, intensiven Werbeeinsatz.**

Beispiele:

- Ein Autohaus veranstaltet ein Frühlingsfest, um ein neues Pkw-Modell vorzustellen.
- Ein Fitnesscenter eröffnet in neuen Räumen und möchte schnell einen hohen Bekanntheitsgrad erreichen.
- Ein Lebensmittelgeschäft eröffnet eine neue Fleischwarenabteilung. Die örtlichen Metzgereien reagieren mit Anzeigen in der Tageszeitung, im Anzeigenblatt und mit Handzetteln, in denen sie Sonderangebote vorstellen.

1.3.1.4 Höhe des Werbeetats bestimmen

> Der **Werbeetat**[1] **(Werbebudget)**[2] weist die Geldmittel aus, die zur Durchführung der Werbemaßnahmen in einer bestimmten Zeit ausgegeben werden sollen.

Die Planung des Werbeetats sollte sich in der Regel auf ein Jahr erstrecken und die dafür notwendigen **Plankosten (Sollkosten)** ausweisen. Die Abbildung auf S. 192 zeigt als Ausschnitt des Jahresplans der Böhlen GmbH den Werbeplan einschließlich des Werbeetats für den Monat Februar.

1.3.2 Umsetzung des Werbeplans

Die Umsetzung des Werbeplans erfolgt in folgenden Schritten:

Werbebotschaft festlegen	Werbemittel bestimmen	Werbeträger festlegen	Streuweg bestimmen	Werbeerfolgskontrolle[3] durchführen

1.3.2.1 Werbebotschaft

Ist die Zielgruppe, die die Werbung erreichen soll bestimmt (z. B. Handwerker), muss festgelegt werden, welche Inhalte durch die Werbung vermittelt werden sollen.

> Die **Werbebotschaft** enthält die Inhalte, die einem Personenkreis durch die Werbung vermittelt werden sollen.

Wichtige **Inhalte der Werbebotschaft** sind:

- Die Ware muss für den Verbraucher **eindeutig erkennbar** sein (z. B. über eine Marke, ein Logo, ein Symbol, eine Farbzusammenstellung, einen einprägsamen Namen).
- Der **spezielle Nutzen der Ware** für den Personenkreis muss deutlich herausgestellt und glaubhaft vermittelt werden.
- Der Verbraucher muss davon überzeugt werden, dass das **werbende Einzelhandelsunternehmen am besten geeignet** ist, die angebotene Ware zu liefern.

Damit die Werbung bei den Kunden haften bleibt, wird sie häufig kurz und einprägsam als **Slogan**[4] formuliert.

Beispiele:

- Haribo macht Kinder froh...
- ich bin doch nicht blöd
- Geiz ist geil...

---

1 **Etat:** Geldmittel, Haushaltsplan.

2 **Budget:** Haushaltsplan, Voranschlag.

3 Zur Erfolgskontrolle der Werbung siehe S. 203 ff.

4 **Slogan:** Werbeschlagwort, wirksam formulierte Redewendung.

Beispiel: Werbeplan des Modehauses Böhlen GmbH einschließlich des Werbeetats für den Monat Februar

Nr.	Werbemaßnahme	Reich-weite in Tsd.	Umfang/Dauer	Anzahl der Wer-bemaß-nahmen	Kosten f. 1000 Kontakte	Kosten für Gestaltung/Druckvorlagen/Dekoration insg.	Kosten für Werbever-breitung insg.	Werbedispositionen:[1] Februar			
								KW 5	KW 6	KW 7	KW 8
1.	Schaufenster	14	14 Tage	2		840,00	–	x	x	x	x
	Thema: Fastnacht-Dekoration							Wintersport		Frühjahrsmode	
2.	Anzeigen Titel/Ausgaben										
	2.1 Tageszeitung	180	¹⁄₄ Seite	10	8,40	1800,00	15 120,00	2	2	3	3
	2.2 Anzeigenblatt	210	¹⁄₂ Seite	4	5,10	2200,00	9400,00	1	1	1	1
3.	Prospekte Titel/Ausgaben										
	3.1 Damenbekleidung	22	6 Seiten	2	5,40	7200,00	9100,00	1		1	
	3.2 Herrenbekleidung	22	4 Seiten	2	4,10	4400,00	4800,00		1		1
4.	Hörfunk Sender										
	4.1 SWR III	3300	30 Sekunden	5	1,12	3800,00	298000,00	1	1	1	2
	4.2 Bayern III	2400	45 Sekunden	8	1,30	2900,00	310400,00	2	2	2	2

1 Soll der Werbeplan für ein ganzes Jahr gelten, ist die Spalte „Werbedispositionen" auf 12 Monate zu erweitern.
Disposition: Planung.

1.3.2.2 Werbemittel

Werbemittel vermitteln die Werbebotschaft.

Je nachdem, **welche Sinne angesprochen** werden sollen, gliedert man die Werbemittel in:

Optische Werbemittel	Sie wirken auf das Sehen des Umworbenen (z. B. Plakate, Anzeigen, Schaufensterdekorationen, E-Mails und Instant Messaging).
Akustische Werbemittel	Sie sprechen das Gehör an (z. B. Verkaufsgespräch, Werbevorführungen, Werbespots im Radio).
Geschmackliche Werbemittel	Hier soll der Kunde durch eine Kostprobe von der Güte der Ware überzeugt werden. Die Kostproben sprechen den Geschmackssinn an.
Geruchliche Werbemittel	Sie wirken auf den Geruchssinn der Kunden (z. B. Parfümproben).

Werden die verschiedenen Werbemittel kombiniert (z. B. Lebensmittelproben können gesehen und gekostet werden, Stoffproben können gesehen und gefühlt werden), spricht man von **gemischten Werbemitteln**. Sie sind besonders werbewirksam, weil sie verschiedene Sinne des Menschen ansprechen.

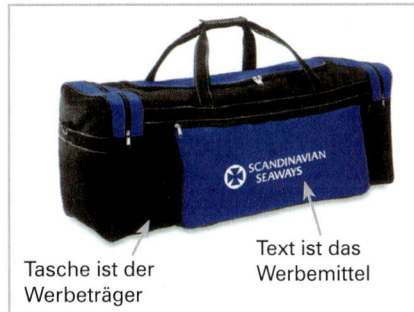

Tasche ist der
Werbeträger

Text ist das
Werbemittel

1.3.2.3 Werbeträger

Werbeträger sind die Medien, die die Werbebotschaft verbreiten.

Wichtige Werbeträger (Streumedien) im Einzelhandel sind:

Werbeträger

Printmedien	Schaufenster	Hörfunk	Plakatanschlagstellen	Internet	Werbegeschenke
■ Zeitungen, Zeitschriften, Anzeigenblätter		Fernsehen		Social Media	(z. B. Einkaufstaschen mit Firmenaufdruck)
■ Werbebrief, Kundenzeitschrift		Kino	Nah- und Fernverkehrsmittel	CD-Werbung[1]	
■			Bandenwerbung		

---

1 **Corporate Design (CD-Werbung)** stellt den Einsatz von Firmenlogo, Gestaltungselementen, Verpackungsmaterial, Farben und Bilder und sogar die Unternehmensgebäude in den Dienst der Werbung.

Der Einsatz von Werbemitteln und Werbeträgern sollte möglichst kostengünstig erreicht werden. Eine Orientierungshilfe ist hier die Berechnung und der anschließende Vergleich des **Tausender-Preises.** Er gibt an, wie hoch der Preis pro 1 000 Kontakte zur festgelegten Zielgruppe ist.

Beispiel:

Die Anzeige in einer Tageszeitung kostet 2 400,00 EUR. Die Auflagenhöhe der Zeitung beträgt 200 000 Stück. Die Zeitung wird im Durchschnitt von 3 Personen gelesen.

Der Preis pro 1 000 Kontakte wird wie folgt berechnet:

$$\text{Tausender-Preis} = \frac{2\,400 \cdot 1\,000}{200\,000 \cdot 3} = 4{,}00 \text{ EUR}$$

$$\text{Tausender-Preis} = \frac{\text{Preis für Werbeträger} \cdot 1\,000}{\text{Zahl der erreichten Personen}}$$

1.3.2.4 Streuweg

Als **Streuwege** bezeichnet man die Auswahl der geeigneten Werbeträger und Werbemittel.

Die Wahl des Werbewegs wird durch vier Kriterien bestimmt:

Reichweite	Sie erfasst die Anzahl der Personen (Haushalte), die mit dem ausgewählten Werbeträger innerhalb eines bestimmten Zeitraums mindestens einmal Kontakt haben.
Frequenz[1]	Sie beschreibt die Anzahl der Werbekontakte, die eine Person (Haushalt) innerhalb eines bestimmten Zeitraums erfahren hat.
Akzeptanz[2]	Die Werbemittel und Werbeträger müssen von den Empfängern beachtet werden. Ärgern sich die Kunden des Geschäfts über die ständig steigende Anzahl der Hausprospekte und die damit verbundene Papierflut, so bedeutet dies, dass der Werbeträger nicht akzeptiert wird. In aller Regel wird dann auch die Werbebotschaft nicht positiv angenommen.
Wirtschaftlichkeit	Der Einsatz von Werbemitteln und Werbeträgern sollte kostengünstig erreicht werden. Eine Orientierungshilfe ist der Tausender-Preis.

Zusammenfassung

- Der **Werbeplan** erfasst alle Maßnahmen sowie die Höhe der voraussichtlichen Werbekosten, die der Einzelhändler in einem bestimmten Zeitabschnitt einsetzt, um Kunden zu gewinnen.

- Wichtige **Werbeziele** sind:
  - Ausweitung der Geschäftstätigkeit

---

1 **Frequenz:** Zustrom.

2 **Akzeptanz:** Bereitschaft etwas anzunehmen.

- Sicherung des Kundenstamms
- Einführung neuer Artikel

- Die **Werbebotschaft** enthält die Werbeinhalte, die der Zielgruppe durch die Werbung vermittelt werden sollen.

- **Gegenstand der Werbung** kann ein **Produkt,** das **Sortiment** oder der **Einzelhandelsbetrieb** sein.

- Der **Streukreis** beschreibt den Personenkreis, der umworben wird.

- Das **Streugebiet** ist das Gebiet, in welchem die Werbemaßnahmen durchgeführt werden sollen.

- Die **Streuzeit** bestimmt Beginn und Dauer der Werbung sowie den zeitlichen Einsatz der Werbemittel und Werbeträger.

- Der **Werbeetat** weist die Geldmittel aus, die zur Durchführung der Werbemaßnahmen in einer bestimmten Zeit ausgegeben werden sollen.

- **Werbemittel** sind alle Maßnahmen, die den Inhalt der Werbebotschaft gestalten.

- Je nachdem, welche Sinne angesprochen werden, unterscheidet man folgende **Werbemittel:**

  - optische Werbemittel,
  - akustische Werbemittel,
  - geschmackliche Werbemittel,
  - geruchliche Werbemittel,
  - gemischte Werbemittel.

- **Werbeträger** sind die Medien, die die Werbebotschaft verbreiten. Zu den Arten von Werbeträgern siehe Abbildung auf S. 193.

- Als **Streuwege** bezeichnet man die Auswahl der Werbemittel und Werbeträger mit der die Werbung durchgeführt wird.

Kompetenztraining

51

1. Durch verstärkte Werbeaktivitäten möchte die Geschäftsleitung eines Einzelhandelsgeschäfts bisherige Kunden des Damenoberbekleidungsbereichs stärker an das Einzelhandelsgeschäft binden. Dabei wird eine deutliche Umsatzsteigerung angestrebt. Zwei Vorschläge stehen zur Auswahl: Prospektverteilung an alle Haushalte oder eine Werbebriefsendung an die Kunden.

   Aufgaben:

   1.1 Beschreiben Sie jeweils zwei Vorteile der genannten Vorschläge!

   1.2 Nennen Sie zwei zusätzliche Möglichkeiten eines Einzelhandelsgeschäfts zur Kundenbindung!

   1.3 In Verbindung mit der Sortimentsänderung wird auch an eine Neugestaltung des Verkaufsraums gedacht. Dabei sollen verstärkt „Bedarfsbündel" (Verbundplatzierung) gebildet und über „Visual Merchandising" umgesetzt werden.

   Erläutern Sie, was unter „Bedarfsbündelung" und „Visual Merchandising" verstanden wird!

   1.4 Nennen Sie Werbeträger, die in einer Kleinstadt eingesetzt werden können! Machen Sie drei Vorschläge und begründen Sie Ihre Entscheidung!

2. Der Inhaber eines Sportgeschäfts sieht sich durch eine verschärfte Konkurrenzsituation gezwungen, sich Gedanken über seine Werbemaßnahmen zu machen.

Aufgaben:

2.1 Erklären Sie drei Werbegrundsätze, welche der Geschäftsinhaber berücksichtigen sollte!

2.2 Schlagen Sie drei verschiedene Werbeträger vor, die Sie für das Sportgeschäft als geeignet ansehen! (mit Begründung!)

3. Sie sind Mitarbeiter des Haushaltswarengeschäfts Frida Holzbauer e. Kfr. Frau Holzbauer überlegt, ob sie Einzelwerbung betreiben oder sich an der Sammelwerbung des Gewerbevereins beteiligen soll. Sie fragt Sie nach Ihrer Meinung.

Aufgabe:

Beraten Sie Frida Holzbauer, indem Sie die Vor- und Nachteile der beiden Werbearten gegenüberstellen!

4. 4.1 Erklären Sie, warum es sinnvoll ist, alle Werbemaßnahmen in einem Werbeplan zusammenzufassen!

4.2 Nennen Sie die Inhalte eines Werbeplans!

4.3 Nennen Sie die Schritte zur Umsetzung des Werbeplans!

4.4 Erläutern Sie, wovon die Höhe des Werbeetats abhängig ist!

5. Formulieren Sie zu dem abgebildeten Produkt einen werbewirksamen Slogan!

52 1. Für die anstehende Fahrradsaison werden im Kaufhaus Central GmbH die abgebildeten Artikel auf einer Verkaufsinsel platziert.

Aufgaben:

1.1 Nennen Sie den Fachbegriff für diese Form der Warenplatzierung!

1.2 Formulieren Sie einen werbewirksamen Slogan für das Plakat über der Verkaufsinsel!

1.3 Nennen Sie drei Ziele, die das Kaufhaus Central GmbH mit dieser Platzierung auf der Sonderverkaufsfläche verfolgt!

1.4 Die Fahrradartikel sollen im regionalen Umkreis beworben werden. Nennen Sie vier geeignete Werbemittel!

2. Die Umsatzentwicklung des Modehauses Else Sauter e.Kfr. seit der Eröffnung stellt sich folgendermaßen dar:

	1. Jahr	2. Jahr	3. Jahr
Damenoberbekleidung	832 000	845 000	839 000
Junge Mode	286 000	299 000	325 000
Kinderbekleidung	104 000	91 000	52 000
Herrenbekleidung	390 000	383 500	377 000

Aufgaben:

2.1 Beschreiben Sie die Umsatzentwicklung der Warengruppen in der obigen Tabelle!

2.2 Die Einzelhändlerin Else Sauter entschließt sich zur Aufgabe der Warengruppe Kinderbekleidung und zur Erweiterung des Sortimentsbereichs „Junge Mode" um hochwertige Markenartikel.

Erläutern Sie zwei Maßnahmen, die einen schnellen Abverkauf der Kinderbekleidung ermöglichen!

53 Projekt: Wir entwerfen Prospekte und Anzeigen

I. Sachverhalt

Das Kaufhaus Xaver Weiner KG erweitert sein Sortiment um den Bereich Sportartikel. Die neue Sportabteilung umfasst die Bereiche Wintersport, Fahrradsport, Ballspiele, Bergwandern und Klettern. Die Sportartikel werden auf 400 m² Verkaufsfläche angeboten. Für alle Sportarten wird ein eigener Servicebereich eingerichtet, der auch Reparaturen übernimmt. Für die neue Sportabteilung wird ein eigener Parkplatz zur Verfügung gestellt, sodass der Kunde die Serviceabteilung direkt erreichen kann.

Die Eröffnung der Sportabteilung findet am 15. Mai 20.. im Rahmen eines großen Events mit bekannten Sportlern, einer Band, Spielen, Bewirtung und einem Gewinnspiel zugunsten der Sportjugend der heimischen Vereine statt. In der Eröffnungswoche wird mit einer Sonderpreisaktion gestartet, um die Kunden von der Attraktivität der Sportabteilung zu überzeugen.

Aufgaben:

1. Bilden Sie Teams und entwerfen Sie je Team

   1.1 einen Prospekt für eine der genannten Sportarten!

   1.2 zwei Anzeigen für die gewählte Sportart, die sich gegenseitig ergänzen!

2. Beantworten Sie vor Beginn Ihrer Arbeit folgende Fragen zur Teamarbeit:[1]

   2.1 Nennen Sie vier Voraussetzungen für eine erfolgreiche Teamarbeit!

   2.2 Erläutern Sie den Ablauf einer Teamarbeit!

   2.3 Was zeichnet eine gute Teamarbeit aus? Nennen Sie drei Merkmale!

   2.4 Erläutern Sie drei Stärken (Vorteile) eines guten Teams!

3. Erstellen Sie ein Konzept, wie die Teams bei der Planung der beiden Werbeaktionen vorgehen sollten!

1 Vgl. hierzu die Ausführungen zu „Brainstorming-Methoden" auf S. 352.

PROJEKT

PROJEKT

PROJEKT

Information 1: Vom Werbeziel zur Gestaltung der Werbebotschaft

Bis zur Gestaltung von Werbebotschaften sind vier Schritte erforderlich.

Ablauf der Schritte:

| Bestimmung des Werbeziels | → | Festlegung der Zielgruppe | → | Auswahl des Werbeträgers | → | Gestaltung der Werbebotschaft |

Beispiel:

| Erinnerungs-werbung | → | An alle Haushalte des Einzugs-bereichs | → | Tages-zeitung | → | Anzeige |

Information 2: Wichtige Regeln zur Gestaltung der Werbebotschaft (Werbemittel)[1]

Regeln	Erläuterungen	Beispiele
Aufmerksam-keitsprinzip	Wichtige Elemente um Aufmerksamkeit zu erzielen sind: ■ emotionale Bilder, Zeichnungen ■ plakative Überschriften (Headlines) ■ hervorgehobene Preisangabe ■ Verwendung einer „reißerischen" Sprache mit vielen – Eigenschaftswörtern, – Superlativen, – Steigerungen, die eine besondere Reizwirkung vermitteln können ■ kurze, auch unvollkommene Sätze ■ Verwendung einheitlicher Schriftbilder	 preiswert, modern, neu, stark, edel; „Der absolute Preisknaller", „Die superlativste Schrankwand". Markenartikel extrem günstig Achtung Preisgefälle 
Abgrenzungs-prinzip	Das Geschäft muss eindeutig zu erkennen sein. Dazu dient insbesondere eine unverwechselbare Firmenschrift sowie ein Firmenlogo.	

---

1 Quelle: Heinrich Happel, Werbung für den Einzelhandel, 3. Aufl., Frankfurt a. M., S. 290 ff.

PROJEKT

Regeln	Erläuterungen	Beispiele
Beschränkungs-prinzip	Je mehr Informationen dem Verbraucher zugemutet werden, umso stärker sinkt die Beachtung der Werbebotschaft. Überfüllte Werbeflächen wirken häufig unordentlich und unsympathisch. Es gilt: Sage es so kurz und so einfach wie möglich (**KISS-Prinzip,** englisch: Keep it short and simple.)[1] und beginne immer mit einem Vorteilsversprechen für den Leser.	Beispiele für die Einhaltung des KISS-Prinzips: „Sparen Sie Geld, aber nicht an der Qualität"; „Unser Bestes vom Besten"; „Ja, das ist Ihr Stil"; „Wohnen erster Klasse".
Personalisie-rungsprinzip	Werbebotschaften mit sympathischen Personenfotos sprechen den Verbraucher an und werden weniger anonym empfunden. Auch handgeschriebene Texte finden mehr Beachtung als Maschinenschrift. Es gilt: Menschen vor Sachen; Kinder vor Erwachsenen; Gruppen vor Einzelpersonen; Handschrift vor Druckschrift.	

Information 3: Beispiel: Prospektwerbung[2]

Durch **Prospekte** möchte der Einzelhändler über **ausgewählte Artikel** seines Warensortiments **informieren.** Prospekte umfassen in der Regel zwischen vier und zwölf Seiten, sind mehrfarbig und meistens sehr aufwendig gestaltet. Sie werden als Infobrief oder als Beilage in den örtlichen Zeitungen verschickt. Viele Einzelhandelsbetriebe beziehen die Prospekte fix und fertig, einschließlich ihres Firmenschriftzuges (Firmenlogos), von ihrer Einkaufsorganisation. Einseitig bedruckte Prospekte bezeichnet man als **Handzettel** oder **Flyer.**

(1) Gestaltungselemente der Prospekttitelseite

Von besonderer Bedeutung ist die Gestaltung der Prospekttitelseite. Sie soll den flüchtigen Betrachter einladen, den Prospekt aufzuschlagen und wenigstens durchzublättern. Für eine attraktive Prospekttitelseite sind vier Elemente von Bedeutung:

- ein **interessantes Blickfangmotiv** mit einer starken emotionalen Ausstrahlung,
- eine **positive Headline** nach dem KISS-Prinzip,
- der **Firmenschriftzug (das Firmenlogo)** sowie
- ein **Wegwerfstopper.**

Positive Headline	Eine herausragende Stellung auf der Prospekttitelseite nimmt die **Headline** ein. Sie muss einprägsam sein, die wichtigste Werbeaussage enthalten, Neugier wecken und so eine Türöffner-Funktion für den nachfolgenden Werbetext übernehmen.

---

1 „Halte es kurz und einfach."

2 Die Ausführungen lehnen sich an Heinrich Happel, Werbung für den Einzelhandel, 3. Aufl., Frankfurt a. M., S. 405 ff. an.

PROJEKT

Interessantes Blickfangmotiv	Eine **emotionale Blickfangwirkung** kann von einer **Person** bzw. **Personengruppe** (prominenter Schauspieler, Sport-Stars, Musiker, Kunde oder einer Gruppe von Mitarbeitern), von einer **Fantasiefigur** oder von der **Ware selbst** übernommen werden. Dabei gilt: Aktion vor Ruhe. Bildmotive strahlen immer dann eine gewisse Dynamik aus, wenn Menschen in Bewegung sind. Bewährt hat sich für die Titelseite auch die Hervorhebung eines einzelnen, besonders attraktiven Angebots (**„Eye-Catcher"**, Aufreißangebot).	
Firmenschriftzug (Firmenlogo)	Der **Firmenname** und das **Firmenlogo** sind so **herausgehoben zu platzieren,** dass auch der flüchtigste Betrachter die Werbebotschaft schnell und fehlerfrei dem werbenden Unternehmen zuordnen kann.	
Wegwerfstopper	**Wegwerfstopper** sollen verhindern, dass der Prospekt schnell beiseite gelegt wird. Geeignete Wegwerfstopper sind z. B. Rätsel, Preisausschreiben, Suchspiele, Puzzles oder das Angebot eines Preisnachlasses, sofern der Prospekt mit in das Geschäft gebracht wird.	

(2) Gestaltungselemente der Prospektinnenseiten

■ **Beschränkung bei Informationen und Artikeldichte**

Die einzelnen Seiten sollten **nicht** mit **zu vielen Informationen** überlastet werden, denn mit zunehmender Informationsmenge sinkt die Werbebeachtung ab. Ein wichtiges Kriterium für die Beachtungsdauer ist auch, wie viele Artikel auf einer Prospektseite abgebildet werden (**„Artikeldichte"**).

Beispiele:

Durchschnittliche Artikeldichte pro Seite:

■ Großmöbel	3
■ Bekleidung (Ganz- und Halbfiguren)	4
■ Haushaltsgroßgeräte	6
■ Sportartikel	9
■ Lebensmittel	12
■ Uhren, Schmuck	16

Je übersichtlicher die Seite angeordnet ist, desto größer ist die Kaufwahrscheinlichkeit für den einzelnen Artikel.

■ Einheitliches Ordnungsprinzip (Raster) einhalten

Um dem Prospektleser die Informationsaufnahme zu erleichtern, sollten alle Prospektinnenseiten nach einem **einheitlichen Ordnungsprinzip (Raster)** aufgebaut sein. Beispielsweise Produktdarstellung in etwa gleich großen Feldern, etwa die gleiche Artikeldichte je Prospektseite, abgestimmte Hintergrundfarbe usw.

■ Platzierung der Preisangabe im Prospekt

Für das **Lesen einer Werbeanzeige** gelten folgende Regeln:

- Direkt in oder an der Abbildung platzierte Teile werden eher gelesen als ein von der Abbildung etwas weiter weg platzierter Textblock.

- Warenbeschreibungen unter einer Abbildung werden eher gelesen als solche, die über der Abbildung stehen.

- Eine Warenbeschreibung rechts neben dem Bild findet eine höhere Beachtung als die auf der linken Bildseite.

Diese Gesetzmäßigkeiten haben ihren Ursprung darin, dass wir gelernt haben, von links nach rechts und von oben nach unten zu lesen.

Aus diesen Regeln ist für **die Platzierung der Preise** abzuleiten:

- Bei Artikeln mit einem besonders **günstigen Preis-Leistungs-Verhältnis** ist der **Preis direkt zum Artikel,** und zwar so auffallend wie möglich, zu platzieren (z. B. in einem Kreis mit einer Zusatzfarbe).

- Bei **höheren Preislagen** sollte die Preisangabe am **Schluss der kompletten Warenbeschreibung** stehen, um zu verhindern, dass der Leser vorschnell zu einem negativen Urteil kommt („Das ist aber teuer").

Information 4: Beispiel: Anzeige

(1) Allgemeine Anforderungen an eine Werbeanzeige

Eine Anzeige erzielt dann eine **hohe Werbewirkung,** wenn sie

- **kurz** und **prägnant** informiert,
- durch die Art der Gestaltung **Aufmerksamkeit** erzielt,
- die **Wareneigenschaften** sofort vermittelt,
- **Sympathie** ausstrahlt und
- den werbenden **Einzelhandelsbetrieb unverwechselbar** erkennen lässt.

(2) Regeln für die Gestaltung einer Werbeanzeige mit Beispiel

Erläuterungen:

① Der **Firmenschriftzug (Einzelhandelsbetrieb, Hersteller)** ist so zu platzieren, dass zu den übrigen Werbeelementen genügend Abstand gehalten wird und er dadurch sofort erkennbar ist. Die Firmenbezeichnung stellt die wichtigste Werbebotschaft dar, denn sie sichert selbst dem flüchtigsten Betrachter die fehlerfreie Zuordnung der Werbebotschaft **(Abgrenzungsprinzip).**

> **Beispiel:**
>
> **Zur Anzeige:** Der Firmenschriftzug (Autohaus Mielke GmbH & Co KG) und die Herstellermarke (Auto AG) können der Werbebotschaft leicht zugeordnet werden.

② Die Texte sind so zu gestalten, dass auch Nichtkunden in der Lage sind, die **Leistungsfähigkeit des Einzelhandelsbetriebs** schnell zu erkennen. Die **Information** muss in wenigen, kurzen Sätzen vermittelt werden (KISS-Prinzip), denn mit zunehmender Informationsüberlastung wächst die Gefahr, dass die Anzeige nicht gelesen wird. Weniger ist mehr! **(Beschränkungsprinzip!)**

Beispiel:

Zur Anzeige: Die Information ist in einem Kästchen bzw. über dem Firmenschriftzug konzentriert und kann somit schnell aufgenommen werden. Der Autopreis ist zurückgenommen, die Leistungsfähigkeit des Autohauses wird herausgehoben („Hier winken 2 500,00 EUR").

③ Die Anzeige soll sich vom **übrigen Anzeigenfeld** abheben und auf sich aufmerksam machen. Gestaltungsmittel hierzu sind: möglichst frei stehende **Bilder** (Menschen, Ware, Landschaft), positiv formulierte, plakative Überschriften **(Headlines)** und **Texte,** herausgehobene **Preisinformation (Bild-Text-Preis-Prinzip).** Bilder und Preisangaben sind dabei gleichwertig mit dem Text zu präsentieren **(Aufmerksamkeitsprinzip).**

Beispiel:

Zur Anzeige: Sie ist übersichtlich angeordnet. Bilder, Überschriften und Informationstext können daher mit einem Blick aufgenommen werden. Die Headlines und Texte sind einprägsam und positiv formuliert („Hier winken..."; „Mehr als gerecht"; „Besser ankommen").

④ Bilder dienen in Anzeigen nicht nur als **Blickfang,** sie haben auch eine **Informationsfunktion.** Sie sollen die Leistungsfähigkeit des Einzelhandelsbetriebs realistisch und für den Anzeigenbetrachter optisch anschaulich herausstellen. Außerdem haben sie die Aufgabe, eine **emotionale**[1] **Atmosphäre**[2] zu vermitteln und die Anzeige aus der Anonymität herauszuholen **(Personalisierungsprinzip).**

Beispiel:

Zur Anzeige: Die abgebildeten Personen unterstützen durch ihre Armbewegung die Headline („Hier winken..."). Sie wirken sympathisch und führen dazu, dass die Anzeige persönlich und weniger anonym empfunden wird.

1.4 Werbeerfolgskontrolle

(1) Begriff

Die **Werbeerfolgskontrolle** überprüft, ob sich die Werbemaßnahmen gelohnt haben.

Die Werbeerfolgskontrolle kann erfolgen als

■ **nicht wirtschaftliche Werbeerfolgskontrolle.** Sie fragt danach, wie die Werbung bei den Umworbenen „angekommen" ist.

■ **wirtschaftliche Werbeerfolgskontrolle.** Sie misst den Erfolg der Werbung.

---

1 **Emotional:** einer inneren Erregung folgend.

2 **Atmosphäre:** Stimmung.

(2) Nicht wirtschaftliche Werbeerfolgskontrolle

Hierbei wird ermittelt, ob sich die **Einstellung der Kunden** zum Sortiment, zu den Dienstleistungen oder insgesamt zum Einzelhandelsgeschäft **durch die Werbung positiv verändert** hat.

Beispiel:

Ein Haushaltswarengeschäft möchte seinen Kunden ein neues Kochtopfsortiment vorführen. Das Probekochen wird mit einem stadtbekannten Koch durchgeführt. Eine persönliche Einladung ergeht an 80 Kunden.

Angenommen, 20 der erschienenen Personen haben zumindest einen Kochtopf nach der Veranstaltung gekauft. Der **Erfüllungserfolg** kann dann wie folgt ermittelt werden:

$$\text{Erfüllungserfolg} = \frac{\text{Zahl der Käufer}}{\text{Zahl der eingeladenen Kunden}}$$

In diesem Fall lautet das Ergebnis: $\text{Erfüllungserfolg} = \frac{20}{80} = \underline{\underline{0{,}25}}$

Die Kennzahl sagt aus, dass die Werbeveranstaltung bei einem Viertel der eingeladenen Kunden ihren Zweck erfüllt hat.

(3) Wirtschaftliche Werbeerfolgskontrolle

Sie wird im Einzelhandel über die Auswertung von betrieblichen **Kennzahlen** und die **Kassenbons** ermittelt. Wichtige Kennzahlen in diesem Zusammenhang sind die **Absatzzahlen**, die **Frequenzanalyse**, der **Umsatz** und die **Werberendite**.

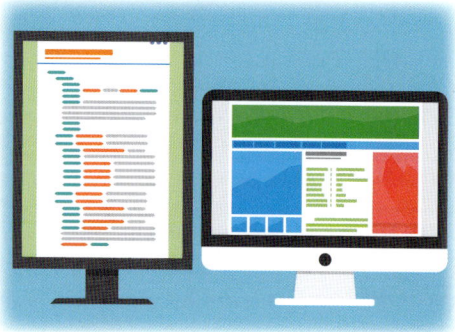

Grundsätzlich gilt: Die Werbung ist dann wirtschaftlich, wenn der Ertrag der Werbung die Kosten übersteigt.

Beispiel:

Ein Kaufhaus setzt für die Warengruppe „Sommerkleider" für das letzte Wochenende im Juni einen Sonderverkauf an. Dazu werden folgende Werbemittel und Werbeträger eingesetzt: Anzeigen in der Tageszeitung, Prospektverteilung am Freitag, Handzettel am Eingang des Kaufhauses, Ausweitung der Verkaufsfläche durch Sonderplatzierungen. Die Kosten für die Werbeaktionen belaufen sich auf insgesamt 9 866,50 EUR.

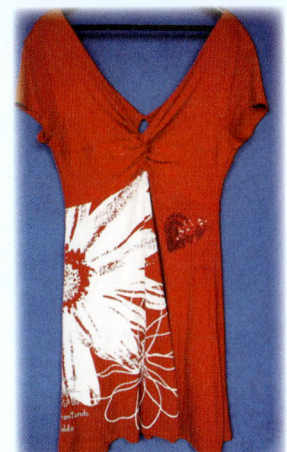

Die Verkaufsstatistik des Kaufhauses weist für den Monat Juni folgende Daten auf:

	vom 1.–29. Juni durchschnittlich	Samstag, 30. Juni
Absatz pro Tag	146 Stück	511 Stück
Preis je Kleid	59,90 EUR	39,90 EUR*
Anzahl der Kunden	350	980

* Es wird davon ausgegangen, dass das Kaufhaus mit dem Preis von 39,90 EUR noch einen Gewinn erzielt. Im Verlustfall wäre die Werbeaktion nutzlos.

Auswertung der Daten:

Absatz:	Der Absatz konnte von durchschnittlich 146 Kleider auf 511 Kleider gesteigert werden.
Frequenz:	Die Kundenzahl steigt von durchschnittlich 350 Kunden auf 980 Kunden an. Die Kundenzahl hat sich damit fast verdreifacht.

Umsatz:	bis 29. Juni	am 30. Juni
	146 Stück · 59,90 EUR = 8 745,40 EUR	511 Stück · 39,90 EUR = 20 388,90 EUR

Werberendite: Setzt man den Umsatzzuwachs ins Verhältnis zu den Werbekosten, erhält man die Werberendite.

$$\text{Werberendite} = \frac{\text{Umsatzzuwachs} \cdot 100}{\text{Werbekosten}}$$

$$\frac{11\,643,50^* \cdot 100}{9\,866,50} = \underline{118\,\%} \qquad {}^* (20\,388,90\ \text{EUR} - 8\,745,40\ \text{EUR})$$

Unabdingbare Voraussetzung für eine wirtschaftliche Werbeerfolgskontrolle ist, dass der Einzelhandelsbetrieb über ein **computergestütztes Warenwirtschaftssystem** verfügt, aus dem alle benötigten Informationen abgerufen werden können.

Die wirtschaftliche Werbeerfolgskontrolle wertet neben den Kennziffern auch noch die **Kassenbons** aus. Dadurch soll festgestellt werden, ob die Werbemaßnahmen für eine bestimmte Ware auch zu **Umsatzsteigerungen bei anderen Waren** geführt haben.

Beispiel:

Im vorgegebenen Beispiel wird das Kaufhaus anhand der Kassenzettel überprüfen, in welchem Umfang der Absatz an Schuhen, Blusen, Gürteln u. Ä. zugenommen hat.

Zusammenfassung

■ Durch die **Werbeerfolgskontrolle** wird überprüft, wie erfolgreich der Werbeplan umgesetzt werden konnte.

■ Zu unterscheiden sind die **wirtschaftliche Werbeerfolgskontrolle** und die **nicht wirtschaftliche Werbeerfolgskontrolle.**

Kompetenztraining

54

1. Die Geschäftsleitung des Elektrohauses Lotte Stumpp KG beschließt, ihr Sortiment um einen neuen, energiesparenden „Ökospüler" zu erweitern!

   Aufgaben:

   1.1 Schlagen Sie der Geschäftsleitung begründet drei Werbemittel bzw. -medien vor, die geeignet sind, das neue Produkt erfolgreich auf den Markt zu bringen!

   1.2 Die Werbung sollte bestimmten Grundsätzen genügen. Erläutern Sie drei wichtige Werbegrundsätze und finden Sie hierzu passende Beispiele!

   1.3 In der Diskussion über die durchzuführenden Werbemaßnahmen fallen auch die Begriffe Zielgruppe und Streugebiet. Erläutern Sie diese Begriffe!

   1.4 Nach Meinung der Geschäftsleitung soll vor allem Massenwerbung und Alleinwerbung betrieben werden. Nennen Sie noch weitere Arten der Werbung

   　 1.4.1 nach der Zahl der Umworbenen und

   　 1.4.2 nach der Anzahl der Werbenden!

   1.5 Begründen Sie, warum die Lotte Stumpp KG die unter 1.4 genannten Werbearten bevorzugt!

   1.6 Die Lotte Stumpp KG möchte den Erfolg ihrer geplanten Werbung kontrollieren. Machen Sie einen Vorschlag, wie eine Werbeerfolgskontrolle durchgeführt werden könnte!

2. Ein Medienhaus setzt für die Warengruppe DVD für den letzten Tag im Januar einen Sonderverkauf an. Die Verkaufsstatistik für den Monat Januar weist folgende Daten auf:

	vom 1.–30. Januar durchschnittlich	Samstag 31. Januar
Absatz pro Tag	48 Stück	124 Stück
Preis je DVD	17,49 EUR	10,99 EUR
Anzahl der Kunden	38	74
Verkaufsfläche	55 m^2	82 m^2

   Aufgaben:

   2.1 Ermitteln Sie, um wie viel Prozent der Tagesabsatz gesteigert werden konnte!

   2.2 Ermitteln Sie, um wie viel Prozent der Tagesumsatz gesteigert werden konnte!

   2.3 Berechnen Sie den Umsatz je Kunde!

   2.4 Berechnen Sie den Umsatz je m^2!

   2.5 Beurteilen Sie den finanziellen Erfolg des Sonderverkaufs!

55

1. Nennen Sie die Werbeträger, die für folgende Einzelhandelsgeschäfte geeignet sind!

   1.1 Ein kleines Lebensmittelgeschäft in einem Dorf.

   1.2 Ein großer Autohändler.

   1.3 Ein Baumarkt.

   1.4 Ein Spielwarenfachgeschäft.

2. Notieren Sie, welches der folgenden Werbemittel das kleinste Streugebiet hat!

   2.1 Werbespots in einem regionalen Radiosender,

   2.2 Werbeflächen an regionalen Bussen,

   2.3 Postwurfsendung mit Prospekten für alle Haushalte,

   2.4 Werbebrief an Stammkunden.

3. In manchen Geschäften werden die Kunden nach der Postleitzahl ihres Wohnortes gefragt.

   Aufgabe:

   Erläutern Sie, wozu dem Unternehmen diese Information dient!

4. Ein Büroartikelgeschäft hat über vier Wochen verschiedene Werbemaßnahmen durchgeführt. Zur Werbeerfolgskontrolle vergleicht der Geschäftsführer die Umsatzzahlen des Werbezeitraums mit den Umsatzzahlen des gleichen Vorjahreszeitraums, in dem keine Werbemaßnahmen erfolgten.

	Vorjahres-zeitraum	Werbe-zeitraum	Abweichung in %
Umsatz in EUR	38 047,00	54 062,00	
Anzahl der Kunden	5 332	7 548	
Umsatz je Kunde in EUR			

🔽 DOWNLOAD

Aufgabe:

Übertragen Sie die Tabelle in Ihre Unterlagen. Berechnen Sie die Abweichungen der Zahlen zwischen Vorjahres- und Werbezeitraum in Prozent und beurteilen Sie den Erfolg der Werbemaßnahmen!

2 Gesetz gegen den unlauteren Wettbewerb [UWG]

Das UWG dient dem Schutz der **Mitbewerber,** der **Verbraucher** und **sonstigen Marktteilnehmern** vor unlauteren geschäftlichen Handlungen. Zugleich schützt es die **Interessen der Allgemeinheit** an einem unverfälschten Wettbewerb. Im UWG werden die nachfolgenden unlauteren Handlungen aufgezählt (siehe §§ 3 bis 7):

- **Verbot unlauterer geschäftlicher Handlungen**
- **Irreführende geschäftliche Handlungen**
- **Unlautere vergleichende Werbung**
- **Unzumutbare Belastung**

> **Unlauter sind alle Handlungen,** mit denen sich ein Unternehmen einen **Wettbewerbsvorteil** verschafft, der **gesetzlich nicht erlaubt** ist.

2.1 Verbot unlauterer geschäftlicher Handlungen

Unlautere geschäftliche Handlungen sind **unzulässig.** Im Anhang des Gesetzes werden geschäftliche Handlungen aufgeführt, die stets unzulässig sind (**„Schwarze Liste"**).

Unlautere geschäftliche Handlungen	Erläuterungen	Beispiele
Herabsetzung oder Verunglimpfung eines Mitbewerbers	Waren, Dienstleistungen, Tätigkeiten oder die persönlichen und geschäftlichen Verhältnisse eines Mitbewerbers werden herabgesetzt oder verunglimpft.	- Ein Lebensmittelhändler behauptet wahrheitswidrig von einem Konkurrenten, dass dessen „Bio-Gemüse" nicht von einem Bio-Bauern stamme, sondern von einem Landwirt, der das Gemüse mit Fungiziden[1] und Pestiziden[2] spritze. - Der Autohändler Ron Winienz erzählt ständig seinen Kunden, dass der Pleitegeier auf dem Dach des gegenüberliegenden Autohauses säße.
Nachahmung der Waren eines Mitbewerbers	Es werden Waren oder Dienstleistungen angeboten, die eine Nachahmung der Waren oder Dienstleistungen eines Mitbewerbers sind.	Ein Produkt soll vortäuschen, dass es sich um ein Markenprodukt handelt. Es wird dem Markenprodukt nachgeahmt. Lediglich der Preis unterscheidet sich vom Original (z. B. gefälschte Rolex-Uhren, gefälschte Lacoste-T-Shirts).
Beeinträchtigung der Entscheidungsfreiheit	Die Entscheidungsfreiheit des Verbrauchers oder sonstiger Marktteilnehmer wird durch aggressive[3] Handlungen erheblich beeinträchtigt.	Bei einer sogenannten „Kaffeefahrt" werden die Teilnehmer während der Verkaufsveranstaltung nicht aus dem Raum hinausgelassen. Teilnehmer, die nicht kaufen wollen, werden vor allen Anwesenden mit folgender Bemerkung bloßgestellt: „Kostenlos mitfahren tun Sie, aber kaufen wollen Sie nicht!"
Ausnutzung geschäftlicher Unerfahrenheit	Die geschäftliche Unerfahrenheit, insbesondere von Kindern und Jugendlichen, wird ausgenutzt.	Kurznachrichten auf dem Handy durch einen Betreiber, die zu einem Rückruf auffordern: „Ruf mich zurück, du kannst gewinnen."

---

1 **Fungizid** (lat.): Mittel zur Pilzbekämpfung.

2 **Pestizid** (lat.): Mittel zur Schädlingsbekämpfung.

3 **Aggressiv:** angreifend; auf Angriff gerichtet.

2.2 Irreführende geschäftliche Handlungen

Eine **geschäftliche Handlung ist irreführend,** wenn sie **unwahre Angaben** enthält.

Irreführende geschäftliche Handlungen	Beispiele
Es werden **unwahre und/oder irreführende Angaben** über die geschäftlichen Verhältnisse des eigenen Unternehmens verbreitet.	Die Bezeichnung „Größte Goldschmiede Deutschlands" ist dann unlauter, wenn es Konkurrenten mit höherem Umsatz gibt. Kann aber nachgewiesen werden, dass das eigene Unternehmen tatsächlich den höchsten Umsatz in der Bundesrepublik Deutschland erzielt, ist die Bezeichnung zulässig.
Die **Werbung** ist **irreführend.**	Ein Schuhgeschäft bietet Wanderschuhe zu 120,00 EUR an. Nach 3 Tagen setzt es den Preis auf 99,00 EUR herab. In den Zeitungsanzeigen des Schuhgeschäfts steht zu lesen: „Wanderschuhe der Marke G & W für nur 99,00 EUR statt 120,00 EUR." Nach zwei Tagen wird der Preis der Wanderschuhe wieder auf 120,00 EUR heraufgesetzt.
Die Ware wird **nicht in angemessenem Umfang** zur Befriedigung der zu erwartenden Nachfrage **vorgehalten.** Es handelt sich um **„Lockvogelangebote".** Angemessen ist im Regelfall, wenn von der Ware ein Vorrat von zwei Tagen gehalten wird.	Eine Lebensmittelkette bietet in ihren Prospekten vom 15. Juli frische Pfifferlinge zum Preis von 4,99 EUR je Körbchen an. Jede Filiale erhält nur 10 Körbchen. Bereits eine halbe Stunde nach Geschäftsöffnung sind die Pfifferlinge ausverkauft.
Dem Verbraucher wird eine **wesentliche Information vorenthalten.**	Der Vertreter verschweigt dem Kunden beim Kauf einer Schlagbohrmaschine, dass es sich bei dem Modell um 2. Wahl handelt.

2.3 Unlautere vergleichende Werbung

Grundsätzlich ist eine vergleichende Werbung zulässig. Sie ist jedoch **nicht zulässig,** wenn **unlauter vergleichend** geworben wird.

Unlauter ist die vergleichende Werbung z. B. dann, wenn der Vergleich

- **unterschiedliche Waren** oder **Dienstleistungen** betrifft.

> **Beispiel:**
>
> Unser Fernseher Typ ABC ist um 20 % günstiger als der Fernseher Typ DEF beim Medienhaus Melix GmbH.

209

- die Waren, Dienstleistungen, Tätigkeiten, persönliche oder geschäftliche Verhältnisse eines **Mitbewerbers herabsetzt oder verunglimpft.**

- **Preise** vergleicht, die **unterschiedliche Waren, Mengen oder Qualitäten** betreffen.

2.4 Unzumutbare Belästigung

Eine **geschäftliche Handlung,** durch die ein Marktteilnehmer in **unzumutbarer Weise belästigt wird,** ist unzulässig.

Eine unzumutbare Belästigung ist z. B. anzunehmen

- bei einer erfolgten Werbung, obwohl erkennbar ist, dass der Empfänger diese **Werbung nicht wünscht** (Trotz des Schildes „Keine Werbung" wird Werbematerial in den Briefkasten geworfen.),
- bei einer Werbung mit **Telefonanrufen** gegenüber Verbrauchern **ohne** deren **Einwilligung,**
- bei einer Werbung unter Verwendung von **automatischen Anrufmaschinen, Faxgeräten** oder **elektronischer Post** (E-Mails), **ohne** dass eine **Einwilligung** des Adressaten (Empfängers) vorliegt oder
- bei der Werbung mit Nachrichten, bei der die **Identität**[1] **des Absenders verschleiert** oder verheimlicht wird oder bei der keine gültige Adresse vorhanden ist, an die der Empfänger eine Aufforderung zur Einstellung solcher Nachrichten richten kann.

Beachte:

Die **Werbung per Brief ist immer möglich.**

Briefkastenwerbung mit Werbewurfsendungen (Werbebriefe, Handzettel, Prospekte u. Ä.) ist grundsätzlich zulässig. Hat allerdings der Empfänger einer individuell gestalteten Briefwerbung den Werbenden aufgefordert, von weiteren Werbesendungen abzusehen, ist dieser Wunsch zu respektieren. Auch der Aufkleber am Briefkasten muss beachtet werden, mit dem sich eine Person gegen den Einwurf von Werbematerial und Anzeigenblättern wehrt.

---

1 **Identität:** vollkommene Gleichheit, hier: das Wesen der Person.

3 Selbstkontrolle

(1) Deutscher Werberat[1]

Zunehmender Konkurrenzdruck verleitet oft dazu, dass sich Einzelhandelsunternehmen in der Werbung um die Gunst der Kunden unfairer Mittel bedienen. Unfaire Mittel überschreiten leicht die Grenze des guten Geschmacks, ohne dass sie gleich einen Gesetzesverstoß darstellen. Um Missständen in der Werbung nachzugehen und zu untersuchen, ob die Werbung ethische[2] Grenzen überschreitet, hat der **Zentralverband der deutschen Werbewirtschaft (ZAW)** den **Deutschen Werberat** gegründet.

- Der Deutsche Werberat **regelt Konflikte** (z. B. eingereichte Beschwerden) zwischen der Bevölkerung und den Werbung betreibenden Unternehmen.

- Bei berechtigten Beschwerden kann der Deutsche Werberat nur eine **Rüge aussprechen,** die Werbung aber **nicht verbieten.**

(2) Zentrale zur Bekämpfung unlauteren Wettbewerbs e. V.

Im Rahmen ihrer Selbstverwaltung hat die Wirtschaft bereits kurz nach Verabschiedung des UWG die Wettbewerbszentrale im Jahre 1912 gegründet. Zu den Mitgliedern der Wettbewerbszentrale zählen sämtliche Industrie- und Handelskammern, die meisten Handwerkskammern, weitere ca. 400 Verbände und Organisationen der Wirtschaft sowie ca. 1 000 Unternehmen.

Beispiele:

Aufgaben der Wettbewerbszentrale sind z. B.:

- Verfolgung von Wettbewerbsverstößen,
- Information der Öffentlichkeit,
- Führen von Musterprozessen,
- Stellungnahmen zu Gesetzesvorhaben.

Zusammenfassung

- **Unlautere Wettbewerbshandlungen,** die geeignet sind, den Wettbewerb zum Nachteil der **Mitbewerber,** der **Verbraucher** oder der **sonstigen Marktteilnehmer** nicht nur unerheblich zu beeinträchtigen, sind **unzulässig.**

- Das **UWG verbietet:**
  - unlautere geschäftliche Handlungen,
  - irreführende geschäftliche Handlungen,
  - unlautere vergleichende Werbung und
  - unzumutbare Belästigungen.

- **Rechtsfolgen** bei Verstößen gegen die Wettbewerbsbestimmungen sind:
  - Beseitigungs- und Unterlassungsanspruch,
  - Schadensersatzanspruch,
  - Anspruch auf Gewinnabschöpfung.

- Wettbewerbsverstöße werden auch durch eine **Selbstkontrolle** der Wirtschaft überprüft.

---

1 Siehe auch www.werberat.de.

2 **Ethik:** Sittenlehre.

Kompetenztraining

56 1. Ihr Ausbildungsbetrieb möchte Ihr Wissen über das „Gesetz gegen den unlauteren Wettbewerb" überprüfen und legt Ihnen nachfolgende Rechtsfälle vor.

Prüfen Sie, ob die folgenden Maßnahmen zulässig sind und begründen Sie Ihre Meinung!

1.1 Der Rentner Paul Ihle nimmt an einer Verkaufsveranstaltung teil. Er wurde hierzu vom Veranstalter kostenlos in ein Ausflugslokal gefahren und zu Kaffee und Kuchen eingeladen. Nach der Verkaufsveranstaltung, auf der Orientteppiche angeboten wurden, lehnt Herr Ihle einen Kauf ab. Der Verkäufer erklärt ihm, dass er in diesem Fall von seinem Unternehmen angewiesen worden ist, für die Rückreise einen Fahrkostenanteil von 20,00 EUR zu erheben.

1.2 Die Preise der Winterpullover werden um 10 % reduziert. Auf den Preisschildern sind die alten Preise rot durchgestrichen und die neuen Preise daneben geschrieben.

1.3 Das Lebensmittelhaus Elke Eckert e. Kfr. wirbt mit dem Slogan: „Das Gemüse der Gärtnerei Friedrich Holle GmbH hat eine mindere Qualität gegenüber unserem Gemüse."

1.4 Das Modehaus Beate Schöne e. Kfr. bietet Sommerkleider aus Baumwolle zu 99,00 EUR an. Nach zwei Tagen setzt es den Preis auf 49,00 EUR herab. In der Zeitungsanzeige steht folgender Text: „Designer Sommerkleider, reine Baumwolle für nur 49,00 EUR statt 99,00 EUR."

1.5 Das Haushaltswarengeschäft Hans Holler GmbH bietet in seinem Prospekt vom 20. Mai 20.. einen hochwertigen Edelstahlkochtopf für 9,90 EUR an. Das Haushaltswarengeschäft hat einen Vorrat von drei Kochtöpfen. Bereits eine Stunde nach Geschäftseröffnung sind die Kochtöpfe ausverkauft.

1.6 Ein Lederwarengeschäft wirbt im Schaufenster mit folgendem Plakat: „Gewinnen Sie 1 000,00 EUR bei unserem Gewinnspiel. Teilnahmeberechtigt ist, wer einen Kassenbeleg vorweisen kann."

1.7 Ein Versicherungsunternehmen versendet Faxbriefe an alle Verbraucher in Bayern, die eine Fax-Nummer besitzen. Es bietet darin eine Lebensversicherung an.

2. Beurteilen Sie, ob in den folgenden Fällen verbotene (weil irreführende) oder vergleichende Werbung vorliegt!

2.1 Prospekt: „Sie finden im ganzen Umkreis kein Geschäft mit besser geschultem Personal."

2.2 Plakat: „Das strahlendste Weiß meines Lebens."

2.3 Anzeige: „Unser Auto ist das sicherste der Welt."

2.4 Werbebrief: „ ... die Mayer & Co. OHG ist nicht mehr leistungsfähig, weil sie überschuldet ist. Bestellen Sie bei uns!"

2.5 Zeitungsanzeige: „Sonderangebot! 5 Waggons Apfelsinen eingetroffen!" (In Wirklichkeit waren es fünf Kisten.)

2.6 Anzeige: „ Räumungsverkauf!" (Anmerkung: Der Umzug findet in vier Wochen statt.)

57 Das Großhandelsunternehmen Elektro-Lux OHG verkauft nicht nur an Einzelhändler, sondern auch an private Verbraucher. Die Preise sowie die Liefer- und Zahlungsbedingungen sind für Letztverbraucher und Wiederverkäufer die gleichen.

Dem Konkurrenzunternehmen der Elektro-Lux OHG, der Elektrogroßhandlung Strom & Söhne KG, ist das Verhalten der Elektro-Lux OHG ein Dorn im Auge.

Je ein Vertreter der Geschäftsleitungen der beiden Unternehmen treffen sich und tauschen wirtschaftliche Argumente aus, wobei es natürlich hauptsächlich um die Frage geht, ob das Verhalten von Elektro-Lux gegen das UWG verstößt oder nicht.

Aufgabe:

Übernehmen Sie die Rollen der beiden Vertreter der Geschäftsleitungen!

4 Verkaufsförderung am Point of Sale (POS)

4.1 Begriff Verkaufsförderung (Salespromotion)

- Die **Werbung** dient dazu, die Verbraucher auf das Einzelhandelsgeschäft und sein Sortiment aufmerksam zu machen und sie anzuregen, das Geschäft aufzusuchen.

- Die **Verkaufsförderung (Salespromotion[1])** setzt diese Werbeanstrengungen **im Verkaufsraum** fort und zielt darauf ab, den Kunden an die Waren heranzuführen.

Die Verkaufsförderung möchte die Kaufentscheidung am **Ort des Verkaufs (Point of Purchase[2] [POP]/Point of Sale [POS])** beeinflussen. Ziel der Verkaufsförderung ist, die Kunden zu **Impulskäufen** zu veranlassen. Die Verkaufsförderung legt den Schwerpunkt auf **Aktionen,** die kurzfristig zu Absatzsteigerungen führen sollen.

> **Verkaufsförderung (Salespromotion)** sind **kurzfristige Maßnahmen am Verkaufsort,** um den Absatz der Waren zu steigern.

4.2 Kunden-, Mitarbeiter- und Händlerpromotion

(1) Kundenpromotion (Verbraucherpromotion)

Sie zielt darauf ab, den Verkaufsvorgang am Verkaufsort durch **kurzfristige Aktionen** zu fördern. Die Bedeutung dieser Form der Verkaufsförderung hat in den letzten Jahren zugenommen.

Der Grund ist, dass ein Großteil der Kaufentscheidungen erst am Verkaufsort fallen. Somit ist noch kurzfristig eine Information der Kunden möglich.

© KaDeWe Presseabteilung, Berlin

Beispiele:

- Veranstaltung mit Prominenten, z. B. Autogrammstunde eines Radrennfahrers.
- Verkostungen, Warenproben, Warenvorführungen, Verteilen von Werbegeschenken.
- Gewinnspiele, Gutscheine, Preisausschreiben.

- Lautsprecherdurchsagen im Verkaufsraum, z. B. „In unserer Lederabteilung bieten wir Ihnen Lederjacken für Sie und Ihn zum Aktionspreis an".
- Organisation und Durchführung von Aktionen, z. B. Modeschauen, Malwettbewerbe für Kinder, computergestützte Beratung bei der Auswahl von Skischuhen, Kochvorführungen.

---

1 **Sale**: Verkauf; **Promotion**: Förderung.

2 **Purchase**: Kauf.

Vorteile der Kundenpromotion	Nachteile der Kundenpromotion
■ direktes Ansprechen des Kunden, ■ schneller Verkaufserfolg, ■ direkter Kontakt zum Kunden.	■ nur wenige Kunden werden erreicht, ■ nur bei wenigen Waren und Zielgruppen einsetzbar, ■ hohe Kosten und hoher Arbeitsaufwand.

(2) Mitarbeiterpromotion (Verkaufspromotion)

Die Mitarbeiterpromotion zielt auf die **Motivierung der Verkaufsmitarbeiter** sowie auf die **Erhöhung der Qualität des Verkaufsvorgangs** ab.

Beispiele:

■ Schulung der Mitarbeiter, wenn neue Waren in das Sortiment aufgenommen werden bzw. wenn neue Geräte im Verkauf eingesetzt werden, z. B. neue Kassenautomaten.

■ Verkaufstraining, Argumentationstraining, Vermittlung neuer Verkaufstechniken.

■ Stärkung der Mitarbeitermotivation durch Verkaufswettbewerbe mit attraktiven Preisen, Prämien- und Provisionssystemen.

■ Bereitstellen von verkaufsunterstützendem Material, z. B. Proben, Muster, Displays, Prospekten, Werbegeschenken, Vorführgeräten u. Ä.

(3) Händlerpromotion

Die Händlerpromotion wird von den Herstellern und Großhändlern betrieben. Dabei bieten diese dem Einzelhändler Anreize dafür an, dass er ihre **Waren verstärkt anbietet** bzw. **neu in das Sortiment** aufnimmt.

Beispiele:

■ Gewährung von Einführungsrabatten, Gratisware, Rücknahmegarantien, Regalmiete u. Ä. bei Einführung eines neuen Produkts.

■ Beratung bei der Verkaufsraumgestaltung, Bereitstellung von Display-Materialien, Einrichtungsgegenständen (Verkaufsständern, Vitrinen, Regalen), Verpackungsmaterial, Schaufensterdekorationen, Ausrichten von Verkaufsshows bzw. Produktdemonstrationen.

■ Erhöhung der Händlermotivation durch Verkaufsförderungsprämien, Verkaufswettbewerbe, Anerkennungsprogramme und Werbegeschenke.

Zusammenfassung

■ Als **Verkaufsförderung (Salespromotion)** bezeichnet man alle Maßnahmen am Verkaufsort, die dazu geeignet sind, den Absatz der Waren zu steigern.

■ Wichtige **Arten der Verkaufsförderung** sind:
  - Die **Kundenpromotion** wendet sich mit besonderen Aktionen am Verkaufsort direkt an den Kunden.
  - Die **Mitarbeiterpromotion** richtet sich an das Verkaufspersonal, um dessen Leistungsfähigkeit zu verbessern.
  - Unterstützen Hersteller und Großhändler den Einzelhandel bei seinem Bemühen, Waren an den Verbraucher zu verkaufen, so bezeichnet man dies als **Händlerpromotion**.

Kompetenztraining

58

1. Erläutern Sie den Begriff Verkaufsförderung und gliedern Sie die Maßnahmen, die zur Verkaufsförderung gehören!

2. Grenzen Sie die Begriffe Verkaufsförderung und Werbung voneinander ab!

3. Übertragen Sie die folgende Tabelle in Ihre Unterlagen und ergänzen Sie diese mit Beispielen aus Ihrem Ausbildungsbetrieb!

Art der Verkaufsförderung	Beispiele aus Ihrem Ausbildungsbetrieb
Verbraucherpromotion	
Mitarbeiterpromotion	
Händlerpromotion	

4. Formulieren Sie geeignete Verkaufsförderungsmaßnahmen für die Einführung des neuen, sehr teuren Parfums „Chantal No. 4"!

5. Notieren Sie, um welche Art der Verkaufsförderung es sich bei den folgenden Maßnahmen handelt!

   5.1 Jeder Kunde, der eine Karte mit seiner Adresse ausfüllt, kann ein Auto gewinnen.

   5.2 Ein Bio-Käse-Hersteller lädt Mitarbeiter des Einzelhandels zu einer Betriebsbesichtigung mit anschließendem Käseseminar ein.

   5.3 Die Verkäufer bekommen 5 % des Warenumsatzes als Provision.

6. Um den Verkauf der Inliner wieder abwechslungsreicher zu gestalten, überlegt Herr Schulten, Inhaber des Sportgeschäftes Bäumler & Sohn OHG, am Point of Sale eine kleine Halfpipe aufzubauen. In dieser könnte dann am übernächsten Wochenende der deutsche Meister im Inlinern den Kunden sein Können mit den neuen Inlinern BT3, die an diesem Tag im Fachgeschäft präsentiert werden sollen, zeigen.

   Zusätzlich sollen hochwertige Preise und Autogramme des Sportlers an die Kunden verlost und unterschiedliche Prospekte und Kataloge verteilt werden. Kunden können die Halfpipe nutzen, um die unterschiedlichen Inliner intensiv auszuprobieren und diese anschließend zum Selbstkostenpreis zu erwerben.

   Eine spezielle Schulung des Verkaufspersonals für die neuen Inliner soll der Aktion vorausgehen.

   Aufgabe:

   Welche Vor- und Nachteile hat eine solche Aktion für das Sportfachgeschäft? Begründen Sie Ihre Meinung!

5 Verpackung

5.1 Anforderungen an die Verpackung

Aufgaben	Erläuterungen	Beispiele
Schützt die Waren	Die Waren sollen vor äußeren Einflüssen wie Schmutz, Beschädigung, Geruchsübertragung, Nässe oder Austrocknung geschützt werden.	
Gibt Informationen über die Ware	Auf der Verpackung werden Angaben über Menge, Herkunft, Gebrauch, Pflege, Haltbarkeit, Zusammensetzung der Waren gemacht.	
Erleichtert den Gebrauch	Erleichtert z. B. das Öffnen, Verschließen, Dosieren, das Lagern, den Transport, das Stapeln der Waren.	
Übernimmt Serviceaufgaben	■ Essen kann in der Verpackung zubereitet und auf den Tisch gebracht werden. ■ Die Verpackung kann wiederverwendet werden (z. B. Senf in Trinkgläsern, Farbe in Eimern). ■ Es können Bedarfseinheiten gebildet werden (z. B. Menüs im Flugzeug usw.).	
Dient als Werbemittel	Durch eine attraktive Gestaltung (z. B. Abbildung des Produktes, Verwendung von Farbe, Material, Form, Werbetexte) wird die Verpackung zum Werbemittel. Sie schafft optische Anreize und gibt der Ware „ein Gesicht". In der Selbstbedienung bzw. der Vorwahl übernimmt die Verpackung im Verkaufsraum die Aufgabe des Verkäufers.	

5.2 Arten der Verpackung

Arten der Verpackung	Erläuterungen	Beispiele
Transport- verpackungen Hersteller (Vertreiber)	Sie schützen die Waren auf dem Transportweg vom Hersteller bzw. Großhändler zum Einzelhändler. Die Transporverpackungen fallen beim Hersteller an.	■ Kartonagen, ■ Kanister, ■ Säcke, ■ Paletten, ■ geschäumte Schalen, ■ Schrumpffolien.

Arten der Verpackung	Erläuterungen	Beispiele
Umverpackungen **Einzelhändler (Vertreiber)**	Sie werden als zusätzliche Verpackung zur Verkaufsverpackung verwendet. Sie ermöglichen, dass die Waren in Selbstbedienung angeboten werden können, dienen der Werbung oder sollen einen Diebstahl erschweren.	■ Faltschachtel um eine Zahnpasta in der Tube. ■ Vier Malstifte werden von einer Blisterverpackung umschlossen.
Verkaufsverpackungen **Endverbraucher**	Sie verwendet der Endverbraucher zum Transport oder bis zum Verbrauch der Ware.	■ Tragetaschen, ■ Kunststoff-, ■ Stoff- oder Papiertüten, ■ Flaschen, ■ Becher, ■ Dosen.
Einwegverpackung	Sie wird einmal genutzt und anschließend dem Recycling zugeführt.	■ Einwegflaschen, ■ Getränke- und Konservendosen, ■ Joghurtbecher.
Mehrwegverpackung	Sie ist für den mehrmaligen Gebrauch bestimmt. Sie geht z. B. zurück an den Hersteller, wird dort gereinigt, überprüft und anschließend erneut verwendet.	■ Paletten, ■ Pfandflaschen (Glas), ■ Getränkekisten, ■ Container.

5.3   Verpackungsgesetz [VerpackG]

(1)   Inhalt des Verpackungsgesetzes

Das Verpackungsgesetz gilt für alle, die mit Ware befüllte und beim Endverbraucher anfallende Verpackung in Verkehr bringen.

> **Ziel** des Verpackungsgesetzes [VerpackG] ist, den anfallenden **Verpackungsmüll zu verringern** und wesentlich **mehr Abfälle aus privaten Haushalten** zu **recyceln**.

Dazu ist notwendig, dass derjenige, der die Verpackung in Verkehr bringt, sich zuvor darum kümmert, dass diese Verpackung später ordnungsgemäß entsorgt wird.

Um die Entsorgung der Verpackung sicherzustellen, hat der Gesetzgeber die Stiftung **„Zentrale Stelle Verpackungsregister"** geschaffen. Diese Einrichtung trägt dazu bei, die Kontrolle des Recyclings von Verpackungen zu erhöhen.

❶ Registrierungspflicht

Jeder, der mit Ware befüllte Verpackungen, die beim **privaten Endverbraucher** anfallen, **erstmals gewerbsmäßig** in Verkehr bringt **(Hersteller[1])**, ist verpflichtet, sich **vor dem Inverkehrbringen** bei der „Zentralen Stelle Verpackungsregister" **zu registrieren.**

❷ Systembeteiligungspflicht

Die Befüller der leeren Verpackungen **(Vertreiber)** dürfen die Rücknahme und Verwertung der Verpackungen nicht selbst organisieren. Stattdessen sind sie verpflichtet, sich einem **System anzuschließen** (z. B. Grüner Punkt GmbH). Ein System ist eine Organisation, die anfallende, entleerte Verpackungen erfasst und einer Verwertung zuführt.

IHRE PFLICHTEN BEI DER ERSTMALIGEN REGISTRIERUNG:

HERSTELLER

Vor dem Inverkehrbringen

❶ Online-Registrierung bei der Zentralen Stelle Verpackungsregister unter **www.verpackungsregister.org**

Beauftragung Dritter nicht zulässig!

❷ **Systembeteiligung** bei einem System z. B. dem Grünen Punkt

❸ Unverzügliche **Meldung der** im Rahmen der Systembeteiligung getätigten **Daten** an die Zentrale Stelle

Quelle: Das neue Verpackungsgesetz, hrsg. von Der Grüne Punkt – Duales System Deutschland GmbH (DSD), S. 6 (Auszug)

Für die Beteiligung an einem System müssen diejenigen, die die Verpackungen in Verkehr bringen oder vertreiben, dem System ein Entgelt zahlen. Dieses ist umso höher, je ökologisch problematischer die zu recycelnden Verpackungsstoffe sind. Aus den Zahlungen finanzieren die Systeme die Erfassung der Verpackungen (z. B. gelbe Tonnen bzw. Säcke, Glascontainer, Altpapiertonnen) und die nachfolgende Verwertung der Verpackungsabfälle.

❸ Neben der Registrierpflicht müssen die Hersteller anschließend die in den Verkehr gebrachten **Verpackungen** (z. B. Materialart, Menge der Verpackungen) **melden.** Da auch die dualen Systeme ihre Daten an die „Zentrale Stelle Verpackungsregister" übermitteln müssen, ist ein einfacher Datenabgleich möglich.

(2) Verpackungen, die beim Einzelhändler anfallen

Fallen beim Einzelhändler Verkaufs- und Umverpackungen an, ist er verpflichtet, diese zurückzunehmen. Anschließend hat er sie einer **Wiederverwendung** oder dem **Recycling** zuzuführen. Eine Rückgabe an den Vorvertreiber ist ebenfalls möglich.

(3) Höhere Verwertungsanforderungen

Durch das Verpackungsgesetz sollen Vertreiber dazu angehalten werden, ökologisch vorteilhafte und recyclingfähige Verpackungen zu verwenden. Seit Januar 2019 steigen die Anforderungen an die Verwertung von Verpackungen.

---

1 Als **Hersteller** von systembeteiligungspflichtigen Verpackungen gilt dabei **nicht der Hersteller des Verpackungsmaterials,** sondern derjenige **Vertreiber,** der Verpackungen **erstmals gewerbsmäßig in Verkehr bringt.** Hierzu zählen auch **Onlinehändler.**

Die Systeme sind verpflichtet, im Jahresmittel z. B. Papier, Pappe, Karton anstelle von bisher 70 % auf 85 % oder Aluminium von bisher 60 % auf 80 % der Wiederverwendung oder dem Recycling zuzuführen. Der Anteil von in Mehrweggetränkeverpackungen abgefüllten Getränke soll mindestens 70 % erreichen.

Zusammenfassung

- **Ziel des Verpackungsgesetzes** ist, den Verpackungsmüll zu vermindern und mehr Abfälle aus privaten Haushalten zu recyclen.

- **Hersteller** von Verpackungen sind diejenigen Vertreiber, die die Verpackungen **erstmals gewerbsmäßig in Verkehr bringen.**

- **Vertreiber** sind die **Befüller der Verpackungen.**

- Einzelhändler müssen **Verpackungen unentgeltlich zurücknehmen** und einer **Wiederverwendung** oder dem **Recycling** zuführen.

Kompetenztraining

59 1. 1.1 Nennen Sie die Aufgabe, die die Verpackung im Verkaufsraum übernimmt!

  1.2 Beschreiben Sie die Pflichten des Einzelhandels hinsichtlich der Verkaufsverpackungen!

2. Findet nach dem Gebrauch der Verpackung eine konsequente Wertstofftrennung statt, so  entstehen .... Werden diese anschließend ...., so stehen sie für die .... neuer Artikel zur Verfügung. Je mehr Verpackungen in den .... kommen, desto geringer ist der Verbrauch an ....

  Aufgabe:
  Übertragen Sie den Lückentext in Ihr Heft und ordnen Sie die nachfolgenden Begriffe in die Lücken ein: Produktion, recycelt, Wertstoffkreislauf, Sekundärrohstoffe, natürlichen Ressourcen!

3. Nennen Sie drei Gefahren, die sich für die Umwelt aus einer zu aufwendigen Verpackung ergeben!

4. Beschreiben Sie die Aufgaben des „Grünen Punktes"! Rufen Sie hierzu im Internet die DOWNLOAD Seite www.gruener-punkt.de auf!

5. Erläutern Sie die Begriffe Hersteller und Vertreiber nach dem Verpackungsgesetz! DOWNLOAD

6. Erklären Sie nachfolgende Begriffe und bilden Sie hierzu jeweils ein Beispiel.

  6.1 Verkaufsverpackung,

  6.2 Umverpackung und

  6.3 Transportverpackung!

7. Erläutern Sie, welche Verpackungsarten systembeteiligungspflichtig sind!

Schwerpunkt Steuerung und Kontrolle

Lernfeld 11: Geschäftsprozesse erfassen und kontrollieren

1 Kaufmännische Rechentechniken

1.1 Dreisatz

1.1.1 Dreisatz mit geradem Verhältnis

Beispiel:

Der Verkaufserlös für 108 kg eines Artikels beträgt 345,60 EUR.

Aufgabe:

Berechnen Sie den Verkaufserlös für 42 kg!

Lösung:

Gegeben: 108 kg bringen einen Erlös von 345,60 EUR ← Bedingungssatz

Gesucht: 42 kg bringen einen Erlös von   x   EUR ← Fragesatz

$$x = \frac{345{,}60 \cdot 42}{108} = \underline{134{,}40 \text{ EUR}} \quad\quad ← \text{Bruchsatz}$$

Ergebnis: Der Verkaufserlös von 42 kg beträgt 134,40 EUR.

Allgemeiner Lösungsweg

- Schreiben Sie den **Bedingungssatz** so auf, dass die gefragte Größe am Ende des Satzes steht.

- Schreiben Sie den **Fragesatz** darunter. Achten Sie darauf, dass gleiche Bezeichnungen (z. B. kg, EUR, m usw.) immer untereinander stehen.

- Bei der Erstellung des **Bruchsatzes** ist von dem gegebenen Wert **(Erlös für 108 kg)** auszugehen. Er ist dann immer auf den Wert einer Einheit zurückzuführen **(Erlös für 1 kg)**, und anschließend ist der Wert für die gesuchte Mehrheit zu berechnen **(Erlös für 42 kg ≙ x EUR)**. Die Erstellung des Bruchsatzes erfolgt also über die folgenden drei Sätze:

1. Satz: 108 kg bringen einen Erlös von   345,60 EUR ⎫

                                                 ⎬ je weniger, desto weniger

2. Satz: 1 kg bringt einen Erlös von $\dfrac{345{,}60}{108}$ EUR ⎭

                                                  ⎬ je mehr, desto mehr

3. Satz: 42 kg bringen einen Erlös von $\dfrac{345{,}60 \cdot 42}{108}$ EUR ⎭

- Beim 2. Satz gilt im Verhältnis zum 1. Satz: **Je weniger, desto weniger.** (Je weniger verkauft wird, desto niedriger ist der Erlös.) Es handelt sich um ein **gerades Verhältnis.** Es wird dividiert.

- Beim 3. Satz gilt im Verhältnis zum 2. Satz: **Je mehr, desto mehr.** (Je mehr verkauft wird, desto höher ist der Erlös.) Es handelt sich um ein **gerades Verhältnis.** Es wird multipliziert.

Kompetenztraining

60

1. Ein Kaufhaus bezieht eine Wagenladung Kartoffeln mit einem Gesamtnettogewicht von 785 kg zu 439,60 EUR.

   Berechnen Sie den Preis für einen Beutel mit 2,5 kg Nettogewicht!

2. Für die Ausstattung einer Ausstellungshalle werden 85 m Stoff benötigt. Der benötigte Vorhangstoff wird von einem Ballen genommen, der 110 m umfasst und 1 925,00 EUR gekostet hat.

   Ermitteln Sie die Kosten für die Ausstattung der Halle, wenn für Vorhangschienen 264,00 EUR, für Leisten 83,00 EUR und für Arbeitslohn 560,00 EUR anfallen!

3. Eine Aushilfskraft erhält für 26 Arbeitsstunden einen Bruttolohn von 364,00 EUR.

   Ermitteln Sie den Bruttolohn, wenn die Arbeitszeit 34 Stunden beträgt!

4. Der Heizölvorrat von 8 410 Litern reicht bei normalem Verbrauch 145 Tage.

   Berechnen Sie, wie viel Tage ein Vorrat von 5 180 Litern reicht!

5. Die Kosten für die Reinigung der Geschäftsräume belaufen sich im Monat März bei 24 Arbeitstagen auf insgesamt 620,00 EUR. Berechnen Sie die Reinigungskosten

   5.1 für den Monat Mai (22 Arbeitstage) und

   5.2 für den Monat Juli (18 Arbeitstage wegen Betriebsferien)!

6.

Bezeichnung	SPARPREIS pro Stück
UHU Stic 8,2 g	0,98
UHU Stic 20 g	1,78
UHU Stic 40 g	2,58

6.1 Berechnen Sie, wie viel jeweils 10 g Klebstoff bei den einzelnen Packungsgrößen kosten!

6.2 Nennen Sie Gründe, die das Unternehmen veranlasst haben könnten, diese Preisgestaltung zu wählen!

7. Für einen Umsatz von 820,00 EUR erhält eine Verkäuferin 20,50 EUR Umsatzprämie.

   Berechnen Sie die Umsatzprämie, die ihre Kollegin erhält, die einen Umsatz von 580,00 EUR erzielt hat!

1.1.2 Dreisatz mit ungeradem Verhältnis

Beispiel:

Der Vorrat an einer bestimmten Warenart reicht bei einem täglichen Verkauf von 42 kg noch 18 Tage.

Aufgabe:

Ermitteln Sie, wie viel Tage der Vorrat reicht, wenn es sich herausstellt, dass pro Tag nur 36 kg verkauft werden!

Lösung:

Gegeben: 42 kg täglicher Verkauf → Verbrauchszeit 18 Tage   ← Bedingungssatz

Gesucht: 36 kg täglicher Verkauf → Verbrauchszeit x Tage   ← Fragesatz

$$x = \frac{18 \cdot 42}{36} = \underline{21 \text{ Tage}}$$ ← Bruchsatz

Ergebnis: Bei einem täglichen Verkauf von 36 kg reicht der Vorrat 21 Tage.

Allgemeiner Lösungsweg

Für die Aufstellung der drei Sätze gilt die gleiche Vorgehensweise wie beim Dreisatz mit geradem Verhältnis.

1. Satz: Bei einem täglichen Verkauf von 42 kg beträgt die Verbrauchszeit 18 Tage

2. Satz: Wird täglich nur 1 kg verkauft, reicht der Vorrat $18 \cdot 42$ Tage

} je weniger, desto mehr

3. Satz: Werden täglich 36 kg verkauft, reicht der Vorrat $\frac{18 \cdot 42}{36}$ Tage

} je mehr, desto weniger

- Beim 2. Satz gilt im Verhältnis zum 1. Satz: **Je weniger, desto mehr.** (Je weniger an einem Tag verkauft wird, desto mehr Tage reicht der Vorrat.) Es handelt sich um ein **ungerades Verhältnis.** Es wird multipliziert.

- Beim 3. Satz gilt im Verhältnis zum 2. Satz: **Je mehr, desto weniger.** (Je mehr der Tagesverkauf zunimmt, desto weniger Tage reicht der Vorrat.) Es handelt sich um ein **ungerades Verhältnis.** Es wird dividiert.

Kompetenztraining

61 1. Der Vorrat an Gemüsedosen reicht bei einem täglichen Verkauf von 48 Stück 24 Tage.

   Berechnen Sie, wie viel Tage der gleiche Vorrat reicht, wenn aufgrund einer Werbeaktion der tägliche Verkauf auf 72 Stück ansteigt!

2. 20 Arbeiter brauchen für einen bestimmten Auftrag 15 Tage zu je 8 Stunden.

   Ermitteln Sie, wie viel Arbeiter noch hinzugezogen werden müssten, wenn der Auftrag in 10 Tagen fertig sein soll, die tägliche Arbeitszeit jedoch nicht erhöht werden kann!

3. Die monatliche Spesenpauschale für einen Mitarbeiter reicht für 26 Tage, wenn er täglich 24,00 EUR ausgibt.

   Ermitteln Sie, wie viel Tage die Spesen reichen, wenn er täglich nur 20,00 EUR ausgibt!

4. Zum Auslegen der Geschäftsräume mit Teppichboden benötigen wir 32 Rollen mit einer Breite von 1,20 m.

   Berechnen Sie die Anzahl der Rollen, die man braucht, wenn die Breite 1,80 m beträgt!

5. Bei einem täglichen Bedarf von 140 Blatt reicht das Fotokopierpapier noch 66 Tage.

   Ermitteln Sie, wie viel Tage der Vorrat reicht, wenn der Tagesbedarf auf 180 Blatt ansteigt!

6. Zum Auffüllen eines Ladenregals benötigen 4 Angestellte 6 Stunden.

   Berechnen Sie, in welcher Zeit die Arbeit von 3 Angestellten erledigt werden könnte!

7. Zum Abladen eines Lkws werden 3 Verkäufer für 4 Stunden abgestellt.

   Ermitteln Sie, nach wie viel Stunden der Lkw abgeladen ist, wenn der Fahrer des Lkws mithilft!

8. 16 Einzelhändler eines Einkaufszentrums starten eine gemeinsame Werbeaktion, wobei jeder anteilige Kosten in Höhe von 362,40 EUR zu tragen hat.

   Berechnen Sie den Kostenanteil je Einzelhandelsgeschäft, wenn alle 24 Einzelhandelsgeschäfte des Einkaufszentrums die Aktion mittragen würden!

Den **Unterschied** zwischen dem **Dreisatz mit geradem Verhältnis** und dem **Dreisatz mit ungeradem Verhältnis** zeigt die folgende Gegenüberstellung auf:

Gerades Verhältnis	Ungerades Verhältnis
Beispiel: 20 kg Zucker kosten 24,00 EUR 5 kg Zucker kosten 6,00 EUR	**Beispiel:** 10 Arbeiter benötigen 8 Tage 4 Arbeiter benötigen 20 Tage
Allgemein: **Weniger** Zucker **weniger** Geld **Mehr** Zucker **mehr** Geld	**Allgemein:** **Weniger** Arbeiter **mehr** Tage **Mehr** Arbeiter **weniger** Tage
Die **Größen** (Zucker und Geld) verändern sich **gleichgerichtet.**	Die **Größen** (Arbeiter und Tage) verändern sich **entgegengerichtet.**
Das Zurückführen auf **eine Einheit** (1 kg Zucker) erfordert eine **Division.**	Das Zurückführen auf **eine Einheit** (ein Arbeiter) erfordert eine **Multiplikation.**
Das Schließen von der Einheit auf die gesuchte Mehrheit erfordert eine **Multiplikation.**	Das Schließen von der Einheit auf die gesuchte Mehrheit erfordert eine **Division.**

Kompetenztraining

62 Lösen Sie die nachfolgenden Dreisatzaufgaben mit geradem und ungeradem Verhältnis!

1. Die Lederwaren Kuhn OHG bezahlte für ihre Geschäftsräume bei einem Mietpreis von 13,50 EUR je m^2 bisher monatlich 2 767,50 EUR.

   Berechnen Sie die künftige Monatsmiete, wenn der Hauseigentümer die Miete um 0,80 EUR je m^2 erhöht!

2. Die Glasversicherung für die Schaufensterscheiben der Einzelhandlung Martin Weber e. Kfm. wird nach m^2 berechnet. Bei einer Glasfläche von 18 m^2 beträgt sie 225,00 EUR jährlich. Durch den Ladenausbau erweitert sich die Glasfläche um $4^1/_2$ m^2.

   Ermitteln Sie die jährliche Versicherungssumme!

3. Das Farbengeschäft Christian Bunt e. Kfm. füllt 400 Liter Farbe in 2-l-Dosen ab und erhält somit 200 Dosen.

   Ermitteln Sie, wie viel Dosen abgefüllt werden können, wenn der Doseninhalt $^1/_2$ Liter beträgt!

4. Ein Warenhaus versendet 2 400 Teller an den Festwirt eines Volksfestes. Ein Teller wiegt 210 g. Die Teller werden in Kartons mit je 80 Stück verpackt und mit dem eigenen Kombiwagen transportiert. Die maximale Zuladung beträgt 410 kg.

   Berechnen Sie, ob die Teller mit einer Fahrt zum Festwirt transportiert werden können, wenn die zulässige Zuladung eingehalten wird!

5. Für unsere Inventur brauchen 3 Angestellte 12 Tage. Nach 4 Tagen wird ein weiterer Angestellter abgestellt, um die Arbeiten zu beschleunigen.

   Geben Sie an, wie viel Tage nun für die Inventur benötigt werden!

6. Die 6 Einzelhandelsgeschäfte einer Geschäftsstraße starten gemeinsam eine Werbekampagne. Jedes Einzelhandelsgeschäft hat anteilige Kosten in Höhe von 2 070,00 EUR zu tragen.

   Berechnen Sie den Kostenanteil eines Einzelhandelsgeschäfts, wenn sich in der Parallelstraße noch 3 weitere Einzelhandelsgeschäfte der Aktion anschließen!

7. Ein Mitarbeiter im Außendienst erhält für den Verkauf von 240 Stück einer Ware eine Provision von 4 400,00 EUR.

   Berechnen Sie, welchen Betrag der Mitarbeiter erhält, wenn sich beim nächsten Abrechnungstermin der Verkauf auf 195 Stück beläuft!

8. Ein Übersetzungsbüro berechnet einem Einzelhandelsgeschäft für die Übersetzung eines Textes von 96 Seiten 840,00 EUR.

   Ermitteln Sie den Preis für die Übersetzung einer Arbeit, die 120 Seiten umfasst!

9. 9.1 Ermitteln Sie den Preis für jeweils eine Hängemappe bei den beiden Packungsgrößen!

   9.2 Ein Bürogeschäft bestellt 12 Packungen mit je 25 Hängemappen.

   Berechnen Sie den Bezugspreis, wenn der Großhändler 4,10 EUR an Porto berechnet!

   9.3 Geben Sei an, wie lange der Vorrat an Hängemappen reicht, wenn das Bürogeschäft im Durchschnitt 12 Hängemappen pro Tag verkauft und die neue Bestellung bei einem Mindestbestand von 48 Hängemappen erfolgt!

HÄNGEREGISTRATUR

Hängeregistratur mit multi-kompatiblem Sichtreitersystem in 5 Farben.

Bezeichnung	Inhalt pro Pack	SPARPREIS pro Pack
Hängemappen	12	7,56
Hängemappen	25	14,50

1.2 Durchschnittsrechnung

1.2.1 Einfacher Durchschnitt

Beispiel:

Ein Einzelhandelsgeschäft möchte am 30. Juni den durchschnittlichen Lagerbestand einer Warenart zu Einstandspreisen für die vergangenen 6 Monate ermitteln. Für die einzelnen Monate waren folgende Werte festgehalten worden:

30. Januar	142500,00 EUR	30. April	142090,00 EUR
28. Februar	198610,00 EUR	31. Mai	84610,00 EUR
31. März	124080,00 EUR	30. Juni	76350,00 EUR

Aufgabe:

Berechnen Sie den durchschnittlichen Lagerbestand!

Lösung:

$$\text{Ø Lagerbestand} = \frac{142\,500 + 198\,610 + 124\,080 + 142\,090 + 84\,610 + 76\,350}{6} = \underline{128\,040{,}00 \text{ EUR}}$$

Ergebnis: Der durchschnittliche Lagerbestand beträgt 128040,00 EUR.

Allgemeiner Lösungsweg

- In einem ersten Schritt werden die einzelnen Werte addiert.
- In einem zweiten Schritt wird die Summe der Werte durch die Anzahl der Werte geteilt.

$$\text{Einfacher Durchschnitt} = \frac{\text{Summe der Werte}}{\text{Anzahl der Werte}}$$

Kompetenztraining

63 1. Der Lagerbestand einer Ware beträgt im zweiten Halbjahr 20..

Monat	Anzahl	Wert
Juli	1200	3640,00 EUR
August	940	2020,00 EUR
September	820	1590,00 EUR
Oktober	1740	4010,00 EUR
November	1020	2110,00 EUR
Dezember	742	1620,00 EUR

1.1 Berechnen Sie die Anzahl der Lagerbestände im Durchschnitt!

1.2 Berechnen Sie den durchschnittlichen Lagerbestand!

15 Merkur-Nr. 0642

2. Das Textilgeschäft Schlaf GmbH ermittelte in der vergangenen Woche die Kundenzahlen, um den durchschnittlichen Umsatz je Kunde zu errechnen.

Tag	Kundenzahl	Tageslosung
Montag	120	2 980,40 EUR
Dienstag	98	1 770,80 EUR
Mittwoch	105	5 160,00 EUR
Donnerstag	72	940,20 EUR
Freitag	111	4 319,60 EUR
Samstag	142	8 220,60 EUR

2.1 Ermitteln Sie den Durchschnittsumsatz je Tag!

2.2 Berechnen Sie die durchschnittliche Kundenzahl je Tag!

2.3 Ermitteln Sie den Durchschnittsumsatz je Kunde in der vergangenen Woche!

3. Ein Lebensmittelgeschäft stellt fest, dass für seinen Hauswein „Das Weinreberl" in den letzten 5 Jahren folgende Preise erzielt wurden: 1. Jahr: 7,10 EUR; 2. Jahr: 6,60 EUR; 3. Jahr: 7,90 EUR; 4. Jahr: 8,20 EUR; 5. Jahr: 6,30 EUR.

Ermitteln Sie den Durchschnittspreis, den das Lebensmittelgeschäft für den Wein in den vergangenen 5 Jahren erzielt hat!

4. Ein Schuhgeschäft hatte im vergangenen Geschäftsjahr folgende Monatsumsätze:

Monat	Umsatz	Monat	Umsatz	Monat	Umsatz
Januar	32 400,00 EUR	Mai	45 380,00 EUR	September	29 420,00 EUR
Februar	25 200,00 EUR	Juni	51 420,00 EUR	Oktober	34 370,00 EUR
März	34 150,00 EUR	Juli	28 410,00 EUR	November	38 910,00 EUR
April	28 700,00 EUR	August	27 700,00 EUR	Dezember	66 720,00 EUR

4.1 Berechnen Sie den Jahresumsatz!

4.2 Ermitteln Sie den durchschnittlichen Monatsumsatz!

4.3 Ermitteln Sie den durchschnittlichen Tagesumsatz bei 295 Verkaufstagen!

4.4 Berechnen Sie den Umsatz je Verkäufer, wenn das Geschäft 3 Mitarbeiter beschäftigt!

5. Ein Mitarbeiter im Außendienst legte in der Woche vom 2. April bis 6. April mit dem Pkw folgende Tagesstrecken für Kundenbesuche zurück:

2. April	280 km	4. April	364 km	6. April	304 km
3. April	125 km	5. April	212 km		

Berechnen Sie, wie viele km der Außendienstmitarbeiter am Tag durchschnittlich gefahren ist!

6. Um sich ein Urteil über die Preisentwicklung auf dem Markt für Südfrüchte bilden zu können, notiert sich der Inhaber einer Früchtehandlung eine Woche lang die Preise für ein 5-kg-Netz Orangen auf dem Großmarkt. Die Preise an den verschiedenen Wochentagen betrugen:

Montag	5,25 EUR	Donnerstag	4,85 EUR
Dienstag	5,60 EUR	Freitag	5,40 EUR
Mittwoch	4,90 EUR	Samstag	6,20 EUR

Ermitteln Sie den durchschnittlichen Großmarktpreis für 5 kg Orangen!

1.2.2 Gewogener Durchschnitt

Beispiel:

Ein Einzelhandelsgeschäft möchte am Eingang des Ladens einen großen Korb mit Sonderangeboten aufstellen. Die im Korb angebotenen Waren sollen zu einem Einheitspreis verkauft werden. Vorhanden sind:

Anzahl	bisheriger Verkaufspreis je Einheit
6	12,60 EUR
12	27,80 EUR
8	26,10 EUR
20	16,40 EUR

Aufgabe:

Berechnen Sie, mit welchem Durchschnittspreis der Einzelhändler die Waren auszeichnen muss, wenn der gesamte Verkaufserlös unverändert bleiben soll!

Lösung:

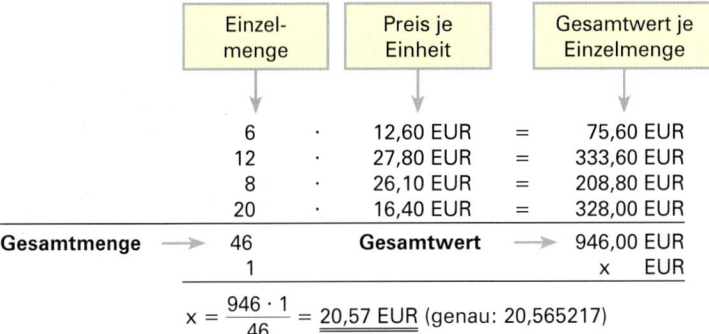

Einzel-menge		Preis je Einheit		Gesamtwert je Einzelmenge
6	·	12,60 EUR	=	75,60 EUR
12	·	27,80 EUR	=	333,60 EUR
8	·	26,10 EUR	=	208,80 EUR
20	·	16,40 EUR	=	328,00 EUR

Gesamtmenge → 46 **Gesamtwert** → 946,00 EUR

1   x   EUR

$$x = \frac{946 \cdot 1}{46} = \underline{20,57\ \text{EUR}}\ \text{(genau: 20,565217)}$$

Probe:

46 · 20,565217 EUR ergibt einen Gesamterlös von 946,00 EUR.

Ergebnis: Die Ware muss mit einem Preis von 20,57 EUR ausgezeichnet werden.

Erläuterungen:

Die Preise für die einzelnen Waren dürfen nicht wie beim einfachen Durchschnitt nur zusammengezählt und dann durch die Anzahl der Sorten (in unserem Beispiel 4) geteilt werden.

Begründung: Von der Ware zu 27,80 EUR sind 12 Stück vorhanden. Von der Ware zu 12,60 EUR sind lediglich 6 Stück im Korb. Das bedeutet, dass die 12 Stück zu 27,80 EUR stärker ins Gewicht fallen als etwa die 6 Stück zu 12,60 EUR. Die Folge ist: unterschiedliche Einzelmengen müssen bei der Berechnung eines Durchschnittspreises berücksichtigt (gewichtet) werden.

Es ist der **Gesamtwert der jeweiligen Warenart** zu ermitteln (Einzelmenge · Preis je Einheit, z.B. 6 · 12,60 EUR = 75,60 EUR). Die Summe der Gesamtwerte ist dann durch die **Gesamtmenge zu dividieren**.

$$\text{Gewogener Durchschnitt} = \frac{\text{Einzelmenge} \cdot \text{Preis je Einheit}}{\text{Gesamtmenge}}$$

Allgemeiner Lösungsweg

- Die Einzelmengen und der jeweilige Preis je Einheit sind im Lösungsschema festzuhalten.
- Die Multiplikation von Einzelmenge · Preis je Einheit ergibt den Gesamtwert je Einzelmenge.
- Durch Addition der Einzelmengen und der Gesamtwerte je Einzelmenge sind die Gesamtmenge und der Gesamtwert zu errechnen.
- Den gewogenen Durchschnittspreis je Einheit erhält man, indem man den Gesamtwert durch die Gesamtmenge dividiert.

Kompetenztraining

64

1. Ein Einzelhändler stellt einen Wühlkorb aus 3 Warenarten zusammen, die zu einem Durchschnittspreis als Sonderangebot verkauft werden sollen.

   16 Stück zum bisherigen Preis von 3,12 EUR je Stück

   34 Stück zum bisherigen Preis von 2,74 EUR je Stück

   10 Stück zum bisherigen Preis von 0,68 EUR je Stück

   Berechnen Sie, mit welchem Stückpreis der Wühlkorb ausgezeichnet wird!

2. Das Lebensmittelhaus Fritz Straub e, Kfm. mischt seine beliebte Mischung „Hustenbonbons". Dazu verwendet der Einzelhändler fünf Sorten von Bonbons:

Salbeigeschmack:	5 kg Preis je kg 13,10 EUR
Malzgeschmack:	8 kg Preis je kg 12,40 EUR
Huflattichgeschmack:	2 kg Preis je kg 14,10 EUR
Kamillengeschmack:	10 kg Preis je kg 11,90 EUR
Honiggeschmack:	12 kg Preis je kg 11,85 EUR

   Ermitteln Sie den Verkaufspreis für einen 125-g-Beutel!

3. Das Textilhaus „Kleider-Froh GmbH" hat einen Sonderposten Mäntel wie folgt verkauft: 120 Stück zum regulären Preis von 99,80 EUR, 65 Stück zu einem Sonderpreis von 79,90 EUR und den Rest von 30 Stück in einem Aktionsverkauf zu 59,90 EUR.

   Nennen Sie den Durchschnittspreis je Mantel, den das Textilhaus erzielt!

4. Ein Lebensmittelhändler mischt drei Sorten Kaffee:

   Sorte I: 16 kg zu je 9,20 EUR

   Sorte II: 24 kg zu je 8,10 EUR

   Sorte III: 12 kg zu je 6,90 EUR

   Beim Rösten entsteht ein Gewichtsverlust von 16 %.

   Berechnen Sie den Preis für $\frac{1}{4}$ kg der Mischung, wenn für die Herstellung der Mischung ein Arbeitslohn von 26,80 EUR einkalkuliert wird!

5. Das Textilhaus Fritz Wolle e. Kfm. stellt am Ladeneingang einen Wühltisch mit Hemden, Blusen, T-Shirts und Röcken auf. Alles soll zu einem Einheitspreis verkauft werden. Vorhanden sind:

15 Hemden	zu 21,90 EUR	18 T-Shirts	zu 12,80 EUR
11 Blusen	zu 15,40 EUR	24 Röcke	zu 28,50 EUR

   Berechnen Sie, welchen Durchschnittspreis Fritz Wolle e. Kfm. verlangen muss, damit der gesamte Verkaufserlös unverändert bleibt!

1.3 Prozentrechnung

1.3.1 Einführung in die Prozentrechnung

Die Prozentrechnung ist dazu geeignet, Zahlenverhältnisse besser zu durchschauen und vergleichen zu können. Zum Vergleich benötigt man einen einheitlichen **Vergleichsmaß-stab**. Beim **Prozentrechnen** ist es die Zahl **100**. Bei der **Promillerechnung** ist es die Zahl **1000**.

Prozent bedeutet stets: bezogen auf 100		
pro	→	für
centum	→	100

Beispiel:

Einem Einzelhändler liegen 2 Rechnungen zur Zahlung vor:

Rechnung 1: Rechnungspreis   480,00 EUR

Rechnung 2: Rechnungspreis   1 440,00 EUR

Auf jede Rechnung wird ein Rabatt von 144,00 EUR gewährt. Obwohl der Rabatt betragsmä-ßig in beiden Fällen gleich hoch ist, ist der Rabatt auf der ersten Rechnung im Verhältnis zur zweiten Rechnung wesentlich höher.

Aufgabe:

Weisen Sie die Richtigkeit dieser Aussage nach!

Lösung:

Das **Verhältnis Rechnungsbetrag zu Rabatt** bei den beiden Rechnungen ist **direkt nicht vergleichbar**, da die Rechnungsbeträge unterschiedlich hoch sind. Ein Vergleich ist erst möglich, wenn der Rabatt auf einen **gleich großen Betrag (Vergleichszahl)** bezogen wird. Als Vergleichszahl wird zweckmäßi-gerweise die **Zahl 100** genommen.

Neue Aufgabenstellung: Wie viel EUR beträgt der Rabatt, bezogen auf 100,00 EUR?

Die **Lösung der neuen Aufgabenstellung** erfolgt mithilfe des **Dreisatzes:**

Rechnung 1:

Bei 480,00 EUR Re.-Betrag 144,00 EUR Rabatt

Bei 100,00 EUR Re.-Betrag   x   EUR Rabatt

$$x = \frac{144 \cdot 100}{480} = \underline{30,00 \text{ EUR Rabatt}}$$

● Der Rabatt beträgt

30,00 EUR je 100,00 EUR Rechnungsbetrag

→ entspricht: 30 vom Hundert (pro centum)

→ kürzer: 30 v. H. → 30 Prozent → 30 %

Rechnung 2:

Bei 1 440,00 EUR Re.-Betrag 144,00 EUR Rabatt

Bei   100,00 EUR Re.-Betrag   x   EUR Rabatt

$$x = \frac{144 \cdot 100}{1\,440} = \underline{10,00 \text{ EUR Rabatt}}$$

● Der Rabatt beträgt

10,00 EUR je 100,00 EUR Rechnungsbetrag

→ 10 vom Hundert (pro centum)

→ 10 v. H. → 10 Prozent → 10 %

Ergebnis: Verglichen mit einem Rechnungsbetrag von 100,00 EUR sind die beiden Rechnungsnach-lässe verschieden hoch. Der Rabatt bei Rechnung 1 beträgt 30 %, bei Rechnung 2 nur 10 %.

- Der **Prozentsatz** gibt an, wie hoch ein Wert ist, wenn man die Zahl 100 (1 000) als Bezugsgrundlage wählt.

- Die **Prozentrechnung** ist eine **Vergleichsrechnung.** Verschiedene Werte (EUR-Beträge, kg, Liter, cm usw.) werden vergleichbar gemacht, indem man sie auf die **Vergleichszahl 100** bezieht.[1]

Die Prozentrechnung ist eine angewandte Dreisatzrechnung. Zu unterscheiden sind die Größen: **Prozentwert, Grundwert** und **Prozentsatz.**

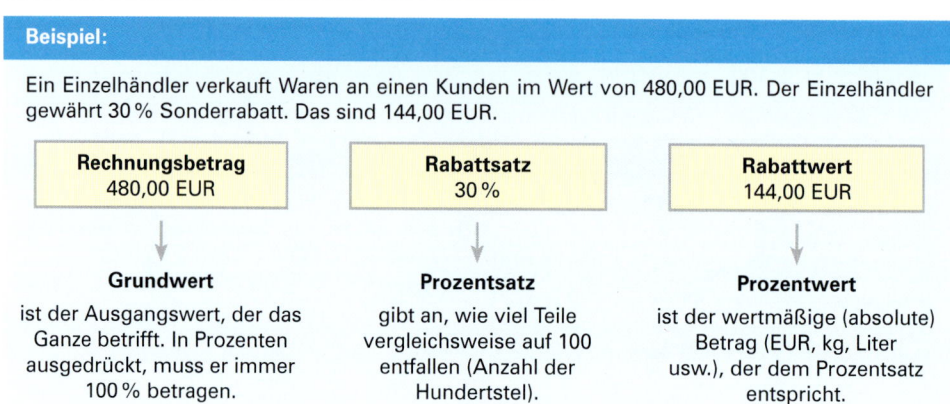

Beispiel:		
Ein Einzelhändler verkauft Waren an einen Kunden im Wert von 480,00 EUR. Der Einzelhändler gewährt 30 % Sonderrabatt. Das sind 144,00 EUR.		

Rechnungsbetrag 480,00 EUR	**Rabattsatz** 30 %	**Rabattwert** 144,00 EUR
↓	↓	↓
Grundwert	**Prozentsatz**	**Prozentwert**
ist der Ausgangswert, der das Ganze betrifft. In Prozenten ausgedrückt, muss er immer 100 % betragen.	gibt an, wie viel Teile vergleichsweise auf 100 entfallen (Anzahl der Hundertstel).	ist der wertmäßige (absolute) Betrag (EUR, kg, Liter usw.), der dem Prozentsatz entspricht.

Von den **drei Größen** Prozentwert (bzw. Promillewert), Grundwert und Prozentsatz (bzw. Promillesatz) müssen stets **zwei Größen in der Aufgabe gegeben sein,** um die dritte Größe mithilfe des Dreisatzes errechnen zu können.

1.3.2 Berechnung des Prozentwertes

Beispiel:	
Auf eine Lieferantenrechnung über 1 450,00 EUR erhält ein Einzelhandelsgeschäft 3 % Skonto.	**Aufgabe:** Berechnen Sie den Skontobetrag!

Lösung:

Gegeben: Grundwert: 1 450,00 EUR

               Prozentsatz: 3 %

Gesucht: Prozentwert: ?

---

1 Ist die Vergleichszahl 1 000, so spricht man von **Promillerechnung.** 5 ‰ entspricht 5 von 1 000.

1 Kaufmännische Rechentechniken

| Bedingungssatz | 100 % ≙ 1 450,00 EUR | **Berechnung des Prozentwertes mithilfe** |
| Fragesatz | 3 % ≙ x EUR | **der Formel:** |

$$x = \frac{1450 \cdot 3}{100}$$

Bruchsatz

$$\text{Prozentwert} = \frac{\text{Grundwert} \cdot \text{Prozentsatz}}{100}$$

$$x = 43,50 \text{ EUR}$$

Ergebnis: Der Skonto beträgt 43,50 EUR.

Rechenvorteil

Wichtige **bequeme Prozentsätze** sind der folgenden Tabelle zu entnehmen:

Prozentsatz		Teiler			
$1\frac{1}{4}$ %	→	80	$3\frac{1}{3}$ %	→	30
$1\frac{1}{3}$ %	→	75	4 %	→	25
$1\frac{2}{3}$ %	→	60	$4\frac{1}{6}$ %	→	24
2 %	→	50	5 %	→	20
$2\frac{1}{2}$ %	→	40	$6\frac{1}{4}$ %	→	16
			$6\frac{2}{3}$ %	→	15

? Prozentwert

✓ Grundwert

✓ Prozentsatz

Kompetenztraining

65

1. Lösen Sie die folgenden Aufgaben durch Kopfrechnen!

1.1	$6\frac{1}{4}$ %	von	20,80 EUR	897,60 EUR	72,32 EUR
1.2	$8\frac{1}{3}$ ‰	von	540,00 EUR	187,20 EUR	1 476,00 EUR
1.3	$16\frac{2}{3}$ %	von	95,40 EUR	2 910,00 EUR	151,80 EUR
1.4	$33\frac{1}{3}$ %	von	435,00 EUR	46,95 EUR	76,50 EUR
1.5	$1\frac{2}{3}$ ‰	von	34 800,00 EUR	31 800,00 EUR	27 300,00 EUR

2. Ein Kaufmann hat für den Kauf einer Registrierkasse drei Angebote vorliegen.

   Angebot 1: 3 250,00 EUR bar ohne Abzug.

   Angebot 2: 3 310,00 EUR bar bei 3 % Skonto.

   Angebot 3: 3 380,00 EUR bar bei 5 % Rabatt.

   Ermitteln Sie das billigste Angebot!

3. Ein Fernseher ist mit 999,00 EUR ausgezeichnet. Bei Barzahlung werden 2 % Skonto gewährt.

   Berechnen Sie, um welchen Betrag der Ratenkauf teurer ist, wenn der Händler 225,00 EUR Anzahlung und 8 Monatsraten zu 100,00 EUR verlangt!

4. Das Bruttogehalt einer Verkäuferin betrug 2 680,00 EUR. Durch Tarifänderungen hat sich das Gehalt innerhalb eines Jahres zunächst um $3\frac{1}{2}$ % und dann nochmals um $1\frac{3}{4}$ % erhöht. Am Ende des Geschäftsjahres erhielt die Verkäuferin noch eine hausinterne Leistungszulage von $1\frac{1}{2}$ %.

   Nennen Sie den Bruttolohn nach diesen Erhöhungen!

5. Das Elektrohaus Carsten Lanz e. K. bietet seinen Kunden die Zahlung mit Girocard und mit Kreditkarte an. Ein Kunde kauft einen Kühlschrank für 389,00 EUR.

   Aufgabe:

   Ermitteln Sie die Gutschrift, die das Elektrohaus Carsten Lanz e. K. bei Zahlung mit der Kreditkarte bzw. bei Girocard-Zahlung erhält, wenn folgende Gebühren anfallen: Kreditkarte 2,5 % vom Umsatz, Girocard 0,4 % vom Umsatz, mindestens 0,10 EUR!

6. Überprüfen Sie den nachfolgenden Lieferschein auf seine Richtigkeit! Nehmen Sie außerhalb des Buches eventuell erforderliche Korrekturen bei den Einzelposten und beim Nettobetrag vor und berechnen Sie die anfallende Umsatzsteuer (19 %)!

DOWNLOAD

Lt. Lieferschein Nr. 407 lieferten wir Ihnen am 10. April 20..				
Artikel-Nr.	Artikel-Bezeichnung	Menge	Einzelpreis	Gesamtpreis
10001	Nähnadel lang 3/7	25	2,40 EUR	60,00 EUR
10016	Glaskopf-Stecknadel bunt	12	4,20 EUR	50,40 EUR
11011	Gummiband glatt 3 m	5	2,90 EUR	14,50 EUR
12440	Zwirn 2er schwarz	30	1,29 EUR	83,70 EUR
13041	Klebefilm-Ersatzrolle	40	1,39 EUR	45,60 EUR
20005	Herrenkamm Celluloid	18	1,48 EUR	26,64 EUR
40020	Vokabelheft 32 Blatt A6	95	0,99 EUR	54,54 EUR
40161	Spiralkassetten A7	60	1,02 EUR	6,12 EUR
41256	Micro-Feinschreiber blau	15	3,99 EUR	59,85 EUR
Nettobetrag				421,34 EUR
+ 19 % Umsatzsteuer				
Bruttobetrag				

1.3.3 Berechnung des Grundwertes

(1) Grundwert gesucht

Beispiel:

Ein Einzelhandelsgeschäft hat für die Versicherung des Warenlagers 1 500,00 EUR Prämie zu begleichen. Das sind 2 % der Versicherungssumme.

Aufgabe:

Berechnen Sie die Versicherungssumme!

Prozentwert

? Grundwert

Prozentsatz

Lösung:

Bedingungssatz   2 % $\widehat{=}$ 1 500,00 EUR
Fragesatz   100 % $\widehat{=}$ x   EUR

Bruchsatz $x = \dfrac{1500 \cdot 100}{2}$

$x = \underline{75\,000,00 \text{ EUR}}$

Berechnung des Grundwertes mithilfe der Formel:

$$\text{Grundwert} = \frac{\text{Prozentwert} \cdot 100}{\text{Prozentsatz}}$$

Ergebnis: Die Versicherungssumme für das Lager beträgt 75 000,00 EUR.

Kompetenztraining

66   1. Bei einem Räumungsverkauf wurden die nachfolgenden Nachlässe festgesetzt.

Nr.	Nachlass in %	Nachlass in EUR	Nr.	Nachlass in %	Nachlass in EUR
1.1	15 %	209,25 EUR	1.4	2,5 %	105,00 EUR
1.2	11,5 %	402,50 EUR	1.5	3 %	81,00 EUR
1.3	8 %	1 081,60 EUR	1.6	18 %	2 214,00 EUR

Berechnen Sie den ursprünglichen Ladenverkaufspreis (Bruttoverkaufspreis)!

2. Ein Teppichhaus bietet folgende Sonderangebote an:

Berechnen Sie jeweils den ursprünglichen Verkaufspreis!

3. Die veranschlagten Kosten für Renovierungsarbeiten der Büroräume wurden um 1 092,25 EUR überschritten. Das sind $8^1/_2$ % über dem Kostenvoranschlag.

3.1 Berechnen Sie den ursprünglichen Kostenvoranschlag!

3.2 Geben Sie an, wie viel die Renovierungsarbeiten tatsächlich kosten!

4. Der Einzelhändler Schlau hat eine private Hausratversicherung abgeschlossen. Die jährliche Versicherungsprämie beträgt 533,60 EUR oder 2,32 ‰.

Berechnen Sie die Versicherungssumme!

5. Ein Einzelhändler konnte im Monat August den Umsatz um $4^1/_2$ % oder 6 221,25 EUR steigern.

Berechnen Sie den Umsatz im Juli!

6. Auf der Eingangsrechnung E 61 ist ein Umsatzsteueranteil von 446,88 EUR ausgewiesen. Der Umsatzsteuersatz beträgt 19 %.

Berechnen Sie den Nettoeinkaufspreis!

7. Ein Versicherungsvertreter erhält für den Abschluss einer Lebensversicherung eine Provision von $5^1/_2$ ‰. Das sind 194,70 EUR.

Berechnen Sie die Versicherungssumme der vermittelten Lebensversicherung!

8. Der Inhaber des Textilhauses „Haus Kleidegut GmbH" zahlt an die Feuerversicherung eine Prämie von vierteljährlich 165,00 EUR.

Ermitteln Sie, mit welcher Summe das Geschäftsgebäude einschließlich Lager versichert ist, wenn die jährliche Versicherungsprämie $1^1/_4$ % der Versicherungssumme beträgt!

(2) Verminderter Grundwert gegeben

Beispiel:

Wegen kleiner Fehler verkauft ein Einzelhändler eine Ware mit einem Nachlass von 15 %
zum Sonderpreis von 104,55 EUR.

Aufgaben:
1. Berechnen Sie den ursprünglichen Preis!
2. Berechnen Sie den Betrag der Preissenkung!

Problemstellung

Die Preissenkung von 15 % bezieht sich auf den ursprünglichen Preis. Der **ursprüngliche Preis** ist der **Grundwert**. Er
entspricht 100 %. Der **Sonderpreis** in Höhe von 104,55 EUR
entspricht 85 % **(verminderter Grundwert).**

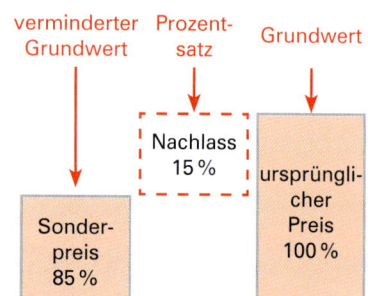

Lösungen:

Bedingungssatz   85 % ≙ 104,55 EUR

Fragesatz   100 % ≙   x   EUR

Bruchsatz $x = \dfrac{104{,}55 \cdot 100}{85} = 123{,}00$ EUR

Regulärer Preis	123,00 EUR
− Sonderpreis	104,55 EUR
= Preissenkung	18,45 EUR

Hinweis: Es ist auch möglich, zuerst die Preissenkung von 15 % in EUR zu errechnen. Allerdings wäre
es ein Umweg. Man steuert vielmehr im Ansatz direkt auf die gefragte Größe zu. Das ist der ursprüngliche Preis (Grundwert). Dieser entspricht 100 %.

Ergebnisse:

1. Der reguläre Preis betrug 123,00 EUR.
2. Die Preissenkung beträgt 18,45 EUR.

Kompetenztraining

67   1.   Im Sonderangebot wurden Waren zu folgenden Auszeichnungspreisen angeboten:

Nr.	Sonderpreis	Preisnachlass
1.1	118,90 EUR	18 %
1.2	158,76 EUR	16 %
1.3	152,75 EUR	35 %

Ermitteln Sie die ursprünglichen Verkaufspreise, wenn die angegebenen Preisnachlässe gewährt wurden!

2.   Die Auszubildende Frieda bekommt vom Geschäft einen Personalrabatt von $12^1/_2$ %.

Ermitteln Sie den ursprünglichen Auszeichnungspreis für das Kleid, wenn Frieda es für 112,00 EUR kaufte!

3.   Auf dem Bank-konto von Karin Wipper e. Kfr. geht eine Gut-schrift der Hei-mann KG ein.

Aufgabe:

Berechnen Sie den Skontobe-trag und den Rechnungs-betrag!

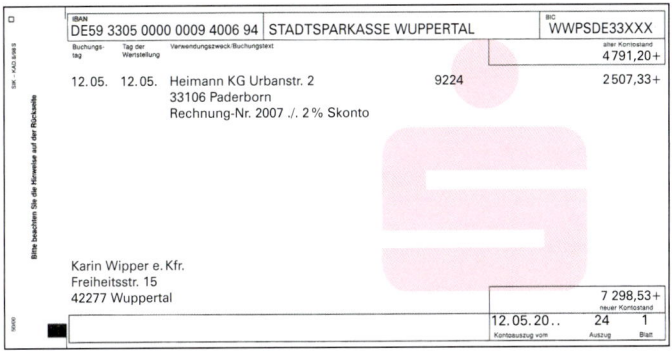

4.   Das Textilhaus Oliver Nadi e. Kfm. verkauft von 200 Anzügen zunächst 60 Stück. Nachdem der Preis um $16^2/_3$ % herabgesetzt wurde, konnten weitere 40 Anzüge verkauft werden. Um den Restbestand veräußern zu können, musste dieser Preis nochmals um 20 % ge-senkt werden, sodass der Verkaufspreis noch 180,00 EUR betrug.

   4.1   Berechnen Sie den ursprünglichen Auszeichnungspreis!

   4.2   Berechnen Sie den Gesamterlös!

   4.3   Ermitteln Sie die Umsatzeinbuße, die das Textilhaus hinnehmen musste!

5.   Der Preis eines Liegestuhls war um 20 % ermäßigt worden. Da der Liegestuhl immer noch nicht verkauft werden konnte, wurde dieser Preis nochmals um 30 % gesenkt. Er kostet jetzt 24,50 EUR.

   5.1   Berechnen Sie den ursprünglichen Preis!

   5.2   Ermitteln Sie, um wie viel Prozent der Liegestuhl insgesamt billiger wurde!

6.   Berechnen Sie den ursprünglichen Preis des stapel-baren Rollers!

(3) Vermehrter Grundwert gegeben

Beispiel:

Ein Einzelhandelsgeschäft erhöht den Preis einer Ware um 8 %. Er beträgt jetzt 9,18 EUR.

Aufgaben:

1. Berechnen Sie den ursprünglichen Preis!
2. Berechnen Sie den Betrag der Preissteigerung!

Problemstellung

Die Preiserhöhung von 8 % bezieht sich auf den ursprünglichen Preis. Der **ursprüngliche Preis** ist der **Grundwert**. Er entspricht 100 %. Der **neue Preis** in Höhe von 9,18 EUR entspricht 108 % (**vermehrter Grundwert**).

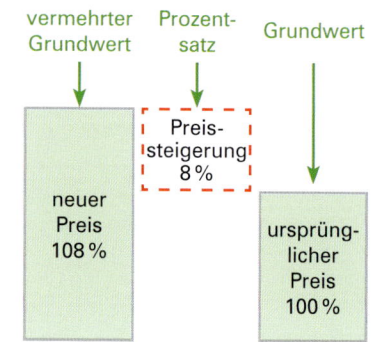

Lösungen:

Zu 1.: Berechnen Sie den ursprünglichen Preis

Bedingungssatz	108 % ≙	9,18 EUR
Fragesatz	100 % ≙	x EUR

$$\text{Bruchsatz} \qquad x = \frac{9,18 \cdot 100}{108} = \underline{8,50 \text{ EUR}}$$

Neuer Preis	9,18 EUR
− Ursprünglicher Preis	8,50 EUR
= Preiserhöhung	0,68 EUR

Hinweis: Die rechnerische Vorgehensweise entspricht dem allgemeinen Lösungsweg, der beim Rechnen mit dem verminderten Grundwert aufgezeigt wurde. Ausgangspunkt ist hier der vermehrte Grundwert, für den der Prozentsatz (über 100 %) und der absolute Wert bekannt sind.

Zu 2.: Berechnen Sie die Preissteigerung

$$8,50 \text{ EUR} ≙ 100 \%$$
$$0,68 \text{ EUR} ≙ \quad x \ \%$$

$$x = \frac{100 \cdot 0,68}{8,50} = \underline{8 \%}$$

Ergebnisse:

1. Der ursprüngliche Preis betrug 8,50 EUR.
2. Die Preissteigerung beträgt 0,68 EUR.

Kompetenztraining

68 **1.** Verschiedene Waren wurden neu ausgezeichnet.

Nr.	Auszeichnungspreis	Preiserhöhung
1.1	192,28 EUR	$4^{1}/_{2}\,\%$
1.2	33,15 EUR	$2\quad\%$
1.3	297,00 EUR	$12^{1}/_{2}\,\%$
1.4	419,75 EUR	$15\quad\%$

Berechnen Sie den bisherigen Verkaufspreis vor den angegebenen Preiserhöhungen!

2. Die Monatsmiete für unsere Geschäftsräume hat sich um $6^{1}/_{4}\,\%$ erhöht. Sie beträgt nun 2316,25 EUR.

Ermitteln Sie den Mietanstieg!

3. Der Rechnungsbetrag für einen Wareneinkauf beträgt einschließlich 19 % Umsatzsteuer 4630,29 EUR.

Berechnen Sie den Nettowarenwert und die Umsatzsteuer!

4. Nach einer Werbeaktion für französischen Käse konnte ein Supermarkt in der Käseabteilung eine Umsatzsteigerung für den Monat Juli um $8^{1}/_{4}\,\%$ auf 6087,98 EUR gegenüber dem Vormonat erzielen.

Berechnen Sie die Umsatzsteigerung!

5. Ein Einzelhandelsgeschäft hat den Listenverkaufspreis eines Artikels mit 24,15 EUR neu ausgezeichnet, nachdem der bisherige Listenverkaufspreis um einen Teuerungszuschlag von 5 % angehoben wurde.

Geben Sie den Listenverkaufspreis vor der Preiserhöhung an!

6. Der Mitarbeiter Franz Helm erhält in diesem Jahr eine Gehaltserhöhung von $2^{1}/_{2}\,\%$. Das sind monatlich 65,00 EUR. Letztes Jahr betrug die Gehaltserhöhung 3,2 %.

6.1 Berechnen Sie den derzeitigen Lohn des Mitarbeiters!

6.2 Berechnen Sie die Gehaltserhöhung des letzten Jahres sowie das ursprüngliche monatliche Gehalt!

7. Nach 2 Unfällen wurde unser Geschäftswagen in der Haftpflichtversicherung aus der Schadensklasse SF4 (45 % des Beitragssatzes) in SF3 zurückgestuft (entspricht 80 % des Beitragssatzes). Die neue Prämie für die Kfz-Haftpflichtversicherung beläuft sich jetzt auf 741,30 EUR.

Berechnen Sie die Prämie in der Schadensklasse SF4!

8. Berechen Sie den Nettowarenwert und die Umsatzsteuer (siehe nebenstehende Abb.)!

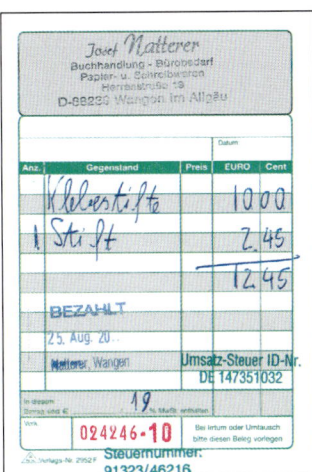

1.3.4 Berechnung des Prozentsatzes

Beispiel:

Ein Einzelhandelsgeschäft bestellt Waren im Wert von 1500,00 EUR. Es erhält einen Mengenrabatt von 60,00 EUR.

Aufgabe:

Berechnen Sie den Rabattsatz!

✔ Prozentwert

? Prozentsatz

✔ Grundwert

Lösung:

Bedingungssatz   1500,00 EUR ≙ 100 %

Fragesatz   60,00 EUR ≙ x %

Bruchsatz $x = \dfrac{100 \cdot 60}{1500} = \underline{4\,\%}$

Berechnung des Prozentsatzes mithilfe der Formel:

$$\text{Prozentsatz} = \frac{\text{Prozentwert} \cdot 100}{\text{Grundwert}}$$

Ergebnis: Der Rabattsatz beträgt 4 %.

Kompetenztraining

69

1. Ermitteln Sie die Preiserhöhung der folgenden Waren in Prozent durch Kopfrechnen!

Nr.	Warenart	Alter Preis	Neuer Preis	Nr.	Warenart	Alter Preis	Neuer Preis
1.1	Kopfsalat	0,50 EUR	0,56 EUR	1.6	Batterie	0,90 EUR	1,08 EUR
1.2	Schokolade	1,20 EUR	1,26 EUR	1.7	Taschenbuch	4,00 EUR	5,20 EUR
1.3	Lampe	150,00 EUR	180,00 EUR	1.8	Waschmittel	9,00 EUR	9,27 EUR
1.4	Kaffee	4,75 EUR	5,23 EUR	1.9	Kleid	85,00 EUR	97,75 EUR
1.5	Anzug	280,00 EUR	322,00 EUR	1.10	Trauben	1,20 EUR	1,44 EUR

2. Geben Sie an, wie viel Prozent der Verbraucher bei diesem Sonderangebot des Sportgeschäftes spart!

Sie sparen 130.–

Salomon
Skischuh
Verse 5.0 Men
4954.224

159.–
~~280.–~~

3. Beim Abfüllen von 310 Liter Wein in Literflaschen beträgt der Abfüllverlust (Leckage) 7,75 Liter.

Berechnen Sie den Abfüllverlust in Prozent!

4. Ein Lebensmittelgeschäft bietet als Kundendienst die kostenlose Zustellung der gekauften Waren ab einem Warenwert von 100,00 EUR zum Kunden an. Der hierzu benötigte Lieferwagen verursacht folgende Kosten: Abschreibungen 3 750,00 EUR im Jahr, ferner jeweils monatlich laufende Kfz-Unterhaltskosten 650,00 EUR, Kosten für den Fahrer 1 950,50 EUR und 120,00 EUR Verwaltungskosten. Die Kosten für die Warenzustellung sind selbstverständlich in der Kalkulation zu berücksichtigen.

   Berechnen Sie, welcher Zuschlagssatz für die Warenzustellung kostendeckend ist, wenn monatlich im Durchschnitt Waren im Werte von 121 320,00 EUR zugestellt werden!

5. Die Stromkosten eines Geschäftes für die Schaufensterbeleuchtung betragen monatlich 246,20 EUR. Durch Kürzung der Beleuchtungszeit um täglich eine halbe Stunde konnten die Kosten auf 230,60 EUR gesenkt werden.

   5.1 Ermitteln Sie die Ersparnis in Prozent!

   5.2 Ermitteln Sie die verminderten Stromkosten, die auf die einzelnen Schaufenster entfallen!

   Schaufenster I: 76 m^2 Ausstellungsfläche
   Schaufenster II: 42 m^2 Ausstellungsfläche
   Schaufenster III: 108 m^2 Ausstellungsfläche

6. Das Monatseinkommen unseres Mitarbeiters im Außendienst setzt sich aus einem Festgehalt (Fixum) von 880,00 EUR und einer Umsatzprovision zusammen.

   Berechnen Sie, wie viel Prozent der Mitarbeiter vom Umsatz erhält, wenn er bei einem durchschnittlichen Umsatz von 90 000,00 EUR ein durchschnittliches Monatseinkommen von insgesamt 6 000,00 EUR erzielt!

7. Bei einer Warenzustellung wird unser Lieferwagen in einen Unfall verwickelt. Die mitgeführte Ware ist verdorben. Die Versicherung kommt teilweise für den Schaden auf. Der Schaden beläuft sich auf 388,00 EUR. Als Entschädigung erhalten wir 318,16 EUR.

   Berechnen Sie den Prozentsatz, den die Versicherung ersetzt hat!

8. Berechnen Sie den Mengenrabatt in Prozent, den der Großhändler ab einer Abnahme von 12 Bleistiften gewährt!

Kompetenztraining zu den verschiedenen Gebieten der Prozentrechnung

70

1. Die Statistik eines Einzelhandelsbetriebs weist folgende Zahlen aus:

Jahr	Umsatz	Anzahl der Verkäufer/Verkäuferinnen
Vorjahr	2 400 000,00 EUR	40
Berichtsjahr	3 000 000,00 EUR	32

Ermitteln Sie, um wie viel Prozent sich der durchschnittliche Umsatz je Verkäufer/Verkäuferin verändert hat!

2. Bei einem Sonderangebot wird ein Artikel um 20 % herabgesetzt und für 248,80 EUR angeboten.

Berechnen Sie den Preis des Artikels vor der 20 %igen Ermäßigung!

3. Laut Katalog bestellen wir 156 Stück einer Ware, wobei folgende Bedingungen gelten:

Listeneinkaufspreis je Artikel: 14,20 EUR

Mengenrabatt: bei Abnahme von mindestens 100 Stück: 5 %
bei Abnahme von mindestens 200 Stück: 6 %
Bis zu einer Abnahme von 200 Stück wird eine Frachtpauschale von 45,00 EUR erhoben.

Berechnen Sie den Bezugspreis!

4. Die für das 1. Quartal ermittelte Umsatzsteuer (Steuersatz 19 %) beträgt 59 956,40 EUR.

Geben Sie die Umsatzerlöse einschließlich Umsatzsteuer an!

5. Die Zahl der Mitarbeiter in einer Filialkette verringerte sich von 851 Mitarbeitern im vergangenen Jahr auf 796 in diesem Jahr. Im gleichen Zeitraum stiegen die gesamten Personalkosten von 33 614 500,00 EUR auf 33 957 360,00 EUR an.

Ermitten Sie, um wie viel Prozent die Personalkosten je Mitarbeiter anstiegen!

6. Ermitteln Sie den Preisnachlass in Prozent (siehe nebenstehende Abbildung)!

7. Ein Mitarbeiter erhält folgende Gehaltsabrechnung:

Bruttogehalt:	2 850,00 EUR
Lohnsteuer/Solidaritätszuschlag:	385,00 EUR
Kirchensteuer:	26,95 EUR
Sozialversicherungsabgaben:	587,82 EUR
Auszahlungsbetrag:	1 857,40 EUR

Berechnen Sie, wie viel Prozent die Abzüge betragen!

DALVIKEN Wandschrank.
Weiß/antik gebeizt
32x17 cm, 69 cm hoch.

~~45,~~ **19.-**

8. Einem Kunden wurde ein Kassenzettel über 454,58 EUR ausgeschrieben. Auf Bitten des Kunden wird die darin enthaltene Umsatzsteuer gesondert ausgewiesen.
Steuersatz: 19 %

Berechnen Sie die eingerechnete Umsatzsteuer!

Lernfeld **11**

9.

DOWNLOAD

Fritz Pfennig OHG · Fröbelstr. 10 · 09126 Chemnitz
Bürozentrum
Adler GmbH
Lukasstr. 57
04315 Leipzig

FRITZ PFENNIG OHG
Großhandlung für Bürobedarf

Rechnung Nr. 58/102

Rechnungsdatum: 30. Juni 20..

Menge	Artikel-Bezeichnung	Einzelpreis	Betrag EUR
	Warenlieferungen laut beiliegender Lieferkarte: Mai – Juni 20..		
	10 % Rabatt		———
	19 % USt		———
			299,88

Sitz der Gesellschaft: Chemnitz   Registergericht: Chemnitz: HRA 107   Steuer-Nr.: 54710/91520

Aufgabe:

Stellen Sie die fehlenden Beträge fest!

10. Aufgrund einer Mängelrüge gewährt uns der Lieferant einen Nachlass von 15 %. Nach Abzug von 3 % Skonto überweisen wir 2 626,86 EUR.

Berechnen Sie den ursprünglichen Rechnungsbetrag!

11. Die Frequenzanalyse[1] eines Einzelhandelsunternehmens weist folgende Daten aus:

Samstag, 18. Febr. 20..		
Zeitraum	Kunden	Umsatz (EUR)
08:00–09:00 Uhr	73	3 170,00
09:00–10:00 Uhr	120	5 424,00
10:00–11:00 Uhr	260	12 272,00
11:00–12:00 Uhr	95	3 781,00
Summe	548	24 647,00

11.1 Ermitteln Sie, wie viel Prozent des Tagesumsatzes in der Zeit von 10:00–11:00 Uhr erwirtschaftet werden!

11.2 Ermitteln Sie, wie viel Prozent der Kunden in der Zeit von 10:00–11:00 Uhr in diesem Einzelhandelsunternehmen einkaufen!

11.3 Berechnen Sie den durchschnittlichen Kaufbetrag je Kunde, bezogen auf den Tagesumsatz!

11.4 Berechnen Sie den durchschnittlichen Kaufbetrag je Kunde in der Zeit von 10:00–11:00 Uhr!

---

1 Die Aufgliederung der Umsatzerlöse nach dem Kaufzeitpunkt und nach der Anzahl der Kunden über einen Verkaufstag verteilt bezeichnet man als **Frequenzanalyse**. Die Frequenzanalyse wird im 2. Ausbildungsjahr im Lernfeld 13 behandelt.

1.4 Kaufmännische Zinsrechnung

1.4.1 Einführung in die Zinsrechnung

Beispiel:

Ein Kaufmann nimmt bei seiner Hausbank ein Darlehen in Höhe von 45 000,00 EUR auf. Laufzeit: ein Jahr. Die Bank berechnet ein Disagio[1] von 1,5 % (675,00 EUR) und einen Zinssatz von 8 % (3 600,00 EUR).

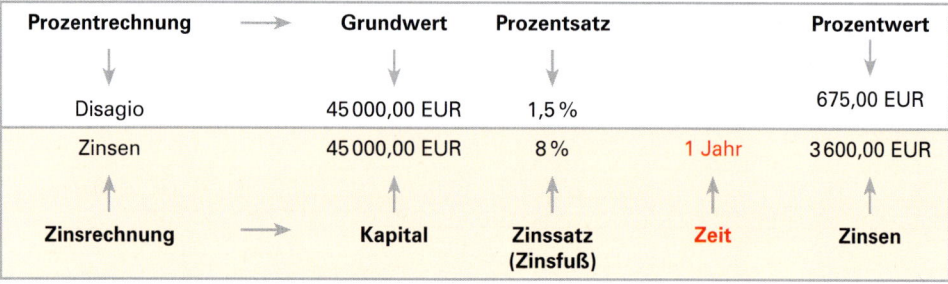

Prozentrechnung $\longrightarrow$	Grundwert	Prozentsatz		Prozentwert
$\downarrow$	$\downarrow$	$\downarrow$		$\downarrow$
Disagio	45 000,00 EUR	1,5 %		675,00 EUR
Zinsen	45 000,00 EUR	8 %	1 Jahr	3 600,00 EUR
$\uparrow$	$\uparrow$	$\uparrow$	$\uparrow$	$\uparrow$
Zinsrechnung $\longrightarrow$	Kapital	Zinssatz (Zinsfuß)	Zeit	Zinsen

- Bei der Berechnung von Zinsen muss der Faktor **Zeit** (Jahr, Monat, Tag) berücksichtigt werden. (Der Faktor Zeit fehlt in der Prozentrechnung.)

- **Zinsen** sind der Preis für die Nutzung eines Kapitals für eine bestimmte Zeit.

- Das **Kapital** ist die zur Nutzung überlassene Geldsumme. Sie ist immer 100 %.

- Der **Zinssatz (Zinsfuß)** sagt aus, wie viel Prozent Zinsen ein Kapital von 100,00 EUR in einem Jahr erbringt (z. B. für den Sparer) bzw. kostet (z. B. für den Kreditnehmer). Der Zinssatz bezieht sich immer auf ein Jahr.

  Der Zinssatz von z. B. 8 % bedeutet, dass ein Kapital von 100,00 EUR in einem Jahr Zinsen in Höhe von 8,00 EUR erbringt bzw. kostet.

Die Zinsrechnung ist eine Anwendung der Prozentrechnung unter Berücksichtigung der Zeit. Von den Größen Kapital, Zinssatz, Zinsen und Zeit müssen stets **drei Größen in der Aufgabe gegeben sein,** um die **vierte Größe mithilfe des Dreisatzes errechnen** zu können.

---

1 **Disagio:** Das Disagio stellt eine Kürzung des auszuzahlenden Darlehensbetrages dar. Es stellt eine **Zinsvorauszahlung** dar und dient dazu, den Nominalzins abzusenken.

1.4.2 Berechnung der Jahreszinsen

Beispiel:

Ein Einzelhändler möchte eine Filiale in der Nachbarstadt eröffnen. Hierzu benötigt er einen Bankkredit in Höhe von 270 000,00 EUR. Die Laufzeit des Kredits beträgt 5 Jahre. Die Hausbank bietet den Kredit zu einem festen Zinssatz über die gesamte Laufzeit in Höhe von 7,5 % an. Die Rückzahlung erfolgt am Ende der Laufzeit in einer Summe.

Aufgabe:

Berechnen Sie, wie viel der Zinsaufwand insgesamt in den 5 Jahren beträgt!

Lösung:

Gegeben: Kapital: 270 000,00 EUR
  Zinssatz: 7,5 %
  Zeit: 5 Jahre

Gesucht: Zinsen: ?

Für 100,00 EUR sind in 1 Jahr 7,50 EUR Zinsen fällig
Für 270 000,00 EUR sind in 5 Jahren x EUR Zinsen fällig

$$x = \frac{7,5 \cdot 270\,000 \cdot 5}{100}$$

durch Umstellung erhält man →

Berechnung der Jahreszinsen mithilfe der Formel:

$$\text{Jahreszinsen} = \frac{\text{Kapital} \cdot \text{Zinssatz} \cdot \text{Jahre}}{100}$$

$$x = \underline{101\,250,00 \text{ EUR}}$$

Ergebnis:

Der Kredit kostet in fünf Jahren insgesamt 101 250,00 EUR an Zinsen.

Kompetenztraining

71 1. Berechnen Sie die Zinsen für die folgenden Kapitalien!

Nr.	Kapital	Zinssatz	Zeit	Nr.	Kapital	Zinssatz	Zeit
1.1	4 347,00 EUR	$8\frac{1}{2}$ %	3 Jahre	1.4	3 480,00 EUR	$4\frac{3}{4}$ %	$2\frac{1}{4}$ Jahre
1.2	6 165,00 EUR	4 %	$2\frac{1}{2}$ Jahre	1.5	2 790,00 EUR	$9\frac{2}{3}$ %	$1\frac{3}{4}$ Jahre
1.3	10 185,00 EUR	$3\frac{1}{3}$ %	6 Jahre	1.6	9 071,00 EUR	$5\frac{1}{4}$ %	$3\frac{1}{3}$ Jahre

2. Ein Unternehmen hat seinen Kunden die nachfolgenden Kredite eingeräumt:

2.1 5 180,00 EUR für $3\frac{3}{4}$ Jahre zum Zinssatz von $6\frac{1}{2}$ %

2.2 8 400,00 EUR für $1\frac{2}{3}$ Jahre zum Zinssatz von $4\frac{3}{4}$ %

2.3 3 800,00 EUR für $2\frac{1}{4}$ Jahre zum Zinssatz von $7\frac{1}{2}$ %

2.4 4 180,00 EUR für $1\frac{1}{2}$ Jahre zum Zinssatz von 3 %

Berechnen Sie die zu erwartenden Zinserträge!

3. Ein Kunde ist bei uns seit $1\frac{3}{4}$ Jahren mit 2 160,00 EUR in Verzug.

Berechnen Sie, wie viel Zinsen bisher angefallen sind, wenn der Zinssatz $5\frac{3}{4}$ % beträgt!

1.4.3 Berechnung der Monatszinsen

Beispiel:

Ein Einzelhandelsgeschäft legt 48000,00 EUR für die Zeit vom 31. Juli bis 31. Dezember als Termingeld an. Die Hausbank verzinst das Termingeld mit $3\frac{1}{4}\%$.

Aufgabe:

Ermitteln Sie die Zinsgutschrift am Ende der Laufzeit!

Lösung:

Gegeben:	Kapital:	48000,00 EUR
	Zinssatz:	$3\frac{1}{4}\%$
	Zeit:	31. Juli – 31. Dezember = 5 Monate
Gesucht:	Zinsen:	?

Für   100,00 EUR erhalten wir in 12 Monaten 3,25 EUR Zinsen
Für 48000,00 EUR erhalten wir in   5 Monaten   x EUR Zinsen

Berechnung der Monatszinsen mithilfe der Formel:

$$x = \frac{3,25 \cdot 48000 \cdot 5}{100 \cdot 12} \quad \xrightarrow[\text{erhält man}]{\text{durch Umstellung}} \quad \text{Monatszinsen} = \frac{\text{Kapital} \cdot \text{Zinssatz} \cdot \text{Monate}}{100 \cdot 12}$$

$x = \underline{650,00 \text{ EUR}}$

Ergebnis:

Die Zinsgutschrift beträgt 650,00 EUR.

Kompetenztraining

72   1. Berechnen Sie die Zinsen für die folgenden Kapitalien!

Nr.	Kapital	Zinssatz	Zeit	Nr.	Kapital	Zinssatz	Zeit
1.1	287,00 EUR	$6\frac{1}{2}\%$	10 Monate	1.4	685,00 EUR	$7\frac{1}{2}\%$	5 Monate
1.2	1460,00 EUR	$5\frac{5}{8}\%$	8 Monate	1.5	820,00 EUR	5 %	4 Monate
1.3	3100,00 EUR	$3\frac{2}{3}\%$	11 Monate	1.6	1260,00 EUR	$2\frac{3}{8}\%$	3 Monate

2. Ein Einzelhändler hat zur Überbrückung eines finanziellen Engpasses einen Kredit in Höhe von 12500,00 EUR zu $8\frac{3}{4}\%$ bei seiner Hausbank aufgenommen. Die Laufzeit beträgt $4\frac{1}{2}$ Monate.

   Berechnen Sie den Betrag, den der Einzelhändler nach Ablauf dieser Zeit an die Bank zurückzuzahlen hat!

3. Ein Kunde hat seit $8\frac{1}{2}$ Monaten seinen Rechnungsbetrag in Höhe von 1280,00 EUR nicht beglichen. Der Einzelhändler treibt den Betrag per Mahnbescheid ein.

   Berechnen Sie den Betrag, auf den der Mahnbescheid lautet, wenn der Einzelhändler 8% Zinsen und 14,60 EUR für Auslagen und Gebühren einrechnet!

4. Die Einzelhandlung Leder-Straub GmbH hat 45800,00 EUR für 3 Monate als Termingeld zu $2\frac{3}{8}\%$ angelegt.

   Berechnen Sie die Gutschrift der Bank nach Ablauf der Anlagezeit!

1.4.4 Berechnung der Tageszinsen

(1) Tageberechnung

- **BGB-Zinsrechnung:** Bei den **Zinsberechnungen für Privatpersonen** und **Behörden** wird das Jahr mit 365 Tagen und die Monate werden mit der genauen Tageszahl (28, 29, 30, 31) angesetzt.
- **Kaufmännische Zinsformel:** Bei den **Zinsberechnungen für Kaufleute** wird das Jahr mit 360 Tagen und jeder Monat mit 30 Tagen angesetzt.[1]

Beispiele für die Berechnung der Tage im kaufmännischen Bereich:

(1) 14. Febr. – 29. Mai   = 105 Tage

14. Febr. – 14. Mai sind 3 · 30	= 90 Tage
14. Mai – 29. Mai	= 15 Tage
	105 Tage

(2) 24. Juni – 8. Nov.   = 134 Tage

24. Juni – 24. Okt. sind 4 · 30	= 120 Tage
24. Okt. – 30. Okt.	= 6 Tage
30. Okt. – 8. Nov.	= 8 Tage
	134 Tage

(3) 17. Jan. – 28. Febr.   = 41 Tage

17. Jan. – 17. Febr. sind 1 · 30	= 30 Tage
17. Febr. – 28. Febr.	= 11 Tage
	41 Tage

(4) 28. Febr. – 15. März   = 17 Tage

(5) 1. Jan. – 28. Febr.   = 57 Tage

Beim Überschreiten des Monats Februar wird mit 30 Tagen gerechnet. Geht die Verzinsung bis zum 28. Februar, werden nur 28 Tage angesetzt (im Schaltjahr dementsprechend 29 Tage).

Kompetenztraining

73 1. Berechnen Sie die Laufzeit eines Kredits nach der Zinsberechnung für Kaufleute!

1.1 vom 6. Febr. – 28. Febr.	1.5 vom 13. Juli – 1. Mai
1.2 vom 17. April – 1. Aug.	1.6 vom 30. Jan. – 29. Febr.
1.3 vom 28. Sept. – 31. Dez.	1.7 vom 23. Nov. – 5. Juni
1.4 vom 19. Nov. – 20. Dez.	1.8 vom 10. Dez. – 1. April

2. Berechnen Sie die Zinstage nach der Zinsberechnung für Kaufleute!

2.1 vom 31. Mai – 2. Aug.

2.2 vom 19. Sept. – 5. März

2.3 vom 30. Jan. – 3. April

2.4 vom 15. Juni – 27. Juni

2.5 vom 30. Aug. – 1. Dez.

---

1 Bei allen nachfolgenden Aufgaben gehen wir von der Zinsrechnung für Kaufleute aus.

(2) Berechnung der Tageszinsen

Beispiel:

Ein Einzelhändler kauft Ware im Wert von 2460,00 EUR. Er erhält ein Zahlungsziel bis zum 27. Januar. Die Zahlung erfolgt erst am 2. Mai. Der Lieferer berechnet Verzugszinsen in Höhe von 6 %.

Aufgabe:

Berechnen Sie den Betrag, den der Einzelhändler am 2. Mai zu überweisen hat!

Lösung:

Gegeben: Kapital: 2460,00 EUR
Zinssatz: 6 %
Zeit: 27. Jan. – 2. Mai = 95 Tage

Gesucht: Zinsen: ?

Für   100,00 EUR in 360 Tagen 6,00 EUR Zinsen
Für 2460,00 EUR in 95 Tagen   x EUR Zinsen

$$x = \frac{6 \cdot 2460 \cdot 95}{100 \cdot 360}$$

durch Umstellung erhält man

$$x = \underline{38,95 \text{ EUR}}$$

Berechnung der Tageszinsen mithilfe der Formel:

$$\text{Tageszinsen} = \frac{\text{Kapital} \cdot \text{Zinssatz} \cdot \text{Tage}}{100 \cdot 360}$$

abgekürzt:

$$Z = \frac{K \cdot p \cdot t}{100 \cdot 360}$$

Ergebnis:

Der Überweisungsbetrag lautet über 2498,95 EUR (2460,00 EUR Warenwert + 38,95 EUR Zinsen).

Kompetenztraining

74

1. Berechnen Sie die Zinsen für die folgenden Kapitalien!

Nr.	Kapital	Zinssatz	Zeit	Nr.	Kapital	Zinssatz	Zeit
1.1	860,00 EUR	3 %	58 Tage	1.4	1720,00 EUR	$6^3/_4$ %	210 Tage
1.2	2185,00 EUR	$2^1/_2$ %	143 Tage	1.5	152,00 EUR	$4^1/_2$ %	165 Tage
1.3	1319,00 EUR	$5^1/_4$ %	135 Tage	1.6	426,00 EUR	$8^1/_2$ %	218 Tage

2. Ein Einzelhändler nimmt bei seiner Bank einen Kredit in Höhe von 14500,00 EUR für 70 Tage in Anspruch. Der Zinssatz beträgt $7^1/_2$ %.

   Berechnen Sie die Höhe der Kreditzinsen!

3. Ein Einzelhändler schuldet seinem Lieferer 49 Tage 2480,00 EUR.

   Berechnen Sie, wie viel Verzugszinsen der Einzelhändler dem Lieferer bei einem Zinssatz von $6^1/_2$ % überweisen muss!

4. Ein Einzelhandelsgeschäft bittet einen Lieferer um Stundung des Rechnungsbetrages vom 15. Januar bis 8. April. Der Rechnungsbetrag beläuft sich auf 10580,00 EUR. Der Lieferer stimmt zu und berechnet für die Stundungszeit $5^1/_4$ % Zinsen.

   Berechnen Sie den zu zahlenden Rechnungsbetrag einschließlich Zinsen!

5. Eine Liefererrechnung über 2 150,00 EUR, fällig am 20. Juli, wurde durch ein Versehen der Buchhaltung nicht rechtzeitig gezahlt. Am 10. September erfolgt eine Mahnung des Lieferers. Der Lieferer fordert 5 % Verzugszinsen und Ersatz seiner Auslagen in Höhe von 10,80 EUR.

   Geben Sie an, über welchen Betrag die Mahnung lautet!

6. Das Möbelhaus August Braun KG geht am 25. September die Kundenkonten durch und stellt fest, dass der Kunde Emil Mayr eine am 13. Mai fällige Rechnung über 630,00 EUR noch nicht beglichen hat.

   Ermitteln Sie, über welchen Betrag die Mahnung auszuschreiben ist, wenn der Möbelhändler 6 % Verzugszinsen berechnet!

7. Ein Kunde eines Einzelhandelsunternehmens hat eine Rechnung über 1 224,00 EUR, fällig am 15. April, nicht beglichen.

   Berechnen Sie den Betrag, den der Einzelhändler am 20. Juni fordern kann, wenn 6,6 % Verzugszinsen und 6,50 EUR Mahnkosten in Rechnung gestellt werden sollen!

8. Ein Einzelhändler nimmt bei seiner Bank am 1. März ein Darlehen in Höhe von 9 500,00 EUR auf. Vereinbarter Zinssatz: 10,5 %.

   Berechnen Sie die fälligen Kreditzinsen bei der Abrechnung am 30. Juni!

9. Ein Einzelhändler hat zur Modernisierung seiner Geschäftsräume vor 8 Monaten ein Darlehen in Höhe von 36 000,00 EUR zu 8 % Zinsen aufgenommen. 3 Monate nach der Kreditaufnahme hat er einen Teil des Darlehens in Höhe von 12 000,00 EUR zurückgezahlt.

   Ermitteln Sie den Rückzahlungsbetrag am Ende der Kreditlaufzeit einschließlich der Zinsen!

10. Ein Einzelhändler nimmt einen Kredit in Höhe von 30 000,00 EUR für 6 Monate auf. Seine Bank unterbreitet ihm folgendes Angebot:
    – 2 % Disagio von der Kreditsumme. Das Disagio wird bei der Auszahlung des Kredits einbehalten.
    – 8 % Zinsen, fällig bei Rückzahlung des Kredits.
    – 85,00 EUR Auslagen, fällig bei Rückzahlung des Kredits.

    Ermitteln Sie
    10.1 den Auszahlungsbetrag, den der Einzelhändler erhält!
    10.2 die Zinsen bei Rückzahlung des Kredits!
    10.3 den Rückzahlungsbetrag am Ende der Kreditlaufzeit!

11. Der Einzelhändler Schneider erhält von seinem Lieferer der Fritz Bolz KG eine Warenrechnung über 12 450,00 EUR, fällig am 15. Mai. Da Schneider erst am 15. Juli über liquide Mittel verfügt, muss er den obigen Betrag fremdfinanzieren.

    Bei der Bank kann Schneider einen Kredit zu einem Zinssatz von 8 % in Anspruch nehmen, Limit 10 000,00 EUR.

    Berechnen Sie die Zinsen, wenn die Bank $1^1/_2$ % Überziehungszinsen verlangt!

12. Wir verkaufen am 17. Juli Waren für 6 980,00 EUR an einen Kunden. Er zahlt 2 000,00 EUR an. Die Restzahlung erfolgt am 1. Oktober einschließlich 5,5 % Zinsen.

    Ermitteln Sie den Betrag, den der Kunde am Rückzahlungstermin zu bezahlen hat!

2 Kassenabrechnung

2.1 Umsatzsteuer[1] (Mehrwertsteuer)

Rechtsgrundlage für die Erhebung der Umsatzsteuer ist das Umsatzsteuergesetz [UStG]. Es regelt insbesondere folgende Fragen:

Wer ist umsatzsteuerpflichtig?	Der **Einzelhändler,** der die Leistung ausführt. Er ist **Steuerschuldner.**
Welche Umsätze sind steuerpflichtig?	■ **Lieferungen** im Inland gegen Entgelt, z. B. Verkauf von Waren. ■ **Leistungen** im Inland gegen Entgelt, z. B. Reparaturen, Transport von Waren, Errichtung neuer Anlagen usw. ■ **Erwerb von Waren und Dienstleistungen im Inland gegen Entgelt,** z. B. Kauf von Waren, eines Kassensystems, Zahlung von Frachtkosten, Strom. ■ **Einfuhr von Gegenständen aus einem Drittlandsgebiet[2]** (Einfuhrumsatzsteuer).
Welche Umsätze sind steuerfrei (Beispiele)?	■ Gewährung und Vermittlung von Krediten. ■ Vermietung von Gebäuden, Verpachtung von Grundstücken. ■ Briefmarken. ■ Ausfuhr von Waren. ■ Geschäfte unter Privatleuten.
Wie viel Prozent beträgt der Steuersatz?	■ Allgemeiner Steuersatz 19 %. ■ Ermäßigter Steuersatz 7 %. Dem ermäßigten Steuersatz unterliegen z. B. die Personenbeförderung im Linienverkehr; der Verkauf von Lebensmitteln (außer dem Verzehr an Ort und Stelle); Verkauf von Büchern und Zeitschriften. Mit dem ermäßigten Steuersatz soll vor allem der Grundbedarf der Menschen geringer besteuert werden.
Von welchem Betrag wird die Umsatzsteuer berechnet?	Die Umsatzsteuer wird vom **Entgelt** berechnet. Das ist der vom Empfänger der Leistung zu entrichtende **Nettobetrag (Bemessungsgrundlage).** **Beispiel:** Verkauf einer Stichsäge: Nettoverkaufspreis 299,00 EUR, 10 % Handwerkerrabatt, 19 % Umsatzsteuer. Nettoverkaufspreis 299,00 EUR − 10 % Rabatt 29,90 EUR Nettobetrag 269,10 EUR + 19 % Umsatzsteuer 51,13 EUR = Bruttorechnungsbetrag 320,23 EUR

---

1 Im Einzelnen wird die Umsatzsteuer im 3. Ausbildungsjahr behandelt.

2 **Drittlandstaaten** sind Staaten, die nicht zur Europäischen Union (EU) gehören.

2.2 Belege

2.2.1 Bedeutung von Belegen

Jedes **Handelsgeschäft** (z. B. Wareneinkauf beim Lieferanten) und jeder **innerbetrieblicher Vorgang** (z. B. Nutzung des Geschäftswagens für einen privaten Einkauf) muss aufgrund **gesetzlicher Vorschriften** dokumentiert werden. Dies geschieht mithilfe von **Belegen.** Aus ihnen geht die **Ursache** (z. B. Kauf von Briefmarken), die **Höhe** (z. B. 130,00 EUR) und der **Zeitpunkt** (z. B. 18. März 20..) der Werteveränderung hervor. Durch den Beleg kann die Entstehung und Abwicklung betrieblicher Geschäftsvorgänge nachverfolgt werden.

```
DEUTSCHE POST AG
88239 WANGEN IM ALLGÄU
1313-0108   0037   18. MÄRZ 20..

      *130,00 EUR

POSTWERTZEICHEN
```

Wird der betriebliche Geschäftsvorgang durch die **Buchhaltung erfasst,** bildet der Beleg die **Grundlage für die Buchungen.** Die Belege sind damit das **Bindeglied** zwischen dem **Handelsgeschäft** des Kaufmanns und den **Buchungen** auf Konten.

2.2.2 Belegarten

Wichtige **Belege im Kassenbereich** eines Einzelhandelsbetriebs sind:

■ **Kassenbon**[1]

■ **Kassenzettel**

Er ist eine Sonderform der Quittung und wird in zweifacher Fertigung erstellt. Das Original erhält der Kunde, der Durchschlag bleibt beim Einzelhändler.

■ **Lieferschein**

Er begleitet die Lieferung und enthält das Lieferdatum, die enthaltene Ware, den Absender, den Empfänger und in der Regel den Preis.

Beispiel: Kassenzettel

Beispiel: Lieferschein

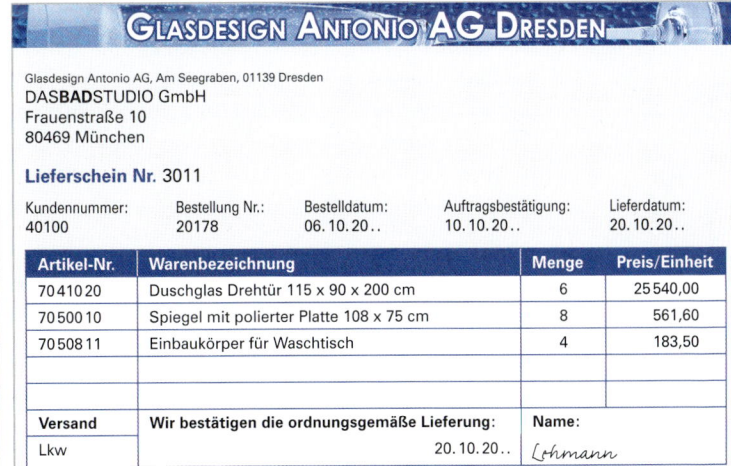

---

1 Siehe S. 130.

■ Rechnung

§ 14 UStG

Nach dem Umsatzsteuergesetz muss eine Rechnung die nachfolgenden Angaben enthalten.

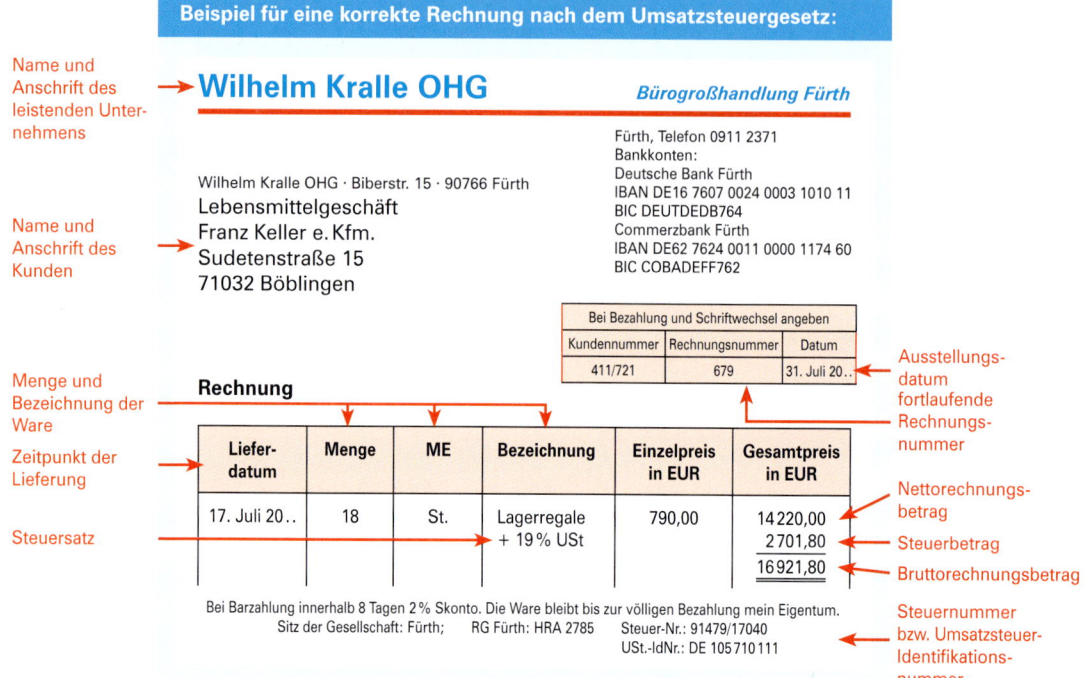

Beispiel für eine korrekte Rechnung nach dem Umsatzsteuergesetz:

Name und Anschrift des leistenden Unternehmens → **Wilhelm Kralle OHG** — *Bürogroßhandlung Fürth*

Fürth, Telefon 0911 2371
Bankkonten:
Deutsche Bank Fürth
IBAN DE16 7607 0024 0003 1010 11
BIC DEUTDEDB764
Commerzbank Fürth
IBAN DE62 7624 0011 0000 1174 60
BIC COBADEFF762

Wilhelm Kralle OHG · Biberstr. 15 · 90766 Fürth

Name und Anschrift des Kunden →
Lebensmittelgeschäft
Franz Keller e. Kfm.
Sudetenstraße 15
71032 Böblingen

Bei Bezahlung und Schriftwechsel angeben		
Kundennummer	Rechnungsnummer	Datum
411/721	679	31. Juli 20..

→ Ausstellungsdatum
→ fortlaufende Rechnungsnummer

Rechnung

Menge und Bezeichnung der Ware

Zeitpunkt der Lieferung →

Steuersatz →

Liefer-datum	Menge	ME	Bezeichnung	Einzelpreis in EUR	Gesamtpreis in EUR
17. Juli 20..	18	St.	Lagerregale + 19 % USt	790,00	14 220,00
					2 701,80
					16 921,80

→ Nettorechnungsbetrag
→ Steuerbetrag
→ Bruttorechnungsbetrag

Bei Barzahlung innerhalb 8 Tagen 2 % Skonto. Die Ware bleibt bis zur völligen Bezahlung mein Eigentum.
Sitz der Gesellschaft: Fürth; RG Fürth: HRA 2785 Steuer-Nr.: 91479/17040
USt.-IdNr.: DE 105 710 111

→ Steuernummer bzw. Umsatzsteuer-Identifikationsnummer

Kompetenztraining

75

1. Notieren Sie die Vorgänge, die umsatzsteuerpflichtig sind!

   1.1 Ein Großhändler verkauft Kleider an ein Bekleidungshaus.

   1.2 Das Bekleidungshaus verkauft ein Kleid an eine Kundin.

   1.3 Das Bekleidungshaus kauft Briefmarken.

   1.4 Die Inhaberin des Bekleidungshauses erhält Miete für eine Privatwohnung.

   1.5 Eine Mitarbeiterin kauft ein Kleid aus der Kollektion des Bekleidungshauses.

   1.6 Die Inhaberin verkauft ihren privaten Pkw an die Nachbarin.

   1.7 Eine Bank stellt dem Bekleidungshaus einen Kredit zur Verfügung.

2. Berechnen Sie die Umsatzsteuer!

   2.1 Ein Baumarkt verkauft eine Werkbank: Nettoverkaufspreis 1 080,00 EUR, Frachtkosten 45,00 EUR.

   2.2 Verkauf von Milch: Nettoverkaufspreis 65 Cent.

   2.3 Verkauf eines Fernsehers: Nettoverkaufspreis 840,00 EUR.

   2.4 Verkauf von Trüffelpralinen: Nettoverkaufspreis 7,95 EUR.

   2.5 Verkauf einer Bohrmaschine: Nettoverkaufspreis 108,00 EUR, 5 % Jubiläumsrabatt.

3. Erklären Sie, warum Privatentnahmen von Waren für den Geschäftsinhaber umsatzsteuerpflichtig sind!

4. Erläutern Sie, warum für eine ausgewählte Anzahl von Waren nur 7 % Umsatzsteuer erhoben wird!

5. 5.1 Entspricht der abgebildete Beleg dem Umsatzsteuergesetz? Begründen Sie Ihre Entscheidung!

Topauer KG
Büromöbel

Büromöbel Topauer KG, Tengstr. 28, 80796 München

Herrrn
X. Topauer
im Hause

Kundennummer	Auftragsnummer	Auftragsdatum	Bestellnummer
–	–	–	–

Rechnung

Pos.	Art.-Nr.	Bezeichnung	Menge	Einzelpreis EUR	Gesamtpreis EUR
1	20400	Computertisch Studio Line zur privaten Nutzung	1	700,00	700,00
		Nettopreis			700,00
		+ 19 % Umsatzsteuer			133,00
		Rechnungsbetrag			833,00

Zahlungsbedingungen: Innerhalb 14 Tagen 2 % Skonto = 16,66 EUR;   30 Tage netto

Registergericht München	Tengstr. 28	Postbank München
HRA 8966	80798 München	IBAN DE94 7001 0080 0134 3834 64; BIC PBNKDEFFXXX
USt-IdNr. DE 129 000 000	Tel. 089 259 19-0	Hypo-Vereinsbank München
Steuer-Nr. 9143/105/00001	Fax 089 259 19-10	IBAN DE17 7002 0270 0004 6462 32; BIC HYVEDEMMXXX

5.2 Übertragen Sie den Rechnungsausschnitt in Ihr Heft und berechnen Sie den Bruttoverkaufspreis!

🌐 DOWNLOAD

BÜROZENTRUM – B. SIEGLINGER e.Kfm.
Feldrain 10 · 47228 Duisburg

Industriewerke
Franz Keller KG
Hauptstraße 12
40597 Düsseldorf

Ihre Bestellung	Versandart	Unsere Zeichen	Liefer-datum	Rechnungs-datum
15.01.20..	Spedition	Kl/Ps	15.01.20..	21.01.20..

Rechnung Nr. 158

Menge	Art.-Nr.	Bezeichnung	Einzelpreis	Gesamtpreis
2	125/67	Schreibtisch	450,00 EUR	
1	479/98	Tischlampe	140,00 EUR	
4	915/54	Drehstuhl	115,00 EUR	
			+ 19 % USt	————
				————

Sitz der Gesellschaft: Duisburg;   Registergericht Duisburg: HRA 910   Steuer-Nr. 705/4411
Bankverbindung: Sparkasse Duisburg
IBAN: DE14 3601 0105 0006 7899 32
BIC: DUISDE33XXX

76

1. Entwerfen Sie aufgrund der nachfolgenden Angaben eine Rechnung nach dem Umsatzsteuergesetz!

   Lieferer: Elektrohaus Fritz Gross e. Kfm., Klugstr. 20, 70197 Stuttgart

   Kunde: Hans Wetzel, Kolpingstr. 101, 96450 Coburg

   Ware: Solar-Gartenlampe, Art.-Nr. 857160, Preis 76,16 EUR je Stück einschließlich 19 % USt, gekaufte Anzahl: 3 Stück, Fracht und Verpackung pauschal 12,00 EUR zuzüglich 19 % USt.

   Weitere Angaben: Rechnungsnummer: 101/05; Rechnungsdatum: 20. Mai 20..; Lieferungszeitpunkt: 18. Mai 20..; Zahlungsbedingungen: 2 % Skonto bei Zahlung innerhalb 8 Tage, Zahlungsziel 20 Tage; Registergericht Stuttgart HRA 171850; St.-Nr. 1934/106/17; Tel. 0711 15920-0; Deutsche Bank Stuttgart, IBAN: DE55 6007 0070 0000 1870 10, BIC: DEUTDESSXXX.

2. Füllen Sie aufgrund der nachfolgenden Angaben eine Quittung aus!

Name des Zahlers:	Fritz Heinzle, Schwabstraße 14, 71069 Sindelfingen.
Zahlungsgrund:	Barverkauf von Gartenstühlen.
Zahlungsbetrag:	210,63 EUR einschließlich 19 % USt.
Zahlungsempfänger:	Gartenparadies Hannes Wetzel e. Kfm., Marienstraße 20, 71063 Sindelfingen.
Ausstellungsdatum:	10. August 20..

3. Beschreiben Sie aus Sicht des Bürohauses Fritz Blicher e. Kfm. das Handelsgeschäft, das dem nachfolgenden Beleg zugrunde liegt!

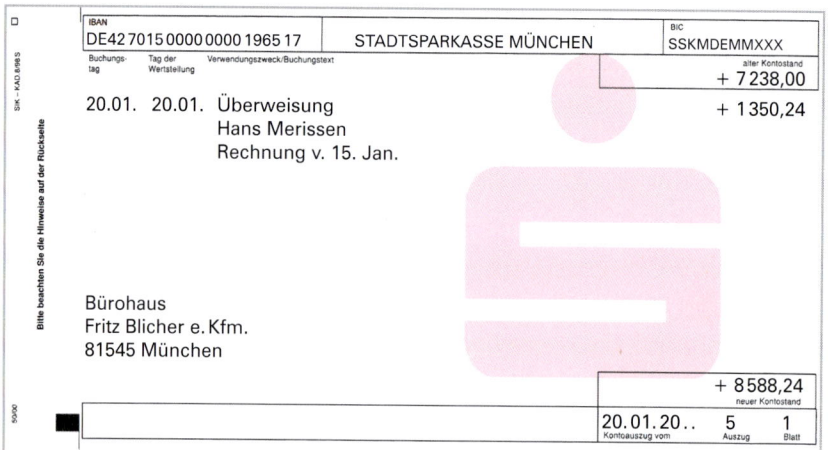

2.3 Tageslosung

2.3.1 Begriff Tageslosung

Im Einzelhandel werden die Warenverkäufe als Barverkäufe oder Zahlung mit Girocard getätigt. Im Warenverkaufspreis ist die Umsatzsteuer eingerechnet. Der Wert eines Barverkaufs umfasst den **Warenwert** und die **Umsatzsteuer**. Den Wert des täglichen **Barverkaufs** nennt man **Tageslosung**.

Beispiel:

Die Tageslosung des Baumarktes Albert Hage e. Kfm. am 15. Oktober beträgt 10 008,50 EUR.

Aufgabe:

Berechnen Sie bei der angegebenen Tageslosung den Warenwert und die Umsatzsteuer!

Lösung:

119 % ≙ 10 008,50 EUR
100 % ≙   x   EUR

$$x = \frac{10\,008,50 \cdot 100}{119} = \underline{8\,410,50 \text{ EUR}}$$

Ergebnis: Der Warennettowert beträgt 8 410,50 EUR, die USt 1 598,00 EUR.

> Die Bareinnahmen eines Tages nennt man **Tageslosung.** Die Tageslosung umfasst den **Warenwert** und die **Umsatzsteuer.**

2.3.2 Berechnung der Tageslosung mithilfe des Kassenberichtes

2.3.2.1 Aufbau des Kassenberichtes

Der Kassenbericht hat die Aufgabe, die **Barverkäufe (Tageslosung) eines Tages** zu ermitteln. Die Tageslosung lässt sich wie folgt berechnen:

■ Nach dem Ladenschluss wird der **tatsächliche Kassenbestand (Kassenschlussbestand)** durch Zählen des Bargelds ermittelt.

■ Alle **Ausgaben**, die aus der Kasse getätigt werden, sind zum **Kassenschlussbestand wieder hinzuzurechnen.**

Grundschema des Kassenberichtes
Kassenschlussbestand
+ Ausgaben
− Wechselgeld
− sonstige Einnahmen
= Barverkäufe des Tages (Tageslosung)

Beispiele:

- ■ Wareneinkäufe bar;
- ■ Barzahlung für Frachtkosten;
- ■ Entnahme von Geld für den Privathaushalt;
- ■ Einzahlung auf das Bankkonto.

■ Das **Wechselgeld** des Vortags (Kassenanfangsbestand) ist vom Kassenbestand des heutigen Tages abzuziehen.

■ Alle **Einnahmen** des Tages, die **nicht aus Wareneinkäufen stammen,** müssen vom **Kassenschlussbestand abgezogen werden.**

Beispiele:

- ■ Privateinlagen des Einzelhändlers;
- ■ Barabhebungen vom Bankkonto und Einlage des Geldes in die Kasse.

Beispiel für einen Kassenbericht:

Das Lebensmittelgeschäft Ralf Rohmer e. Kfm. weist für den 13. Juni 20.. folgende Kassenvorgänge aus:

Das Wechselgeld beträgt 2 100,00 EUR. Am 13. Juni 20.. werden folgende Ausgaben und Einnahmen getätigt: Barzahlung für Waren 1 200,00 EUR, Entnahme für private Zwecke 350,00 EUR, Zahlung an den Landwirt Dieter Halder für die Gemüselieferung der vorigen Woche 420,00 EUR, Barabhebung vom Bankkonto 500,00 EUR und Einlage des Geldes in die Tageskasse.

Am 13. Juni 20.. beträgt der Kassenschlussbestand nach Ladenschluss 4 150,00 EUR.

Aufgabe:

Berechnen Sie den Barverkauf des Tages für den 13. Juni 20..!

Lösung:

Kassenschlussbestand		4 150,00 EUR
+ **Ausgaben**		
Barzahlung für Waren	1 200,00 EUR	
bar bezahlte Rechnung (Landwirt Dieter Halder)	420,00 EUR	
private Entnahme	350,00 EUR	1 970,00 EUR
− **sonstige Einnahmen**		
Abhebung vom Bankkonto und Einlage in die Kasse		500,00 EUR
− **Wechselgeld**		2 100,00 EUR
= Barverkauf (Tageslosung, Bareinnahmen)		3 520,00 EUR

2.3.2.2 Auswerten der wirtschaftlichen Kassendaten

Bei elektronischen Datenkassen werden alle gespeicherten Vorgänge nach verschiedenen Gesichtspunkten (z. B. Verkäufer, Warengruppe, Zahlungsart, Zeitraum des Kaufs) erfasst. Dies ermöglicht die nachfolgenden Auswertungen. Die Daten der einzelnen Bereiche ruft der Kassierer per Tastendruck ab.

Berichtsformen	Erläuterungen	Beispiele
Finanzbericht	Er gibt an: Bruttoumsatz einschließlich USt Nettoumsatz ohne USt Umsatzsteuer 19 % Anzahl der verkauften Artikel Anzahl der Kunden gekaufte Artikel je Kunde $\frac{448}{320}$ Bruttoumsatz je Kunde $\frac{4522}{320}$ Barumsatz (Tageslosung) Kartenumsatz[1]	4 522,00 EUR 3 800,00 EUR 722,00 EUR 448 320 1,4 14,13 EUR 3 292,00 EUR 1 230,00 EUR
Verkäuferbericht	Er gibt an, wie viel Artikel ein Verkäufer im Tagesverlauf verkauft hat und welchen Umsatz in EUR er damit erzielt hat.	Verkaufte Artikel 50 Umsatz 810,00 EUR
Frequenzbericht	Über die Kassendaten kann ermittelt werden, wie viel Kunden das Geschäft in einem bestimmten Zeitraum aufgesucht haben, wie viel Artikel in diesem Zeitraum verkauft wurden und welchen Umsatz dies erbracht hat.	17:00–18:00 Uhr Kunden 45 Artikel 38 Umsatz 724,50 EUR
Warengruppenbericht	Über einen Code kann für eine Warengruppe die Anzahl der verkauften Artikel, der Warengruppenumsatz und der Anteil am Gesamtumsatz ermittelt werden.	Warengruppe Kosmetik: Artikel 28 Umsatz 532,80 EUR Anteil am Gesamtumsatz 11,76 %

---

1 Der Kartenumsatz wird in der Regel nach Art der Karte (z. B. Girocard, Geldkarte, Gutschein) weiter aufgegliedert.

2.3.3 Kassenkontrolle

Aufgabe der Kassenkontrolle ist zu überprüfen, ob alle Aufgaben an der Kasse ordnungsgemäß ausgeführt werden. Die Kassenkontrolle umfasst

- Durchführung eines Kassensturzes,
- Kontrolle von Kassendifferenzen.

(1) Durchführung eines Kassensturzes

Beim Kassensturz wird ein überraschender Soll-Ist-Vergleich des Kassenbestands vorgenommen. Der Kassensturz ist ein wichtiges **Kontrollmittel** zur **sofortigen Aufklärung von Kassendifferenzen** (z. B. wenn sich ein Kunde beschwert, er habe zu wenig Wechselgeld erhalten). Der Kassensturz ist eine nicht angemeldete Kassenkontrolle, die immer neben der normalen Kassenabrechnung durchgeführt wird.

(2) Kontrolle von Kassendifferenzen

Eine Kassendifferenz liegt vor, wenn der gezählte Bargeldbestand **(Ist-Barverkäufe)** von dem ausgedruckten Kassenbericht der Kasse **(Soll-Barverkäufe)** abweicht. Die Kassendifferenz kann ein **Kassenüberschuss** oder ein **Kassenfehlbetrag** sein.

- Ein **Kassenüberschuss** kann z. B. dadurch entstehen, dass einem Kunden zu wenig Wechselgeld zurückgegeben wurde.
- Ein **Kassenfehlbetrag** kann z. B. durch zu hohe Wechselgeldrückgabe, durch Eingabefehler, Unterschlagung oder Diebstahl entstehen.

Wird ein Kassierer für Kassenfehlbeträge haftbar gemacht, spricht man von **Mankohaftung**. Dies muss zwischen Arbeitgeber und Kassierer **ausdrücklich vereinbart** werden. Zudem muss die Mankohaftung dem Kassierer vergütet werden, z. B. durch ein höheres Gehalt oder eine Sonderzahlung (Mankogeld).

Kompetenztraining

77   **1. 1.1** Ein Einzelhändler hat am 12. April 20.. eine Tageslosung in Höhe von 10 782,73 EUR. Von der Tageslosung unterliegen 8 095,57 EUR einem Umsatzsteuersatz von 19 %. Der Restbetrag der Tageslosung unterliegt dem ermäßigten USt-Satz von 7 %.

Aufgabe:

Berechnen Sie die USt und die Nettobeträge!

1.2 Wechselgeld 140,00 EUR, Entnahme von Geld für den Privathaushalt 150,00 EUR, Barabhebung von Bankkonto und Einlage des Geldes in die Kasse 500,00 EUR, Bestand bei Geschäftsschluss 4 180,00 EUR.

Aufgabe:

Ermitteln Sie den Tagesumsatz!

2. Erstellen Sie einen Kassenbericht für den 25. November 20.. aufgrund folgender Angaben:

Kassenanfangsbestand am 25. November 20..	246,32 EUR

Entnahmen:
– Ausgabe für Reinigungsmittel	63,84 EUR
– Barzahlung einer Eingangsrechnung	866,85 EUR
– für Privatzwecke	342,00 EUR
Bargeldbestand bei Geschäftsschluss am 25. November	800,28 EUR

Aufgaben:

2.1 Ermitteln Sie die Bareinnahmen am 25. November 20..!

2.2 Berechnen Sie die USt (Steuersatz 19 %) und den Nettobetrag des Warenverkaufs!

3. Bei der Kassenabrechnung zum Geschäftsschluss liegen folgende Daten vor: Geldscheine 4 400,00 EUR, Münzen 103,20 EUR. Bankeinzahlung 4 000,00 EUR, Wechselgeld 480,00 EUR, Ergebnis des elektronischen Kassenberichts 8 028,40 EUR.

Aufgaben:

3.1 Berechnen Sie die tatsächliche Kasseneinnahme!

3.2 Vergleichen Sie die tatsächliche Kasseneinnahme mit dem Ergebnis des elektronischen Kassenberichtes!

3.3 Erläutern Sie die Begriffe Kassenüberschuss und Kassenfehlbetrag!

3.4 Erläutern Sie die Zielsetzung eines Kassensturzes!

4. Erstellen Sie einen Kassenbericht für den 10. Januar 20.. aufgrund folgender Angaben:

Kassenanfangsbestand am 10. Januar 20..	1 168,80 EUR
Auszahlung für Wareneingang	1 504,80 EUR
Privateinlage	5 264,40 EUR
Barzahlung der Garagenmiete für das Privatauto	91,20 EUR
Kassenbestand bei Geschäftsschluss am 10. Januar 20..	22 116,00 EUR

Aufgabe:

Berechnen Sie den Barverkauf des Tages!

5. Bei der Kassenabrechnung des Sonderverkaufs vor dem Geschäft wird festgestellt, dass 85 Artikel zum Preis von je 9,99 EUR verkauft wurden. Bei Geschäftseröffnung befand sich 116,00 EUR Wechselgeld in der Kasse. Der Kassenbestand bei Geschäftsschluss beträgt 966,15 EUR.

Aufgaben:

5.1 Ermitteln Sie die Kasseneinnahmen!

5.2 Berechnen Sie die Kassendifferenz!

5.3 Nennen Sie Gründe, worauf die Kassendifferenz zurückzuführen sein könnte!

6. Berechnen Sie die fehlenden Beträge im abgebildeten Finanzbericht eines Lebensmittelgeschäfts!

Finanzbericht	
Bruttoumsatz	4 408,40 EUR
Nettoumsatz	
Umsatzsteuer 7 %	
Anzahl der verkauften Artikel	1 140
Anzahl der Kunden	380
verkaufte Artikel je Kunde	
Bruttoumsatz je Kunde	

3 Buchführung als Informationsinstrument der Unternehmung

3.1 Inventur und Inventar

3.1.1 Inventur

(1) Ablauf der Inventur

Jeder Kaufmann ist verpflichtet, „zu Beginn seines Handelsgewerbes" (d.h. bei der Gründung) und danach „für den Schluss eines jeden Geschäftsjahres" seine Vermögens- und Schuldposten mit ihren Werten anzugeben. Diese Aufstellung nennt der Gesetzgeber **Inventar**.

§ 240 HGB

Durch den Vorgang der **Inventur** wird vor Ort festgestellt, welche Vermögens- und Schuldenwerte tatsächlich vorhanden sind. Die Inventur ist also eine **Tätigkeit (körperliche Bestandsaufnahme).**

- Man geht in den Verkaufsraum bzw. in das Lager und schaut z.B. nach, welche Menge an **Waren** noch vorhanden ist. Typische Tätigkeiten für diesen ersten Vorgang der Inventur sind: Zählen, Messen, Wiegen, notfalls auch Schätzen. Durch die Rechnung Menge · Einstandspreis wird anschließend der Wert der vorhandenen Ware ermittelt.
- Zur Feststellung des Wertes an **Bargeld** muss das in der Kasse vorhandene Geld gezählt werden.
- Bei anderen Geldvermögensarten, z.B. dem **Bankguthaben,** geben die Kontoauszüge Auskunft über das gegenwärtige Guthaben.
- **Kundenforderungen** bzw. **Lieferantenschulden** werden namentlich aufgelistet. Die ermittelten Salden lässt man sich von den einzelnen Kunden bzw. Lieferanten bestätigen.
- Der Wert der einzelnen Gegenstände der **Betriebs- und Geschäftsausstattung** wird ermittelt.

Beispiel für eine Inventur-Aufnahmeliste (Einzelinventurliste):

Inventur-Aufnahmeliste					Aufnahme:	Fischer
Filiale: Ravensburg		Blatt-Nr.:		14	Ausrechnung:	Troll
Abteilung: Herrenbekleidung		Datum:		05.01.20.	Kontrolle:	Spralte
Position	Menge	Artikelnummer	Artikelbezeichnung	Bruttoverkaufspreis in EUR	Einstandspreis	Zustand der Ware
(1)	120	441751	Anzug	389,00	195,00	aktuelle Ware
(2)	195	778914	T-Shirt	29,99	14,90	aus Vorsaison
(3)						

Inventur ist die mengen- und wertmäßige Erfassung aller Vermögens- und Schuldenwerte eines Kaufmanns zu einem bestimmten Zeitpunkt. Die Inventur ist eine Tätigkeit.

17 Merkur-Nr. 0642

(2) Arten (Verfahren) der Inventur

■ Stichtagsinventur (Normalverfahren)

Inventurarbeiten sind in der Praxis häufig an einem Tag nicht zu bewältigen. Sie dürfen daher auch zeitnah **um den Stichtag herum** durchgeführt werden. Als zulässige Zeitspanne um den Bilanzstichtag gelten 10 Tage vor bzw. 10 Tage nach dem Bilanzstichtag.

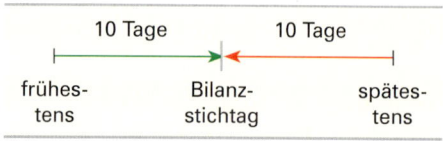

■ Verlegte Inventur

Werden innerhalb von **drei Monaten vor dem Bilanzstichtag** oder innerhalb von **zwei Monaten nach dem Bilanzstichtag** die Vermögenswerte durch Inventur ermittelt und in einem gesonderten Verzeichnis festgehalten, dann braucht für diese Vermögensgegenstände **keine Inventur zum Bilanzstichtag** vorgenommen werden. Allerdings muss

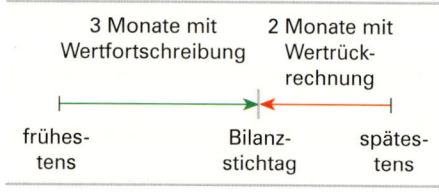

sichergestellt sein, dass durch eine ordnungsmäßige **Fortschreibung** bzw. **Rückrechnung** der Wert am Bilanzstichtag zuverlässig ermittelt werden kann.

■ Permanente Inventur

Werden alle **Zu- und Abgänge der Vermögensgegenstände** nach Art, Menge und Wert fortlaufend in einer **Bestandskartei** erfasst, kann auf eine Inventur zum Bilanzstichtag **verzichtet** werden. Allerdings muss dann die Bestandskartei zu einem **beliebigen** anderen **Zeitpunkt innerhalb des Jahres** durch eine Inventur überprüft werden.

■ Stichprobeninventur

Erfahrungsgemäß macht bei den Warenvorräten eine relativ kleine Menge (z. B. 20 % der Waren) den größten Teil des Wertes (z. B. 80 %) aus.

■ Für die **kleine Warenmenge** mit einem **hohen Wertanteil** wird eine **vollständige körperliche Bestandsaufnahme** durchgeführt.

■ Für die **große Warenmenge** mit vergleichsweise **niedrigem Wertanteil** wird eine **Stichprobeninventur** durchgeführt. Dabei wird für einen kleinen Teil der Warenmenge (z. B. für 2 % bis 5 %) eine körperliche Bestandsaufnahme durchgeführt. Aus diesen ausgewählten einzelnen Waren (den Stichproben) wird ein Durchschnittswert ermittelt.

Wird der Durchschnittswert mit der Gesamtmenge der Waren mit einem niedrigem Wertanteil multipliziert, erhält man den **Gesamtwert dieser Warenvorräte**.

(3) Zielsetzung der Inventur

Die Inventur ist wesentlicher Bestandteil einer ordnungsmäßigen Buchführung. Sie dient in erster Linie dem **Schutz der Gläubiger.** Durch eine körperliche Bestandsaufnahme soll überprüft werden, ob die in der Buchführung **ausgewiesenen Bestände (Sollbestände)** mit den **tatsächlichen Beständen (Istbeständen) übereinstimmen.** Treten Differenzen zwischen Soll- und Istbeständen auf, müssen die Ursachen aufgedeckt und entsprechende Korrekturen in der Buchführung vorgenommen werden, damit solche Differenzen nicht noch weitergeschleppt werden. Insofern übt die **Inventur** gegenüber der Buchführung eine **Kontrollfunktion** aus.

3.1.2 Inventar

- ■ Das **Inventar** ist das **wertmäßige Ergebnis** der Inventur.

- ■ Es ist ein Verzeichnis über die tatsächlich **vorhandenen Vermögens- und Schulden- werte** an einem **bestimmten Tag** (Stichtag).

Obschon es **keine gesetzlichen Vorschriften** für die **formale Darstellung eines Inventars** gibt, hat es sich in der Praxis allgemein durchgesetzt, dass die **Ergebnisse der Inventur nochmals zusammengefasst** werden. Bei einzelnen Posten wird dann auf die **Einzelverzeichnisse** verwiesen.

Das Inventar auf S. 260 stellt beispielhaft Inhalt und Aufbau eines Inventarverzeichnisses und die darin verwendeten Begriffe dar.

Erläuterungen zum Inhalt und Aufbau des Inventars von S. 260

Das Inventar besteht aus drei Teilen: dem **Vermögen,** den **Schulden** und dem **Reinvermögen** (Eigenkapital).

- ■ Das **Vermögen** gibt Aufschluss darüber, welche Gegenstände in einem Unternehmen vorhanden sind. Man unterscheidet zwischen Anlage- und Umlaufvermögen.

  - ■ Zum **Anlagevermögen** gehören alle Vermögensposten, die dazu bestimmt sind, dem Unternehmen langfristig zu dienen. Sie bilden die Grundlage für die Betriebsbereitschaft.

    > **Beispiele:**
    >
    > Gebäude, Grundstücke, Kassenanlagen, Geschäftsausstattung, …

  - ■ Zum **Umlaufvermögen** zählen alle Vermögensposten, die dadurch charakterisiert sind, dass sie sich durch die Geschäftstätigkeit laufend verändern.

    > **Beispiele:**
    >
    > Kassenbestand, Bankguthaben, Waren, Forderungen aus Lieferungen und Leistungen, …

- ■ **Schulden** (Verbindlichkeiten) stellen Fremdkapital dar, das Dritte dem Unternehmen zur Verfügung stellen. Sie werden z.B. nach der Art der Schuld gegliedert.

  > **Beispiele:**
  >
  > Verbindlichkeiten gegenüber Kreditinstituten, Verbindlichkeiten aus Lieferungen und Leistungen.

Inventar zum 31. Dezember 20..
des Kaufhauses Otto Ehrlich e.Kfm., Kornhausplatz 101, 89073 Ulm

A.	**Vermögen**		
I.	A n l a g e v e r m ö g e n :		
	1. Grundstücke		
	– Kornhausplatz 101	175 000,00 EUR	
	– Marktstr. 10	125 000,00 EUR	300 000,00 EUR
	2. Bauten auf eigenen Grundstücken		
	– Kaufhaus Marktstr. 10	750 000,00 EUR	
	– Verwaltungsgebäude Kornhausplatz 101	675 000,00 EUR	1 425 000,00 EUR
	3. Fuhrpark		
	– Pkw: UL – AM 312	45 800,00 EUR	
	– Lkw: UL – EW 418	98 750,00 EUR	144 550,00 EUR
	4. Betriebs- und Geschäftsausstattung		
	– Regale lt. Einzelinventurliste 1	18 500,00 EUR	
	– Büromaschinen lt. Einzelinventurliste 2	45 600,00 EUR	
	– Registrierkasse	10 775,00 EUR	
	– Verkaufstheke	20 725,00 EUR	95 600,00 EUR
II.	U m l a u f v e r m ö g e n :		
	1. Warenvorräte		
	– Lebensmittel	620 400,00 EUR	
	– Textilien	1 980 700,00 EUR	
	– Kosmetik	510 900,00 EUR	
	– Sonstige Waren	487 725,00 EUR	3 599 725,00 EUR
	2. Forderungen aus Lieferungen und Leistungen		
	– Kunde Otto Schulz OHG, Stuttgart	12 125,00 EUR	
	– Kunde Werner Müller e.Kfm., Augsburg	21 650,00 EUR	
	– Kunde Fritz Schäfer KG, Biberach	13 920,00 EUR	47 695,00 EUR
	3. Kassenbestand lt. Einzelinventurliste 4		8 400,00 EUR
	4. Guthaben bei Banken		
	– Guthaben bei der A-Bank Kto.-Nr. 6534	28 780,00 EUR	
	– Guthaben bei der Postbank Kto.-Nr. 10121-503	5 900,00 EUR	34 680,00 EUR
	Summe des Vermögens (Rohvermögens)		5 655 650,00 EUR
B.	**Schulden**		
1.	Verbindlichkeiten gegenüber Kreditinstituten langfristig:		
	– Darlehen bei der A-Bank		900 000,00 EUR
	kurzfristig:		
	– Kontokorrentkredit bei der B-Bank		1 533 150,00 EUR
2.	Verbindlichkeiten aus Lieferungen und Leistungen		
	– Dortmunder Tele-Technik AG	55 150,00 EUR	
	– Kemptener Fernseh-Apparatebau GmbH	45 250,00 EUR	100 400,00 EUR
3.	Liefererdarlehen der Rado GmbH, Leipzig		22 100,00 EUR
	Summe der Schulden		2 555 650,00 EUR
C.	**Ermittlung des Reinvermögens (Eigenkapitals)**		
	Summe des Vermögens		5 655 650,00 EUR
	– Summe der Schulden		2 555 650,00 EUR
	= Reinvermögen (Eigenkapital)		3 100 000,00 EUR

Zusammenfassung

- **Inventur** ist die Erfassung der Vermögensgegenstände und der Schulden nach Art, Menge und Wert.

- Das **Inventar** ist das **Ergebnis** der Inventur in Form einer übersichtlichen Darstellung aller Vermögenswerte und Schulden.

- Das **Inventar** wird in folgende Teile gegliedert: **Vermögen, Schulden** und **Reinvermögen** (Differenz zwischen Vermögen und Schulden).

- Die Inventur übt gegenüber der Buchführung eine **Kontrollfunktion** aus.

- Als **Normalverfahren** der Inventur gilt die **Stichtagsinventur.**

- **Vereinfachende Verfahren** sind:
  - die verlegte Inventur,
  - die permanente Inventur,
  - die Stichprobeninventur.

Kompetenztraining

78   1. Nennen Sie die drei Angaben, die in einem Inventar enthalten sein müssen!

2. Ermitteln Sie, zu welchen Zeitpunkten jeweils ein Inventar aufgestellt werden muss!

3. Erläutern Sie die Begriffe Inventar und Inventur!

4. Erklären Sie, welche praktische Bedeutung die Inventur im Zusammenhang mit der Buchführung hat!

5. Begründen Sie, welche Werte beim Auftreten von Differenzen zwischen Sollwerten (Werte der Buchführung) und Istwerten (Werte der Inventur) berichtigt werden müssen!

6. Bringen Sie die folgenden Inventurarbeiten in die richtige Reihenfolge!

     6.1   Eintragen der Ergebnisse in die Inventurlisten.

     6.2   Verteilen der Inventurlisten an die Mitarbeiter.

     6.3   Zählen, Messen, Wiegen.

     6.4   Speichern der Inventurergebnisse im Warenwirtschaftssystem.

     6.5   Eventuelles Überprüfen der Inventurergebnisse durch nochmaliges Zählen (Stichproben).

     6.6   Vergleich der ermittelten Inventurbestände mit den Buchbeständen, um Inventurdifferenzen festzustellen.

7. Ordnen Sie die nachfolgenden Vermögenswerte und Schulden dem Anlage- und Umlaufvermögen sowie den kurzfristigen und langfristigen Schulden zu:

7.1	Ladentheke	7.7	Bankdarlehen
7.2	Einkaufswagen	7.8	Kasse
7.3	Waren	7.9	Büromöbel
7.4	Verbindlichkeiten aus Lieferungen und Leistungen	7.10	Forderungen aus Lieferungen und Leistungen
7.5	Geschäftsgebäude	7.11	Warenwirtschaftssystem
7.6	Lagergebäude	7.12	Bankguthaben

79 Stellen Sie aufgrund der angegebenen Inventurergebnisse zum 31. Dezember 20.. für Max Weber e. Kfm. ein Inventar auf!

Grundstücke		121 180,00 EUR
Bauten auf eigenen Grundstücken		535 925,00 EUR
Büroeinrichtung lt. Inventurliste 1		48 000,00 EUR
Fuhrpark (1 Kombi)		51 400,00 EUR
Forderungen lt. bestätigter Saldenliste		60 510,00 EUR
Warenvorräte:		
60 Videogeräte	15 000,00 EUR	
42 Fernsehgeräte	20 000,00 EUR	
34 Stereoanlagen	8 000,00 EUR	
90 Lampen	5 250,00 EUR	
Sonstiges Kleinmaterial lt. Inventurliste 2	3 000,00 EUR	51 250,00 EUR
Kassenbestand lt. Inventurliste 3		1 520,00 EUR
Guthaben bei Kreditinstituten:		
– Guthaben auf dem Kontokorrentkonto bei der A-Bank		27 790,00 EUR
– Guthaben bei der Postbank Niederlassung in der X-Stadt		2 200,00 EUR
Verbindlichkeiten gegenüber Kreditinstituten:		
– Darlehen bei der B-Bank		128 000,00 EUR
Verbindlichkeiten aus Lieferungen und Leistungen:		
– Nürnberger Teleblick AG	31 600,00 EUR	
– Berliner Funk-Fernseh GmbH	59 100,00 EUR	90 700,00 EUR

3.2 Bilanz

3.2.1 Aufstellungspflicht, Form und Gliederung der Bilanz

(1) Aufstellungspflicht

§ 242
HGB

Der Kaufmann hat zu Beginn seines Handelsgewerbes und danach für den Schluss eines jeden Geschäftsjahres eine **Bilanz** aufzustellen. Die Bilanz ist eine **Kurzfassung des Inventars.**

(2) Form und Gliederung der Bilanz

Die Bilanz ist in **Kontoform** aufzustellen. Die **linke Seite der Bilanz** ist die **Aktivseite.** Auf ihr stehen die **Aktiva (Vermögensposten).** Die **rechte Seite der Bilanz** ist die **Passivseite.** Auf ihr stehen die **Passiva.** Die Passivseite der Bilanz weist das **Kapital,** getrennt nach Kapitalgebern (**Eigenkapital** und **Verbindlichkeiten [Fremdkapital]**) aus.

Es wird folgendes **vereinfachtes Bilanzschema** zugrunde gelegt.

Aktiva	Bilanz zum 31. Dezember 20..	Passiva

I. **Anlagevermögen**
  1. Grundstücke und Bauten
  2. technische Anlagen und Maschinen
  3. And. Anl., Betr.- u. G.-Ausstattung
II. **Umlaufvermögen**
  1. Waren
  2. Forderungen a. Lief. u. Leist.
  3. Kassenbestand
  4. Guthaben bei Kreditinstituten
		I. **Eigenkapital**
		II. **Verbindlichkeiten**
		  1. Verbindlichkeiten geg. Kreditinst.
		  2. Verbindlichkeiten a. Lief. u. Leist.
		  3. Sonstige Verbindlichkeiten

Beispiel:

Stellen Sie zu dem Inventar auf S. 260 die entsprechende Bilanz auf!

Lösung:

Aktiva   Bilanz des Kaufhauses Otto Ehrlich e. Kfm. zum 31. Dez. 20..   Passiva

I. Anlagevermögen		**I. Eigenkapital** 3 100 000,00
1. Grundstücke u. Bauten 1 725 000,00		**II. Verbindlichkeiten**
2. Andere Anlagen, Betriebs- u. Geschäftsausstattung 240 150,00		1. Verbindlichkeiten gegen- über Kreditinstituten 2 433 150,00
II. Umlaufvermögen		2. Verbindlichkeiten aus Lieferungen und Leistungen 100 400,00
1. Waren 3 599 725,00		3. Sonstige Verbindlichkeiten 22 100,00
2. Forderungen aus Lieferungen und Leistungen 47 695,00		
3. Kassenbestand 8 400,00		
4. Guthaben bei Kredit- instituten 34 680,00		
5 655 650,00		5 655 650,00

Ulm, den 31. Dez. 20..   *Otto Ehrlich*

Die Bilanz lässt auf einen Blick erkennen, wer das Kapital aufgebracht hat (Passivseite) und wie es verwendet wurde (Aktivseite).

Aktiva   Bilanz des Kaufhauses Otto Ehrlich e. Kfm. zum 31. Dez. 20..   Passiva

Wie wurde das Kapital verwendet?		**Wer** hat das Kapital aufgebracht?	
I. Anlagevermögen	1 965 150,00	**I. Eigenkapital**	3 100 000,00
II. Umlaufvermögen	3 690 500,00	**II. Verbindlichkeiten**	2 555 650,00
Vermögen	5 655 650,00	**Kapital**	5 655 650,00
↑		↑	
Verwendung finanzieller Mittel (Investionen)		**Beschaffung** finanzieller Mittel (Finanzierung)	

> Die **Aktivseite** gibt die **Mittelverwendung (Investionen)** des Unternehmens wieder, die **Passivseite** die **Mittelbeschaffung (Finanzierung)**.

3.2.2 Aussagekraft der Bilanz

Am Beispiel des Kaufhauses Otto Ehrlich e. Kfm. wird im Folgenden ein kurzer Überblick über die Aussagekraft einer Bilanz gegeben. Dabei beschränken wir uns darauf, das Verhältnis

- des Anlage- und Umlaufvermögens sowie
- des Eigenkapitals und der Verbindlichkeiten

zur Bilanzsumme aufzuzeigen und auszuwerten.

Aktiva	Bilanz des Kaufhauses Otto Ehrlich e. Kfm.				Passiva
Anlagevermögen	1 965 150,00	34,75 %	Eigenkapital	3 100 000,00	54,8 %
Umlaufvermögen	3 690 500,00	65,25 %	Verbindlichkeiten	2 555 650,00	45,2 %
	5 655 650,00	100,0 %		5 655 650,00	100,0 %

- **Zur Vermögenszusammensetzung:**

  Das Umlaufvermögen hat einen höheren Anteil als das Anlagevermögen! Das ist nicht ungewöhnlich, denn Einzelhandelsunternehmen erzielen ihre Einnahmen und den Gewinn durch den Verkauf von Waren. Die Waren sind der größte Posten des Umlaufvermögens.

  Die Forderungen aus Lieferungen und Leistungen sind mit 47 695,00 EUR (siehe S. 263) bezogen auf den Warenanteil gering. Daraus kann abgeleitet werden, dass das Kaufhaus nur wenige Waren auf Kredit verkauft. Der Bestand an Bargeld und Bankguthaben ist ausreichend, um jederzeit zahlungsfähig zu sein.

- **Zur Kapitalzusammensetzung:**

  Der Anteil des Eigenkapitals ist höher als der der Verbindlichkeiten. Das bedeutet, der Einzelhändler ist nicht von den Gläubigern abhängig und die Zinslast ist überschaubar.

Aus der Bilanz werden Vermögen und Kapital wie folgt berechnet:

- **Berechnung des Vermögens**

$$\text{Vermögen} \quad = \quad \text{Eigenkapital} + \text{Fremdkapital}[1]$$

- **Berechnung des Kapitals**

$$\text{Eigenkapital} \quad = \quad \text{Vermögen} - \text{Fremdkapital}$$
$$\text{Fremdkapital} \quad = \quad \text{Vermögen} - \text{Eigenkapital}$$

3.2.3 Zusammenhang zwischen Inventur, Inventar, Buchführung und Bilanz

Bevor die Bilanz aufgrund der Buchführung erstellt werden kann, muss geprüft werden, ob die in der Buchführung ausgewiesenen Bestände **(Sollbestände)** mit den tatsächlich vorhandenen Beständen **(Istbestände)** übereinstimmen. Es könnten ja Unregelmäßigkeiten (z. B. Rechenfehler, Diebstahl) aufgetreten sein. Diese Sicherstellung erfolgt über die Inventur.

Liegen Abweichungen zwischen Soll- und Istbeständen vor, müssen die Gründe dafür aufgedeckt und entsprechende Korrekturen in der Buchführung vorgenommen werden. Die Werte der Buchführung müssen mit den tatsächlich vorhandenen übereinstimmen.

Der **Buchbestand** muss dem **Istbestand** aus der Inventur **angepasst** werden.

---

1 Unter dieser mehr betriebswirtschaftlichen Betrachtungsweise benutzen wir den Begriff Fremdkapital (statt Verbindlichkeiten).

Die nachfolgende Grafik zeigt den Ablauf der Abstimmung zwischen Buchführung und Bilanz aufgrund der Inventur.

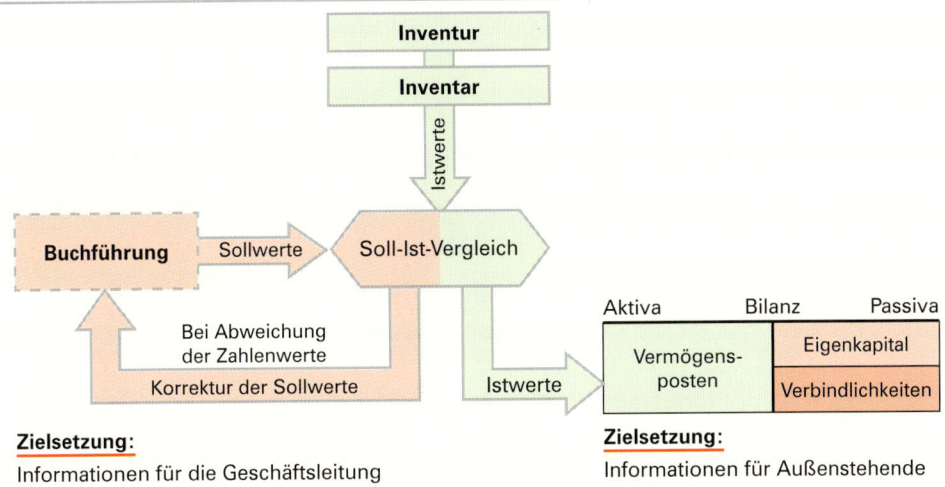

Zielsetzung:
Informationen für die Geschäftsleitung

Zielsetzung:
Informationen für Außenstehende

Zusammenfassung

- Nach § 242 HGB hat der Kaufmann zu Beginn seines Handelsgewerbes und danach am Schluss eines jeden Geschäftsjahres auch eine **Bilanz** aufzustellen, in der das **Verhältnis von Vermögen und Schulden** dargestellt wird.

- In der Bilanz erscheinen nur **Werte**, keine Mengen.

- In der Bilanz werden verschiedene Arten von Wirtschaftsgütern zu einem **Bilanzposten** zusammengefasst.

- Auf der **Aktivseite** der Bilanz stehen die **Vermögensposten**, auf der **Passivseite** die **Kapitalposten** (Eigenkapital und Verbindlichkeiten).

- Die Bilanz ist in **Kontoform** aufzustellen.

- Gegenüberstellung von Inventar und Bilanz:

Inventar	Bilanz
▪ Das Inventar ist eine **ausführliche wert- und mengenmäßige** Gegenüberstellung der Vermögens- und Schuldposten.	▪ Die Bilanz ist eine **gedrängte wertmäßige** Gegenüberstellung aller Vermögens- und Schuldposten.
▪ Im Inventar werden alle selbstständig bewertbaren Gegenstände eines Postens erfasst. Es ist **sehr ausführlich** und dadurch **unübersichtlich**.	▪ Die Bilanz weist jeden Posten nur mit einer Summe aus. Sie ist **weniger ausführlich**, dadurch aber **übersichtlich**.
▪ Im Inventar stehen Vermögen und Schulden **untereinander**.	▪ In der Bilanz stehen Vermögen und Schulden **nebeneinander**.
▪ Die Differenz zwischen Vermögen und Schulden heißt **Reinvermögen**.	▪ Die Differenz zwischen Vermögen und Schulden heißt **Eigenkapital**.
▪ Das Inventar bzw. die Inventur übt gegenüber den Ergebnissen der Buchführung eine **Kontrollfunktion** aus.	▪ Die Bilanz **baut auf den Zahlenunterlagen der Buchführung und denen der Inventur auf**.

Inventar	Bilanz
▪ Das Inventar (die Inventur) dient **innerbetrieblichen Zwecken** (Soll-Ist-Vergleich).	▪ Die Bilanz informiert die **Außenwelt**.
▪ Gesetzliche **Gliederungsvorschriften** für das Inventar **bestehen nicht**.	▪ Es **bestehen gesetzliche Gliederungsvorschriften**.

Kompetenztraining

80

1. Erstellen Sie aufgrund folgender Angaben eine Bilanz:

   Bebaute Grundstücke 380 000,00 EUR, Geschäftsgebäude 275 000,00 EUR, Betriebs- und Geschäftsausstattung 210 000,00 EUR, Fuhrpark 114 500,00 EUR, Warenvorräte 1 330 600,00 EUR, Forderungen aus Lieferungen und Leistungen 526 150,00 EUR, Kassenbestand 3 420,00 EUR, Guthaben: bei der Stadtsparkasse 29 960,00 EUR, bei der Commerzbank 41 390,00 EUR, Eigenkapital 1 019 580,00 EUR, Verbindlichkeiten geg. Kreditinstituten 1 050 000,00 EUR, Verbindlichkeiten aus Lieferungen und Leistungen 761 460,00 EUR, sonstige Verbindlichkeiten 79 980,00 EUR.

2. Berechnen Sie nach Erstellung der Bilanz das Verhältnis von Anlage- und Umlaufvermögen sowie von Eigen- und Fremdkapital zur Bilanzsumme und beurteilen Sie die Vermögens- und Kapitalstruktur!

81

1. Notieren Sie einige wichtige Unterscheidungsmerkmale zwischen Inventar und Bilanz!

2. Nennen Sie die beiden Hauptgruppen auf der Aktivseite der Bilanz!

3. 3.1 Erläutern Sie den Begriff Anlagevermögen!

   3.2 Nennen Sie drei Posten, die zum Anlagevermögen gehören!

4. 4.1 Erläutern Sie den Begriff Umlaufvermögen!

   4.2 Nennen Sie vier Posten, die zum Umlaufvermögen zählen!

5. Erläutern Sie den Begriff Bilanz!

6. Beschreiben Sie, wie das Eigenkapital rechnerisch ermittelt wird!

7. Unterscheiden Sie zwischen Eigenkapital und Fremdkapital!

8. Erläutern Sie den Zusammenhang zwischen Buchführung, Inventar (Inventur) und Bilanz!

3.2.4 Wertveränderungen der Bilanzposten durch Geschäftsvorfälle (vier Grundfälle)

Die Bilanz stellt die Werte des Vermögens und der Schulden für einen ganz bestimmten **Zeitpunkt** dar. Die Werte der Bilanz ändern sich im Laufe des Geschäftsjahres ständig. Ursache für diese Wertveränderungen sind die **Geschäftsvorfälle**.

Geschäftsvorfälle sind Vorgänge, die Veränderungen der **Vermögenswerte** bzw. der **Schulden** auslösen.

Im Folgenden wird dargestellt, in welcher Weise Geschäftsvorfälle die Bilanz verändern können.

Beispiel:

Aktiva	Ausgangsbilanz	Passiva
And. Anl., Betr.- u. Geschäftsausst.	40 000,00	Eigenkapital	42 000,00
Waren	2 000,00	Verb. a. Lief. und Leistungen	16 000,00
Kassenbestand	4 000,00		
Guthaben bei Kreditinstituten	12 000,00		
	58 000,00		58 000,00

Anmerkung: Wegen der geringen Anzahl von Posten wird auf die Gliederung in Anlagevermögen und Umlaufvermögen bzw. Eigenkapital und Verbindlichkeiten verzichtet.

Aufgabe:

Stellen Sie nach jedem Geschäftsvorfall die Bilanz neu auf, geben Sie an, in welche Richtung (+ oder –) sich die einzelnen Bilanzposten geändert haben und charakterisieren Sie jeweils die Bilanzveränderungen. Machen Sie außerdem eine Aussage über die Bilanzsumme.

Lösungen:

1. Geschäftsvorfall: Wir kaufen Waren gegen Barzahlung für 1 800,00 EUR.

Auswirkungen auf die Bilanz

Aktiva	1. veränderte Bilanz	Passiva
And. Anl., Betr.- u. Geschäftsausst.	40 000,00	Eigenkapital	42 000,00
Waren	3 800,00	Verb. a. Lief. und Leistungen	16 000,00
Kassenbestand	2 200,00		
Guthaben bei Kreditinstituten	12 000,00		
	58 000,00		58 000,00

| Waren | (Aktivposten) | + | **AKTIVTAUSCH** |
| Kassenbestand | (Aktivposten) | – | **Die Bilanzsumme bleibt unverändert** |

Erläuterungen:

Es werden zwei Aktivposten verändert. Der Aktivposten Waren nimmt um 1 800,00 EUR zu, der Aktivposten Kassenbestand nimmt um den gleichen Betrag ab.

2. Geschäftsvorfall: Eine Verbindlichkeit aus Lieferungen und Leistungen von 5 000,00 EUR wird in ein Liefererdarlehen (Bilanzposition „Sonstige Verbindlichkeiten") umgewandelt.

Auswirkungen auf die Bilanz

Aktiva	2. veränderte Bilanz	Passiva
And. Anl., Betr.- u. Geschäftsausst.	40 000,00	Eigenkapital	42 000,00
Waren	3 800,00	Verb. a. Lief. und Leistungen	11 000,00
Kassenbestand	2 200,00	Sonstige Verbindlichkeiten	5 000,00
Guthaben bei Kreditinstituten	12 000,00		
	58 000,00		58 000,00

Sonstige Verbindlichkeiten	(Passivposten)	+
Verb. a. Lief. und Leistungen	(Passivposten)	−

PASSIVTAUSCH
Die Bilanzsumme bleibt unverändert

Erläuterungen:

Die Veränderungen erfolgen auf der Passivseite. Der Passivposten Verbindlichkeiten aus Lieferungen und Leistungen nimmt um 5 000,00 EUR ab. In Höhe des gleichen Betrages kommt der neue Passivposten Sonstige Verbindlichkeiten hinzu.

3. Geschäftsvorfall: Eine Verbindlichkeit aus Lieferungen und Leistungen in Höhe von 3 000,00 EUR wird durch eine Banküberweisung getilgt.

Auswirkungen auf die Bilanz

Aktiva	3. veränderte Bilanz		Passiva
And. Anl., Betr.- u. Geschäftsausst.	40 000,00	Eigenkapital	42 000,00
Waren	3 800,00	Verb. a. Lief. und Leistungen	8 000,00
Kassenbestand	2 200,00	Sonstige Verbindlichkeiten	5 000,00
Guthaben bei Kreditinstituten	9 000,00		
	55 000,00		55 000,00

Verb. a. Lief. und Leistungen	(Passivposten)	−
Guth. bei Kreditinstituten	(Aktivposten)	−

AKTIV-PASSIVMINDERUNG
Die Bilanzsumme wird verringert

Erläuterungen:

Es werden ein Aktivposten und ein Passivposten berührt. Der Passivposten Verbindlichkeiten aus Lieferungen und Leistungen nimmt um 3 000,00 EUR ab, der Aktivposten Guthaben bei Kreditinstituten nimmt ebenfalls um den gleichen Betrag ab.

4. Geschäftsvorfall: Wir kaufen Waren auf Ziel für 6 000,00 EUR.

Auswirkungen auf die Bilanz

Aktiva	4. veränderte Bilanz		Passiva
And. Anl., Betr.- u. Geschäftsausst.	37 000,00	Eigenkapital	42 000,00
Waren	9 800,00	Verb. a. Lief. und Leistungen	14 000,00
Kassenbestand	2 200,00	Sonstige Verbindlichkeiten	5 000,00
Guthaben bei Kreditinstituten	9 000,00		
	61 000,00		61 000,00

Waren	(Aktivposten)	+
Verb. a. Lief. und Leistungen	(Passivposten)	+

AKTIV-PASSIVMEHRUNG
Die Bilanzsumme wird erhöht

Erläuterungen:

Es werden ein Aktivposten und ein Passivposten berührt. Der Aktivposten Waren nimmt um 6 000,00 EUR zu, der Passivposten Verbindlichkeiten aus Lieferungen und Leistungen nimmt ebenfalls um diesen Betrag zu.

Ein Blick auf das **Eigenkapital** zeigt, dass bei allen vier Geschäftsvorfällen das Eigenkapital **unverändert** blieb. Es handelte sich also um **erfolgsunwirksame (erfolgsneutrale) Geschäftsvorfälle.**

Zusammenfassung

■ **Jeder Geschäftsvorfall verändert die Bilanz.**

■ Bezüglich der Auswirkungen von Geschäftsvorfällen auf die Bilanz sind **vier Grundfälle** denkbar:

    ■ **Aktivtausch:** Ein Aktivposten nimmt im gleichen Maße ab, wie ein anderer Aktivposten zunimmt. Die Bilanzsumme bleibt unverändert. **Beispiel:** Wir zahlen auf das Bankkonto bar ein.

    ■ **Passivtausch:** Ein Passivposten nimmt im gleichen Maße ab, wie ein anderer Passivposten zunimmt. Die Bilanzsumme bleibt unverändert. **Beispiel:** Eine Verbindlichkeit aus Lieferungen und Leistungen wird in ein Liefererdarlehen umgewandelt.

    ■ **Aktiv-Passivminderung:** Auf der Aktiv- und der Passivseite nimmt jeweils ein Posten um den gleichen Wert ab. Die Bilanzsumme wird verringert. **Beispiel:** Wir zahlen eine Liefererrechnung durch Banküberweisung.

    ■ **Aktiv-Passivmehrung:** Auf der Aktiv- und der Passivseite nimmt jeweils ein Posten um den gleichen Wert zu. Die Bilanzsumme wird dadurch erhöht. **Beispiel:** Wir kaufen Waren auf Ziel.

■ Geschäftsvorfälle, die das Eigenkapital nicht verändern, nennt man **erfolgsunwirksame** (erfolgsneutrale) Geschäftsvorfälle.

Kompetenztraining

82   **I. Geschäftsvorfälle:**

1. Wir zahlen eine Lieferantenrechnung durch Banküberweisung	4 500,00 EUR
2. Wir kaufen einen Schreibtisch bar	1 020,00 EUR
3. Wir kaufen Ware bar	821,00 EUR
4. Wir zahlen ein Liefererdarlehen durch Banküberweisung zurück	9 500,00 EUR
5. Ein Kunde zahlt einen Rechnungsbetrag durch Banküberweisung	1 100,00 EUR
6. Wir kaufen einen PC bar	845,00 EUR
7. Wir heben von unserem Bankkonto bar ab und legen das Geld in die Geschäftskasse	3 000,00 EUR
8. Eine Verbindlichkeit aus Lieferungen und Leistungen wird in ein Liefererdarlehen umgewandelt	12 000,00 EUR

II. Aufgaben:

1. Geben Sie bei den angegebenen Geschäftsvorfällen jeweils die Änderungen der Bilanzposten an!

2. Zeigen Sie auf, um welchen der vier Grundfälle es sich jeweils handelt!

Bearbeitungshinweis: Zur Lösung der Aufgabe verwenden Sie bitte das folgende Schema:

Nr.	Bilanzposten		Art des Grundfalles
1.	Verb. aus Lief. u. Leistungen Guthaben bei Kreditinstituten	– 4 500,00 – 4 500,00	Aktiv-Passivminderung

83 Lesen Sie die nachfolgenden Aussagen zur Bilanz:

1. Der Geschäftsvorfall führt zu einer Vermehrung des Vermögens und der Schulden.

2. Der Geschäftsvorfall führt zu einer Vermehrung eines Vermögenspostens und gleichzeitig zu der Verminderung eines anderen Vermögenspostens.

3. Der Geschäftsvorfall führt zu einer Verminderung des Vermögens und der Schulden.

4. Der Geschäftsvorfall erhöht die Bilanzsumme.

Aufgabe:

Bilden Sie zu jeder angegebenen Aussage als Beispiel einen Geschäftsvorfall!

84 In einem Einzelhandelsbetrieb weist die Bilanz folgende Veränderungen auf:

1. Kasse	+ 1 400,00 EUR
Forderungen aus Lieferungen und Leistungen	− 1 400,00 EUR
2. Verbindlichkeiten gegenüber Kreditinstituten	− 5 000,00 EUR
Bank	− 5 000,00 EUR
3. Verbindlichkeiten aus Lieferungen und Leistungen	− 10 000,00 EUR
Sonstige Verbindlichkeiten	+ 10 000,00 EUR
4. Waren	+ 4 100,00 EUR
Verbindlichkeiten aus Lieferungen und Leistungen	+ 4 100,00 EUR

Aufgabe:

Formulieren Sie jeweils den zugrunde liegenden Geschäftsvorfall und geben Sie an, um welche Art der Bilanzveränderung es sich handelt!

3.3 Bestandskonten

3.3.1 Von der Bilanz zu den Konten

Es ist nicht notwendig nach jedem Geschäftsvorfall eine Bilanz neu zu erstellen, da die Wertveränderungen, die durch Geschäftsvorfälle hervorgerufen werden, auch **außerhalb der Bilanz** auf besonderen **Konten in der Buchführung** erfasst werden können. Dazu wird für jeden Vermögens- und Schuldposten ein Konto eingerichtet und der vorhandene Anfangsbestand darauf vorgetragen.

Da auf diesen Konten **Bestände und deren Veränderungen** erfasst werden, nennt man diese Konten **Bestandskonten** (bzw. **Bilanzkonten**).

- Die **Buchführung** ist die lückenlose Erfassung aller Geschäftsvorfälle eines Unternehmens.

- Ursache für die **Veränderungen der Bestände** sind die **Geschäftsvorfälle**.

- Es sind **Aktivkonten (Vermögenskonten)** und **Passivkonten (Schuldkonten)** zu führen. Zu den Schuldkonten gehört auch das **Eigenkapitalkonto**.

- Die **Aktiv- und Passivkonten** bilden die Gruppe der **Bestandskonten (Bilanzkonten)**.

Beispiel:

Die Anfangsbestände zu Beginn der Geschäftsperiode sind in nachfolgender Bilanz zusammengefasst.

Aufgabe:

Richten Sie für die einzelnen Bilanzposten Konten ein und tragen Sie die Bilanzwerte als Anfangsbestände darauf vor!

Lösung:

Aktiva	Ausgangsbilanz		Passiva
① And. Anl., Betr.- u. G.-Ausst.[1]	30 000,00	Eigenkapital	52 000,00 ①
② Waren	15 000,00	Verb. gegen. Kreditinstituten[2]	3 000,00 ②
③ Ford. aus Lief. u. Leistungen	5 000,00	Verb. aus Lief. u. Leistungen	5 000,00 ③
④ Kassenbestand	2 500,00		
⑤ Guthaben bei Kreditinstituten	7 500,00		
	60 000,00		60 000,00

In unserer Buchführung haben wir

Aktivkonten

Soll	Ladenausstattung[1]	Haben
① AB	10 000,00	

Soll	Fuhrpark[1]	Haben
① AB	20 000,00	

Soll	Waren	Haben
② AB	15 000,00	

Soll	Ford. a. Lief. u. Leistungen	Haben
③ AB	5 000,00	

Soll	Kasse	Haben
④ AB	2 500,00	

Soll	Bank	Haben
⑤ AB	7 500,00	

Passivkonten

Soll	Eigenkapital	Haben
	AB	52 000,00 ①

Soll	Langfr. Bankverbindlichkeiten	Haben
	AB	3 000,00 ②

Soll	Verb. a. Lief. u. Leistungen	Haben
	AB	5 000,00 ③

Bilanzkonten
(Bestandskonten)

Der **Anfangsbestand** bei den **Aktivkonten** steht im **Soll**, bei den **Passivkonten** im **Haben**.

---

1 Der Bilanzposten „Andere Anlagen, Betriebs- und Geschäftsausstattung" umfasst in unserem Beispiel die zwei Konten „Ladenausstattung" und „Fuhrpark". Zu beachten ist, dass die Bezeichnung der Bilanzposten nicht mit der Bezeichnung der Konten übereinstimmen muss und dass für bestimmte Bilanzposten eventuell auch mehrere Konten einzurichten sind. So umfasst z. B. der Bilanzposten „Andere Anlagen, Betriebs- und Geschäftsausstattung" neben den Konten Ladenausstattung und Fuhrpark noch die Konten Andere Anlagen, Kassensysteme, Lagerausstattung, Büromöbel, Büromaschinen.

2 Für den Bilanzposten „Verbindlichkeiten gegenüber Kreditinstituten" ist je nach Art der Verbindlichkeiten das Konto **„Langfristige Bankverbindlichkeiten "** oder **„Kurzfristige Bankverbindlichkeiten"** einzurichten.

3.3.2 Buchungen auf den Aktivkonten (Vermögenskonten)

Wichtiger Hinweis zur Buchung der Umsatzsteuer

Auf die Buchung der Umsatzsteuer wird erst im 3. Ausbildungsjahr eingegangen. In diesem Schulbuch werden alle Geschäftsvorfälle **ohne Umsatzsteuer** gebucht.

3.3.2.1 Standpunkt für die Erfassung von Geschäftsvorfällen

Ein Geschäftsvorfall kann immer von zwei Seiten aus betrachtet werden.

Beispiel:

Wir kaufen einen Laptop bar

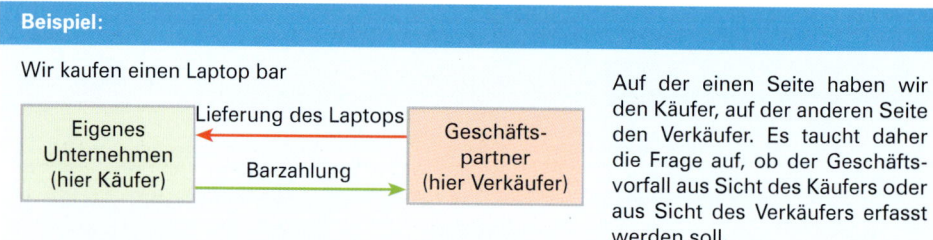

Auf der einen Seite haben wir den Käufer, auf der anderen Seite den Verkäufer. Es taucht daher die Frage auf, ob der Geschäftsvorfall aus Sicht des Käufers oder aus Sicht des Verkäufers erfasst werden soll.

Versetzt man sich in die Rolle eines Einzelhändlers, der seine Bücher führt, werden **alle Geschäftsvorfälle** aus Sicht des **eigenen Einzelhandelsunternehmens** betrachtet. Wie der Geschäftsvorfall bei dem Geschäftspartner zu buchen ist, interessiert aufgrund dieser Vereinbarung nicht.

Beispiele:

Kauf von Waren bar ⟶ d. h. „Wir kaufen Waren bar."

Banküberweisung eines Kunden ⟶ d. h. „Der Kunde überweist uns einen Rechnungsbetrag."

Zahlung einer Lieferrechnung durch Banküberweisung ⟶ d. h „Wir zahlen eine Lieferrechnung durch Banküberweisung."

3.3.2.2 Einführung in die Buchungen auf Aktivkonten am Beispiel des Kontos Kasse

(1) Aufbau des Kontos Kasse

Auf dem Konto Kasse werden grundsätzlich zwei Vorgänge erfasst: Geldeingänge und Geldausgänge. Es bietet sich daher an, zwischen diesen beiden unterschiedlichen Tatbeständen, eine Trennungslinie zu ziehen. Zu diesem Zweck teilt man das Aufzeichnungsblatt in zwei Hälften und vereinbart, dass die **Geldeingänge** auf der **linken Hälfte der Seite** erfasst werden (**Sollseite**[1]) und die **Geldausgänge** auf der **rechten Seite (Habenseite**[1]). Diese Art von Erfassung der Geschäftsvorfälle nennt man **Kontoform**. Das Konto, auf dem die Kassenvorgänge festgehalten werden, bezeichnet man als **Konto Kasse**.

---

1 Die Seitenbezeichnungen **„Soll"** und **„Haben"** hängen mit der Entwicklungsgeschichte der Buchführung zusammen. Es sind Restbestände aus der Führung der ersten Konten, bei denen es sich um Personenkonten handelte (Kunden „sollen" zahlen [Warenlieferungen] und sie „haben" gezahlt [Zahlungen]). Diese für alle Konten geltenden Seitenbezeichnungen können bei anderen Konten nicht mehr zum Konteninhalt in Beziehung gebracht werden.

Für die Erfassung der Bargeschäfte auf dem Konto Kasse gilt das folgende Grundschema:

Soll	Kasse	Haben
Geldeinnahmen		Geldausgaben

Beispiel:

I. Sachverhalt:

Wir betreiben ein Elektroeinzelhandelsgeschäft. Es sollen die Einnahmen und Ausgaben der Geschäftskasse in unserem Unternehmen auf einem Kassenkonto festgehalten werden. Die Kasse weist einen Anfangsbestand von 750,00 EUR auf. Vorgänge, die Einnahmen oder Ausgaben der Kasse hervorrufen, bezeichnet man als Bargeschäfte.

Es ereignen sich folgende Bargeschäfte:

1. Karl Kunde kauft ein Fernsehgerät zum Preis von 1 000,00 EUR.
2. Fritz Müller kauft verschiedene Elektrogeräte zum Gesamtpreis von 6 500,00 EUR.
3. Wir zahlen für einen Auszubildenden die Ausbildungsvergütung in Höhe von 620,00 EUR.
4. Wir erhalten eine Lieferung Ersatzteile per Nachnahme. Wir lösen die Nachnahme über 1 480,00 EUR ein.
5. Klaus Abel zahlt für eine Waschmaschine 1 980,00 EUR.
6. Anton Beyer kauft diverse Lampen für insgesamt 1 460,00 EUR.

II. Aufgabe:

Führen Sie das Kassenkonto!

Lösung:

Soll		Kasse	Haben	
Anfangsbestand	750,00	Ausbildungsvergütung	620,00
Karl Kunde	1 000,00	Nachnahme	1 480,00
Fritz Müller	6 500,00		
Klaus Abel	1 980,00		
Anton Beyer	1 460,00		

(2) Abschluss des Kontos Kasse

Zur Feststellung des Schlussbestandes muss das Konto **abgeschlossen** werden. Den ermittelten Schlussbestand nennt man in der Sprache des Buchhalters **Saldo,** den Vorgang des Kontoabschlusses bezeichnet man als **Saldieren.**

Um **nach dem Abschluss** weitere Eintragungen vornehmen zu können, muss ein bereits abgeschlossenes Konto wieder **neu eröffnet** werden.

Dies ergibt folgende Darstellung:

Abschluss des Kontos:[1]

Soll	Kasse		Haben
Anfangsbestand	750,00	Ausbildungsvergütung	620,00
Karl Kunde	1 000,00	Nachnahme	1 480,00
Fritz Müller	6 500,00	Schlussbestand (Saldo)	9 590,00
Klaus Abel	1 980,00		
Anton Beyer	1 460,00		
	11 690,00		11 690,00

Schematische Darstellung:

Soll	Kasse	Haben
Anfangsbestand	Bar-auszahlungen	
Bar-einnahmen	Schlussbestand (Saldo)	

Neueröffnung des Kontos:

Soll	Kasse		Haben
Anfangsbestand (Saldovortrag)	9 590,00		

Soll	Kasse	Haben
Anfangsbestand (Saldovortrag)	Bar-auszahlungen	
Bar-einnahmen	Schlussbestand (Saldo)	

Erläuterungen:

Der ermittelte **Restbetrag (Saldo)** auf einem Konto heißt **Schlussbestand (SB)**. Dieser steht immer auf der wertmäßig kleineren Seite. Das ist bei einem Kassenkonto die Habenseite (niemand kann mehr Geld aus der Kasse entnehmen als vorher hineingelegt wurde).

Der **Anfangsbestand (Saldovortrag)** auf dem neu eröffneten Konto steht immer auf der entgegengesetzten Seite wie der Schlussbestand (Saldo). Da auf dem Kassenkonto der Schlussbestand auf der Habenseite steht, muss der Anfangsbestand auf der Sollseite erscheinen.

Der Abschluss eines Kontos vollzieht sich in fünf Schritten:

1. Schritt: Das Wort Schlussbestand (Saldo) wird auf der wertmäßig kleineren Seite eingetragen.

2. Schritt: Die wertmäßig größere Seite wird addiert.

3. Schritt: Die errechnete Summe wird auf die wertmäßig kleinere Seite übertragen.

4. Schritt: Der Schlussbestand (Saldo) wird ermittelt und zum Ausgleich der Seiten auf der wertmäßig kleineren Seite eingetragen.

5. Schritt: Die Abschlussstriche sind zu ziehen.

Zusammenfassung

■ **Geschäftsvorfälle** lösen Veränderungen des Vermögens bzw. der Schulden aus. Sie sind der **Erfassungsgegenstand der Buchführung.**

■ Die **kaufmännische Buchführung** erfasst neben den Anfangsbeständen zu Beginn der Geschäftsperiode alle Geschäftsvorfälle eines Einzelhandelsunternehmens für die jeweilige Geschäftsperiode.

■ Das **Konto** ist ein zweiseitiges Verrechnungsschema. Die linke Seite eines Kontos ist immer die **Sollseite,** die rechte immer die **Habenseite.**

---

1 Auf die **Entwertung des freien Raums** beim Abschluss des Kontos durch die sogenannte „Buchhalternase" wird im Folgenden **verzichtet.** Dies entspricht der Vorgehensweise in der EDV-Buchhaltung.

- Soll auf einem Konto der **Restbetrag (Saldo)** ermittelt werden, muss man es abschließen. Rein rechnerisch wird dabei die wertmäßig kleinere Seite von der wertmäßig größeren Seite abgezogen.

- Der Saldo (z. B. Schlussbestand beim Konto Kasse) wird auf der **wertmäßig kleineren Seite** eingetragen. Der Saldo **gleicht die beiden Seiten wertmäßig** aus.

- Um in der nächsten Abrechnungsperiode weitere Buchungen vornehmen zu können, muss ein einmal abgeschlossenes Konto **neu eröffnet** werden.

- Der **Saldovortrag (Anfangsbestand)** auf dem **Konto Kasse** steht auf der **Sollseite**.

Kompetenztraining

85 Führen Sie das Konto **Kasse** und schließen Sie es nach Buchung der Geschäftsvorfälle ab!

> **Bearbeitungshinweis:** Denken Sie daran, dass alle Geschäftsvorfälle jeweils nur nach ihrer Auswirkung auf den Kassenbestand befragt werden müssen. Für die Beantwortung gibt es nur zwei Möglichkeiten: Entweder der Kassenbestand nimmt durch den Geschäftsvorfall zu oder er nimmt ab. Zugänge gehören bei der Kasse auf die Sollseite, Abgänge auf die Habenseite.

I. Anfangsbestand:

Die Kasse weist einen Anfangsbestand (Saldovortrag) von 2 160,00 EUR aus.

II. Geschäftsvorfälle:

Es ereignen sich folgende Geschäftsvorfälle, die den Kassenbestand verändern:

1. Barverkauf von Waren	3 070,00 EUR
2. Zeitungsinserat bar bezahlt	190,00 EUR
3. Kauf von Briefmarken	45,00 EUR
4. Barzahlung eines Kunden	910,00 EUR
5. Mietzahlung unseres Mieters bar	300,00 EUR
6. Barzahlung einer Liefererrechnung	1 940,00 EUR
7. Barverkauf von Waren	180,00 EUR
8. Provisionszahlung bar	2 700,00 EUR

86 I. Anfangsbestand:

Die Kasse weist einen Anfangsbestand von 7 530,25 EUR aus.

II. Geschäftsvorfälle:[1]

1. Führen Sie aufgrund der folgenden Belege für den Lehrmittelvertrieb Stefan Wunder KG das Konto **Kasse**!

2. Formulieren Sie aufgrund der vorliegenden Belege die zugrunde liegenden Geschäftsvorfälle und buchen Sie die Belege auf dem Kassenkonto.

3. Schließen Sie das Kassenkonto nach Buchung der Geschäftsvorfälle ab!

Beleg 1

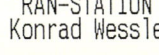 DOWNLOAD

```
    RAN-STATION
    Konrad Wessle

*        57,41 Liter SÄULENR  3*
*Super Blfr.   A    67,11 EUR*

TOTAL          67,11 EUR


#31366 18.03.20..18:57 B01 K.0001
Der Verkauf von Kraft- und
Schmierstoffen erfolgt im
Namen und für Rechnung der
Südtank GmbH & Co.KG,
Ulmer Str. 29, 89331 Burgau
StNr.Kraftst.: 121/174/54108
StNr.Shopware: 91389/17030
  Vielen Dank für Ihren Einkauf
       und gute Fahrt!
```

---

1 Die Umsatzsteuer wird hier und bei den folgenden Belegen der Aufgabe nicht ausgewiesen. Die Umsatzsteuer wird buchhalterisch erst im 3. Ausbildungsjahr behandelt.

Beleg 2

Lehrmittel
Stefan Wunder KG

Lehrmittel Stefan Wunder KG, Steinbeisstr. 20, 88046 Friedrichshafen
Kaufmännische Schulen
Edelweißweg 8
88066 Friedrichshafen

Kunden-nummer	Rechnungs-nummer	Rechnungs-datum	Auftrags-nummer	Auftrags-datum	Liefer-datum	Bestell-nummer
24003	1502	18.03.20..			18.03.20..	26831

Betrag dankend erhalten
Wunder

Barverkauf

Pos.	Art.-Nr.	Bezeichnung	Menge	Einzelpreis EUR	Gesamtpreis EUR
1	0563	Betriebswirtschaftslehre Einzelhandel	250	22,00	5 500,00
2	0561	Gesamtwirtschaft Einzelhandel	150	11,80	1 770,00
				Rechnungsbetrag	7 270,00

Zahlungsbedingungen: Barzahlung

Beleg 3

AUTOHAUS
WERNER OHG

Autohaus Werner OHG · Dieselstr. 14 · 89079 Ulm

Lehrmittel
Stefan Wunder KG
Steinbeisstr. 20
88046 Friedrichshafen

Betriebs-Nr. 13625305
Auftrags-Nr.
Kunden-Nr.
Abn.-Gr.
Telefon: 0731 52566-6837
Telefax: 0731 65356

Volksbank Ulm-Biberach
BIC: ULMVDE66
IBAN: DE93630901000431801002

Amtl. Kennz.	Typ/Modell	Fahrzeug-Ident.-Nr.	Zulassungstag	Anmeldung km-Stand	KD-Meister
FN-MI 720	4A2084	WAUZZZ4AZRN042867	16.10.20..	– 32375	Neubarth

Lieferdatum: 18.03.20..
Rechnungsdatum: 18.03.20..

Barverkauf Nr. 11471

Gemäß unserer Lieferbedingungen erhielten Sie folgendes Gebrauchtfahrzeug

Golf Trendline 1,2 TSI, „Königsblau"   9 744,00 EUR

Betrag dankend erhalten
i. A. Meyer

Mit freundlichen Grüßen

Autohaus Werner OHG

Sitz der Unternehmung: Ulm   Registergericht: Ulm; HRA 1718   Steuer-Nr. 73501/09931

Beleg 4

Maschinenfabrik
WEINGARTEN AG

Maschinenfabrik · 88250 Weingarten · Industriestr. 1–20

Lehrmittel
Stefan Wunder KG
Steinbeisstr. 20
88046 Friedrichshafen

Lieferdatum: 16.03.20..
Rechnungsdatum: 20.03.20..

Rechnung Nr. 197/4

Menge	Bezeichnung	Gesamtpreis
1	Kassensystem MW 100	3 140,00 EUR
5	Zubehörteile	420,00 EUR
	Transportverpackung	240,00 EUR
	4 Stunden Montagearbeiten	320,00 EUR
		4 120,00 EUR

Beleg 5

Nessensohn Werkverkauf GmbH   Lindauer Straße 51   Wangen

278.000 1

Lehrmittel Stefan Wunder KG
Steinbeisstr. 20
88046 Friedrichshafen

Datum 18. März 20 ..	EUR	Cent
Lagerregal	150,	00
Schreibtisch	128,	00
	278,	00

Eingeräumter Sonderrabatt wegen Räumungs-verkauf 25 %

Zu reduzierten Preisen kein Umtausch möglich!

6 - 003677   Volksbank Wangen Konto 31251 005

W. Kohlhammer Druckerei GmbH + Co. Stuttgart, Abt. Kassenblock

Beleg 6

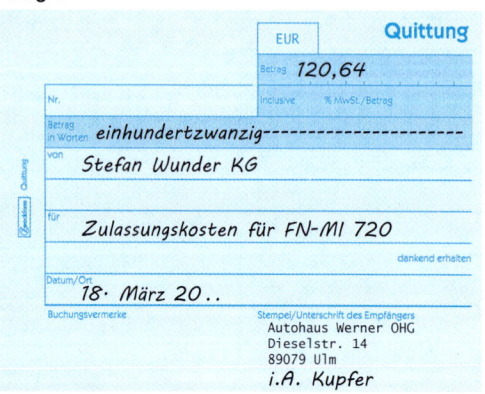

Quittung

EUR

Betrag 120,64

Nr.
Inclusive   % MwSt./Betrag

Betrag in Worten   *einhundertzwanzig------------------------*

von   *Stefan Wunder KG*

für   *Zulassungskosten für FN-MI 720*

dankend erhalten

Datum/Ort   *18. März 20 ..*

Buchungsvermerke   Stempel/Unterschrift des Empfängers
Autohaus Werner OHG
Dieselstr. 14
89079 Ulm
i. A. Kupfer

3.3.2.3 Buchungsregeln für die Buchungen auf den Aktivkonten

Neben dem Konto Kasse gibt es noch weitere Aktivkonten. Dazu gehören beispielsweise **Bankguthaben, Waren, Forderungen an Kunden, Fahrzeuge, Geschäftsausstattung, Gebäude, Grundstücke.** Für alle Aktivkonten gelten folgende **Buchungsregeln:**

- der **Anfangsbestand** und die **Zugänge** werden auf der **Sollseite,**
- die **Abgänge** und der **Schlussbestand** (Saldo) werden auf der **Habenseite**

gebucht.

Soll	Aktivkonten	Haben
Anfangsbestand (AB)		Abgänge
Zugänge		Schlussbestand (SB)

Kompetenztraining

Bitte beachten Sie bei der Aufgabe 87:

- dass es sich bei den zu führenden Konten jeweils um **ein Aktivkonto** handelt;
- dass wir die Auswirkungen der Geschäftsvorfälle jeweils **nur** im Hinblick auf **das zu führende Konto** beurteilen. Nimmt der Bestand auf diesem Konto zu oder nimmt er ab?

87 1. Führen Sie das Konto **Bank**[1] und schließen Sie es nach Buchung der Geschäftsvorfälle ab! 🟠 **DOWNLOAD**

I. Anfangsbestand:

Das Konto Bank weist einen Anfangsbestand von 2 500,00 EUR aus.

II. Geschäftsvorfälle:

1. Wir überweisen an einen Warenlieferanten	280,00 EUR
2. Wir heben vom Bankkonto ab und legen das Geld in die Geschäftskasse	350,00 EUR
3. Ein Kunde überweist einen Rechnungsbetrag auf unser Bankkonto	420,00 EUR
4. Wir begleichen betriebliche Steuern durch Banküberweisung	750,00 EUR
5. Ein Kunde zahlt einen Rechnungsbetrag durch Banküberweisung	365,00 EUR

2. Führen Sie das Konto **Geschäftsausstattung** und schließen Sie es nach Buchung der Geschäftsvorfälle ab!

I. Anfangsbestand:

Das Konto Geschäftsausstattung weist einen Anfangsbestand von 25 350,00 EUR aus.

II. Geschäftsvorfälle:

1. Einkauf körpergerechter Bürosessel gegen Banküberweisung	10 320,00 EUR
2. Barverkauf nicht mehr benötigter Wandregale zum Buchwert in Höhe von	475,00 EUR
3. Einkauf neuer Wandschränke gegen Banküberweisung	5 765,00 EUR
4. Einkauf eines Kopiergerätes gegen Barzahlung	3 120,00 EUR
5. Barverkauf von nicht mehr benötigten PC	1 400,00 EUR

---

1 In diesem Schulbuch gehen wir davon aus, dass das Bankkonto immer ein Guthaben aufweist.

3.3.2.4 Überleitung zum System der doppelten Buchführung

Bisher wurde gefragt: „Wie verändert sich ein **einzelnes Konto** durch den Geschäftsvorfall?"

Jetzt stellen sich zwei Fragen.

1. „Welche **Konten** werden durch diesen Geschäftsvorfall verändert?"
2. „Wie verändert sich jeweils der **Bestand auf den Konten**?"

Beispiel:

Geschäftsvorfall: Ein | Kunde | zahlt | bar | 2 000,00 EUR.

| Konto Kasse → | Bestand nimmt zu | daher → | Sollseite |
| Konto Forderungen a. Lief. u. Leist. → | Bestand nimmt ab | daher → | Habenseite |

Um die Auswirkungen von mehreren Geschäftsvorfällen übersichtlich darstellen zu können, wird folgendes **Überlegungsschema** zugrundegelegt.

Nr.	Geschäftsvorfall	I. Welche Konten werden berührt?	II. Wie verändert sich jeweils der Bestand auf den Konten?	III. Auf welcher Kontoseite ist jeweils zu buchen?	
				Soll	Haben
1.	Ein Kunde zahlt einen Rechnungsbetrag bar 2 000,00 EUR.	Kasse → Ford.a.Lief.u.Leist. →	Zugang → Abgang →	2 000,00	2 000,00

Auf **Konten übertragen** ergeben sich folgende Auswirkungen:

Soll	Kasse		Haben
AB	4 100,00	SB	6 100,00
Ford.	2 000,00		
	6 100,00		6 100,00

Soll	Forderungen a. Lief. u. Leist.		Haben
AB	5 200,00	Kasse	2 000,00
		SB	3 200,00
	5 200,00		5 200,00

Erläuterungen:

■ Die erforderlichen Buchungen auf den Konten sind jeweils aus dem Überlegungsschema abzulesen. Danach sind auf dem Kassenkonto auf der Sollseite 2 000,00 EUR einzutragen und auf dem Forderungskonto 2 000,00 EUR auf der Habenseite.

■ Um feststellen zu können, wie es zu dieser Buchung auf dem betreffenden Konto gekommen ist, trägt man in Höhe des gebuchten Betrages in der Textspalte jeweils das andere Konto (das sogenannte Gegenkonto) ein. Aus praktischen Gründen (Platzmangel, Zeit) kann der Kontoname abgekürzt werden.

- Jeder Geschäftsvorfall wird **doppelt gebucht** und berührt (mindestens) **zwei Konten.**

- Bei jedem Geschäftsvorfall wird der Betrag auf einem Konto auf der **Sollseite** und auf einem anderen Konto auf der **Habenseite** gebucht.

- Für jeden Geschäftsvorfall gilt:

  gebuchter Sollbetrag $\triangleq$ gebuchter Habenbetrag

Das ist das **Grundprinzip** des Systems der doppelten Buchführung.[1]

Kompetenztraining

Stellen Sie anhand des Überlegungsschemas fest, welche Konten durch die folgenden Geschäftsvorfälle berührt werden, welche Veränderung sich auf dem jeweiligen Konto ergibt und auf welcher Seite jeweils zu buchen ist! Verwenden Sie zur Lösung der nachfolgenden Aufgaben folgendes Schema:

Nr.	Konten	Zugang/Abgang	Soll	Haben

88

1. Ein Kunde zahlt einen Rechnungsbetrag bar — 350,00 EUR
2. Wir kaufen einen gebrauchten Pkw gegen Banküberweisung — 14 500,00 EUR
3. Wir verkaufen einen alten Schreibtisch bar zum Buchwert — 150,00 EUR
4. Ein Kunde bezahlt einen Rechnungsbetrag mit Bankscheck — 720,00 EUR
5. Wir heben Bargeld vom Bankkonto ab und legen das Geld in die Geschäftskasse — 900,00 EUR
6. Wir kaufen eine kleine EDV-Anlage gegen Bankscheck — 4 310,00 EUR
7. Wir verkaufen eine alte Ladentheke gegen Bankscheck zum Buchwert — 680,00 EUR
8. Ein Kunde zahlt einen Rechnungsbetrag durch Banküberweisung — 165,00 EUR
9. Wir zahlen auf unser Bankkonto bar ein — 2 200,00 EUR
10. Kundenüberweisung lt. Bankauszug — 910,00 EUR

89

1. Wir heben Bargeld vom Bankkonto ab und legen das Geld in die Kasse — 10 000,00 EUR
2. Wir kaufen einen Kombiwagen bar — 42 000,00 EUR
3. Ein Kunde zahlt einen Rechnungsbetrag bar — 1 200,00 EUR
4. Wir zahlen auf das Bankkonto bar ein — 500,00 EUR
5. Wir kaufen ein Kopiergerät gegen Bankscheck — 1 750,00 EUR
6. Wir richten bei der Bank ein Konto ein und zahlen darauf bar ein — 500,00 EUR
7. Ein Kunde überweist einen Rechnungsbetrag auf unser Bankkonto — 3 200,00 EUR

---

1 Das System der doppelten Buchführung war bereits im Mittelalter bekannt. Es ist von dem Grundgedanken her so genial, dass es sich bis in unsere heutigen Tage bewährt hat und sich auch sicher in Zukunft bewähren wird.

8. Die Forderung gegenüber dem Kunden (vgl. Nr. 7)
   beträgt nur 2 300,00 EUR

   Wir zahlen daher dem Kunden den irrtümlich zu viel gezahlten
   Betrag durch Banküberweisung zurück   900,00 EUR

9. Ein Kunde zahlt einen Rechnungsbetrag mit Bankscheck   780,00 EUR
10. Wir verkaufen einen veralteten Computer bar zum Buchwert   500,00 EUR
11. Wir kaufen einen Papier-Schredder bar   325,00 EUR
12. Wir kaufen einen neuen Computer gegen Banküberweisung   1 500,00 EUR

 **90**

1. Wir kaufen zwei PC bar   2 800,00 EUR
2. Wir heben vom Bankkonto ab und legen das Geld in die Kasse   2 500,00 EUR
3. Wir kaufen einen Aktenschrank und zahlen mit Bankscheck   1 750,00 EUR
4. Ein Kunde überweist einen Rechnungsbetrag auf unser Bankkonto   2 000,00 EUR
5. Wir kaufen eine Telefonanlage gegen Banküberweisung   3 000,00 EUR
6. Ein nicht mehr benötigter Bürotisch wird zum Buchwert bar verkauft   250,00 EUR
7. Wir kaufen einen Büroschrank gegen Banküberweisung   1 400,00 EUR
8. Ein Kunde zahlt den Rechnungsbetrag bar   2 200,00 EUR
9. Wir kaufen ein Faxgerät gegen Bankscheck   460,00 EUR
10. Wir heben vom Bankkonto ab und legen das Geld in die Geschäftskasse   900,00 EUR
11. Ein Kunde zahlt den Rechnungsbetrag durch Überweisung
    auf das Bankkonto   1 050,00 EUR
12. Wir verkaufen ein altes Bücherregal zum Buchwert bar   400,00 EUR

3.3.3   Buchungen auf den Passivkonten (Schuldkonten)

(1)   Buchungen auf einem Passivkonto

Bei den **Passivkonten** stehen der **Anfangsbestand** und die **Zugänge** auf der **Habenseite** und der **Schlussbestand** auf der **Sollseite**. Daraus leiten sich für die Buchung auf den Passivkonten folgende **Buchungsregeln** ab:

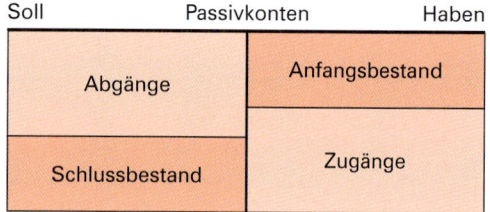

- der **Anfangsbestand** und die **Zugänge** werden auf der **Habenseite,**
- **Abgänge** werden auf der **Sollseite**

gebucht.

Kompetenztraining

 **91**   Führen Sie das Konto Verbindlichkeiten aus Lieferungen und Leistungen und schließen Sie es bei Geschäftsschluss ab!

Bearbeitungshinweis: Denken Sie daran, dass alle Geschäftsvorfälle jeweils nur nach ihrer Auswirkung auf den Bestand an Verbindlichkeiten befragt werden müssen. Für die Beantwortung gibt es nur zwei Möglichkeiten: Entweder der Bestand an Verbindlichkeiten nimmt durch den Geschäftsvorfall zu oder er nimmt ab. Zugänge gehören bei dem Verbindlichkeitskonto auf die Habenseite, Abgänge auf die Sollseite.

I. Anfangsbestand:

Bei Geschäftsöffnung weist das Konto Verbindlichkeiten aus Lieferungen und Leistungen einen Anfangsbestand von 10 400,00 EUR aus.

II. Geschäftsvorfälle:

Es ereignen sich folgende Geschäftsvorfälle, die den Bestand an Verbindlichkeiten verändern:

1.	Wir kaufen einen PC auf Ziel	1 460,00 EUR
2.	Wir bezahlen eine Liefererrechnung durch Banküberweisung	3 100,00 EUR
3.	Wir senden einen falsch gelieferten Bürostuhl zurück	800,00 EUR
4.	Kauf eines Kassenautomaten gegen Rechnung	9 400,00 EUR
5.	Wir bezahlen eine Liefererrechnung bar	7 200,00 EUR

92 ### I. Anfangsbestand:

Das Konto Verbindlichkeiten aus Lieferungen und Leistungen weist einen Anfangsbestand von 2 160,25 EUR aus.

II. Aufgaben:

1. Führen Sie aufgrund der folgenden Belege für das Textilhaus Heinz Hammer e. K. das Konto Verbindlichkeiten aus Lieferungen und Leistungen!

2. Formulieren Sie aufgrund der vorliegenden Belege die zugrunde liegenden Geschäftsvorfälle und buchen Sie die Belege auf dem Konto Verbindlichkeiten aus Lieferungen und Leistungen!

3. Schließen Sie das Konto Verbindlichkeiten aus Lieferungen und Leistungen nach Buchung der Geschäftsvorfälle ab!

Beleg 1

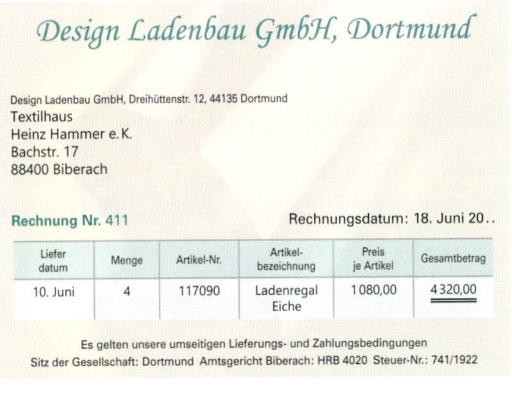

Beleg 2

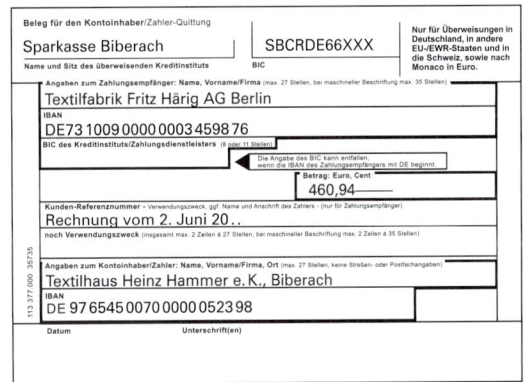

Beleg 3

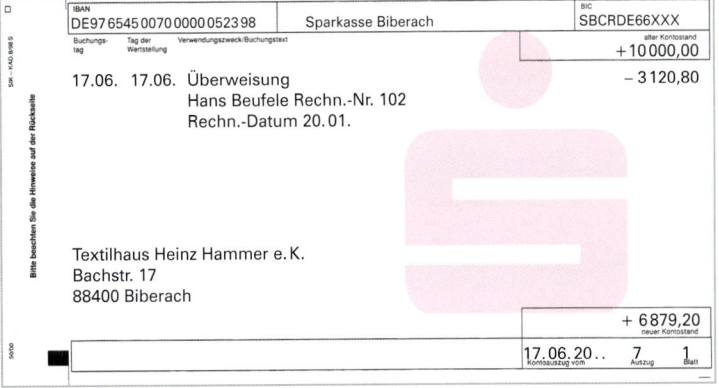

(2) Buchungen auf Aktiv- und Passivkonten

Beispiel:

Wir kaufen bei der Karl Sende OHG Büromöbel auf Ziel (Zahlung später) für 5 000,00 EUR.

Aufgabe:

Buchen Sie den Geschäftsvorfall auf den entsprechenden Konten!

Lösung:

Der Geschäftsvorfall besagt, dass wir bei der Karl Sende OHG zunächst Schulden machen, weil wir nicht unverzüglich zahlen. Die Karl Sende OHG ist unser Lieferer. Schulden bei Lieferern bucht man auf dem Passivkonto „Verbindlichkeiten aus Lieferungen und Leistungen".

Da jetzt zwei unterschiedliche Kontoarten betroffen sind, muss das auf S. 278 eingeführte Überlegungsschema um eine Spalte erweitert werden.

Nr.	Geschäftsvorfälle	I. Welche Konten werden berührt?	II. Um welche Kontoart handelt es sich?	III. Wie verändert sich jeweils der Bestand auf den Konten?	IV. Auf welcher Kontoseite ist jeweils zu buchen? Soll	Haben
1.	Wir kaufen Büromöbel auf Ziel 5 000,00 EUR	Geschäftsausst. Verb. a.L.u.L.	Aktivkonto Passivkonto	Zugang Zugang	5 000,00	5 000,00

Der Geschäftsvorfall berührt die beiden Konten **Geschäftsausstattung** und **Verbindlichkeiten aus Lieferungen und Leistungen**.

Betrachtungspunkt: Konto Geschäftsausstattung

Durch den Kauf der Büromöbel nimmt der Bestand auf dem Konto Geschäftsausstattung zu. Das Konto Geschäftsausstattung ist ein Aktivkonto. Der **Zugang** auf einem **Aktivkonto** wird auf der Sollseite gebucht.

Betrachtungspunkt: Konto Verbindlichkeiten aus Lieferungen und Leistungen

Durch den Einkauf der Büromöbel auf Ziel nehmen die Verbindlichkeiten aus Lieferungen und Leistungen **zu**. Das Konto Verbindlichkeiten aus Lieferungen und Leistungen ist ein Passivkonto. Der **Zugang** bei **Passivkonten** wird auf der **Habenseite** gebucht.

Soll	Geschäftsausstattung	Haben
Verb.a.L.u.L. 5 000,00		

Soll	Verbindlichkeiten a. L. u. L.	Haben
		G.-Ausst. 5 000,00

Kompetenztraining

Bearbeitungshinweis: Verwenden Sie zur Lösung der nachfolgenden Aufgaben folgendes Schema:

Nr.	Konten	Kontoart	Zugang/Abgang	Soll	Haben

93 Buchen Sie die nachfolgenden Geschäftsvorfälle!

1.	Wir kaufen ein gebrauchtes Kopiergerät auf Ziel	340,00 EUR
2.	Wir kaufen ein Regal für den Verkaufsraum auf Ziel	980,00 EUR
3.	Wir bezahlen eine bereits gebuchte Liefererrechnung mit Bankscheck[1]	1 210,00 EUR
4.	Wir tilgen einen Teil des Bankdarlehens durch Banküberweisung	600,00 EUR
5.	Ein Kunde zahlt einen Rechnungsbetrag bar	55,00 EUR
6.	Kauf eines Kassenautomaten auf Ziel	3 980,00 EUR
7.	Barabhebung vom Bankkonto	500,00 EUR
8.	Zielkauf eines Büroschrankes	1 720,00 EUR
9.	Kauf eines Bürostuhls auf Ziel	598,00 EUR

94 Buchen Sie die nachfolgenden Geschäftsvorfälle!

1.	Einkauf eines Pkw gegen Rechnung	14 950,00 EUR
2.	Einkauf einer Abfüllmaschine gegen Bankscheck	21 748,00 EUR
3.	Zahlung der Liefererrechnung durch Banküberweisung (Fall 1)	14 950,00 EUR
4.	Banküberweisung zwecks Tilgung eines Bankdarlehens	7 000,00 EUR
5.	Einkauf von Lagerregalen auf Ziel	6 812,00 EUR
6.	Einkauf eines Bürosessels bar	1 745,00 EUR
7.	Bareinzahlung auf unser Bankkonto	10 800,00 EUR
8.	Ein Kunde begleicht eine Rechnung durch Banküberweisung	14 500,00 EUR
9.	Barkauf einer EDV-Anlage	19 220,00 EUR
10.	Aufnahme eines Darlehens bei der Bank in Höhe von Der Betrag wird uns von der Bank auf dem Kontokorrentkonto zur Verfügung gestellt.	50 000,00 EUR
11.	Barverkauf eines nicht mehr benötigten Faxgerätes zum Buchwert von	120,00 EUR
12.	Ein Kunde überweist einen Rechnungsbetrag auf unser Bankkonto	1 730,00 EUR
13.	Einkauf von Büroschränken auf Ziel	2 160,00 EUR
14.	Rücksendung eines mangelhaften Bürostuhls an den Lieferer im Wert von	210,00 EUR
15.	Zahlung einer Liefererrechnung durch Bankscheck in Höhe von	960,00 EUR
16.	Barabhebung vom Bankkonto in Höhe von zur Auffüllung der Geschäftskasse	1 500,00 EUR
17.	Barkauf eines Schreibtisches für das Chefbüro im Wert von	595,00 EUR
18.	Ein Geschäftsfahrzeug wird zum Buchwert von gegen Barzahlung verkauft	4 500,00 EUR
19.	Bareinzahlung auf das Bankkonto	4 200,00 EUR
20.	Ein Kunde zahlt eine Rechnung auf unser Bankkonto mittels Überweisung	430,00 EUR
21.	Kundenüberweisung lt. Bankauszug	7 070,00 EUR

---

1 Bei Zahlungen an Lieferer bzw. Zahlungseingängen von Kunden ist stets davon auszugehen, dass die entsprechenden Eingangs-
bzw. Ausgangsrechnungen bereits gebucht wurden, auch wenn nicht ausdrücklich darauf hingewiesen wird.

22.	Wir richten bei einer Bank ein Konto ein und zahlen darauf bar ein	800,00 EUR
23.	Die Forderung gegenüber einem Kunden beträgt nur 7 000,00 EUR (vgl. Fall 21).	
	Wir zahlen daher dem Kunden den von ihm irrtümlich zu viel gezahlten Betrag durch Bankscheck zurück	70,00 EUR
24.	Wir senden einen defekten Drucker im Wert von 180,00 EUR an den Lieferanten zurück	
25.	Barverkauf eines nicht mehr benötigten Kassencomputers zum Buchwert von	450,00 EUR
26.	Ein Kunde überweist einen Rechnungsbetrag auf unser Bankkonto	3 470,00 EUR
27.	Kauf eines Notebooks auf Ziel	1 760,00 EUR
28.	Rücksendung eines Bürotisches an den Lieferer im Wert von	500,00 EUR
29.	Zahlung einer Liefererrechnung durch Banküberweisung	2 543,00 EUR
30.	Barabhebung vom Bankkonto zur Auffüllung der Geschäftskasse	2 000,00 EUR
31.	Barkauf eines Regals für das Büro	1 780,00 EUR
32.	Ein Geschäftsfahrzeug wird zum Buchwert gegen Barzahlung verkauft	8 000,00 EUR

3.3.4 Buchungssatz

3.3.4.1 Einfacher Buchungssatz

Das bisher benutzte „Überlegungsschema" (vgl. S. 282) zur Festlegung der erforderlichen Buchungen auf den Konten ist recht aufwendig. Es genügt, sich in Zukunft auf **zwei Angaben** zu beschränken:

- die **Konten,** auf denen zu buchen ist,
- die Angabe der **Kontoseite,** auf der jeweils zu buchen ist.

Diese beiden Angaben sind in den Spalten I und IV des bisherigen Überlegungsschemas enthalten. Die übrigen Spalten (II und III) sind entbehrlich. Eine solche auf das Mindestmaß beschränkte Buchungsanweisung nennt man **Buchungssatz.**

Beispiel:

Geschäftsvorfall	Konten	Soll	Haben
Wir kaufen ein Notebook auf Ziel für 1 500,00 EUR	Geschäftsausstattung an Verbindlichkeiten a. L. u. L.	1 500,00	1 500,00

Buchungssatz

Erläuterungen:

- Da bezüglich der Kontoseite immer nur zwei Möglichkeiten infrage kommen können (Soll- oder Habenseite), hat man die Vereinbarung getroffen, dass das Konto, auf dem auf der **Sollseite** zu buchen ist, immer **zuerst** genannt wird. Des Weiteren hat man vereinbart, **vor** das Konto, auf dem auf der Habenseite zu buchen ist, das Wörtchen „an" zu setzen. Unter Beachtung dieser Vereinbarung kann ein Buchungssatz daher immer nur lauten:

Konto mit der **Sollbuchung**
an Konto mit der **Habenbuchung**.

■ Zur Vereinheitlichung der Schreibweise wird festgelegt, dass beim Bilden von Buchungssätzen für jedes Konto eine Zeile benutzt wird. Es sollen auch immer die drei Spalten des auf S. 284 dargestellten Schemas eingerichtet werden. Nur so ist eine eindeutige Zuordnung von Konto und Betrag möglich.

Zur Bildung des richtigen Buchungssatzes müssen weiterhin die Denkschritte 1–5 vollzogen werden.

Beispiel:

Geschäftsvorfall: Wir kaufen ein Notebook auf Ziel für 1 500,00 EUR.

Aufgabe:

Bilden Sie zu dem Geschäftsvorfall den Buchungssatz!

Lösung:

Wir fragen:	Wir antworten:
1. **Welche Konten werden berührt?**	Das Konto Geschäftsausstattung und das Konto Verbindlichkeiten aus Lieferungen und Leistungen.
2. **Um welche Kontoart handelt es sich jeweils?**	Das Konto Geschäftsausstattung ist ein Aktivkonto. Das Konto Verbindlichkeiten aus Lieferungen und Leistungen ist ein Passivkonto.
3. **Welche Veränderungen ergeben sich jeweils auf den Konten?**	Der Bestand auf dem Konto Geschäftsausstattung nimmt durch den Kauf zu, die Verbindlichkeiten aus Lieferungen und Leistungen nehmen ebenfalls zu.
4. **Welche Buchungsregeln sind jeweils anzuwenden?**	Zugänge auf dem Konto Geschäftsausstattung (Aktivkonto) werden auf der Sollseite gebucht. Zugänge auf dem Konto Verbindlichkeiten aus Lieferungen und Leistungen (Passivkonto) werden auf der Habenseite gebucht.

5. **Wie lautet der Buchungssatz?** (Zuerst das Konto mit der Sollbuchung angeben!)	Konten	Soll	Haben
	Geschäftsausstattung an Verbindl. a. Lief. u. Leist.	1 500,00	1 500,00

Zusammenfassung

■ Der **Buchungssatz** gibt mit kurzen und eindeutigen Hinweisen an, wie ein Geschäftsvorfall auf den Konten zu buchen ist.

Dabei wird das Konto, auf dem auf der **Sollseite** zu buchen ist, **zuerst genannt**. Danach folgt das Konto, auf dem auf der Habenseite zu buchen ist.

■ Vor dem **Konto mit der Habenbuchung** steht das Verbindungswort „an". Zur Vermeidung von Missverständnissen ist für die Eintragung der erforderlichen Daten beim Buchungssatz das folgende Drei-Spalten-Schema zu benutzen:

Konten	Soll	Haben
Konto x an Konto y	...	...

Kompetenztraining

DOWNLOAD **95** Bilden Sie zu folgenden Geschäftsvorfällen die Buchungssätze bzw. ermitteln Sie die Geschäftsvorfälle:

1.	Wir zahlen auf unser Bankkonto bar ein	500,00 EUR
2.	Wir zahlen eine Liefererrechnung durch Banküberweisung	375,00 EUR
3.	Ein Kunde zahlt einen Rechnungsbetrag bar	570,00 EUR
4.	Wir kaufen ein Lagerregal bar	1 250,00 EUR
5.	Wir kaufen ein Kopiergerät bar	1 320,00 EUR
6.	Wir zahlen die Tilgungsrate für ein Bankdarlehen bar	500,00 EUR
7.	Ein Kunde zahlt einen Rechnungsbetrag durch Banküberweisung	650,00 EUR
8.	Wir heben vom Bankkonto bar ab und legen das Geld in die Kasse	750,00 EUR
9.	Aufnahme eines Darlehens bei der Bank. Die Bank stellt uns den Darlehensbetrag auf dem Girokonto zur Verfügung	50 000,00 EUR
10.	Zielkauf einer gebrauchten Abfüllmaschine	8 200,00 EUR
11.	Zieleinkauf einer Verpackungsmaschine für das Lager	48 800,00 EUR
12.	Teilweise Tilgung der Darlehensschuld durch Bankabbuchung	3 800,00 EUR
13.	Wir verkaufen nicht mehr benötigte Lagerregale gegen Barzahlung	970,00 EUR
14.	Kauf einer DV-Anlage auf Ziel	17 430,00 EUR
15.	Kauf einer Fertiggarage gegen Bankscheck	15 400,00 EUR
16.	Begleichung einer Eingangsrechnung mit Banküberweisung	9 190,00 EUR
17.	Zur Erhöhung unseres Bankguthabens tätigen wir eine Bareinzahlung	6 000,00 EUR
18.	Kauf von Büromöbeln auf Ziel	12 600,00 EUR
19.	Wir kaufen einen neuen Pkw für unseren Vertreter. Den alten Pkw nimmt das Fahrzeughaus mit 9 300,00 EUR in Zahlung. Den Restbetrag in Höhe von 31 000,00 EUR zahlen wir mit Bankscheck.	
20.	Wir zahlen eine Eingangsrechnung durch Banküberweisung	4 312,00 EUR
21.	Kauf eines Baugrundstücks gegen Bankscheck	95 000,00 EUR

22. Formulieren Sie jeweils dem Geschäftsvorfall, der folgenden Buchungssätzen zugrunde liegt!

Nr.	Konten	Soll	Haben
1	Fuhrpark	44 800,00	
	an Bank		44 800,00
2	Verbindlichkeiten geg. Kreditinstituten	8 000,00	
	an Bank		8 000,00
3	Kasse	1 450,00	
	an Forderungen a. Lief. u. Leist.		1 450,00
4	Forderungen a. Lief. u. Leist.	900,00	
	an Geschäftsausstattung		900,00
5	Verbindlichkeiten a. Lief. u. Leist.	900,00	
	an Bank		900,00
6	Kasse	500,00	
	an Bank		500,00
7	Maschinen	350,00	
	an Kasse		350,00

96 1. Formulieren Sie aufgrund der vorliegenden Belege[1] den jeweils zugrunde liegenden  Geschäftsvorfall!

2. Bilden Sie die Buchungssätze für den Lebensmittel Weber Markt e. Kfm., Olgastr. 8, 89073 Ulm!

Beleg 1

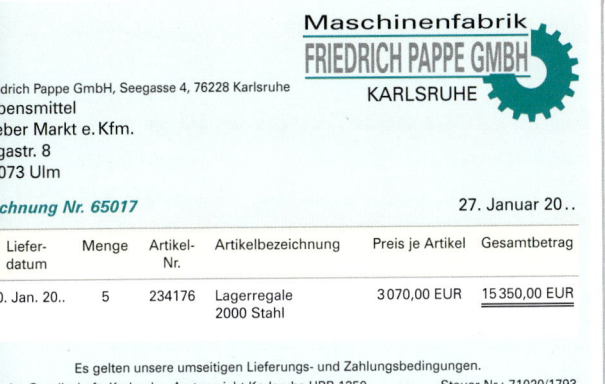

Beleg 2

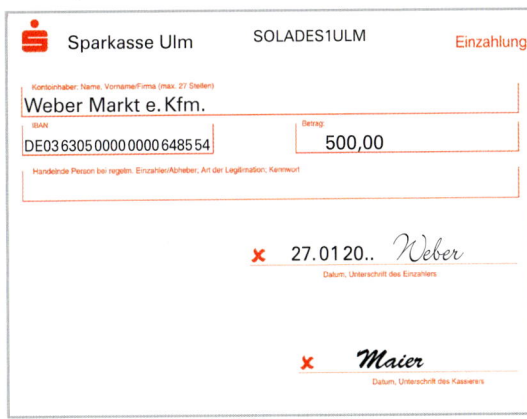

Beleg 3

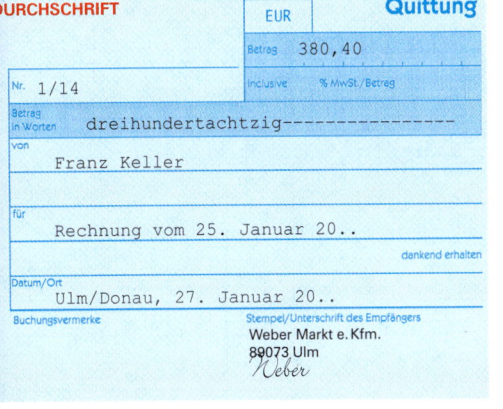

Beleg 4

Beleg für Kontoinhaber	SOLADES1ULM	Nur für Überweisungen in Deutschland, in andere EU-/EWR-Staaten und in die Schweiz sowie nach Monaco in Euro.

Sparkasse Ulm

Angaben zum Zahlungsempfänger: Name, Vorname/Firma (max. 27 Stellen, bei maschineller Beschriftung max. 35 Stellen)

Lener-Service Handelsgesellschaft Pfungstadt

IBAN   Bei Überweisungen in Deutschland immer 22 Stellen ➝ sonstige Länder 15 bis max. 34 Stellen
DE36 5085 0150 0003 4598 76

BIC des Kreditinstitus/Zahlungsdienstleisters (8 oder 11 Stellen)
Die Angabe des BIC kann entfallen, wenn die IBAN des Zahlungsempfängers mit DE beginnt.

Betrag: Euro, Cent
720,80 ------------

Kunden-Referenznummer - Verwendungszweck, ggf. Name und Anschrift des Zahlers - (nur für Zahlungsempfänger)
Rechnung vom 27. Jan. 20..

noch Verwendungszweck (insgesamt max. 2 Zeilen à 27 Stellen, bei maschineller Beschriftung max. 2 Zeilen à 35 Stellen)

Angaben zum Kontoinhaber: Name, Vorname/Firma, Ort (max. 27 Stellen, keine Straßen- oder Postfachangaben)
Weber Markt e. Kfm., Ulm

IBAN	Prüfziffer	Bankleitzahl des Kontoinhabers	Kontonummer (ggf. links mit Nullen auffüllen)	
DE	03	6 3 0 5 0 0 0 0	0 0 0 0 6 4 8 5 5 4	16

Datum   Unterschrift(en)
27. 01. 20..   Weber

Beleg 5

Beleg für Kontoinhaber	BYLADEM1ERH	Nur für Überweisungen in Deutschland, in andere EU-/EWR-Staaten und in die Schweiz sowie nach Monaco in Euro.

Sparkasse Erlangen

Angaben zum Zahlungsempfänger: Name, Vorname/Firma (max. 27 Stellen, bei maschineller Beschriftung max. 35 Stellen)

Weber Markt e. Kfm., Ulm

IBAN   Bei Überweisungen in Deutschland immer 22 Stellen ➝ sonstige Länder 15 bis max. 34 Stellen
DE03 6305 0000 0000 6485 54

BIC des Kreditinstitus/Zahlungsdienstleisters (8 oder 11 Stellen)
Die Angabe des BIC kann entfallen, wenn die IBAN des Zahlungsempfängers mit DE beginnt.

Betrag: Euro, Cent
240,20 ----------

Kunden-Referenznummer - Verwendungszweck, ggf. Name und Anschrift des Zahlers - (nur für Zahlungsempfänger)
Rechnung vom 26. Jan. 20..

noch Verwendungszweck (insgesamt max. 2 Zeilen à 27 Stellen, bei maschineller Beschriftung max. 2 Zeilen à 35 Stellen)

Angaben zum Kontoinhaber: Name, Vorname/Firma, Ort (max. 27 Stellen, keine Straßen- oder Postfachangaben)
Erika Schmidt, Mendelstr. 8, 91058 Erlangen

IBAN	Prüfziffer	Bankleitzahl des Kontoinhabers	Kontonummer (ggf. links mit Nullen auffüllen)	
	32	7 6 3 5 0 0 0 0	0 0 0 1 4 0 1 6 5 4	16

Unterschrift(en)
26.01. 20..   Erika Schmidt

1 Bei den Belegen in dieser Aufgabe wird auf den Ausweis der Umsatzsteuer verzichtet, da sie erst im 3. Ausbildungsjahr buchhalterisch behandelt wird.

97

1. Formulieren Sie aufgrund der nachfolgenden Belege[1] den jeweils zugrunde liegenden Geschäftsvorfall!

2. Bilden Sie die Buchungssätze für das Möbelhaus Konrad Krause KG, Schlesier Str. 14–18, 76227 Karlsruhe!

Beleg 1

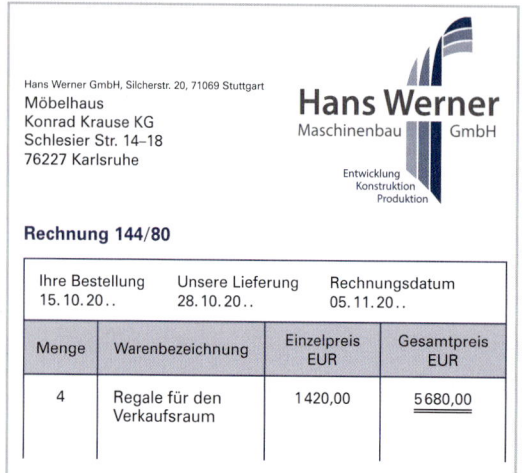

Hans Werner GmbH, Silcherstr. 20, 71069 Stuttgart

Hans Werner Maschinenbau GmbH

Entwicklung
Konstruktion
Produktion

Möbelhaus
Konrad Krause KG
Schlesier Str. 14–18
76227 Karlsruhe

Rechnung 144/80

Ihre Bestellung 15.10.20..	Unsere Lieferung 28.10.20..	Rechnungsdatum 05.11.20..	
Menge	Warenbezeichnung	Einzelpreis EUR	Gesamtpreis EUR
4	Regale für den Verkaufsraum	1 420,00	5 680,00

Beleg 2

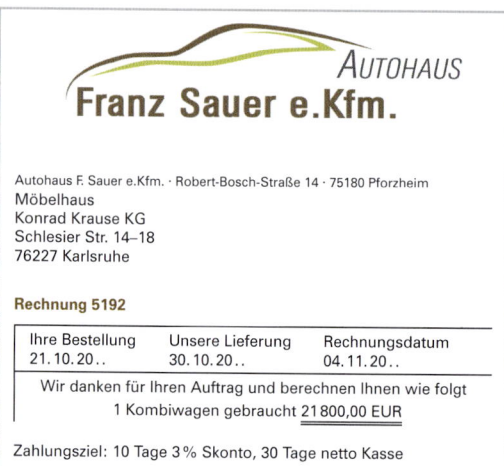

AUTOHAUS
Franz Sauer e.Kfm.

Autohaus F. Sauer e.Kfm. · Robert-Bosch-Straße 14 · 75180 Pforzheim

Möbelhaus
Konrad Krause KG
Schlesier Str. 14–18
76227 Karlsruhe

Rechnung 5192

Ihre Bestellung 21.10.20..	Unsere Lieferung 30.10.20..	Rechnungsdatum 04.11.20..

Wir danken für Ihren Auftrag und berechnen Ihnen wie folgt

1 Kombiwagen gebraucht 21 800,00 EUR

Zahlungsziel: 10 Tage 3 % Skonto, 30 Tage netto Kasse

Beleg 3

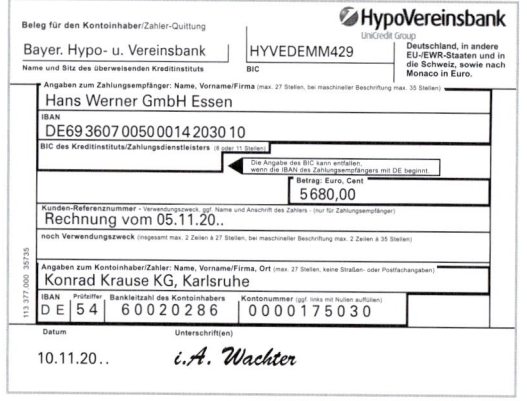

HypoVereinsbank
UniCredit Group

Beleg für den Kontoinhaber/Zahler-Quittung

Bayer. Hypo- u. Vereinsbank
Name und Sitz des überweisenden Kreditinstituts

HYVEDEMM429
BIC

Deutschland, in andere EU-/EWR-Staaten und in die Schweiz, sowie nach Monaco in Euro.

Angaben zum Zahlungsempfänger: Name, Vorname/Firma (max. 27 Stellen, bei maschineller Beschriftung max. 35 Stellen)

Hans Werner GmbH Essen

IBAN
DE69 3607 0050 0014 2030 10

BIC des Kreditinstituts/Zahlungsdienstleisters (8 oder 11 Stellen)

Betrag: Euro, Cent
5 680,00

Kunden-Referenznummer – Verwendungszweck, ggf. Name und Anschrift des Zahlers – (nur für Zahlungsempfänger)
Rechnung vom 05.11.20..

noch Verwendungszweck (insgesamt max. 2 Zeilen à 27 Stellen, bei maschineller Beschriftung max. 2 Zeilen à 35 Stellen)

Angaben zum Kontoinhaber/Zahler: Name, Vorname/Firma, Ort (max. 27 Stellen, keine Straßen- oder Postfachangaben)
Konrad Krause KG, Karlsruhe

IBAN Prüfziffer | Bankleitzahl des Kontoinhabers | Kontonummer (ggf. links mit Nullen auffüllen)
DE 54 | 60020286 | 0000175030

Datum
10.11.20..

Unterschrift(en)
i.A. Wachter

Beleg 4

Bürotechnik + Organisation Haffner
Sachsenstr. 18 / 76227 Karlsruhe / 0721 7721

Fa. *Möbelhaus Krause KG*

Anz.	Datum 02.11.20..	Einzelpreis EUR	Gesamtpreis EUR
3	Aktenvernichter	415,00	1 245,00
	Beleg dankend erhalten.		
			Be
Verk. *Be*	000 195-11	Bei Irrtum oder Umtausch bitte diesen Beleg vorlegen.	

Haffner Bürotechnik + Organisation
St.-Nr. 44 111 17931

---

1 Bei den Belegen in diesen Aufgaben wird auf den Ausweis der Umsatzsteuer verzichtet, weil die Buchung der Umsatzsteuer erst in Jahrgangsstufe 3 behandelt wird.

3.3.4.2 Zusammengesetzter Buchungssatz

Sind für einen Buchungssatz **mehr als zwei Konten** erforderlich, spricht man von einem **zusammengesetzten Buchungssatz.** Auch für den zusammengesetzten Buchungssatz gilt, dass bei jedem Buchungssatz die Summe der gebuchten Sollbeträge mit der Summe der gebuchten Habenbeträge übereinstimmen muss.

Beispiel:

I. Anfangsbestände:

Verbindlichkeiten a. Lief. u. Leist. 10 000,00 EUR; Bank 7 000,00 EUR; Kasse 5 000,00 EUR.

II. Geschäftsvorfall:

Wir bezahlen eine bereits gebuchte Eingangsrechnung über 3 700,00 EUR durch Banküberweisung 3 000,00 EUR und Barzahlung 700,00 EUR.

III. Aufgaben:

1. Bilden Sie den Buchungssatz!
2. Buchen Sie den Geschäftsvorfall auf den Konten!

Lösungen:

Zu 1.: Buchungssatz

Geschäftsvorfall	Konten	Soll	Haben
Wir bezahlen eine bereits gebuchte Eingangsrechnung über 3 700,00 EUR durch Banküberweisung 3 000,00 EUR und Barzahlung 700,00 EUR	Verbindl. a. Lief. u. Leist. an Bank an Kasse	3 700,00	3 000,00 700,00

Zu 2.: Buchung auf den Konten

Soll	Bank	Haben		Soll	Verbindl. a. Lief. u. Leist.	Haben
AB	7 000,00	Verb.a.L.u.L. 3 000,00		Ba/Ka 3 700,00	AB	10 000,00

Soll	Kasse	Haben
AB	5 000,00	Verb.a.L.u.L. 700,00

Für den einfachen Buchungssatz wie für den zusammengesetzten Buchungssatz gilt:

Summe der gebuchten Sollbeträge ≙ Summe der gebuchten Habenbeträge

Kompetenztraining

 **98**   Bilden Sie zu den folgenden Geschäftsvorfällen die Buchungssätze!

1. Ein Kunde zahlt eine Rechnung über 725,00 EUR in bar   225,00 EUR
   durch Banküberweisung   500,00 EUR

2. Wir kaufen Lagerregale für insgesamt 3 500,00 EUR
   gegen Barzahlung   1 500,00 EUR
   auf Ziel   2 000,00 EUR

3. Wir verkaufen einen gebrauchten Lieferwagen in Höhe des
   Buchwertes von 3 800,00 EUR gegen Barzahlung   800,00 EUR
   Restforderung   3 000,00 EUR

4. Ein Kunde zahlt einen Rechnungsbetrag über 1 750,00 EUR
   durch Banküberweisung   1 000,00 EUR
   durch Barzahlung   750,00 EUR

5. Wir bezahlen eine Liefererrechnung über 2 550,00 EUR
   in bar   550,00 EUR
   durch Banküberweisung   2 000,00 EUR

6. Wir kaufen einen neuen Lieferwagen zum Preis von 25 000,00 EUR
   gegen Barzahlung   5 500,00 EUR
   durch Banküberweisung   10 000,00 EUR
   Restverbindlichkeit   9 500,00 EUR

 **99**   Bilden Sie zu den folgenden Geschäftsvorfällen die Buchungssätze bzw. ermitteln Sie die Geschäftsvorfälle!

1. Wir tilgen eine Darlehensschuld bei der Bank über 5 000,00 EUR
   in bar   1 500,00 EUR
   durch Banküberweisung   3 500,00 EUR

2. Wir kaufen neue Lagerregale für 20 000,00 EUR
   Finanzierung: Barzahlung   5 000,00 EUR
                 Banküberweisung   10 000,00 EUR
                 Restverbindlichkeit   5 000,00 EUR

3. Gutschriftanzeigen der Bank: für Bareinzahlung   1 500,00 EUR
                                 für Überweisung eines Kunden   750,00 EUR

4. Formulieren Sie jeweils den Geschäftsvorfall, der den folgenden Buchungssätzen zugrunde liegt!

Nr.	Konten	Soll	Haben
4.1	Maschinen	3 750,00	
	an Bank		3 000,00
	an Kasse		750,00
4.2	Verbindlichkeiten a. Lief. u. Leist	2 350,00	
	an Bank		2 000,00
	an Kasse		350,00
4.3	Bank	750,00	
	Kasse	250,00	
	an Forderungen a. Lief. u. Leist.		1 000,00

100 Bilden Sie zu den folgenden Geschäftsvorfällen die Buchungssätze! 🔵 DOWNLOAD

Wir kaufen einen PC auf Ziel ER 72   5 400,00 EUR

Wir begleichen die Rechnung ER 72 bar   2 000,00 EUR
gegen Bankscheck   3 400,00 EUR   5 400,00 EUR

Wir verkaufen den alten Pkw unseres Vertreters
an einen Kunden zum Buchwert gegen Rechnung   7 340,00 EUR

Der Käufer des Pkws begleicht den Rechnungsbetrag
durch Bankscheck   3 700,00 EUR
bar   3 640,00 EUR   7 340,00 EUR

Tilgung eines Bankdarlehens
durch Banküberweisung   9 300,00 EUR
durch Bareinzahlung   2 700,00 EUR   12 000,00 EUR

101

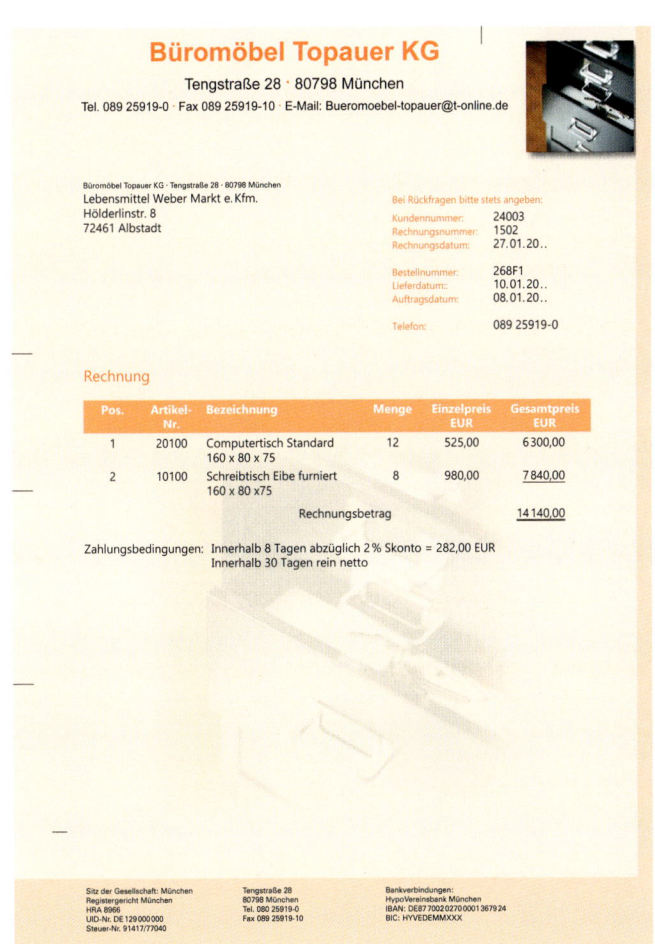

Büromöbel Topauer KG

Tengstraße 28 · 80798 München
Tel. 089 25919-0 · Fax 089 25919-10 · E-Mail: Bueromoebel-topauer@t-online.de

Büromöbel Topauer KG · Tengstraße 28 · 80798 München
Lebensmittel Weber Markt e. Kfm.
Hölderlinstr. 8
72461 Albstadt

Bei Rückfragen bitte stets angeben:

Kundennummer:	24003
Rechnungsnummer:	1502
Rechnungsdatum:	27.01.20..
Bestellnummer:	268F1
Lieferdatum:	10.01.20..
Auftragsdatum:	08.01.20..
Telefon:	089 25919-0

Rechnung

Pos.	Artikel-Nr.	Bezeichnung	Menge	Einzelpreis EUR	Gesamtpreis EUR
1	20100	Computertisch Standard 160 x 80 x 75	12	525,00	6 300,00
2	10100	Schreibtisch Eibe furniert 160 x 80 x75	8	980,00	7 840,00
		Rechnungsbetrag			14 140,00

Zahlungsbedingungen: Innerhalb 8 Tagen abzüglich 2 % Skonto = 282,00 EUR
Innerhalb 30 Tagen rein netto

Sitz der Gesellschaft: München
Registergericht München
HRA 8966
UID-Nr. DE 129 000 000
Steuer-Nr. 91417/77040

Tengstraße 28
80798 München
Tel. 080 25919-0
Fax 089 25919-10

Bankverbindungen:
HypoVereinsbank München
IBAN: DE87 7002 0270 0001 3679 24
BIC: HYVEDEMMXXX

Aufgaben:
1. Formulieren Sie den zugrunde liegenden Geschäftsvorfall!
2. Bilden Sie den Buchungssatz für den Lebensmittel Weber Markt e. Kfm.!

3.3.5 Eröffnung und Abschluss der Bestandskonten (Eröffnungsbilanzkonto und Schlussbilanzkonto)

Das **Prinzip der doppelten Buchführung** ist ein **generelles Prinzip** und gilt folglich auch für die Anfangs- und Schlussbestände auf den Konten. Wenn bei der Eröffnung der Konten mit den Anfangsbeständen und beim Abschluss der Konten mit den Schlussbeständen jeweils eine Gegenbuchung erfolgen soll, benötigt man dafür entsprechende Gegenkonten.

- Die **Buchung der Anfangsbestände** erfolgt mithilfe des **Eröffnungsbilanzkontos (EBK)**.
- Die **Buchung der Schlussbestände** erfolgt über das **Schlussbilanzkonto (SBK)**.

Beispiel:

I. Anfangsbestände:
Geschäftsausstattung 41 355,00 EUR; Kasse 1 670,00 EUR; Bank 33 975,00 EUR; Forderungen aus Lieferungen und Leistungen 12 150,00 EUR; Waren 24 570,00 EUR; Verbindlichkeiten aus Lieferungen und Leistungen 13 220,00 EUR; Verbindlichkeiten gegenüber Kreditinstituten 5 000,00 EUR; Eigenkapital 95 500,00 EUR.

II. Geschäftsvorfälle:
1.	Wir verkaufen einen nicht mehr benötigten Ladentisch bar zum Buchwert	2 500,00 EUR
2.	Neuanschaffung einer Büroeinrichtung gegen Banküberweisung	30 000,00 EUR
3.	Ein Kunde überweist einen Rechnungsbetrag auf das Bankkonto	2 120,00 EUR
4.	Zur Auffüllung des Kassenbestandes heben wir vom Bankkonto bar ab	500,00 EUR
5.	Wir zahlen eine Liefererrechnung bar	1 200,00 EUR
6.	Teilweise Tilgung des Bankdarlehens bar	1 000,00 EUR

III. Aufgaben:
1. Eröffnen Sie die Konten mit den angegebenen Anfangsbeständen mithilfe des Eröffnungsbilanzkontos!
2. Bilden Sie für die Geschäftsvorfälle die Buchungssätze!
3. Buchen Sie die Geschäftsvorfälle auf den Konten!
4. Schließen Sie die Konten über das Schlussbilanzkonto ab!

Lösungen:

Zu 2.: Bildung der Buchungssätze für die Geschäftsvorfälle

Nr.	Konten	Soll	Haben
1.	Kasse	2 500,00	
	an Betriebs- u. Geschäftsausstattung		2 500,00
2.	Betriebs- u. Geschäftsausstattung	30 000,00	
	an Bank		30 000,00
3.	Bank	2 120,00	
	an Ford. a. Lief. u. Leist.		2 120,00
4.	Kasse	500,00	
	an Bank		500,00
5.	Verb. a. Lief. u. Leist.	1 200,00	
	an Kasse		1 200,00
6.	Langfr. Bankverbindlichkeiten	1 000,00	
	an Kasse		1 000,00

Zu 1., 3. und 4.: Buchung auf den Konten

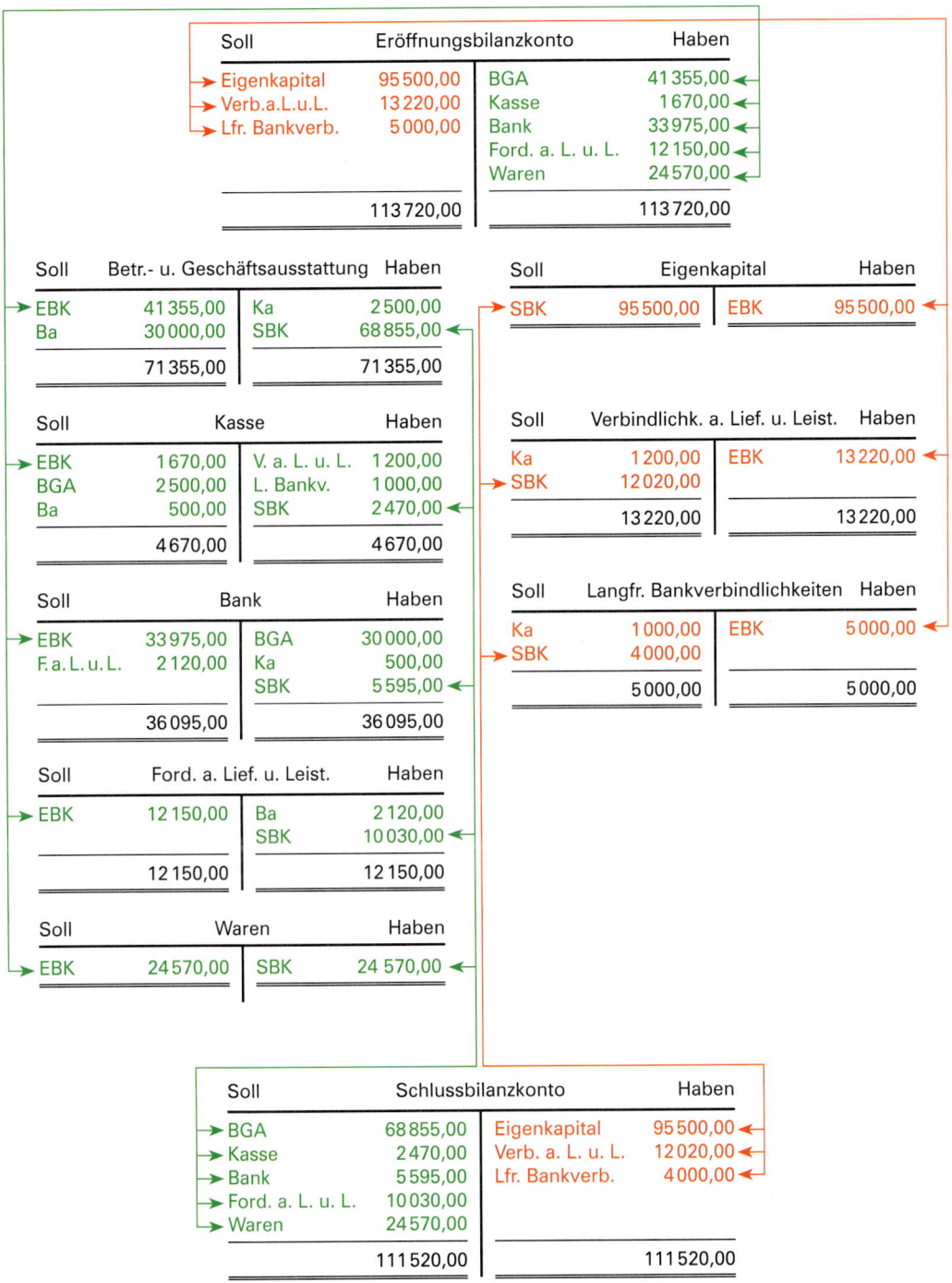

Soll	Eröffnungsbilanzkonto		Haben
Eigenkapital	95 500,00	BGA	41 355,00
Verb.a.L.u.L.	13 220,00	Kasse	1 670,00
Lfr. Bankverb.	5 000,00	Bank	33 975,00
		Ford. a. L. u. L.	12 150,00
		Waren	24 570,00
	113 720,00		113 720,00

Soll	Betr.- u. Geschäftsausstattung		Haben
EBK	41 355,00	Ka	2 500,00
Ba	30 000,00	SBK	68 855,00
	71 355,00		71 355,00

Soll	Eigenkapital		Haben
SBK	95 500,00	EBK	95 500,00

Soll	Kasse		Haben
EBK	1 670,00	V. a. L. u. L.	1 200,00
BGA	2 500,00	L. Bankv.	1 000,00
Ba	500,00	SBK	2 470,00
	4 670,00		4 670,00

Soll	Verbindlichk. a. Lief. u. Leist.		Haben
Ka	1 200,00	EBK	13 220,00
SBK	12 020,00		
	13 220,00		13 220,00

Soll	Bank		Haben
EBK	33 975,00	BGA	30 000,00
F. a. L. u. L.	2 120,00	Ka	500,00
		SBK	5 595,00
	36 095,00		36 095,00

Soll	Langfr. Bankverbindlichkeiten		Haben
Ka	1 000,00	EBK	5 000,00
SBK	4 000,00		
	5 000,00		5 000,00

Soll	Ford. a. Lief. u. Leist.		Haben
EBK	12 150,00	Ba	2 120,00
		SBK	10 030,00
	12 150,00		12 150,00

Soll	Waren		Haben
EBK	24 570,00	SBK	24 570,00

Soll	Schlussbilanzkonto		Haben
BGA	68 855,00	Eigenkapital	95 500,00
Kasse	2 470,00	Verb. a. L. u. L.	12 020,00
Bank	5 595,00	Lfr. Bankverb.	4 000,00
Ford. a. L. u. L.	10 030,00		
Waren	24 570,00		
	111 520,00		111 520,00

Durch das **Eröffnungs-** und **Schlussbilanzkonto** wird sowohl bei der Erfassung der Anfangsbestände als auch bei der Erfassung der Schlussbestände **jeder Betrag doppelt gebucht.**

Erläuterungen:

- Das **Eröffnungsbilanzkonto** ist ein **Hilfskonto,** um das System der doppelten Buchung nicht zu durchbrechen. Gleichzeitig wird damit die Gleichheit der Soll- und Habenbeträge zu Beginn der Geschäftsperiode dokumentiert. Das ist ein **Grundprinzip des Systems der doppelten Buchführung.**

- Das **Schlussbilanzkonto** hat die Aufgabe, die vom Unternehmen verwendeten Aktiv- und Passivkonten einander gegenüberzustellen. Das **Schlussbilanzkonto** dient allein **innerbetrieblichen Zwecken** und ist an **keine gesetzlichen Gliederungsvorschriften** gebunden.

Beachte:

Das Eröffnungsbilanzkonto und das Schlussbilanzkonto wurden hier aus methodischen und systematischen Überlegungen dargestellt. Ob in den nachfolgenden Übungsaufgaben das Eröffnungsbilanzkonto geführt werden soll, bleibt der individuellen Entscheidung der Lehrenden vorbehalten. In elektronischen Finanzbuchhaltungssystemen ist es allerdings aus abstimmungstechnischen Gesichtspunkten unverzichtbar.

Zusammenfassung

- Sollen die Anfangsbestände und die Schlussbestände auf den Bilanzkonten im System der doppelten Buchführung gebucht werden, benötigt man für die Gegenbuchungen ein entsprechendes Gegenkonto.
  - Für die **Gegenbuchungen** der **Anfangsbestände** ist das **Eröffnungsbilanzkonto** zuständig,
  - für die **Gegenbuchungen** der **Schlussbestände** benötigen wir das **Schlussbilanzkonto.**

- Das **Schlussbilanzkonto** stellt die Schlussbestände der vom Unternehmen verwendeten Aktiv- und Passivkonten einander gegenüber. Das Schlussbilanzkonto dient innerbetrieblichen Zwecken.

- Das Eröffnungsbilanzkonto ist ein **Hilfskonto für eine systemgerechte Buchung der Anfangsbestände.** Es erfüllt in dieser Rolle lediglich die Funktion einer **Kontrollrechnung.** Es bietet gleich zu Beginn der Geschäftsperiode die Gewähr dafür, dass die Summe der gebuchten Sollbeträge gleich der Summe der gebuchten Habenbeträge ist.

- Das **Eröffnungsbilanzkonto** und das **Schlussbilanzkonto** gehören zum **Kontensystem der doppelten Buchführung.**

Kompetenztraining

102 **I. Anfangsbestände:**

Lagerausstattung 170 000,00 EUR; Kasse 41 500,00 EUR; Bank 57 500,00 EUR; Forderungen aus Lieferungen und Leistungen 150 000,00 EUR; Waren 160 000,00 EUR; Verbindlichkeiten aus Lieferungen und Leistungen 85 500,00 EUR; Langfristige Bankverbindlichkeiten 20 000,00 EUR; Eigenkapital ?

II. Geschäftsvorfälle:

1. Bareinzahlung auf das Bankkonto	5 000,00 EUR
2. Ein Kunde zahlt einen Rechnungsbetrag mit Bankscheck	25 000,00 EUR
3. Wir kaufen einen Gabelstapler durch Banküberweisung	32 100,00 EUR
4. Zahlung einer Lieferantenrechnung durch Banküberweisung	18 900,00 EUR
5. Wareneinkauf bar	8 400,00 EUR
6. Teilweise Tilgung des Bankdarlehens bar	14 000,00 EUR
7. Barabhebung vom Bankkonto zur Auffüllung der Geschäftskasse	16 100,00 EUR
8. Wareneinkauf auf Ziel	24 200,00 EUR

III. Aufgaben:

Nach Eröffnung der Konten mithilfe des Eröffnungsbilanzkontos, der Bildung der Buchungssätze und der Buchung der Geschäftsvorfälle sind die Konten über das Schlussbilanzkonto abzuschließen!

103 **I. Anfangsbestände:**

Büromaschinen 255 800,00 EUR; Kasse 52 000,00 EUR; Bank 125 800,00 EUR; Forderungen aus Lieferungen und Leistungen 55 100,00 EUR; Waren 251 000,00 EUR; Verbindlichkeiten aus Lieferungen und Leistungen 77 500,00 EUR. Das Eigenkapital muss noch ermittelt werden!

II. Geschäftsvorfälle:

1. Einzahlung auf das Bankkonto	15 000,00 EUR
2. Ein Kunde zahlt einen Rechnungsbetrag über 25 000,00 EUR	
in bar	5 000,00 EUR
durch Banküberweisung	20 000,00 EUR
3. Barkauf einer PC-Anlage	12 750,00 EUR
4. Barabhebung vom Bankkonto zur Auffüllung der Geschäftskasse	5 000,00 EUR
5. Wareneinkauf in Höhe von 22 500,00 EUR	
gegen Banküberweisung	5 000,00 EUR
auf Ziel	17 500,00 EUR
6. Aufnahme eines Bankdarlehens.	
Der Betrag wird auf dem Geschäftskonto gutgeschrieben	50 000,00 EUR
7. Kauf eines Baugrundstücks für 100 000,00 EUR	
Finanzierung: Bankscheck	30 000,00 EUR
Barzahlung	20 000,00 EUR
Restverbindlichkeit	50 000,00 EUR

III. Aufgaben:

Nach Eröffnung der Konten mithilfe des Eröffnungsbilanzkontos, der Bildung der Buchungssätze und der Buchung der Geschäftsvorfälle sind die Konten über das Schlussbilanzkonto abzuschließen!

3.3.6   Zusammenhang: Bilanzkonten, Bilanz, Inventur und Inventar

Die Bestandskonten – unter Einbeziehung des Schlussbilanzkontos und des Eröffnungsbilanzkontos – bilden eine in sich geschlossene Einheit: Das **Kontensystem der doppelten Buchführung.**

§§ 247, 266 HGB
Die Bilanz baut auf den Zahlen der Buchführung auf, wobei diese Zahlen jedoch vor ihrer Übernahme in die Bilanz durch die Inventur auf ihre Richtigkeit hin überprüft werden. Vom buchtechnischen Standpunkt aus und auch von der Tatsache ausgehend, dass die Bilanz für die Öffentlichkeit entsprechend aufbereitet werden muss, stehen **Inventur** (bzw. **Inventar**) und **Bilanz außerhalb der Buchführung.**

Die grafische Darstellung auf S. 297 zeigt den Zusammenhang zwischen dem **Kontensystem der Buchführung** und der **Bilanz** sowie der **Inventur** (bzw. dem Inventar).

Kompetenztraining

 **104**   **I. Anfangsbestände:**

Unbebaute Grundstücke 100 000,00 EUR; Lagerausstattung 115 000,00 EUR; Kasse 12 800,00 EUR; Bank 14 230,00 EUR; Forderungen aus Lieferungen und Leistungen 160 780,00 EUR; Waren 114 890,00 EUR; Verbindlichkeiten aus Lieferungen und Leistungen 98 270,00 EUR; Langfristige Bankverbindlichkeiten 200 000,00 EUR; das Eigenkapital muss noch ermittelt werden.

II. Geschäftsvorfälle:

1. Wareneinkauf bar	1 800,00 EUR
2. Ein Kunde zahlt einen Rechnungsbetrag bar	12 320,00 EUR
3. Wir begleichen eine Eingangsrechnung durch Banküberweisung	11 700,00 EUR
4. Wir kaufen eine EDV-Anlage für das Lager bar	4 850,00 EUR
5. Eingangsrechnung (Waren)	12 300,00 EUR
6. Wir zahlen auf unser Bankkonto bar ein	10 250,00 EUR
7. Wir zahlen eine Tilgungsrate für das Bankdarlehen durch Banküberweisung zurück	5 500,00 EUR

III. Aufgaben:

1. Stellen Sie aufgrund der Angaben die Eröffnungsbilanz auf!
2. Richten Sie die entsprechenden Konten ein und buchen Sie die Anfangsbestände!
3. Bilden Sie zu den Geschäftsvorfällen die Buchungssätze und buchen Sie die Vorgänge anschließend auf den eröffneten Konten!
4. Schließen Sie die Konten über das SBK ab!
5. Stellen Sie auf der Grundlage des buchhalterischen Abschlusses eine nach handelsrechtlichen Vorschriften gegliederte Bilanz auf! Verwenden Sie hierzu das vereinfachte Bilanzschema von S. 262!

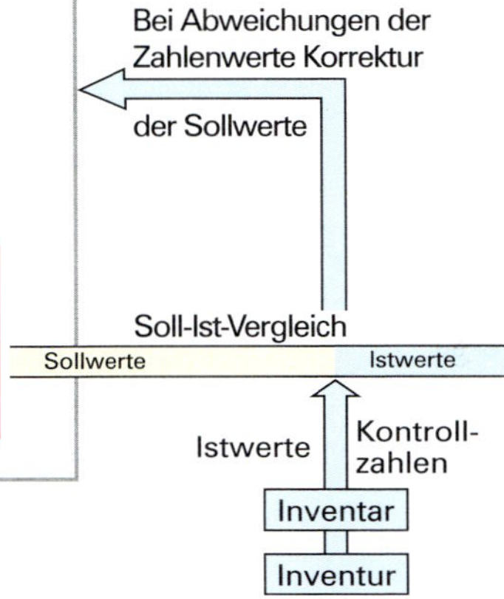

Außerhalb der Buchführung haben wir Bilanzen

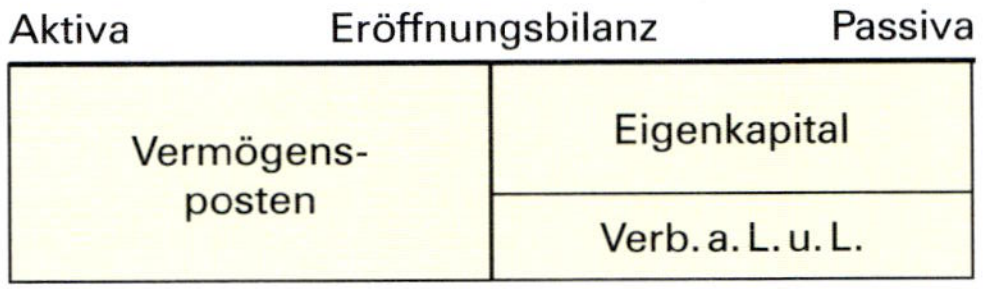

Eröffnungsbilanz

Aktiva		Passiva
Vermögens-posten	Eigenkapital	
	Verb. a. L. u. L.	

Streng genommen gibt es im Leben eines Unternehmens nur eine Eröffnungsbilanz, nämlich die bei der Gründung. Jede Schlussbilanz kann jedoch als Eröffnungsbilanz für die neue Geschäftsperiode betrachtet werden.

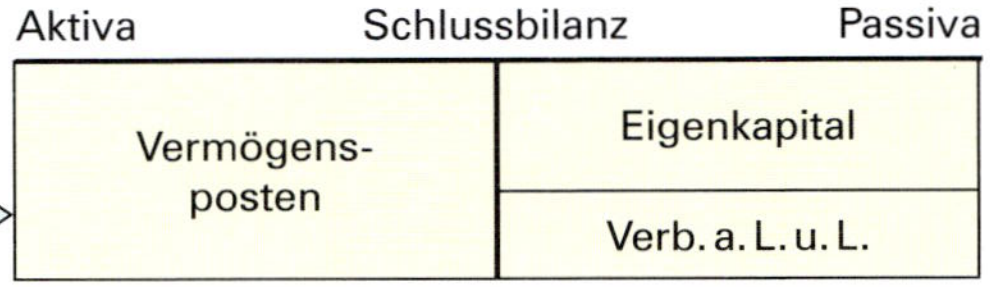

Schlussbilanz

Aktiva		Passiva
Vermögens-posten	Eigenkapital	
	Verb. a. L. u. L.	

Zielsetzung: Informationsinstrument für Außenstehende

Innerhalb der Buchführung haben wir Konten

(Kontensystem der doppelten Buchführung):

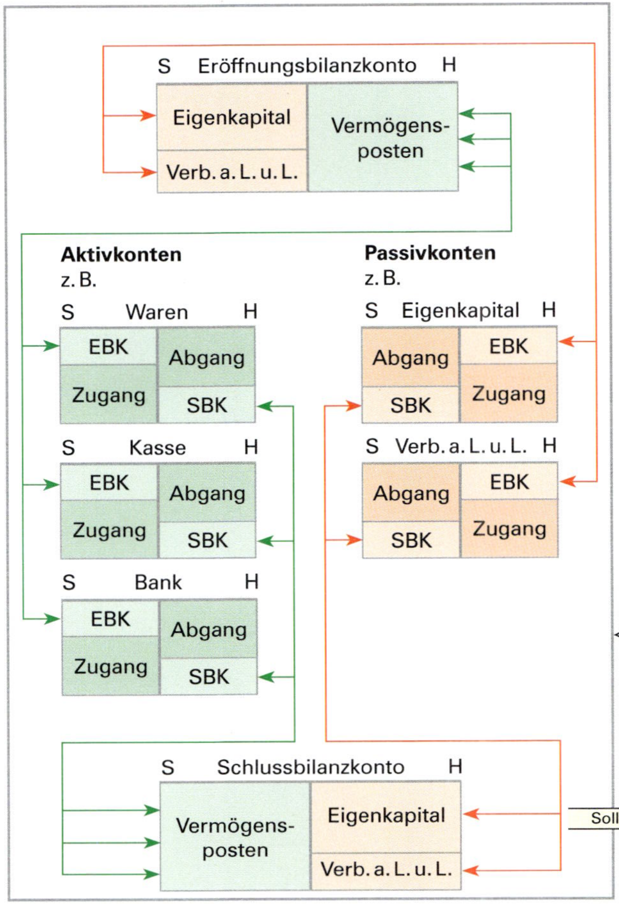

S Eröffnungsbilanzkonto H

Eigenkapital	Vermögens-posten
Verb. a. L. u. L.	

Aktivkonten z. B.

S Waren H

EBK	Abgang
Zugang	SBK

S Kasse H

EBK	Abgang
Zugang	SBK

S Bank H

EBK	Abgang
Zugang	SBK

Passivkonten z. B.

S Eigenkapital H

Abgang	EBK
SBK	Zugang

S Verb. a. L. u. L. H

Abgang	EBK
SBK	Zugang

S Schlussbilanzkonto H

Vermögens-posten	Eigenkapital
	Verb. a. L. u. L.

Zielsetzung: Informationen für die Geschäftsleitung

Bei Abweichungen der Zahlenwerte Korrektur der Sollwerte

Soll-Ist-Vergleich

Sollwerte — Istwerte

Istwerte — Kontrollzahlen

Inventar

Inventur

Kompetenzbereich I: In Ausbildung und Beruf orientieren

1 Sich über das duale Ausbildungssystem informieren

1.1 Ausbildender, Ausbilder, Auszubildender

(1) Begriffe Ausbildender und Ausbilder

- **Ausbildender** ist derjenige, der einen Auszubildenden zur Berufsausbildung einstellt.

> **Beispiel:**
>
> Jens Zeiler wird vom Heimwerkerfachgeschäft Thomas Hutter e.K.[1] ausgebildet. Das Heimwerkerfachgeschäft Thomas Hutter e.K. ist Ausbildender.

- **Ausbilder** ist derjenige, der vom Ausbildenden mit der Durchführung der Ausbildung beauftragt wird.

> **Beispiel:**
>
> In der Eisenwarenabteilung wird Jens Zeiler von dem Angestellten Bernd Freiberg ausgebildet. Bernd Freiberg ist Ausbilder.

Ausbilden darf nur, wer persönlich und fachlich geeignet ist. Die fachliche Eignung umfasst vor allem die für den jeweiligen Beruf erforderlichen Fertigkeiten und Kenntnisse.

Die Ausbilder vermitteln die Fertigkeiten und Kenntnisse, die zur Erreichung des Ausbildungsziels erforderlich sind. Ferner muss der Ausbildungsbetrieb in der Lage sein, die wesentlichen Inhalte der Ausbildung zu vermitteln.

(2) Begriff Auszubildender

Auszubildender ist derjenige, der einen anerkannten Ausbildungsberuf aufgrund der Ausbildungsverordnung erlernt.

> **Beispiel:**
>
> Jens Zeiler schließt mit dem Heimwerkerfachgeschäft Thomas Hutter e.K. einen Ausbildungsvertrag als Kaufmann im Einzelhandel ab. Jens Zeiler ist Auszubildender.

---

1 e.K.: eingetragener Kaufmann.

Anforderungen an Auszubildende. Ein großes Einzelhandelsunternehmen umschreibt die Anforderungen an Auszubildende auf seiner Internetseite folgendermaßen:

„Die Voraussetzung für die Bewerbung bei uns sind gute schulische Leistungen und eine abgeschlossene Schulausbildung. Die Fähigkeit zur Teamarbeit ist ebenso wichtig wie ein hohes Verantwortungsbewusstsein. Wir möchten Auszubildende gewinnen, die überdurchschnittlich motiviert und engagiert sind. Neben den schulischen Leistungen interessiert uns vor allem die Persönlichkeit der Bewerber.“

1.2 Ausbildungsverhältnis

1.2.1 Berufsbildungsgesetz, Ausbildungsordnung und Ausbildungsplan

(1) Berufsbildungsgesetz

Das Berufsbildungsgesetz [BBiG] regelt die **Berufsausbildung,** die **berufliche Fortbildung** und die **berufliche Umschulung.** Die Ausbildung in den verschiedenen Ausbildungsberufen ist durch die Ausbildungsordnung geregelt.

(2) Ausbildungsordnung

Die **Ausbildungsordnung** ist die Grundlage für eine geordnete und einheitliche Berufsausbildung in anerkannten Ausbildungsberufen. Sie hat **mindestens festzulegen:**

- die Bezeichnung des **Ausbildungsberufs** (z. B. Verkäufer/-in, Kaufmann/Kauffrau im Einzelhandel, Fachlagerist/-in);

- die **Ausbildungsdauer,** sie soll nicht mehr als drei und nicht weniger als zwei Jahre betragen;

- das **Ausbildungsberufsbild,** es enthält die Fertigkeiten und Kenntnisse, die Gegenstand der Berufsausbildung sind;

- den **Ausbildungsrahmenplan,** es handelt sich hierbei um eine Anleitung zur sachlichen und zeitlichen Gliederung der Fertigkeiten und Kenntnisse und

- die **Prüfungsanforderungen.**

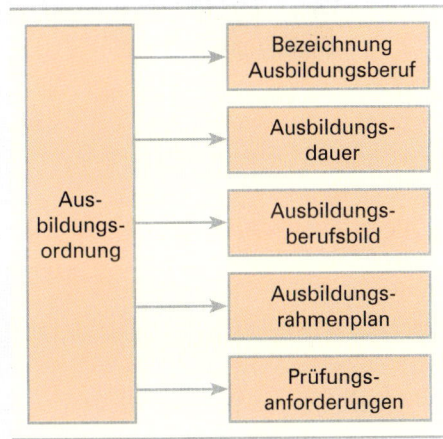

Für einen anerkannten Ausbildungsberuf darf nur nach der Ausbildungsordnung ausgebildet werden. Jugendliche unter 18 Jahren dürfen nur in anerkannten Ausbildungsberufen ausgebildet werden.

(3) Ausbildungsplan

Der Ausbildungsplan regelt die sachliche und zeitliche **Berufsausbildung im Betrieb.** Der Ausbildungsplan wird von jedem **Ausbildungsbetrieb eigenständig erstellt.** Er muss jedoch abgestimmt sein mit dem Ausbildungsberufsbild, dem Ausbildungsrahmenlehrplan sowie den Prüfungsanforderungen.

(4) Beziehungen zwischen Ausbildungsrahmenlehrplan und Ausbildungsplan (Duales Ausbildungssystem)

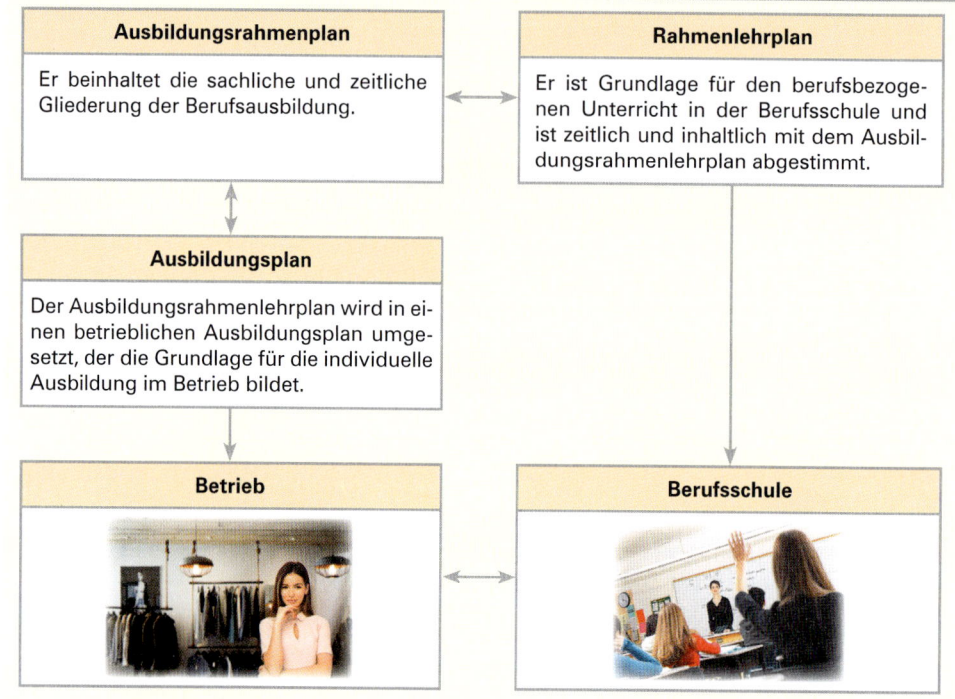

Ausbildungsrahmenplan

Er beinhaltet die sachliche und zeitliche Gliederung der Berufsausbildung.

Rahmenlehrplan

Er ist Grundlage für den berufsbezogenen Unterricht in der Berufsschule und ist zeitlich und inhaltlich mit dem Ausbildungsrahmenlehrplan abgestimmt.

Ausbildungsplan

Der Ausbildungsrahmenlehrplan wird in einen betrieblichen Ausbildungsplan umgesetzt, der die Grundlage für die individuelle Ausbildung im Betrieb bildet.

Betrieb

Berufsschule

1.2.2 Berufsausbildungsvertrag

(1) Begriff kaufmännischer Auszubildender

Kaufmännischer Auszubildender ist, wer in einem Betrieb zum Erlernen kaufmännischer Tätigkeiten angestellt ist.

(2) Abschluss des Berufsausbildungsvertrags

Vor Beginn der Berufsausbildung ist zwischen dem Ausbildenden und dem Auszubildenden ein **Berufsausbildungsvertrag** zu schließen.

Der Berufsausbildungsvertrag muss bei der zuständigen Stelle (z. B. **Industrie- und Handelskammer**) zur Genehmigung und Eintragung in das „**Verzeichnis der Berufsausbildungsverhältnisse**" vorgelegt werden.

Unverzüglich nach Abschluss des Berufsausbildungsvertrags, spätestens vor Beginn der Berufsausbildung, hat der Ausbildende den wesentlichen Inhalt des Vertrags schriftlich niederzulegen. Der Vertrag ist vom **Ausbildenden,** vom **Auszubildenden** und – wenn der Auszubildende noch **minderjährig** ist – von dessen **gesetzlichem Vertreter** zu unterzeichnen und unverzüglich eine Ausfertigung der unterzeichneten Niederschrift dem Auszubildenden und dessen gesetzlichem Vertreter auszuhändigen.

Der Ausbildungsvertrag muss folgende Punkte enthalten:

§ 11 (1)
BBiG

- Name und Anschrift der Ausbildenden sowie der Auszubildenden, bei Minderjährigen zusätzlich Name und Anschrift ihrer gesetzlichen Vertreter oder Vertreterinnen,
- Art, sachliche und zeitliche Gliederung sowie Ziel der Berufsausbildung,
- Berufstätigkeit, für die ausgebildet werden soll,
- Beginn und Dauer der Berufsausbildung,
- die Ausbildungsstätte und Ausbildungsmaßnahmen außerhalb der Ausbildungsstätte (überbetriebliche Ausbildung),
- Dauer der regelmäßigen täglichen Ausbildungszeit,
- Dauer der Probezeit,
- Zahlung und Höhe der Ausbildungsvergütung sowie deren Zusammensetzung, sofern sich die Vergütung aus verschiedenen Bestandteilen zusammensetzt,
- Vergütung oder Ausgleich von Überstunden,
- Dauer des Urlaubs,
- Voraussetzungen, unter denen der Berufsausbildungsvertrag gekündigt werden kann,
- Hinweis auf anwendbare Tarifverträge und Betriebsvereinbarungen,
- Form des Ausbildungsnachweises (schriftlich oder elektronisch).

Die Eintragung wird nur vorgenommen, wenn der Berufsausbildungsvertrag dem Berufsbildungsgesetz und der Ausbildungsordnung entspricht und die **persönliche und fachliche Eignung des Ausbildungspersonals** sowie die **Eignung** der **Ausbildungsstätte** vorliegen. Die Eintragung ist u.a. Voraussetzung dafür, dass der Auszubildende zur Abschlussprüfung, z.B. bei der Industrie- und Handelskammer (IHK), zugelassen wird.

(3) Pflichten und Rechte aus dem Berufsausbildungsvertrag

Die Pflichten und Rechte des Auszubildenden bzw. des Ausbildenden ergeben sich vor allem aus dem **Berufsbildungsgesetz** und dem **Jugendarbeitsschutzgesetz.**

Pflichten des Auszubildenden (Rechte des Ausbildenden)
- **Befolgungspflicht:** Weisungen des Ausbildenden im Rahmen der Berufsausbildung sind sorgfältig zu befolgen.
- **Berufsschulpflicht.**
- **Lernpflicht:** Der Auszubildende muss sich bemühen, so zu lernen, dass die Abschlussprüfung bestanden wird.
- **Ausbildungsnachweispflicht (Berichtsheftpflicht):** Der Auszubildende hat in der Regel wöchentlich Ausbildungsnachweise schriftlich oder elektronisch zu führen. Sie geben Auskunft über den Ablauf der Ausbildung und müssen bei der Abschlussprüfung vorgelegt werden. Die einzelnen Ausbildungsnachweise sind vom Ausbilder zu unterschreiben bzw. beim elektronischen Berichtsheft durch eine elektronische Signatur abzuzeichnen.
- **Schweigepflicht** über Geschäftsdaten.
- **Haftpflicht:** Bei grob fahrlässig oder vorsätzlich verursachten Schäden an Maschinen, Büroeinrichtungen usw. haftet der Auszubildende.

Pflichten des Ausbildenden (Rechte des Auszubildenden)

- **Ausbildungspflicht:** Vermittlung der Fertigkeiten und Kenntnisse, die zur Erreichung des Ausbildungsziels erforderlich sind.
- **Ausbildungsmittel:** Müssen kostenlos zur Verfügung gestellt werden.[1]
- **Fürsorgepflicht:** Vermeidung sittlicher und körperlicher Schäden; Anmeldung zur Sozial- und Unfallversicherung.
- **Freistellungspflicht:** Der Ausbildende muss den Auszubildenden zum Besuch der Berufsschule anhalten und freistellen.
  Der Auszubildende ist auch freizustellen an einem Berufsschultag mit mehr als fünf Unterrichtsstunden (einmal in der Woche).
- **Anmeldepflicht zu Prüfungen:** Der Auszubildende muss rechtzeitig zu Prüfungen angemeldet und an dem Arbeitstag vor der schriftlichen Prüfung freigestellt werden.
- **Urlaubspflicht:**[2] Der Urlaub beträgt nach:
- **Vergütungspflicht:** Die Zahlung des Arbeitsentgelts muss spätestens am letzten Werktag des Monats erfolgen. Gesetzlich gilt eine Mindestausbildungsvergütung, die jährlich ansteigt. Derzeit beträgt sie für das erste Ausbildungsjahr 620,00 EUR (2023).

Alter	Mindesturlaub
bis 16 Jahre	30 Werktage
bis 17 Jahre	27 Werktage
bis 18 Jahre	25 Werktage

- **Pflicht zur Entgeltfortzahlung:** An gesetzlichen Feiertagen und im unverschuldeten Krankheitsfall bis zu sechs Wochen.
- **Pflicht zur Ausstellung eines Zeugnisses.**

(4) Ausbildungszeit

Die Ausbildungszeit beträgt in den meisten kaufmännischen Ausbildungsberufen (z. B. Kaufmann/-frau im Einzelhandel, Fachlagerist/-in) im Regelfall 3 Jahre. Eine Verkürzung der Ausbildungszeit ist unter bestimmten Voraussetzungen möglich.

(5) Probezeit

Die Probezeit beträgt **mindestens einen Monat** und darf **nicht länger als vier Monate** dauern. Die Probezeit ist Bestandteil des Ausbildungsverhältnisses.

- **Während der Probezeit** kann das Berufsausbildungsverhältnis **jederzeit ohne Einhaltung einer Kündigungsfrist** gekündigt werden.
- **Nach der Probezeit** kann das Ausbildungsverhältnis grundsätzlich **nicht gekündigt** werden. Eine **Ausnahme** ist nur in folgenden Fällen möglich:

Kündigung nach der Probezeit durch	Voraussetzungen für eine Kündigung	Aufhebungsvertrag
das ausbildende Unternehmen	**aus einem wichtigen Grund ohne Einhalten einer Kündigungsfrist**, z. B. wegen Unterschlagung	Auflösung des Ausbildungsverhältnisses in **beiderseitigem Einvernehmen** durch einen sogenannten **Aufhebungsvertrag**
den Auszubildenden	<ul><li>**aus einem wichtigen Grund** ohne Einhalten einer Kündigungsfrist, z. B. wegen ständigen Mobbings</li><li>Kündigung vom Auszubildenden mit vierwöchiger Frist, wenn der Auszubildende die **Berufsausbildung aufgeben oder wechseln** möchte</li></ul>	

---

1 Die für den Berufsschulunterricht erforderlichen Lernmittel, wie etwa Schulbücher oder Taschenrechner, müssen Auszubildende auf eigene Kosten selbst besorgen.

2 Für Berufsschüler soll der Urlaub in die Schulferien gelegt werden. Es muss sichergestellt sein, dass mindestens 12 Werktage am Stück gewährt werden.

(6)   Institutionen zur Durchsetzung ausbildungsrechtlicher Ansprüche

Sind Auszubildende der Meinung, dass der ausbildende Betrieb seinen Pflichten nicht nachkommt, können sie sich an verschiedene Institutionen wenden.

- Im Bereich des **Betriebs- und Gefahrenschutzes** sind die **staatlichen Gewerbeaufsichtsämter** als Landesbehörden für die Überwachung aller Betriebe ihres Bezirks zuständig. Die **Aufsichtsdienste der Berufsgenossenschaften** kontrollieren die Betriebe des jeweiligen Wirtschaftszweigs.
- Im Bereich des **sozialen Arbeitsschutzes** können sich die Auszubildenden an den **Betriebsrat** – insbesondere an die **Jugend- und Auszubildendenvertretung** – wenden. Ansprechpartner sind auch die zuständigen **Kammern** (z. B. die Industrie- und Handelskammern). Sie haben u. a. die Aufgabe, über eine ordnungsgemäße Berufsausbildung zu wachen. Hilfe gewähren auch die zuständigen **Gewerkschaften**.

Ist zwischen den Parteien keine gütliche Einigung möglich, müssen die **Arbeitsgerichte** angerufen werden.

(7)   Beendigung des Ausbildungsverhältnisses

Das Ausbildungsverhältnis endet

- spätestens mit dem **Ablauf der Ausbildungszeit,**
- frühestens mit dem **Bestehen der Abschlussprüfung** oder
- durch schriftliche **Kündigung.**

Die Kündigung muss **schriftlich** erfolgen und bei einer Kündigung aus einem wichtigen Grund oder wegen Aufgabe oder Wechsel der Berufsausbildung die **Kündigungsgründe** enthalten.

(8)   Weiterbeschäftigung

Während der **letzten sechs Monate** des Berufsausbildungsverhältnisses können die Vertragspartner eine **Weiterbeschäftigung vereinbaren.** Werden Auszubildende im Anschluss an das Berufsausbildungsverhältnis weiterbeschäftigt, ohne dass hierüber eine ausdrückliche Vereinbarung getroffen ist, wird ein **Arbeitsverhältnis auf unbestimmte Zeit** begründet. Kaufmännisch Ausgebildete werden damit **Angestellte.** Es entsteht ein Anspruch auf Zahlung eines Gehalts.

(9)   Ausstellung eines Zeugnisses

Der Ausbildende hat dem Ausgebildeten nach Beendigung des Berufsausbildungsverhältnisses ein **Zeugnis** auszustellen, das Angaben über Art, Dauer und Ziel der Berufsausbildung sowie über die erworbenen Fertigkeiten und Kenntnisse des Auszubildenden enthalten muss **(einfaches Zeugnis).** Auf **Verlangen des Ausgebildeten** sind darin auch Angaben über Führung, Leistung und besondere fachliche Fähigkeiten aufzunehmen **(qualifiziertes Zeugnis).**

Das Zeugnis darf **keine negativen Aussagen** enthalten.

Beispiel:

„Franziska Hebel verfügt über Fachwissen und hat ein gesundes Selbstvertrauen" heißt zum Beispiel: Franziska Hebel klopft große Sprüche, um fehlendes Fachwissen zu überspielen.

Formuliersprache in Ausbildungs- und Arbeitszeugnissen:

Formulierung im Zeugnis	Klartext (Bedeutung)	Notenstufe
a) Er/Sie hat die ihm/ihr übertragenen Arbeiten … b) Er/Sie hat unseren Erwartungen …		
a) … stets zu unserer vollsten Zufriedenheit erledigt. b) … in jeder Hinsicht und in allerbester Weise entsprochen.	Sehr gute Leistungen	sehr gut (1)
a) … zu unserer vollen Zufriedenheit erledigt. b) … in jeder Hinsicht und in bester Weise entsprochen.	Gute Leistungen	gut (2)
a) … stets zu unserer Zufriedenheit erledigt. b) … in jeder Hinsicht entsprochen.	Befriedigende Leistungen	befriedigend (3)
a) … zur Zufriedenheit erledigt. b) … entsprochen.	Ausreichende Leistungen	ausreichend (4)
a) … im Großen und Ganzen zu unserer Zufriedenheit erledigt. b) … im Großen und Ganzen entsprochen.	Mangelhafte Leistungen	mangelhaft (5)
Er/Sie hat sich bemüht …	Ungenügende Leistungen	ungenügend (6)

Zusammenfassung

- **Duale Ausbildung** bedeutet, dass der überwiegende Teil der Ausbildung im Betrieb erfolgt, ergänzt durch Unterricht in der Berufsschule.

- Für **beide Lernorte** gibt es **eigenständige** – jedoch aufeinander abgestimmte – Regelungen.

- **Ausbildender** ist derjenige, der einen Auszubildenden zur Berufsausbildung einstellt.

- **Ausbilder** ist derjenige, der vom Ausbildenden mit der Durchführung der Ausbildung beauftragt ist.

- **Auszubildender** ist derjenige, der ausgebildet wird.

- Der **Berufsausbildungsvertrag** wird zwischen dem Auszubildenden und dem Ausbildenden abgeschlossen. Bei Minderjährigen muss der gesetzliche Vertreter zustimmen und den Ausbildungsvertrag ebenfalls unterschreiben.

- Die **Ausbildungszeit** beträgt in der Regel 3 Jahre.

- Die **Rechte und Pflichten des Auszubildenden** sind vor allem im Berufsbildungsgesetz geregelt.

- Die **Probezeit** beträgt mindestens 1 Monat, höchstens 4 Monate. Während der Probezeit besteht für beide Vertragspartner kein Kündigungsschutz.

- Das **Berufsausbildungsverhältnis endet** mit der **Abschlussprüfung**, spätestens mit **Ablauf der vereinbarten Ausbildungszeit.**

- Eine **Kündigung des Berufsausbildungsverhältnisses** ist nach Ablauf der Probezeit nur in bestimmten Ausnahmefällen möglich.

- Der Ausgebildete hat nach Beendigung des Berufsausbildungsverhältnisses einen Anspruch, vom Ausbildenden ein **Zeugnis** zu erhalten.

Kompetenztraining

105

1. Nennen Sie die Voraussetzungen, die an einen Ausbilder gestellt werden!

2. Definieren Sie den Begriff „Kaufmännischer Auszubildender"!

3. 3.1 Erklären Sie, unter welchen Bedingungen ein Berufsausbildungsverhältnis endet!

   3.2 Ein Auszubildender besteht die Abschlussprüfung am 15. Juli und erhält darüber eine Bescheinigung. Laut Berufsausbildungsvertrag endet die Ausbildungszeit am 30. Juli.

   Aufgabe:

   Nennen Sie den Tag, an welchem der Berufsausbildungsvertrag endet!

   3.3 Der Auszubildende erscheint am 16. Juli wieder zur Arbeit, worüber der Einzelhändler sehr erfreut ist.

   Aufgabe:

   Erläutern Sie die rechtliche Folge, die sich aus diesem Sachverhalt ergibt, wenn im Berufsausbildungsvertrag keinerlei Vereinbarungen hinsichtlich einer Weiterbeschäftigung getroffen wurden!

4. Notieren Sie, in welchem der nachfolgenden Fälle ein Verstoß gegen das Berufsbildungsgesetz vorliegt!

   4.1 Felix Höring erhält keinen Fahrgeldersatz zum Besuch der Berufsschule.

   4.2 Der Ausbilder verweigert Felix Höring, für einen ausgedehnten Taucherurlaub den gesamten Jahresurlaub zu verwenden.

   4.3 Die tägliche Arbeitszeit beträgt an 4 Tagen jeweils 8 Stunden.

   4.4 Der Ausbilder meldet Felix Höring nicht zur Unfallversicherung an.

5. Der Auszubildende Florian Pfiffig ist seit zwei Monaten als Auszubildender beim Möbelhaus Max Müller e. K. beschäftigt.

   Aufgaben:

   5.1 Nennen Sie den Vertrag, der zwischen Florian Pfiffig und dem Möbelhaus Max Müller e. K. geschlossen wurde! Geben Sie die zugrunde liegende Rechtsgrundlage an!

   5.2 Nennen Sie drei Angaben, die im Vertrag unbedingt enthalten sein müssen!

   5.3 Begründen Sie, ob Florian Pfiffig im Einverständnis mit dem Möbelhaus Max Müller e. K. eine Probezeit von sechs Monaten im Berufsausbildungsvertrag vereinbaren durfte!

   5.4 Nehmen wir an, die Probezeit beträgt 4 Monate und die Ausbildungszeit für Florian Pfiffig beginnt am 1. April. Die Ausbildung wurde nicht unterbrochen. Nennen Sie den Tag, an welchem die Probezeit beendet ist!

   5.5 Nennen Sie die Form, in der der Berufsausbildungsvertrag abzuschließen ist und geben Sie an, wo er registriert ist!

6. Der Auszubildenden Margit gefällt es bei der Hammer OHG nicht mehr. Die Kolleginnen und Kollegen sind ihr unsympathisch, der Chef erst recht.

   Aufgabe:

   Prüfen Sie, ob Margit ihr Berufsausbildungsverhältnis lösen kann! Wenn ja, nennen Sie die Bedingung!

106

1. Die 18-jährige Greta Meier hat eine Ausbildung zur pharmazeutisch-kaufmännischen Angestellten begonnen. Nach sechs Monaten stellt sie fest, dass es doch der falsche Beruf für sie ist. Sie hat einen neuen Ausbildungsplatz als Einzelhandelskauffrau gefunden. Greta

305

Meier reicht am 1. Februar folgende Kündigung ein: „Hiermit kündige ich zum 15. Februar 20.. mein Ausbildungsverhältnis bei Ihnen!"

Aufgabe:

Prüfen Sie, ob diese Kündigung rechtswirksam ist!

2. Viele junge Leute meinen, dass das schnelle Geldverdienen wichtiger sei als eine gute Ausbildung.

Aufgabe:

Widerlegen Sie diese Meinung!

3. 3.1 Die Berufsausbildung verursacht den Ausbildungsbetrieben hohe Kosten.

Aufgabe:

Erläutern Sie, warum die Berufsausbildung den ausbildenden Betrieben dennoch Vorteile bringen kann!

3.2 Nicht alle Ausgebildeten werden von den Ausbildungsbetrieben auch übernommen.

Aufgabe:

Beschreiben Sie an einem Beispiel, ob dies immer ein Nachteil für die Ausgebildeten sein muss!

4. Der Auszubildende Henrik Schreiber, der sich im zweiten Ausbildungsjahr befindet, ist seit einigen Tagen nicht mehr im Betrieb erschienen. Einem Angestellten gegenüber hat er geäußert, er wolle sich nach einem anderen Arbeitsplatz umsehen.

Aufgabe:

Erläutern Sie, wie sich die Geschäftsleitung Ihrer Meinung nach verhalten wird!

2 Schutzbestimmungen für Mitarbeiter am Arbeitsplatz beachten

Arbeitsschutz ist mehr als die Beseitigung von vorhandenen Gefahren für die Sicherheit und die Gesundheit der Mitarbeiter. Ziel ist es, in einem sich immer rascher ändernden und komplexer werdenden Arbeitsumfeld durch vorbeugende Maßnahmen die **Gesundheit zu bewahren** und **menschengerechtes Arbeiten** zu ermöglichen.

Wichtige Gesetze und Verordnungen, die der Gesetzgeber zum Schutz der Mitarbeiter am Arbeitsplatz erlassen hat, betreffen den

- Arbeitsschutz,
- Gesundheitsschutz,
- Umweltschutz,
- Jugendarbeitsschutz.

2.1 Arbeitsschutz

Nach dem Arbeitsschutzgesetz [ArbSchG] sind die Arbeitgeber verpflichtet, die zur Sicherheit und Gesundheit der Beschäftigten bei der Arbeit erforderlichen Arbeitsschutzmaßnahmen zu treffen. Hierzu sind den Beschäftigten geeignete Anweisungen zu erteilen.

Sicherheitszeichen weisen die Mitarbeiter auf mögliche Gefahren und Risiken hin.

Verbotszeichen	Gebotszeichen	Warnzeichen	Rettungszeichen
Keine offene Flamme	Kopfschutz benutzen	Warnung vor elektrischer Spannung	Rettungsweg Notausgang (rechts)

Für die **Überwachung der Arbeitsschutzbedingungen** sind zuständig:

Gewerbeaufsichtsämter	Sie überwachen die Arbeitsschutzvorschriften und sorgen dafür, dass Missstände beseitigt werden.
Berufsgenossenschaften[1]	■ Sie erstellen Unfallverhütungsvorschriften, die die Unternehmen zur Einführung von Schutzmaßnahmen verpflichten. Diese Unfallverhütungsvorschriften müssen im Betrieb ausgelegt oder ausgehängt werden. ■ Mitarbeiter der Berufsgenossenschaften überwachen deren Einhaltung, beraten, beanstanden und verlangen gegebenenfalls die Beseitigung von Mängeln unter Fristsetzung. Werden die Auflagen nicht erfüllt, können Ordnungsstrafen verhängt werden.
Sicherheitsbeauftragte	Sie haben darüber zu wachen, dass die Unfallvorschriften eingehalten werden.

Bei einem **Betriebsunfall** oder bei einem **Wegeunfall** (d. h. einem Unfall auf dem Hinweg zur Arbeitsstätte bzw. dem Rückweg nach Hause) ist die zuständige **Berufsgenossenschaft** zu **informieren,** wenn es sich um einen Arbeitsunfall handelt, der zu einer Arbeitsunfähigkeit von mehr als drei Kalendertagen führt (Unfallanzeige).

Diese Meldung muss sowohl vom Arbeitgeber als auch vom behandelnden Arzt erfolgen.

2.2 Gesundheitsschutz

Eine Reihe wichtiger Gesetze dient dem Gesundheitsschutz der Mitarbeiter. Beispielhaft werden im Folgenden angeführt

- das Arbeitszeitgesetz,
- das Mutterschutzgesetz,
- das Arbeitssicherheitsgesetz.

---

1 **Berufsgenossenschaften** sind Verbände mit Zwangsmitgliedschaft für die versicherungspflichtigen Betriebe zur Finanzierung der gesetzlichen Unfallversicherung. Die Berufsgenossenschaften übernehmen den Versicherungsschutz bei Arbeitsunfällen, Wegeunfällen und Berufskrankheiten.

(1) Arbeitszeit- und Mutterschutzgesetz

Gesetz	Wirkungskreis	Wesentlicher Inhalt
Arbeitszeitgesetz [ArbZG]	Alle Arbeitgeber und die Arbeitnehmer, für die keine Sondervorschriften bestehen (z. B. das Jugendarbeitsschutzgesetz [JArbSchG]).[1]	■ Die werktägliche Arbeitszeit für Arbeitnehmer darf 8 Stunden nicht überschreiten. Die Arbeitszeit kann auf bis zu 10 Stunden täglich erhöht werden, wenn innerhalb von 6 Kalendermonaten oder innerhalb von 24 Wochen im Durchschnitt 8 Stunden werktäglich nicht überschritten werden. ■ Nach Beendigung der täglichen Arbeitszeit müssen dem Arbeitnehmer mindestens 11 Stunden Freizeit verbleiben. ■ Nach mehr als 6 bis 9 Stunden Arbeitszeit ist eine Ruhepause von mindestens 30 Minuten zu gewähren.[2]
Mutterschutzgesetz [MuSchG]	Alle Arbeitgeber bezüglich der bei ihnen beschäftigten Frauen.	Sobald der Arzt die Schwangerschaft und den errechneten Geburtstermin bestätigt, sollte die schwangere Frau dem Arbeitgeber die Schwangerschaft mitteilen. Die schwangere Arbeitnehmerin sollte die Bescheinigung des Arztes dem Arbeitgeber im eigenen Interesse möglichst bald vorlegen, damit sie in den Genuss des Mutterschutzgesetzes kommt. Schwangere Frauen dürfen u. a. **nicht beschäftigt** werden ■ mit schweren körperlichen Arbeiten (z. B. regelmäßiges Heben von Lasten über 5 kg; Arbeiten, die übermäßiges Strecken und Beugen erfordern), ■ mit Arbeiten, bei denen sie erhöhten Unfallgefahren ausgesetzt sind (z. B. bei Gefahr auszurutschen oder zu stürzen), ■ mit Arbeiten, bei denen sie gesundheitsgefährdenden Stoffen, Strahlen, Nässe, Lärm oder Erschütterungen ausgesetzt sind, ■ mit Akkordarbeit und Fließbandarbeit mit vorgegebenem Tempo, ■ nach Ablauf des fünften Schwangerschaftsmonats mit Arbeiten, bei denen sie ständig stehen müssen. Befreiung von der Arbeit für 6 Wochen vor und mindestens 8 Wochen nach der Entbindung. Während der Schwangerschaft, bis zum Ablauf von vier Monaten nach der Entbindung und während der Elternzeit besteht Kündigungsschutz. **Beachte:** Arbeitgeber müssen Mütter nach Ende des Beschäftigungsverbots weiter beschäftigen. Die Arbeitgeber müssen einen **entsprechenden** (nicht unbedingt den früheren) Arbeitsplatz freihalten.

(2) Arbeitssicherheitsgesetz [ASiG]

Das Arbeitssicherheitsgesetz regelt die Pflichten der Unternehmen zur Bestellung von Betriebsärzten, Sicherheitsingenieuren und anderen Fachkräften für Arbeitssicherheit. Deren Aufgabe ist es, die dem Arbeitsschutz und der Unfallverhütung dienenden Vorschriften den **besonderen Betriebsverhältnissen anzupassen** und ihre **Anwendung zu gewährleisten**.

[1] Zu Einzelheiten siehe Kapitel 2.4, S. 312 f.

[2] Sofern die Arbeiten nicht an Werktagen vorgenommen werden können, dürfen Arbeitnehmer an Sonn- und Feiertagen arbeiten. Allerdings müssen diese an einem Werktag innerhalb von zwei Wochen frei haben. Zudem müssen mindestens 15 Sonntage im Jahr beschäftigungsfrei bleiben [§§ 10 I, 11 ArbZG].

Der Arbeitgeber ist verpflichtet, **Betriebsärzte** zu bestellen. Diese haben die Aufgabe, den Arbeitgeber beim **Arbeitsschutz** und bei der **Unfallverhütung** in allen Fragen des **Gesundheitsschutzes** zu unterstützen (z. B. bei der Planung von sozialen und sanitären Einrichtungen, bei der Einführung von Arbeitsverfahren und Arbeitsstoffen, bei der Auswahl und Erprobung von Körperschutzmitteln). Außerdem haben die Betriebsärzte die Aufgabe, die Arbeitnehmer **arbeitsmedizinisch zu beurteilen.**[1] Eine weitere Pflicht der Betriebsärzte ist, die **Arbeitsstätten** in regelmäßigen Abständen **zu begehen** und **festgestellte Mängel zu melden.**

Der **Betriebsrat**[2] hat eine Mitverantwortung in Fragen, die die Sicherheit des Arbeitsplatzes sowie den Gesundheitsschutz betreffen. Im öffentlichen Dienst ist der **Personalrat** Ansprechpartner der Mitarbeiter für diesen Bereich.

2.3 Umweltschutz

(1) Sortimentsgestaltung

Der Einzelhandel nimmt eine Mittlerstellung zwischen Hersteller und Kunde ein. Diese Mittlerstellung kann der Einzelhandel dazu nutzen, zukunftsweisenden und umweltfreundlichen Waren einen besonderen Stellenwert im Sortiment einzuräumen. Über die Mitarbeiter hat der Einzelhandel zudem die Möglichkeit, umweltfreundliche Waren vorzustellen. Indirekt kann der Einzelhandel so Einfluss nehmen auf die verstärkte Herstellung von umweltfreundlichen Waren.

Bei der **Sortimentsgestaltung** sind **umweltfreundliche** und **gesundheitsverträgliche Waren** in den Mittelpunkt zu stellen.

(2) Umweltorientierte Unternehmensführung

Mögliche Handlungsfelder für eine umweltorientierte Unternehmensführung im Einzelhandel sind:

- Verzicht auf **umweltbelastende Verpackungen** bzw. **Wiederverwertung von Verpackungsmaterialien.**
- Aufnahme von **Mehrweggebinden,** langlebigen **reparaturfreundlichen Produkten** sowie **umweltverträgliche Produkte,** z. B. Verkauf **energie- und wassersparender Geräte.**
- Einwirken auf einen **umweltfreundlichen Transport,** um die Umweltbelastung durch den Güterverkehr einzuschränken.

Der Einzelhändler hat bei allen betrieblichen Entscheidungen die **Auswirkungen auf die Umwelt** zu beachten.

---

1 Im Rahmen des Arbeits- und Gesundheitsschutzes werden arbeitsmedizinische **Vorsorgeuntersuchungen** angeboten: Jeder Beschäftigte an einem Bildschirmarbeitsplatz hat Anspruch auf eine Untersuchung der Augen und des Sehvermögens. Auch andere körperliche Beschwerden werden dabei ggf. Thema eines Beratungsgesprächs.

2 Vgl. hierzu die Ausführungen auf S. 316 ff.

Ein Einzelhändler kann seine umweltorientierte Unternehmensführung durch eine **Zertifizierungsstelle**[1] überprüfen lassen. Für die Einzelhandelsbetriebe besteht ein EU-weites Gemeinschaftssystem für Umweltmanagement und Umweltbetriebsprüfung (EMAS).[2] Hier können sich Einzelhändler von unabhängigen Umweltgutachtern überprüfen und zertifizieren lassen. Mit der Zertifizierung erhält der Einzelhändler eine **EU-Öko-Audit-Registrierungsurkunde**.[3] Er ist damit berechtigt, mit diesem Logo zu werben.

(3) Umweltorientierte Unternehmensführung am Beispiel „Beschaffung und Serviceleistungen"

Um eine überprüfbare umweltorientierte Unternehmensführung durchzuführen, ist es sinnvoll, für jeden einzelnen Geschäftsbereich eine **Checkliste** zu erstellen, durch die das betriebliche Handeln ständig auf seine Umweltverträglichkeit überprüft wird. Als Beispiel wird eine mögliche Checkliste für den Bereich „Beschaffung und Serviceleistungen" vorgestellt.

Umweltcheckliste für den Bereich „Beschaffung und Serviceleistungen"			
Fragen/Aufgaben	entfällt/nicht zutreffend	wird beachtet/ ist vorhanden	ist in Arbeit/ vorgesehener Termin
Gibt es ökologische Kriterien zur Beschaffung von Investitionsgütern?			
Wird auf Langlebigkeit, Reparaturfreundlichkeit und Recycelbarkeit geachtet?			
Wird der Ressourcenverbrauch während des Gebrauchs berücksichtigt?			
Gibt es ökologische Kriterien zur Beschaffung von Hilfs- und Betriebsmitteln?			
Werden umweltverträgliche Packmittel beschafft?			
Kommen umweltverträgliche Putz- und Reinigungsmittel zum Einsatz?			
Kommen Hygieneartikel aus Recyclingpapier zum Einsatz?			
Werden im Bürobereich Recyclingprodukte eingesetzt, z. B. Kopierpapier, Briefumschläge, Ordner u. Ä.?			

---

1 Unter **Zertifizierung** versteht man ein ständiges Überprüfungs- und Bestätigungsverfahren durch eine unparteiische Instanz, das zeigt, dass sich ein entsprechend bezeichnetes Erzeugnis, Verfahren oder eine Dienstleistung in Übereinstimmung mit einer bestimmten Norm befindet.

2 **EMAS**: **E**co-**M**anagement **a**nd **A**udit **S**cheme.

3 **Audit** (lat.): Anhörung.

Umweltcheckliste für den Bereich „Beschaffung und Serviceleistungen"			
Fragen/Aufgaben	entfällt/nicht zutreffend	wird beachtet/ ist vorhanden	ist in Arbeit/ vorgesehener Termin
Kommen im Büro Nachfüllsysteme zum Einsatz, wie z.B. für Toner, Farbbandkassetten, Marker, Klebestifte?			
Kommen im Büro oder in der Dekoabteilung lösemittelfreie Stifte, Farben und Kleber zum Einsatz?			
Wird in der Kantine oder Teeküche Mehrweggeschirr verwendet?			
Werden Minipackungen ausgelistet?			
Werden Fremdfirmen (Reinigung, Renovierungsarbeiten u.Ä.) nach Umweltgesichtspunkten ausgewählt?			

Quelle: „Umweltmanagement im Einzelhandel", herausgegeben von der Landesanstalt für Umweltschutz Baden-Württemberg.

(4) Kreislaufwirtschaftsgesetz [KrWG]

Nach dem Kreislaufwirtschaftsgesetz [KrWG] sind alle, die Güter produzieren, vermarkten oder konsumieren, für die Vermeidung, Verwertung oder umweltverträgliche Entsorgung der Abfälle grundsätzlich selbst verantwortlich.

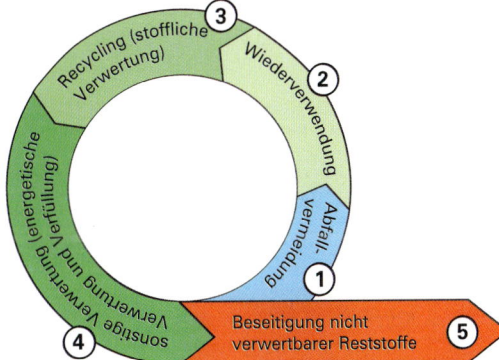

Dabei gilt folgende Rangfolge:

- Abfallvermeidung
- Wiederverwendung
- Recycling
- Sonstige Verwertung (energetische Verwertung und Verfüllung)
- Beseitigung nicht verwertbarer Reststoffe

Grundgedanke des Kreislaufwirtschaftsgesetzes ist, die Abfälle in einem geschlossenen Kreislauf wieder in den Produktionsprozess zurückzuführen. Aus Produktionsrückständen und Konsumgüterabfällen werden keine nicht verwertbaren Abfälle, sondern „neue" Wertstoffe oder Energien (sekundäre Wertstoffe, Energiestoffe) gewonnen. Es entsteht ein **Produktions-Verbrauchs-Kreislauf** (eine **Kreislaufwirtschaft**).

Ein wesentliches Element der Kreislaufwirtschaft ist die **Produktverantwortung.** Sie besagt, dass die Hersteller die Verantwortung für ihre Produkte auch am Ende ihrer Lebensdauer übernehmen müssen.

2.4   Jugendarbeitsschutz

(1)   Geltungsbereich

Grundlage des Jugendarbeitsschutzes ist das **Jugendarbeitsschutzgesetz [JArbSchG]**. Das Gesetz geht davon aus, dass Jugendliche (Personen **bis zum vollendeten 18. Lebensjahr**) nur eine begrenzte Leistungsfähigkeit besitzen, weil ihre körperliche und geistig-seelische Entwicklung noch **nicht vollständig** abgeschlossen ist. Das Jugendarbeitsschutzgesetz gilt daher für alle Arbeitgeber, die Jugendliche beschäftigen (Auszubildende, Arbeiter, Angestellte).

(2)   Mindestalter für ein Beschäftigungsverhältnis

Die Beschäftigung von Kindern und von Jugendlichen, die der Vollzeitschulpflicht unterliegen, ist **grundsätzlich verboten**.

Kinderarbeit ist verboten!

(3)   Grenzen der Arbeitszeit

Arbeitsbeginn und Arbeitsende	06:00 Uhr frühestens und 20:00 Uhr spätestens
Tägliche Arbeitszeit	■ maximal 8,5 Stunden am Tag ■ bei 5-Tage-Woche (40 Stunden) maximal 8 Stunden am Tag
Ruhepausen	■ mindestens 30 Minuten Pause bei einer Beschäftigung von mehr als $4^{1}/_{2}$ Stunden ■ mindestens 60 Minuten Pause bei einer Beschäftigung von mehr als 6 Stunden
Berufsschultage	keine Beschäftigung an Berufsschultagen mit mehr als 5 Unterrichtsstunden von mindestens 45 Minuten, jedoch nur einmal in der Woche
Wöchentliche Arbeitszeit	■ 5-Tage-Woche, 40-Stunden-Woche ■ Grundsatz: keine Beschäftigung an Samstagen und Sonntagen **Ausnahme:** Im Einzelhandel darf der Jugendliche beschäftigt werden, wenn er an einem anderen berufsschulfreien Tag einen entsprechenden Ausgleich erhält.
Verbotene Arbeiten	■ gefährliche Arbeiten ■ Arbeiten, bei denen die Jugendlichen sittlichen Gefahren ausgesetzt sind
Tägliche Freizeit	Zwischen dem Ende der Arbeitszeit eines Tages und dem Beginn der Arbeitszeit/Schulzeit am nächsten Tag müssen mindestens 12 Stunden Freizeit liegen.

(4) Sonstige Schutzvorschriften

Vor Beginn der Beschäftigung und bei wesentlicher Änderung der Arbeitsbedingungen sind die Jugendlichen vom Einzelhändler über die **Unfall- und Gesundheitsgefahren,** denen sie am Arbeitsplatz ausgesetzt sind, sowie über Einrichtungen und Maßnahmen zur Abwendung dieser Gefahren zu unterweisen.

(5) Gesundheitliche Betreuung

Jugendliche, die in das Berufsleben eintreten, dürfen nur beschäftigt werden, wenn

- sie innerhalb der **letzten 14 Monate** von einem Arzt untersucht worden sind (Erstuntersuchung) und
- sie dem künftigen Arbeitgeber eine von diesem **Arzt ausgestellte Bescheinigung** über diese Untersuchung vorlegen.

Spätestens nach **einem Jahr** müssen sich die Jugendlichen einer **Nachuntersuchung** unterziehen. Wird nach 14-monatiger Beschäftigung keine ärztliche Bescheinigung vorgelegt, besteht **Beschäftigungsverbot,** was für den Einzelhändler ein Grund zur fristlosen Kündigung ist. Weitere jährliche Untersuchungen sind erlaubt. Die Kosten für die ärztlichen Untersuchungen trägt das Bundesland.

Zusammenfassung

- Nach dem **Arbeitsschutzgesetz** sind Unternehmen verpflichtet, die zur Sicherheit und Gesundheit der Beschäftigten bei der Arbeit erforderlichen Maßnahmen des Arbeitsschutzes zu treffen. **Sicherheitszeichen** weisen die Mitarbeiter auf mögliche Gefahren und Risiken hin.

- Das **Arbeitszeitgesetz** begrenzt die höchstzulässige tägliche Arbeitszeit, setzt Mindestruhepausen während der Arbeitszeit und Mindestruhezeiten zwischen Beendigung und Wiederaufnahme der Arbeit fest.

- Das **Mutterschutzgesetz** schützt die Gesundheit der Frau und ihres Kindes während der Schwangerschaft und nach der Entbindung.

- Das **Arbeitssicherheitsgesetz** regelt die Pflichten der Unternehmen zur Bestellung von Betriebsärzten, Sicherheitsingenieuren und anderen Fachkräften für Arbeitssicherheit.

- Ein umweltbewusst handelnder Einzelhändler berücksichtigt bei allen betrieblichen Entscheidungen die **Auswirkungen auf die Umwelt.**

- Bei der **Sortimentsgestaltung** sind **umweltfreundliche** und **gesundheitsverträgliche Waren** in den Mittelpunkt zu stellen.

- Das **Jugendarbeitsschutzgesetz** gilt für alle Arbeitgeber, die Jugendliche beschäftigen.

Kompetenztraining

107

1. 1.1 Beschreiben Sie die Aufgaben der Schutzbestimmungen für die Mitarbeiter am Arbeitsplatz!

   1.2 Nennen Sie die zwei großen Bereiche der Schutzbestimmungen!

   1.3 Nennen Sie den von den Schutzbestimmungen betroffenen Personenkreis!

2. 2.1 Die 17-jährige Bärbel Emsig muss nach bestandener Prüfung als Kauffrau im Einzelhandel 45 Wochenstunden ohne Überstundenvergütung arbeiten. Der Chef beruft sich auf das Arbeitszeitgesetz, wonach sogar über 50 Wochenstunden zulässig sind. Klären Sie die Rechtslage!

   2.2 Nennen Sie drei wesentliche Bestimmungen des Arbeitsschutzgesetzes!

   2.3 Recherchieren Sie, welche Maßnahmen bei einem Arbeitsunfall zu ergreifen sind und berichten Sie in der Klasse!

   2.4 Recherchieren Sie die Bedeutung der angeführten Gefahrenpiktogramme!

3. Ermitteln Sie mithilfe des Arbeitszeitgesetzes

   3.1 die Pflicht, die der Arbeitgeber hat, wenn ein Arbeitnehmer über die gewöhnliche werktägliche Arbeitszeit von acht Stunden hinaus arbeitet!

   3.2 wer die Einhaltung des Arbeitszeitgesetzes überwacht!

4. Eva Müller hat von ihrem Arzt die freudige Nachricht erhalten, dass sie schwanger ist. Sie arbeitet zurzeit als Kauffrau im Einzelhandel beim Früchtehaus Fritz Ulmer e. Kfm.

   Aufgaben:

   4.1 Beschreiben Sie, wie sich Eva Müller nun gegenüber ihrem Arbeitgeber verhalten sollte!

   4.2 Nennen Sie drei Arbeiten, die ihr während der Schwangerschaft nicht übertragen werden dürfen!

5. Nennen Sie drei Aufgaben

   5.1 der Fachkräfte für Arbeitssicherheit!

   5.2 von Betriebsärzten!

   Lesen Sie hierzu die §§ 6 und 3 des Arbeitssicherheitsgesetzes!

6. 6.1 Nennen Sie eine Maßnahme des Umweltschutzes, die zu den gesetzlichen Pflichten eines Einzelhändlers gehört.

   6.2 Prüfen Sie rechtlich, ob ein Einzelhändler sich weigern darf, verbrauchte Batterien vom Kunden zurückzunehmen!

7. Nehmen Sie Stellung zu folgender Aussage: „Die Wirtschaft soll lernen, künftig vom Abfall her zu denken!"

8. Prüfen Sie, ob die im Folgenden beschriebenen Beschäftigungen nach dem Jugendarbeitsschutzgesetz zulässig sind! Begründen Sie Ihre Antworten mithilfe des Jugendarbeitsschutzgesetzes!

8.1 Die 16-jährige Auszubildende Anna Viviani soll in Inventurarbeiten eingearbeitet werden. Zu diesem Zweck wird sie am 31. Dezember bis 15:00 Uhr beschäftigt.

8.2 Der 17-jährige Auszubildende Robert Restle soll nach bestandener Verkäuferprüfung 45 Stunden in der Woche arbeiten. Robert Restle ist in keiner Gewerkschaft. Sein Ausbildungsbetrieb ist nicht tarifgebunden.

8.3 Die 17-jährige Auszubildende Hannah Mager hat am Montag ihre schriftliche Verkäuferprüfung. Sie wird am vorausgehenden Freitag beschäftigt.

8.4 Der Auszubildende Kevin Nunnemacher (17 Jahre) hat dienstags und freitags jeweils 6 Unterrichtsstunden zu je 45 Minuten Berufsschulunterricht. Er verlangt daher von seinem Ausbilder, ihm an diesen Tagen frei zu geben.

9. Der kaufmännische Auszubildende Gunnar Jauch ist seit 1. August 20.. „in der Lehre". Sein Ausbilder hatte ihn im April, im Mai und im Juli des folgenden Jahres mehrfach dazu aufgefordert, sich bei einem Arzt der Nachuntersuchung zu unterziehen und ihm die ärztliche Bescheinigung vorzulegen. Gunnar Jauch hat jedoch die Bescheinigung bis Ende Oktober noch nicht beigebracht. Der Arbeitgeber kündigt daher Anfang November das Ausbildungsverhältnis fristlos.

Aufgabe:

Prüfen Sie, ob die fristlose Kündigung wirksam ist!

10. Die 17-jährige Lea Greber befindet sich im 2. Ausbildungsjahr zur Kauffrau im Einzelhandel.

Fall 1: Ein Kollege von Lea Greber erleidet einen Sportunfall und ist sieben Wochen krankgeschrieben. Die Geschäftsleitung erhöht daraufhin die Arbeitszeit von Lea auf 10 Stunden. Außerdem muss sie jeden Samstag arbeiten.

Fall 2: Lea Greber erhält einen Jahresurlaub von 23 Werktagen.

Fall 3: Mittwochs geht Lea Greber in die Berufsschule. Der Unterricht beginnt um 07:45 Uhr und endet um 13:00 Uhr. Anschließend muss sie noch bis 17:00 Uhr im Geschäft arbeiten.

Aufgaben:

10.1 Beurteilen Sie die drei Fälle mithilfe des Jugendarbeitsschutzgesetzes [JArbSchG]!

10.2 Miguel, Leas Freund, befindet sich im letzten Ausbildungsjahr zum Kaufmann im Einzelhandel. Miguel hat einen $2\frac{1}{2}$-jährigen Ausbildungsvertrag und Lea muss drei Jahre lernen.

Erklären Sie, wie die unterschiedlichen Ausbildungszeiten zustande kommen!

10.3 Nennen Sie vier Rechte, die Lea und Miguel während ihrer Ausbildung besitzen!

11. 11.1 Der Einzelhändler gibt Leichtverpackungen aus Aluminium in den „Gelben Sack".

11.2 Papiertüten werden dem Kunden nur auf Nachfrage gegen ein Entgelt abgegeben.

Aufgabe:

Nennen Sie die Müllstrategien, die der Einzelhändler nach dem Kreislaufwirtschaftsgesetz verfolgt!

12. Begründen Sie, warum die Abfallvermeidung und Abfallminderung unter ökologischen Gesichtspunkten günstiger zu bewerten ist als die Wiederaufbereitung (Rückstandsnutzung) von Wertstoffen durch Recycling!

3 Betriebliche Mitwirkung und Mitbestimmung nach dem Betriebsverfassungsgesetz beschreiben und anwenden

Die betriebliche Leistung ist vor allem auf das Zusammenwirken von „Arbeit" und „Kapital" zurückzuführen. Hieraus leitet sich der Anspruch der Arbeitnehmer auf Mitbestimmung ab. Die betriebliche Mitbestimmung ist im Betriebsverfassungsgesetz [BetrVG] festgelegt und enthält gesetzliche Regelungen

- zum **Betriebsrat,**
- zur **Jugend- und Auszubildendenvertretung,**
- zur **Betriebsvereinbarung** und
- zu den **unmittelbaren Rechten der Belegschaftsmitglieder.**

3.1 Betriebsrat

(1) Begriff, Zusammensetzung und Wahl des Betriebsrats

■ **Begriff Betriebsrat**

> Der **Betriebsrat** ist eine Vertretung der Arbeitnehmer gegenüber dem Arbeitgeber.

■ **Zusammensetzung und Wahl des Betriebsrats**

In Betrieben mit in der Regel mindestens **fünf ständig wahlberechtigten Arbeitnehmern,** von denen **drei wählbar** sind, **kann** ein Betriebsrat gewählt werden.

- **Wahlberechtigte Belegschaftsmitglieder**[1] sind vor allem Arbeitnehmer des Betriebs, sofern sie das 16. Lebensjahr vollendet haben.
- **Wählbar** sind alle wahlberechtigten **Arbeitnehmer,** die das 18. Lebensjahr vollendet haben und mindestens sechs Monate dem Betrieb angehören.[2]

Die **Anzahl der Mitglieder eines Betriebsrats** richtet sich an der **Anzahl der wahlberechtigten Mitglieder im Betrieb** aus. Je mehr Mitarbeiter ein Betrieb hat, desto mehr Mitglieder umfasst der Betriebsrat. In Betrieben mit 5 bis 20 wahlberechtigten Arbeitnehmern besteht der Betriebsrat aus mindestens einer Person. Bei mehr als 20 Arbeitnehmern besteht der Betriebsrat aus mindestens drei Mitgliedern.

Ab einer bestimmten Betriebsgröße sind Mitglieder des Betriebsrats von der beruflichen Tätigkeit freizustellen.

Der Betriebsrat bleibt **vier Jahre** im Amt.

> **Beispiel:**
>
> In Betrieben mit in der Regel 200 bis 500 Arbeitnehmern ist mindestens ein Betriebsrat von seiner beruflichen Tätigkeit freizustellen.

---

1 Das Recht, wählen zu können, nennt man **„aktives Wahlrecht".** („Aktiv sein" bedeutet „tätig sein"; wer wählt, „tut etwas".)

2 Das Recht, gewählt zu werden, bezeichnet man als **„passives Wahlrecht".** (Wenn jemand „passiv" ist, geschieht etwas mit ihm, er lässt etwas mit sich tun. Beim „passiven" Wahlrecht wird also jemand gewählt.)

(2) Rechte des Betriebsrats

Die im Betriebsverfassungsgesetz geregelte Mitbestimmung umfasst vier Stufen.

Rechte des Betriebsrats	Erläuterungen	Beispiele
Informations- recht	Der Betriebsrat hat einen An- spruch auf rechtzeitige und umfassende Unterrichtung über die von der Geschäftsleitung **geplanten betrieblichen Maß- nahmen**.	■ Information über geplante Neu-, Um- und Erweiterungsbauten. ■ Einführung neuer Arbeitsverfahren und Arbeitsabläufe oder Veränderung von Arbeitsplätzen.
Beratungsrecht	Der Betriebsrat hat das Recht, aufgrund der ihm gegebenen Informationen seine **Auffassung gegenüber dem Arbeitgeber** darzulegen und **Gegenvorschlä- ge** zu unterbreiten. Eine Eini- gung ist jedoch nicht erzwing- bar.	■ Personalplanung (gegenwärtiger und künftiger Personalbedarf), ■ Sicherung und Förderung der Beschäf- tigung, ■ Ausschreibung von Arbeitsplätzen, ■ Rationalisierungsvorhaben, ■ Einschränkung oder Stilllegung von Betriebsteilen.
Widerspruchs- recht und Zustimmungs- verweigerungs- recht	Der Arbeitgeber ist auf die Zu- stimmung des Betriebsrats an- gewiesen. Erhält er diese nicht, so kann der Arbeitgeber die nicht erfolgte Zustimmung des Betriebsrats durch das Arbeits- gericht überprüfen lassen. Das Arbeitsgericht kann das **Veto** des Betriebsrats aufheben lassen.	■ Eingeschränkte Widerspruchsmöglich- keit des Betriebsrats bei arbeitgebersei- tigen Kündigungen. ■ Zustimmungserfordernis bei den per- sonellen Einzelmaßnahmen wie Ein- stellung, Versetzung sowie Ein- und Umgruppierung.
Mitbestim- mungsrecht	Die Mitbestimmung ist **zwin- gend**. Dies bedeutet, dass der Arbeitgeber bestimmte Maß- nahmen **nur mit Zustimmung des Betriebsrats** durchführen kann.	■ Arbeitszeitregelung, ■ Zeit, Ort und Art der Auszahlung der Arbeitsentgelte, ■ Aufstellung allgemeiner Urlaubsgrund- sätze und des Urlaubsplans, ■ Einführung der Arbeitszeitüberwachung (z. B. Stempeluhren), ■ Abschluss von **Betriebsvereinbarungen**. Betriebsvereinbarungen sind schriftlich niedergelegte Absprachen zwischen Ar- beitgeber und Betriebsrat.

Informationsrecht	
Beratungsrecht (vor allem in wirtschaftlichen Angelegenheiten)	
Widerspruchs- und Zustimmungsverweigerungsrecht	
Mitbestimmungsrecht (vor allem in sozialen Angelegenheiten)	

weitergehendes Recht

(3) Betriebsversammlung

- Die **Betriebsversammlung** ist die Versammlung der Arbeitnehmer und des Betriebsrats eines Unternehmens.

- **Zweck der Betriebsversammlung** ist es, die Arbeitnehmer über die den Betrieb betreffenden Angelegenheiten zu unterrichten.

Der Betriebsrat hat in jedem Kalendervierteljahr eine Betriebsversammlung einzuberufen. Sie findet während der Arbeitszeit statt. In der Betriebsversammlung berichtet der Betriebsrat über seine Tätigkeit. Dem Betriebsrat können Anträge unterbreitet und zu Betriebsratsbeschlüssen können die Mitarbeiter Stellung nehmen.

Quelle: Adam Opel AG

Der **Einzelhändler** ist zu den Betriebsversammlungen unter Mitteilung der Tagesordnung **einzuladen.** Er ist berechtigt, in der Versammlung zu **sprechen.** Betriebsversammlungen sind **nicht öffentlich.**

(4) Vor- und Nachteile der betrieblichen Mitbestimmung

Vorteile	■ Interesse und Motivation der Belegschaft steigt. ■ Berücksichtigt die Belange der Arbeitnehmer. ■ Dient der Konfliktbewältigung und ist ein Beitrag zum Frieden im Betrieb. ■ Arbeitnehmer setzen sich für ihren Betrieb ein.
Nachteil	■ Betriebliche Entscheidungen werden verzögert bzw. erschwert. ■ Hoher bürokratischer Aufwand. ■ Eventuell fehlende Sachkenntnisse der Arbeitnehmer. ■ Arbeitnehmer tragen für ihre Entscheidungen ein geringeres Risiko als der Arbeitgeber.

3.2 Jugend- und Auszubildendenvertretung

> Die **Jugend- und Auszubildendenvertretung** ist die Vertretung der jugendlichen Arbeitnehmer und Auszubildenden im Betriebsrat.

Voraussetzung für die Wahl einer Jugend- und Auszubildendenvertretung in einem Einzelhandelsbetrieb ist, dass **mindestens fünf Arbeitnehmer** beschäftigt sind,

- die das 18. Lebensjahr noch nicht vollendet haben oder
- die in ihrer Berufsausbildung stehen.

Dieser Personenkreis darf eine Jugend- und Auszubildendenvertretung wählen.

Die **Jugend- und Auszubildendenvertreter** können nur Arbeitnehmer des Betriebs sein,

- die das 25. Lebensjahr noch nicht vollendet haben oder
- die zu ihrer Berufsausbildung beschäftigt sind.

Die Jugend- und Auszubildendenvertretung bleibt **zwei Jahre** im Amt. Sie ist **Teil des Betriebsrats.**

Die **Hauptaufgabe** der Jugend- und Auszubildendenvertretung ist, die Förderung der Berufsbildung zu unterstützen und über die Einhaltung der zugunsten der Arbeitnehmer geltenden Gesetze, Verordnungen und Unfallverhütungsvorschriften sowie der Regelungen des Tarifvertrags und der Betriebsvereinbarungen zu wachen.

3.3 Betriebsvereinbarung

> **Betriebsvereinbarungen** sind Absprachen zwischen Arbeitgeber und Betriebsrat.

Betriebsvereinbarungen werden in Angelegenheiten getroffen, in denen der Betriebsrat ein Mitspracherecht hat. Sie müssen schriftlich festgehalten und an geeigneter Stelle im Betrieb ausgelegt werden.

Ein Sonderfall der Betriebsvereinbarung ist der **Sozialplan.** Er stellt eine vertragliche Abmachung zwischen Arbeitgeber

> **Beispiel:**
>
> Betriebsänderungen sind z. B. Einschränkungen oder Stilllegung des ganzen Betriebs oder von Betriebsteilen, Änderung des Betriebszwecks, Betriebsverlegung, Zusammenschluss mit anderen Betrieben, grundlegende Änderung der Betriebsorganisation oder der Betriebsanlagen.

und Betriebsrat über den Ausgleich oder die Milderung wirtschaftlicher Nachteile dar, die der Belegschaft als Folge geplanter Betriebsänderungen entstehen (z. B. Lohnminderungen, Versetzungen, Entlassungen).

Der Sozialplan enthält z. B. Regelungen über Ausgleichszahlungen an entlassene Arbeitnehmer, Umzugsbeihilfen bei Versetzungen an andere Orte, Umschulungsmaßnahmen oder Zuschüsse bei vorzeitiger Pensionierung älterer Mitarbeiter.

3.4 Unmittelbare Rechte der Mitarbeiter nach dem Betriebsverfassungsgesetz

Recht auf Unterrichtung
Der Einzelhändler hat die bei ihm beschäftigten Arbeitnehmer über deren Aufgabe und Verantwortung sowie über die Art ihrer Tätigkeit zu unterrichten.

Recht auf Anhörung
■ Die Arbeitnehmer haben das Recht, in allen betrieblichen Angelegenheiten, die ihre Person betreffen, von den zuständigen Stellen des Betriebs gehört zu werden. ■ Die Arbeitnehmer können verlangen, dass ihnen die Berechnung und Zusammensetzung ihrer Arbeitsentgelte erläutert und mit ihnen die Beurteilung ihrer Leistungen sowie die Möglichkeiten ihrer beruflichen Entwicklung im Betrieb erörtert werden.

Recht auf Einsicht in die Personalakten
■ Die Arbeitnehmer haben das Recht, in die über sie geführten Personalakten Einsicht zu nehmen. ■ Die Arbeitnehmer können verlangen, dass mit ihnen die Beurteilung ihrer Leistungen sowie die Möglichkeiten ihrer beruflichen Entwicklung im Betrieb erörtert werden.

Beschwerderecht
Die Arbeitnehmer sind berechtigt, sich bei den zuständigen Stellen des Betriebs zu beschweren, wenn sie sich vom Arbeitgeber oder von Arbeitnehmern des Betriebs benachteiligt, ungerecht behandelt oder in sonstiger Weise beeinträchtigt fühlen.

Zusammenfassung

■ Der **Betriebsrat** ist eine Vertretung der Arbeitnehmer gegenüber dem Arbeitgeber.

■ Die im **Betriebsverfassungsgesetz** geregelte **Mitbestimmung** umfasst **vier Stufen**: Informations-, Beratungs-, Mitwirkungs- und Mitbestimmungsrecht.

■ Die **Betriebsversammlung** ist die Versammlung der Arbeitnehmer und des Betriebsrats eines Unternehmens. **Zweck der Betriebsversammlung** ist es, die Arbeitnehmer über die den Betrieb betreffenden Angelegenheiten zu unterrichten.

■ Die **Jugend- und Auszubildendenvertretung** ist die Vertretung der jugendlichen Arbeitnehmer und Auszubildenden im Betriebsrat.

■ **Betriebsvereinbarungen** sind schriftlich niedergelegte Absprachen zwischen Arbeitgeber und Betriebsrat.

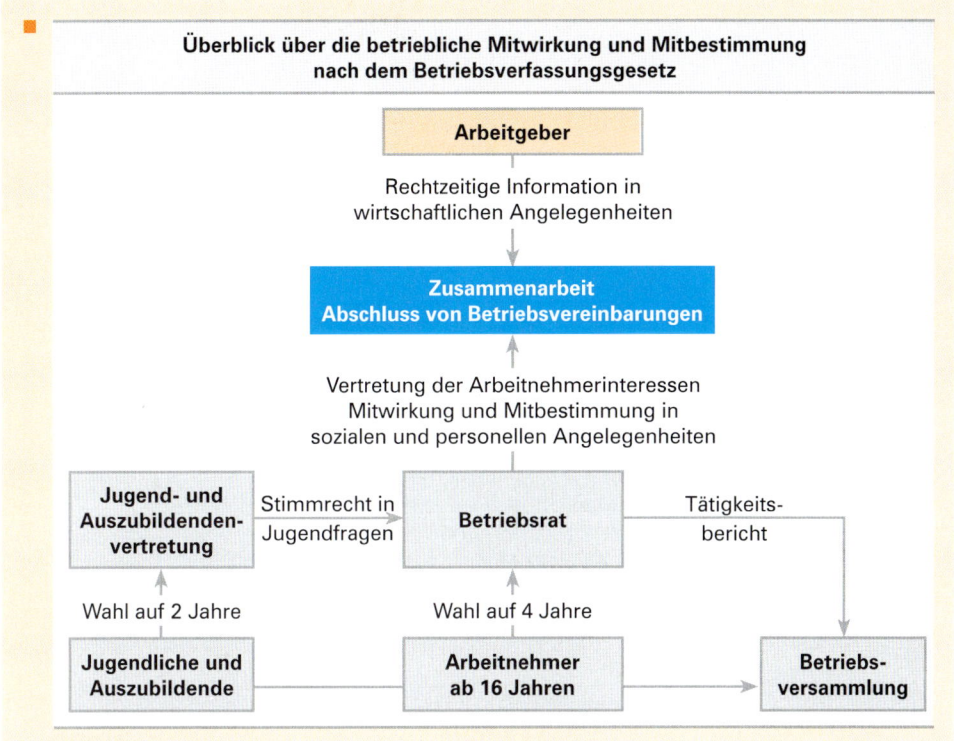

Kompetenztraining

108 Das Textileinzelhandelsgeschäft Hans Ritz e. Kfm. beschäftigt 28 Mitarbeiter. Die Mitarbeiter beschließen, einen Betriebsrat zu wählen.

Aufgaben:

1. 1.1 Nennen Sie das Gesetz, in welchem sich die Regelungen zur Wahl des Betriebsrats befindet!

   1.2 Begründen Sie, ob sich der Geschäftsinhaber dem Wunsch der Belegschaft widersetzen kann!

2. 2.1 Beschreiben Sie die Begriffe aktives und passives Wahlrecht!

   2.2 Eva Wenzler ist 35 Jahre alt und seit vier Monaten im Einzelhandelsunternehmen als Verkäuferin tätig.

   2.2.1 Erläutern Sie, ob Eva Wenzler bei der Betriebsratswahl stimmberechtigt ist!

   2.2.2 Begründen Sie, ob sich Eva Wenzler zur Betriebsrätin wählen lassen darf!

   2.3 Erklären Sie, aus welchem Grund die Mitarbeiter des Einzelhandelsunternehmens die Wahl eines Betriebsrats befürworten!

3. Nennen Sie die Voraussetzungen, die gegeben sein müssen, um in einem Betrieb eine Jugend- und Auszubildendenvertretung wählen zu können!

4. Geben Sie für das Mitwirkungsrecht und das Mitbestimmungsrecht des Betriebsrats jeweils zwei Beispiele an!

321

5. Die Einrichtung eines Betriebsrats soll dazu beitragen, Konflikte zwischen der Arbeitnehmer- und der Arbeitgeberseite zu vermeiden, zu mildern oder gar zu lösen. Nennen Sie drei mögliche Konflikte!

6. Nennen Sie die Voraussetzung, die gegeben sein muss, damit eine Betriebsversammlung durchgeführt werden kann!

109 Das Schuhhaus Erika Moosbrucker e. Kfr. beschäftigt ständig 50 Arbeitnehmer, darunter 8 Arbeitnehmer im Alter zwischen 18 und 25 Jahren. Ein Betriebsrat besteht bisher nicht.

Aufgaben:

1. Begründen Sie, ob die Voraussetzungen für die Wahl eines Betriebsrats und einer Jugend- und Auszubildendenvertretung erfüllt sind!

2. Erläutern Sie, wer zur Wahl einer Jugend- und Auszubildendenvertretung wahlberechtigt ist!

3. Notieren Sie, für welche Zeit
   3.1 der Betriebsrat,
   3.2 die Jugend- und Auszubildendenvertretung
   gewählt wird!

4. Sie nennen zwei Angelegenheiten, in denen der Betriebsrat ein Informationsrecht besitzt und zwei Angelegenheiten, in denen er die Geschäftsleitung beraten kann!

5. Erika Moosbrucker hat den Angestellten Schlick zum Leiter der Rechnungswesenabteilung ernannt. Der Betriebsrat widerspricht. Er sähe an dieser Stelle lieber das langjährige Gewerkschaftsmitglied Blau. Erläutern Sie, ob sich der Betriebsrat durchsetzen kann!

6. Tom Schmider, seit langen Jahren im Betrieb angestellt, hat sich um die neue Stelle als Verkaufsleiter beworben. Er fällt durch. Nunmehr verlangt er Einsicht in die Personalakten. Sie erklären, ob er das kann!

7. Ohne Anhörung des Betriebsrats führt Erika Moosbrucker neue Arbeitszeiten ein. Der Betriebsrat widerspricht dieser Anordnung. Prüfen Sie, ob die Anordnung trotzdem wirksam ist!

8. Die Mitarbeiterin Isabell Mennig wird in den Betriebsrat des Schuhhauses Erika Moosbrucker e. Kfr. gewählt.
   8.1 Nennen Sie das besondere Recht, das sie mit dieser Wahl in Bezug auf ihr Dienstverhältnis erworben hat!
   8.2 Isabell Mennig erhält Tarifgehalt. Auf ihre Frage erläutern Sie, wer die Höhe ihres Tarifgehalts ausgehandelt hat!

110 1. Erklären Sie den Begriff Betriebsvereinbarung und nennen Sie zwei Vorgänge, die in einer Betriebsversammlung geregelt werden können!

2. Nennen Sie zwei Anlässe, aus denen heraus Sozialpläne erstellt werden können! Nennen Sie die Regelungen, die z. B. in den Sozialplänen getroffen werden!

4 Bedeutung von Tarifverträgen und die Rolle der Tarifpartner beurteilen

4.1 Tarifpartner

(1) Überblick

Art. 9 III GG

Die Gründung von **Gewerkschaften** und **Arbeitgeberverbänden** ist ein in Artikel 9 III Grundgesetz [GG] ausdrücklich verbrieftes Recht. Da die Interessen der Arbeitnehmer denen der Arbeitgeber zuwiderlaufen können, sind beide Tarifpartner dazu aufgerufen, auf einen Interessenausgleich hinzuwirken. Ihre Aufgabe ist, für einen **sozialen Ausgleich** zu sorgen. Gewerkschaften und Arbeitgeberverbände als Tarifpartner werden daher auch als **Sozialpartner** bezeichnet.

(2) Arbeitgeberverbände

Die Arbeitgeberverbände befassen sich mit **lohnpolitischen und arbeitsrechtlichen Aufgaben** sowie mit **sozialpolitischen Fragen** wie z. B. der Berufsausbildung und Fortbildung, der Altersversorgung, der Vertretung von Unternehmerinteressen bei der Sozialgesetzgebung, der Mitwirkung bei der Selbstverwaltung der Sozialversicherungsträger und der Öffentlichkeitsarbeit.

Die Zusammenschlüsse der Unternehmen zu Arbeitgeberverbänden erfolgt sowohl auf fachlicher Ebene (z. B. Bundesverband des Deutschen Industrie [BDI]) als auch auf regionaler Ebene (z. B. Landesverband der Baden-Württembergischen Industrie e. V.). Die Mitgliedschaft ist freiwillig. Der Spitzenverband der Arbeitgeberverbände ist die **Bundesvereinigung der Deutschen Arbeitgeberverbände (BDA),** die als Dachorganisation die gemeinschaftlichen, über den Bereich eines Landes oder eines Wirtschaftszweigs hinausgehenden sozialpolitischen Interessen der Arbeitgeber wahrnimmt.

(3) Gewerkschaften

Den Arbeitgeberverbänden stehen die **Gewerkschaften** gegenüber. Die Gewerkschaften sind die Interessenvertretungen der Arbeitnehmer. Sie sind insbesondere durch folgende Kriterien gekennzeichnet:

- **Koalitionsfreiheit,** d. h., die Arbeitnehmer haben die Freiheit, Gewerkschaften zu bilden, ihnen beizutreten oder auch fernzubleiben;

- **Unabhängigkeit,** d. h., die Gewerkschaften sind unabhängig vom Staat, von Arbeitgebern, von politischen Parteien und Weltanschauungen;

- **Kampfbereitschaft,** d. h., die Gewerkschaften sind bereit, ihre Forderungen gegebenenfalls mithilfe eines Arbeitskampfs durchzusetzen.

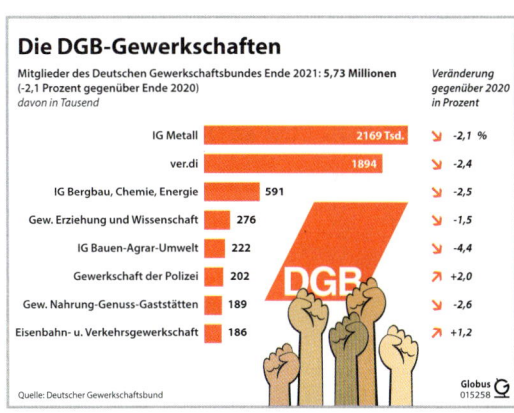

Die DGB-Gewerkschaften

Mitglieder des Deutschen Gewerkschaftsbundes Ende 2021: 5,73 Millionen (-2,1 Prozent gegenüber Ende 2020) *davon in Tausend*

Veränderung gegenüber 2020 in Prozent

IG Metall	2169 Tsd.	↘ -2,1 %
ver.di	1894	↘ -2,4
IG Bergbau, Chemie, Energie	591	↘ -2,5
Gew. Erziehung und Wissenschaft	276	↘ -1,5
IG Bauen-Agrar-Umwelt	222	↘ -4,4
Gewerkschaft der Polizei	202	↗ +2,0
Gew. Nahrung-Genuss-Gaststätten	189	↘ -2,6
Eisenbahn- u. Verkehrsgewerkschaft	186	↗ +1,2

Quelle: Deutscher Gewerkschaftsbund

Globus 015258

323

4.2 Begriff, Arten und Geltungsbereich des Tarifvertrags

4.2.1 Tarifautonomie, Tarifvertragsparteien, Tarifvertrag

Das Recht der Tarifpartner, selbstständig und ohne staatliche Einmischung Einkommens- und Arbeitsbedingungen (z. B. Arbeitsentgelte, Urlaubszeit, Arbeitszeit) zu vereinbaren, nennt man **Tarifautonomie.**[1] Die Vereinbarungen der Tarifparteien werden im **Tarifvertrag** festgeschrieben.

> Der **Tarifvertrag** ist ein **kollektiver**[1] **Arbeitsvertrag**. Er wird zwischen den Tarifpartnern abgeschlossen. Er bedarf der **Schriftform.**

Die Mitglieder der Tarifparteien sind an die Vereinbarungen des Tarifvertrags gebunden **(Tarifbindung).**

4.2.2 Arten von Tarifverträgen

Manteltarifvertrag (Rahmentarifvertrag)	Lohn- und Gehaltstarifvertrag
■ Sie enthalten solche Arbeitsbedingungen, die sich über längere Zeit nicht ändern (z. B. Kündigungsfristen, Urlaubsregelungen, Arbeitszeitvereinbarungen, Nachtarbeit, Sonn- und Feiertagsarbeit, Lohn- und Gehaltsgruppen). ■ Sie haben eine Gültigkeit von mehreren Jahren.	■ In ihnen sind die getroffenen Vereinbarungen über Lohn- bzw. Gehaltshöhe enthalten. Dabei werden die Arbeitnehmer nach ihrer Tätigkeit in bestimmte Lohn- bzw. Gehaltsgruppen eingeteilt.[1] ■ Jeder Lohn- bzw. Gehaltsgruppe wird ein bestimmter Lohnsatz bzw. ein bestimmtes Gehalt zugeordnet. ■ Lohn- und Gehaltstarifverträge werden im Abstand von 1–2 Jahren festgeschrieben.

Beispiel für einen Manteltarifvertrag (Auszug):[2]

...

§ 3 Arbeitszeit

1. Allgemeine Regelungen

1.1 Die regelmäßige wöchentliche Arbeitszeit beträgt 39 Stunden. Die regelmäßige werktägliche Arbeitszeit, ausschließlich der Ruhepausen, beträgt 8 Stunden.

1.2 Eine abweichende Vereinbarung kann aus betrieblichen Gründen vom Arbeitgeber im Einvernehmen mit dem Betriebsrat festgelegt werden.

1.3 Mehrarbeit oder ausfallende Arbeitszeit kann durch Verkürzung oder Verlängerung der festgelegten Wochenarbeitszeit an anderen Werktagen innerhalb von einem Monat ohne Mehrarbeitszuschlag ausgeglichen werden.

...

---

1 **Autonomie:** Unabhängigkeit, Selbstständigkeit.

1 **Kollektiv** (lat. collectivus): Ansammlung. Hier: Personengruppe.

1 Die Festlegung der Gehaltsgruppen sowie deren Tätigkeitsmerkmale sind im **Manteltarifvertrag (Rahmentarifvertrag)** enthalten.

2 Der Auszug bezieht sich auf den Rahmentarifvertrag für die gewerblichen Beschäftigten in der Gebäudereinigung vom 1. Nov. 2019. www.gebaeudedienstleister.de/die-branche/t...

3. Beginn und Ende der Arbeitszeit

3.1 Die Arbeitszeit beginnt und endet an der Arbeitsstelle. Hat der Arbeitnehmer vor oder nach Aufsuchen der Arbeitsstelle eine betriebliche Sammelstelle (Aufenthalts-, Umkleide- oder Putzraum) aufzusuchen, beginnt oder endet die Arbeitszeit dort.

4. Mehr-, Nacht-, Sonn- und Feiertagsarbeit

4.1 Mehrarbeit (Überstunden) ist die Arbeitszeit, die über die regelmäßige wöchentliche oder werktägliche Arbeitszeit gemäß Nr. 1 hinaus geleistet wird.

4.2 Als Nachtarbeit gilt die in der Zeit von 22.00 Uhr bis 5:00 Uhr geleistete Arbeit.

4.3 Die an Sonn- und Feiertagen in der Zeit von 0:00 Uhr bis 24:00 Uhr geleistete Arbeit gilt als Sonn- und Feiertagsarbeit.

4.4 Unbedingt notwendige Mehr-, Nacht-, Sonn- und Feiertagsarbeit kann, wenn sie aus betrieblichen Gründen notwendig ist, angeordnet werden.

...

4.7 Mehr-, Nacht-, Sonn- und Feiertagsarbeit ist zuschlagspflichtig. Die Zuschläge betragen:

    a) für Mehrarbeit   25 v. H.

    b) für Nachtarbeit   30 v. H.

    c) für Arbeit an Sonntagen sowie an gesetzlichen Feiertagen, sofern diese auf einen Sonntag fallen   80 v. H.

    d) Arbeiten am 1. Mai, Neujahrstag, 1. und 2. Weihnachtsfeiertag   200 v. H.

...

4.8 Die Zuschläge sind aus dem Stundenlohn zu berechnen. Treffen mehrere der vorgenannten Zuschläge zusammen, ist nur der jeweils höchste zu zahlen.

4.2.3 Geltungsbereich des Tarifvertrags

(1) Flächentarifverträge

> **Flächentarifverträge** sind Tarifverträge, die für mehrere Orte, Bezirke, ein oder mehrere Bundesländer oder für das gesamte Bundesgebiet verbindlich sind.

Flächentarifverträge enthalten in der Regel **Tariföffnungsklauseln**. Sie sollen es den Betrieben, denen es wirtschaftlich nicht besonders gut geht, ermöglichen, ihre Belegschaft für eine bestimmte Zeit (z. B. für ein Jahr) bis zu einem vereinbarten Prozentsatz **unter Tarif** zu bezahlen **(Entgeltkorridor)**. Die konkreten Vereinbarungen werden zwischen **Betriebsrat** und **Arbeitgeber** ausgehandelt.

(2) Allgemeinverbindlichkeit

Grundsätzlich gilt der Tarifvertrag nur für **organisierte Arbeitnehmer und Arbeitgeber,** die Mitglied der Gewerkschaft bzw. im Arbeitgeberverband sind.

Das Bundesministerium für Arbeit und Soziales kann einen Tarifvertrag auf Antrag einer Tarifvertragspartei für **allgemein verbindlich** erklären. Mit der **Allgemeinverbindlichkeitserklärung** gelten die Bestimmungen des Tarifvertrags auch für die nicht tarifgebundenen Arbeitnehmer und Arbeitgeber.

In der Regel werden jedoch auch ohne Allgemeinverbindlichkeitserklärung die nicht organisierten Arbeitnehmer nach den Bedingungen der Tarifverträge behandelt (Grundsatz der Gleichbehandlung). Da diese i. d. R. in den Genuss der Vorteile kommen, die die Gewerkschaft erkämpft hat, werden sie von den Gewerkschaften als „Trittbrettfahrer" bezeichnet.

4.3   Entstehen eines Tarifvertrags

---

①   Forderungen der Gewerkschaft

Die Gewerkschaft kündigt den Tarifvertrag unter Einhaltung der entsprechenden Kündigungsfrist und übermittelt dem zuständigen Arbeitgeberverband ihre Forderungen für den neuen Tarifvertrag.

---

②   Verhandlungen

Der Arbeitgeberverband und die Gewerkschaften bilden eine Verhandlungskommission. Die Verhandlungen beginnen zwei Wochen vor Ablauf des Tarifvertrags. Ein oder beide Partner können das Scheitern der Verhandlungen erklären.

---

③   Friedenspflicht

Vier Wochen nach Ablauf des Tarifvertrags endet die Friedenspflicht, die während der Laufzeit des Tarifvertrags gilt.

Nach Ablauf der Friedenspflicht werden die Verhandlungen fortgesetzt. Nötigenfalls unterstützen Gewerkschaftsmitglieder die Verhandlungen mit Warnstreiks, Demonstrationen und Aktionen.

---

④   Scheitern der Verhandlungen

Die Gewerkschaft bricht die Verhandlungen ab, erklärt das Scheitern der Verhandlungen und fordert eine **Schlichtung**. Scheitert die Schlichtung, ruft die Gewerkschaft ihre Mitglieder zur Urabstimmung auf.

④   Positives Verhandlungsergebnis

Beide Tarifparteien erreichen in Verhandlungen ein Verhandlungsergebnis und stimmen zu. Die Gewerkschaft und der Arbeitgeberverband nehmen das Verhandlungsergebnis an.

⑤   Es gilt der neue Tarifvertrag.

---

⑤   Urabstimmung, Festlegen des Streikbeginns, Streik, Aussperrung

Entscheiden sich mindestens 75 % der aufgerufenen Gewerkschaftsmitglieder in einem Unternehmen für **Streik,** so legt der Vorstand der Gewerkschaft den Streikbeginn fest. Das Arbeitskampfmittel der Arbeitgeber gegen den Streik ist die **Aussperrung.**

Während des Streiks gibt es weitere Tarifgespräche. Es kann auch die **Schlichtung** angerufen werden. Liegt ein Verhandlungsergebnis vor, gibt es darüber eine erneute Urabstimmung.

Entscheiden sich mindestens 25 % der aufgerufenen Gewerkschaftsmitglieder für die Annahme, so steht der neue Tarifvertrag.

⑥   Es gilt der neue Tarifvertrag.

Erläuterung der Begriffe Streik, Aussperrung, Schlichtung:

- **Streik** bedeutet die **gemeinsame Arbeitseinstellung von Arbeitnehmern** mit dem Ziel, nach Durchsetzung bestimmter Forderungen die Arbeit wieder aufzunehmen. Da dem Streik keine Kündigung der Arbeitsverhältnisse vorausgeht, bleiben diese auch während des Streiks erhalten.
- **Aussperrung** bedeutet, dass die Arbeitnehmer durch den Arbeitgeber gemeinschaftlich daran gehindert werden, zu arbeiten (im Gegensatz zum Streik, bei dem die streikenden Arbeitnehmer nicht arbeiten wollen).
- Die **Schlichtung** hat die Aufgabe, zur Verhinderung bzw. zur Beendigung von Streiks beizutragen.

4.4   Wirkungen des Tarifvertrags

Tarifbindung	■ Die Mitglieder der Tarifvertragsparteien sind an die Vereinbarungen des Tarifvertrags gebunden. Dies bedeutet, dass die Inhalte des Tarifvertrags **Mindestbedingungen** für die Arbeitsverhältnisse darstellen (z. B. Mindestlöhne, Mindesturlaubstage). ■ Grundsätzlich unbeschränkt zulässig ist hingegen die Vereinbarung günstigerer Arbeitsbedingungen (z. B. übertarifliche Löhne), als sie der Tarifvertrag vorschreibt.
Friedenspflicht	Während der Gültigkeitsdauer eines Tarifvertrags dürfen keine Arbeitskampfmaßnahmen (Streiks, Aussperrungen) ergriffen werden.
Grundsatz der Nachwirkung	Nach Ablauf des Tarifvertrags (nach Kündigung oder nach Ablauf der vereinbarten Dauer) gelten die bisherigen Regelungen weiter, bis sie durch einen neuen Tarifvertrag ersetzt werden.

4.5   Bedeutung der Tarifverträge für Arbeitnehmer und Arbeitgeber

Wichtige Vorteile von Tarifverträgen für Arbeitnehmer und Arbeitgeber sind in der nachfolgenden Übersichtstabelle zusammengestellt.

Vorteile für den Arbeitnehmer	Vorteile für den Arbeitgeber
■ Sicherung der Mindestarbeitsbedingungen (Mindestlohn, Urlaubsgeld, Kündigungsschutz usw.) für die Laufzeit des Tarifvertrags. ■ Gleichstellung der Arbeitnehmer mit gleichen Tätigkeiten, gleichen Berufserfahrungen und gleicher Verantwortung (Schutz vor willkürlicher Behandlung).	■ Einheitliche Kalkulationsgrundlage durch einheitliche Lohn- und Gehaltstarife für die Dauer des Tarifvertrags. ■ Einschränkung der Konkurrenz innerhalb der Branchen bezüglich der Personalanwerbung, geringere Mitarbeiterwechsel in Zeiten der Vollbeschäftigung.

Zusammenfassung

- **Tarifpartner** sind die Gewerkschaften einerseits und einzelne Unternehmen oder Arbeitgeberverbände andererseits.

- **Tarifautonomie** ist das Recht der Tarifpartner, selbstständig und ohne staatliche Einmischung Arbeitsbedingungen (z. B. Arbeitsentgelte, Urlaubszeit, Arbeitszeit) vereinbaren zu können.

- Lohnerhöhungen und Arbeitsbedingungen werden zwischen den Tarifpartnern (Gewerkschaften und Arbeitgeberverbänden) ausgehandelt und im **Tarifvertrag** festgelegt.

- **Flächentarifverträge** sind Tarifverträge, die für mehrere Orte, Bezirke, ein oder mehrere Bundesländer oder für das gesamte Bundesgebiet verbindlich sind.

- **Manteltarifverträge** enthalten allgemeine und langfristig angelegte Regelungen (z. B. Arbeitszeitvereinbarungen).

- In **Lohn- und Gehaltstarifverträgen** werden je nach Anforderung bestimmte Lohn- bzw. Vergütungsgruppen gebildet und die Höhe des Entgelts für die jeweiligen Gruppen bestimmt.

- Ablauf von Tarifverhandlungen:

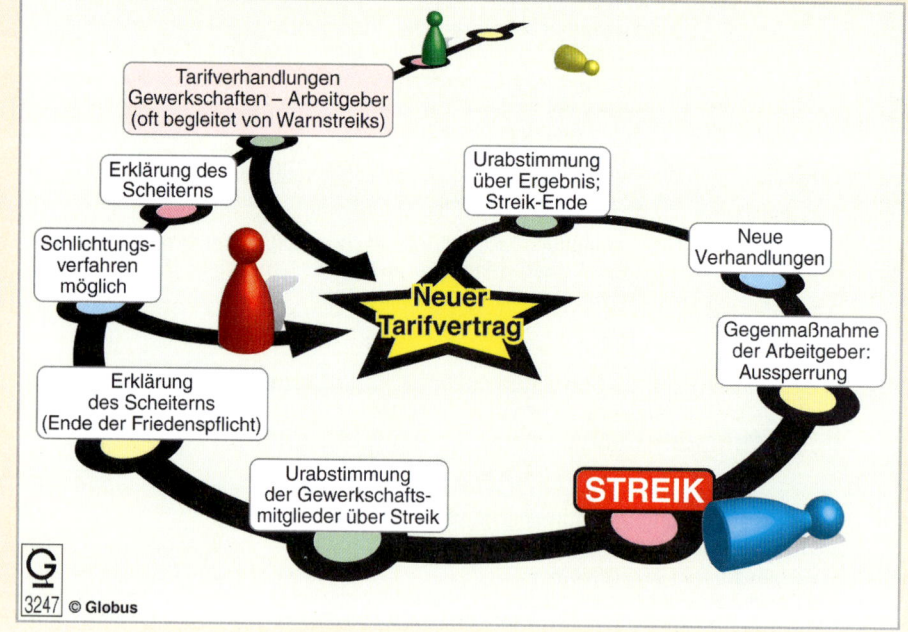

328

Kompetenztraining

111 1. Erklären Sie den Begriff Sozialpartnerschaft!

2. Die Arbeitgeber und die Gewerkschaften vereinbaren eine Regelung über die Entgeltfortzahlung im Krankheitsfall.

   Aufgabe:

   Nennen Sie die Tarifvertragsart, in welcher steht eine solche Regelung steht!

3. Erläutern Sie kurz folgende Begriffe: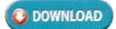

   3.1 Tarifvertrag,

   3.2 Tarifautonomie,

   3.3 Allgemeinverbindlichkeit,

   3.4 Tarifgebundenheit,

   3.5 Manteltarif,

   3.6 Lohn- bzw. Gehaltstarif.

4. Stellen Sie jeweils zwei Vorteile, die die Tarifverträge für Arbeitnehmer und Arbeitgeber bringen, dar!

5. 5.1 Sie nennen die Vertragspartner beim

       5.1.1 Arbeitsvertrag,

       5.1.2 Tarifvertrag!

   5.2 Erklären Sie, welche Bedeutung die Entscheidung, Tarifverträge für allgemein verbindlich zu erklären, für die Arbeitnehmer hat!

   5.3 Nennen Sie vier Inhalte, die im Manteltarifvertrag geregelt sind!

6. Das Elektrogeschäft Klar e. K. zahlt seinen Angestellten grundsätzlich 10 % mehr als der Tarifvertrag vorsieht. Lediglich dem Neuling Jonas Lahm will er zunächst das Tarifgehalt zahlen.

   Aufgabe:

   Prüfen Sie, ob diese beiden Maßnahmen rechtlich zulässig sind!

7. 7.1 Erläutern Sie, wie sich der Lohn in einer Wirtschaft bilden würde, in der es keine Gewerkschaften und Arbeitgeberverbände gibt!

   7.2 Begründen Sie, ob die sich auf solchen freien Arbeitsmärkten (siehe Frage 7.1) ergebenden Arbeitslöhne höher oder niedriger als die von den Gewerkschaften ausgehandelten Mindestlöhne wären!

8. In einer Pressemitteilung verlangt der Hauptverband des Deutschen Einzelhandels e. V. einen maßvollen Tarifabschluss, um neue Arbeitsplätze schaffen zu können. Er appelliert[1] dabei an die Bundesregierung, diese Forderung zu unterstützen. Der Pressesprecher der Bundesregierung lehnt diese Forderung mit dem Hinweis ab, die Bundesregierung habe keine Möglichkeit, direkt in Tarifverhandlungen einzugreifen.

   Aufgaben:

   8.1 Nennen Sie, wer Tarifverträge abschließt!

   8.2 Begründen Sie, ob die Bundesregierung rechtlich die Möglichkeit hat, in Tarifverhandlungen einzugreifen!

   8.3 Nennen Sie zwei Gründe die dafür sprechen, dass der Staat nicht in Tarifverhandlungen eingreifen soll!

---

1 **Appell:** Aufruf, Weckruf.

9. Der neue Lohntarifvertrag im Einzelhandel sieht eine Gehaltssteigerung von 2,5 % vor.

Aufgaben:

9.1 Nennen Sie die Voraussetzungen, unter welchen ein Unternehmen seinen Mitarbeitern 2,5 % mehr Gehalt zahlen muss!

9.2 Prüfen Sie, ob alle Mitarbeiter Anspruch auf die 2,5 %ige Gehaltserhöhung haben!

112 1. Nennen Sie zwei wichtige Ziele der Gewerkschaften!

2. Erklären Sie die Begriffe Streik und Aussperrung!

3. Die Belegschaft des Kaufhauses Unruh GmbH hat gegen den Willen der Gewerkschaft seit drei Tagen die Arbeit niedergelegt. Sie will ein höheres Urlaubsgeld erzwingen. Die Geschäftsleitung kündigt den drei führenden Streikorganisatoren.

Aufgabe:

Prüfen Sie die Rechtslage!

4. 4.1 Beschreiben Sie die nebenstehende Karikatur!

4.2 Erklären Sie, welcher Zielkonflikt in der Karikatur dargestellt wird!

4.3 Erläutern Sie, auf welche Weise ein Interessenausgleich herbeigeführt werden kann!

5. Erläutern Sie den Unterschied zwischen einer Betriebsvereinbarung und einem Tarifvertrag!

6. 6.1 Die Kramer GmbH möchte ihr Angebot erweitern und sucht daher neue Mitarbeiter. Die Kramer GmbH ist Mitglied im Arbeitgeberverband.

Aufgaben:

Notieren Sie, in welchem Gesetz bzw. Vertrag sich die Kramer GmbH über die Höhe der Gehälter der neuen Mitarbeiter informieren kann!

6.1.1 Im entsprechenden Manteltarifvertrag ihres Tarifgebiets.

6.1.2 Im Handelsgesetzbuch [HGB].

6.1.3 Im Bürgerlichen Gesetzbuch [BGB].

6.1.4 Im entsprechenden Lohn- und Gehaltstarifvertrag ihres Tarifgebiets.

6.2 Erläutern Sie, welche Bedeutung der Lohn- und Gehaltstarifvertrag beim Abschluss eines Arbeitsvertrags hat!

5   System der sozialen Absicherung beschreiben und begründen

Aus „Betriebsverordnungen für Hamburger Comptoirs und Amtsstuben 1863 bis 1872"

Zur Beachtung des Personals

Gottesfurcht, Sauberkeit und Pünktlichkeit sind die Voraussetzungen für ein ordentliches Geschäft.

Das Personal braucht jetzt nur noch an Wochentagen zwischen 6 Uhr vormittags und 6 Uhr nachmittags anwesend zu sein. Der Sonntag dient dem Kirchgang. Jeden Morgen wird im Hauptbureau das Gebet gesprochen.

Es wird von jedermann Ableistung von Überstunden erwartet, wenn das Geschäft sie begründet erscheinen läßt.

Der dienstälteste Angestellte ist für die Sauberkeit des Bureaus verantwortlich. Alle Jungen und Junioren melden sich bei ihm 40 Minuten vor dem Gebet und bleiben auch nach Arbeitsschluß zur Verfügung.

Einfache Kleidung ist Vorschrift. Das Personal darf sich nicht in hellschimmernden Farben bewegen und nur ordentliche Strümpfe tragen. Überschuhe und Mäntel dürfen im Bureau nicht getragen werden, da dem Personal ein Ofen zur Verfügung steht. Ausgenommen sind bei schlechtem Wetter Halstücher und Hüte. Außerdem wird empfohlen, in Winterszeiten täglich 4 Pfund Kohle pro Personalmitglied mitzubringen.

Während der Bureaustunden darf nicht gesprochen werden. Ein Angestellter, der Zigarren raucht, Alkohol in irgendwelcher Form zu sich nimmt, Billardsäle und politische Lokale aufsucht, gibt Anlaß, seine Ehre, Gesinnung, Rechtschaffenheit und Redlichkeit anzuzweifeln.

Die Einnahme von Nahrung ist zwischen 11.30 Uhr und 12.00 Uhr erlaubt. Jedoch darf die Arbeit dabei nicht eingestellt werden.

Der Kundschaft und Mitgliedern der Geschäftsleitung nebst Angehörigen ist mit Ehrerbietung und Bescheidenheit zu begegnen.

Jedes Personalmitglied hat die Pflicht, für die Erhaltung seiner Gesundheit Sorge zu tragen, im Krankheitsfalle wird die Lohnzahlung eingestellt. Es wird daher dringend empfohlen, daß jedermann von seinem Lohn eine hübsche Summe für einen solchen Fall wie auch für die alten Tage beiseite legt, damit er bei Arbeitsunvermögen und bei abnehmender Schaffenskraft nicht der Allgemeinheit zur Last fällt.

Zum Abschluß sei die Großzügigkeit dieser neuen Bureauordnung betont. Zum Ausgleich wird eine wesentliche Steigerung der Arbeit erwartet.

Es ist noch nicht einmal 150 Jahre her, dass die Arbeitnehmer praktisch ohne sozialen Schutz bei Krankheit oder im Alter dastanden. Heute hingegen haben wir in Deutschland ein „soziales Netz", dessen wichtigster Bestandteil das Sozialversicherungssystem ist.

5.1 Notwendigkeit sozialer Absicherung

Die **soziale Sicherung** ist eine wesentliche Lebensgrundlage der Menschen.

Die bedeutsamste Absicherung erfolgt in der Bundesrepublik Deutschland durch die gesetzliche **Sozialversicherung.**

- Die gesetzliche Sozialversicherung ist durch das **Solidaritätsprinzip** gekennzeichnet: „Einer für alle, alle für einen."

- Die Sozialversicherung ist eine **gesetzliche Versicherung,** der die Mehrheit der Bevölkerung **kraft Gesetzes** angehören muss **(Pflichtversicherung).**

- Die **meisten Leistungen** der Sozialversicherung sind **gesetzlich festgelegt.** Der Beitrag richtet sich bis zu einer **Beitragsbemessungsgrenze** an der Höhe des Einkommens aus. Versicherte mit hohen Einkommen tragen so zur Finanzierung von Leistungen für Versicherte mit niedrigen Einkommen bei.

5.2 Überblick über die Zweige der Sozialversicherung

Die fünf Zweige der gesetzlichen Sozialversicherung				
Gesetzliche Krankenversicherung	**Soziale Pflegeversicherung**	**Gesetzliche Rentenversicherung**	**Gesetzliche Arbeitsförderung**	**Gesetzliche Unfallversicherung**
Träger z. B.:	Träger:	Träger z. B.:	Träger:	Träger z. B.:
▪ Allgemeine Ortskrankenkassen ▪ Betriebskrankenkassen ▪ Innungskrankenkassen ▪ Ersatzkassen (z. B. Barmer, DAK, KKH)	▪ Pflegekassen (verwaltet von den Krankenkassen)	▪ Bundesträger (Deutsche Rentenversicherung Bund) ▪ Regionalträger (Deutsche Rentenversicherung mit Zusatz für jeweilige regionale Zuständigkeiten)	▪ Bundesagentur für Arbeit in Nürnberg mit den Regionaldirektionen (mittlere Verwaltungsebene) und den Agenturen für Arbeit (örtliche Verwaltungsebene)	▪ Gewerbliche und landwirtschaftliche Berufsgenossenschaften ▪ Gemeindeunfallversicherungsverbände
Gesetzliche Krankenkassen	**Pflegekassen***	**Deutsche Rentenversicherung**	**Bundesagentur für Arbeit**	**Berufsgenossenschaften und Unfallversicherungsträger der öffentlichen Hand**
Träger der Sozialversicherung				

* Die soziale Pflegeversicherung ist eine eigenständige Säule im System der gesetzlichen Sozialversicherung, auch wenn die gesetzlichen Pflegekassen organisatorisch in die Träger der gesetzlichen Krankenversicherung eingebunden sind.

5.3 Gesetzliche Krankenversicherung

(1) Anmeldung und Versicherungspflicht

Die **Anmeldung** der Versicherungspflichtigen bei der gesetzlichen Krankenkasse hat durch den Arbeitgeber grundsätzlich binnen 14 Tagen nach Arbeitsantritt zu erfolgen.

Die **Versicherungspflicht** umfasst z. B. grundsätzlich alle Arbeitnehmer, wenn sie monatlich durchschnittlich nicht mehr als 5 550,00 EUR brutto verdienen,[1] alle Auszubildenden, die Bezieher von Renten aus der Rentenversicherung, Empfänger von Arbeitslosengeld und eine Reihe von Selbstständigen. Bestimmte Beschäftigungsgruppen, wie z. B. Beamte sind nicht versicherungspflichtig. Sie können sich bei einer privaten Krankenkasse versichern lassen.

> **Alle Bürger** müssen einer (gesetzlichen oder privaten) **Krankenversicherung** angehören und dadurch einen Krankenversicherungsschutz erhalten.

(2) Gesundheitsfonds

Die Krankenversicherungsbeiträge werden in einen **Gesundheitsfonds** eingezahlt, aus dem die einzelnen Krankenkassen dann pro **Versicherten** eine **Pauschale** sowie **ergänzende Zu- und Abschläge** – Risikostrukturausgleich genannt – je nach Alter, Geschlecht und Krankheit erhalten.

Quelle: Bundesgesundheitsministerium (https://www.bundesgesundheitsministerium.de/gesundheitsfonds.html, modifiziert)

(3) Leistungen

Die Leistungen der gesetzlichen Krankenkassen sind gesetzlich vorgeschrieben **(Regelleistungen)**. Über diese Mindestleistungen hinaus können die Krankenkassen in ihren Satzungen **Mehrleistungen** festlegen. Die folgende Tabelle gibt einen Überblick über die wichtigsten Leistungen der gesetzlichen Krankenversicherung:

Folgende Leistungen werden erbracht:	Beispiele aus dem Leistungskatalog
Vorbeugung gegen Krankheiten	Aufklärung und Beratung über Gesundheitsgefährdungen und Vorbeugungsmaßnahmen gegen Krankheit, z. B. Verhütung von Zahnerkrankungen, Vorsorgekuren. Für das gesundheitsbewusste Verhalten der Versicherten (z. B. Teilnahme an Vorsorge- und Früherkennungsuntersuchungen, Präventionsprogrammen oder betrieblicher Gesundheitsförderung) können die Krankenkassen einen Bonus einräumen.

---

1 Diese **Versicherungspflichtgrenze** gilt für das Jahr 2023. Allerdings sind höherverdienende Arbeitnehmer erst dann **krankenversicherungsfrei** – und können damit selbst entscheiden, ob sie weiterhin freiwillig gesetzlich versichert bleiben oder sich privat krankenversichern wollen –, wenn sie **im vergangenen Kalenderjahr mit ihrem Arbeitsentgelt die Jahresarbeitsentgeltgrenze (JAG) überschritten haben und im laufenden Jahr überschreiten** werden.

Folgende Leistungen werden erbracht:	Beispiele aus dem Leistungskatalog
Früherkennung von Krankheiten	■ Krebsvorsorge für Frauen (ab dem 20. Lebensjahr) und Männer (ab dem 45. Lebensjahr) jährlich einmal. ■ Vorsorgeuntersuchungen für Kinder. ■ Gesundheits-Check-up ab dem 35. Lebensjahr zur Erkennung von Herz-, Kreislauf- und Nierenerkrankungen alle zwei Jahre. (Weitere Beispiele erfragen Sie bitte bei Ihrer Krankenkasse.)
Krankenbehandlung	■ Ärztliche Behandlung. ■ Zahnärztliche Behandlung. ■ Versorgung mit Arznei-, Verband-, Heil- und Hilfsmitteln. ■ Krankenhausbehandlung. ■ Häusliche Krankenpflege und Haushaltshilfe. ■ Maßnahmen zur Rehabilitation.
Krankengeld	Versicherte, die durch eine Krankheit arbeitsunfähig sind oder stationär in einem Krankenhaus oder einer Rehabilitationseinrichtung behandelt werden, haben Anspruch auf Krankengeld, das 70 % des regelmäßig erzielten Arbeitsentgelts beträgt und 90 % des Nettoarbeitsentgelts nicht übersteigen darf.
Bei Schwangerschaft und Mutterschaft	Sie umfassen z. B. die ärztliche Betreuung, Versorgung mit Arznei-, Verband- und Hilfsmitteln, Hebammenhilfe, die stationäre Entbindung, häusliche Pflege, Haushaltshilfe, Zahlung von Mutterschaftsgeld sowie Zahlung von Elterngeld.[1] Die Bezieher von Mutterschaftsgeld sind beitragsfrei sozialversichert, sofern sie schon vorher dort versichert waren und keine anderen beitragspflichtigen Einnahmen haben.
Sonstige Hilfen	Hierzu gehören z. B. alle Leistungen, die im Zusammenhang mit der Empfängnisverhütung, Sterilisation, dem Schwangerschaftsabbruch und der künstlichen Befruchtung stehen.

5.4 Soziale Pflegeversicherung

(1) Begriff Pflegebedürftigkeit

■ Als **pflegebedürftig** gelten [§ 14 SGB XI]
  ■ Personen, die gesundheitlich bedingte **Beeinträchtigungen von Selbstständigkeit oder von Fähigkeiten** aufweisen und deshalb der Hilfe durch andere bedürfen.
  ■ Personen, die **körperliche, kognitive[1] oder psychische Beeinträchtigungen** oder **gesundheitliche Belastungen** nicht selbstständig bewältigen können.
■ Die Pflegebedürftigkeit muss **dauerhaft** sein, **mindestens** aber für **6 Monate** bestehen.

---

1 Vgl. S. 344.

1 **Kognitiv:** die Erkenntnis betreffend.

Um die Pflegebedürftigkeit zu bestimmen, werden in den folgenden sechs Lebensbereichen individuelle Beeinträchtigungen und Fähigkeiten erfasst:

1. **Mobilität**
   (z. B. Fortbewegen innerhalb des Wohnbereichs, Treppensteigen etc.)
2. **Kognitive und kommunikative Fähigkeiten**
   (z. B. örtliche und zeitliche Orientierung etc.)
3. **Verhaltensweisen und psychische Problemlagen**
   (z. B. nächtliche Unruhe, selbstschädigendes und autoaggressives Verhalten)
4. **Selbstversorgung**
   (z. B. Körperpflege, Ernährung etc.)
5. **Bewältigung von und selbstständiger Umgang mit krankheits- oder therapiebedingten Anforderungen und Belastungen**
   (z. B. Medikation, Wundversorgung, Arztbesuche, Therapieeinhaltung)
6. **Gestaltung des Alltagslebens und sozialer Kontakte**
   (z. B. Gestaltung des Tagesablaufs)

(2) Pflegegrad

Pflegebedürftige erhalten je nach Schwere der Beeinträchtigung einen Pflegegrad. Dazu werden die Beeinträchtigungen in den sechs pflegerelevanten Lebensbereichen mit Punkten bewertet. Aus einer gewichteten Gesamtpunktzahl ergibt sich das Maß der Pflegebedürftigkeit, unterschieden nach **fünf Pflegegraden**:

- Pflegegrad 1: geringe Beeinträchtigung der Selbstständigkeit
- Pflegegrad 2: erhebliche Beeinträchtigung der Selbstständigkeit
- Pflegegrad 3: schwere Beeinträchtigung der Selbstständigkeit
- Pflegegrad 4: schwerste Beeinträchtigung der Selbstständigkeit
- Pflegegrad 5: schwerste Beeinträchtigung der Selbstständigkeit mit besonderen Anforderungen an die pflegerische Versorgung

(3) Versicherungspflicht

Die Versicherungspflicht in der **sozialen Pflegeversicherung** besteht für alle Mitglieder der Krankenversicherung (auch freiwillige), ihre nicht berufstätigen Ehepartner und Kinder. Privatversicherte wie z. B. Beamte müssen eine **private Pflegeversicherung** abschließen.

(4) Leistungen

Art der Leistungen	Erläuterungen
Bei häuslicher Pflege: ■ Pflegehilfe[1]	Pflegebedürftige haben bei häuslicher Pflege Anspruch auf körperbezogene Pflegemaßnahmen und pflegerische Betreuungsmaßnahmen sowie auf Hilfen bei der Haushaltsführung als **Sachleistung**. Die Höhe der Pflegehilfe hängt von der Pflegebedürftigkeit ab.
■ Pflegegeld[1]	Pflegebedürftige, welche ihre Pflege selbst sicherstellen, können anstelle der häuslichen Pflegehilfe ein nach dem Pflegegrad gestaffeltes monatliches Pflegegeld erhalten. Nimmt der Pflegebedürftige die Sachleistungen nur teilweise in Anspruch, erhält er daneben ein anteiliges Pflegegeld.

---

1 **Demenzkranke** erhalten höhere Leistungen in der Pflegeversicherung.

Art der Leistungen	Erläuterungen
Teilstationäre Pflege und Kurzzeitpflege: ■ Tages- und Nachtpflege ■ Kurzzeitpflege	Pflegebedürftige haben Anspruch auf teilstationäre Pflege, wenn häusliche Pflege nicht in ausreichendem Umfang möglich ist. Die Höhe der Aufwendungen für Pflege, Betreuung und medizinische Behandlung richtet sich nach dem jeweiligen Pflegegrad.
	Kann häusliche Pflege zeitweise nicht, noch nicht oder nicht im erforderlichen Umfang erbracht werden und reicht teilstationäre Pflege nicht aus, kann für eine Übergangszeit von maximal 8 Wochen im Jahr vollstationäre Pflege in Anspruch genommen werden.
Vollstationäre Pflege	Ist häusliche oder teilstationäre Pflege nicht möglich, haben Pflegebedürftige Anspruch auf vollstationäre Pflege. Die Pflegekasse trägt die Aufwendungen für Pflege, Betreuung und medizinische Behandlung bis zu einem monatlichen Höchstbetrag.

5.5 Gesetzliche Arbeitsförderung (Arbeitslosenversicherung)

5.5.1 Anmeldung, Versicherungspflicht und die Leistungen an Arbeitnehmer

(1) Anmeldung und Versicherungspflicht

Die **Anmeldung** erfolgt durch den **Arbeitgeber.** Die **Versicherungspflicht** umfasst vor allem die Auszubildenden und Arbeitnehmer ohne Rücksicht auf die Höhe ihrer Einkommen.

(2) Leistungen der gesetzlichen Arbeitsförderung

■ Berufsberatung und Arbeitsmarktberatung

Die Agenturen für Arbeit beraten Jugendliche und Erwachsene, die am Arbeitsleben teilnehmen oder teilnehmen wollen, zum Beispiel über die Berufswahl, die berufliche Entwicklung, über Berufswechsel, über die Lage und Entwicklung des Arbeitsmarkts und der Berufe sowie über die Leistungen der Arbeitsförderung.

Quelle: Bundesagentur für Arbeit

■ Ausbildungs- und Arbeitsvermittlung

Die örtliche Agentur für Arbeit bietet Ausbildungsuchenden, Arbeitsuchenden und Arbeitgebern eine grundsätzlich unentgeltliche Ausbildungs- und Arbeitsvermittlung an. Zur **ortsnahen Leistungserbringung** sollen die Leistungen der Arbeitsförderung vorrangig durch die **örtlichen Agenturen für Arbeit** erbracht werden. Als einheitliche Anlaufstelle für alle einen Arbeitsplatz oder Ausbildungsplatz suchenden Personen werden von den Agenturen für Arbeit **Jobcenter** eingerichtet. Hier werden diese Personen informiert, der Beratungs- und Betreuungsbedarf geklärt und der erste Eingliederungsschritt in die Arbeit verbindlich vereinbart. Vor allem Langzeitarbeitslose und erwerbsfähige Sozialgeldempfänger sollen hierdurch wieder schneller eine Arbeit vermittelt bekommen.

Arbeitslose können von der Agentur für Arbeit die **Zuweisung in eine Maßnahme** zur Aktivierung und beruflichen Eingliederung verlangen, wenn sie **sechs Monate** nach Eintritt ihrer Arbeitslosigkeit noch arbeitslos sind.

■ Leistungen an Arbeitnehmer

Leistungen (Auswahl)	Erläuterungen
Unterstützung von Arbeitslosen	Unterstützung von Arbeitslosen und von Arbeitslosigkeit bedrohten Arbeitsuchenden sowie der Ausbildungsuchenden, z. B. durch die Übernahme von Bewerbungs- und Reisekosten.
Hilfen zur Eingliederung in den Arbeitsprozess	■ **Verbesserung der Eingliederungsaussichten** durch Trainingsmaßnahmen, indem z. B. Maßnahmekosten (Lehrgangskosten, Prüfungsgebühren, Fahrkosten) von der Agentur für Arbeit übernommen werden. ■ **Maßnahmen der Eignungsfeststellung** und **Förderung der Aufnahme einer Beschäftigung,** z. B. durch Leistungen aus dem Vermittlungsbudget, Gründungszuschuss, Förderung der Berufsausbildung, der beruflichen Weiterbildung, berufsvorbereitende Bildungsmaßnahmen und Förderung der Teilnahme behinderter Menschen am Arbeitsleben.
Zahlung von Entgeltersatzleistungen ■ **Arbeitslosengeld**	Arbeitnehmer haben einen Anspruch auf Arbeitslosengeld bei **Arbeitslosigkeit** oder bei **beruflicher Weiterbildung.** Der Arbeitslose hat sich **persönlich** bei der zuständigen Agentur für Arbeit arbeitslos zu melden. Wer einen Arbeitsplatz ohne wichtigen Grund aufgibt, erhält Arbeitslosengeld grundsätzlich erst nach **12 Wochen.** Überhaupt kein Arbeitslosengeld erhält, wer einen von der Agentur für Arbeit vermittelten zumutbaren Arbeitsplatz auf Dauer ablehnt.[1] Die Dauer des Anspruchs auf Arbeitslosengeld hängt von der Dauer des Versicherungsverhältnisses und dem Lebensalter der arbeitslosen Person bei der Entstehung des Anspruchs ab. Das Arbeitslosengeld beträgt zurzeit 60 % und für die Arbeitslosen, die z. B. mindestens ein Kind haben, 67 % des für den Bemessungszeitraum berechneten pauschalierten Nettoentgelts.
■ **Kurzarbeitergeld**	Kurzarbeitergeld erhalten Arbeitnehmer, wenn ein erheblicher Arbeitsausfall mit Entgeltausfall vorliegt. Das Kurzarbeitergeld wird längstens sechs Monate für den Arbeitsausfall während der Bezugsfrist gezahlt.
■ **Insolvenzgeld**	Insolvenzgeld[2] erhalten Arbeitnehmer, wenn sie z. B. bei der Eröffnung des Insolvenzverfahrens über das Vermögen des Arbeitgebers für die dem Insolvenzereignis vorausgehenden drei Monate des Arbeitsverhältnisses noch Ansprüche auf Arbeitsentgelt haben. Das Insolvenzgeld wird in Höhe des **Nettoarbeitsentgelts** geleistet.

---

1 Die Dauer der **Sperrzeit** wegen Arbeitsablehnung, wegen Ablehnung einer beruflichen Eingliederungsmaßnahme oder wegen Abbruchs einer beruflichen Eingliederungsmaßnahme beträgt drei oder sechs Wochen, bei unzureichenden Eigenbemühungen zur Beendigung der Arbeitslosigkeit zwei Wochen.

2 Als **Insolvenz** bezeichnet man vorübergehende Zahlungsschwierigkeiten oder die dauernde Zahlungsunfähigkeit eines Schuldners.

5.5.2 Bürgergeld

(1) Ziel und Anspruch auf Bürgergeld

Ziel des Bürgergelds ist, Arbeitsuchende durch Qualifizierung, Weiterbildung und individuelles Coaching bei der Suche nach einem Arbeitsplatz zu unterstützen. Der Arbeitsuchende soll dauerhaft in den Arbeitsalltag integriert werden.

Ein **Anspruch** auf Bürgergeld besteht bei Bedürftigkeit und Erwerbsfähigkeit.

Bedürftigkeit	Hilfebedürftig ist, wer seinen Lebensunterhalt nicht ausreichend mit seinem Einkommen oder Vermögen bezahlen kann. Besteht ein Anspruch auf andere Sozialleistungen (z.B. Arbeitslosengeld, Elterngeld, Kindergeld), sind diese Leistungen zuerst zu beantragen. Sie werden auf das Bürgergeld angerechnet.
Erwerbsfähigkeit	Erwerbsfähigkeit besagt, der Bezieher muss arbeiten können. Erwerbsfähig ist, wer in der Lage ist, täglich mindestens drei Stunden zu arbeiten. Bürgergeld können auch Personen beziehen, die arbeiten, aber einen zu geringen Lohn für den Lebensunterhalt erhalten. Erwerbsunfähige Personen erhalten kein Bürgergeld. Sie haben eventuell Anspruch auf eine Erwerbsminderungsrente oder auf Grundsicherung.

(2) Leistungen

Staatliche Leistungen dienen der Sicherung der Grundbedürfnisse und der Absicherung des Existenzminimums der Bürgergeldbezieher.

■ **Ersatz der Wohnkosten**

Das Jobcenter übernimmt im ersten Jahr die Kosten für Unterkunft und Heizung in voller Höhe. Die Angemessenheit der Wohnkosten wird nach dieser Karenzzeit[1] von einem Jahr überprüft und gegebenenfalls gekürzt.

■ **Ersatz bei zu geringem Vermögen**

Im ersten Jahr wird beim Bezug von Bürgergeld das Vermögen nicht berücksichtigt. Die Grenze liegt bei 40 000,00 EUR für den Antragsteller sowie 15 000,00 EUR für jede weitere Person, die in der Bedarfsgemeinschaft lebt.

Ist die Karenzzeit von einem Jahr abgelaufen, wird der Freibetrag für jede Person in der Bedarfsgemeinschaft auf 15 000,00 EUR gekürzt. Die höheren Ersparnisse müssen aufgebraucht werden. Erst danach kann wieder Bürgergeld bezogen werden.

Beispiele für Regelsätze (Stand 2023):	
■ für Alleinstehende/Alleinerziehende 502,00 EUR	■ für nicht erwerbstätige Erwachsene unter 25 Jahre im Haushalt der Eltern 402,00 EUR
■ für Paare je Partner/Bedarfsgemeinschaft 451,00 EUR	■ für Jugendliche von 14 bis 17 Jahre 420,00 EUR

---

1 **Karenzzeit:** Sperrfrist, Wartezeit.

(3) Kooperationsplan

Im Kooperationsplan[1] werden mit den Arbeitsuchenden Mitwirkungspflichten vereinbart. Das sind insbesondere Eigenbemühungen, die Teilnahme an Maßnahmen und Bewerbungen auf Vermittlungsvorschläge des Jobcenters. Damit soll die Selbstverantwortung der Leistungsberechtigten gestärkt werden. In besonderen Fällen kann das Jobcenter eine ganzheitliche Betreuung (Coaching) ermöglichen.

Bei Pflichtverletzungen (z. B. Meldeversäumnisse, Verweigerung einer zumutbaren Arbeit) werden **Sanktionen** (Kürzungen des Bürgergelds) ausgesprochen.

(4) Hinzuverdienst

Schülerinnen und Schüler, Studierende und Auszubildende können monatlich 520,00 EUR hinzuverdienen, ohne dass das Bürgergeld gekürzt wird. Ansonsten werden die ersten 100,00 EUR, die ein Bürgergeldempfänger verdient, nicht auf das Bürgergeld angerechnet.

5.6 Gesetzliche Unfallversicherung

(1) Versicherungspflicht

Versicherungspflicht besteht z. B. für alle Arbeitnehmer einschließlich Auszubildende, unabhängig von der Höhe ihres Einkommens, für die meisten Unternehmer (Arbeitgeber), Arbeitslose, Kinder während des Besuchs von Kindergärten, Schüler und Personen während der Rehabilitation.

(2) Leistungen

Die Leistungen der Unfallversicherung bestehen vor allem in der **Unfallverhütung** (die Berufsgenossenschaften erlassen Unfallverhütungsvorschriften) und in den finanziellen Leistungen bei **Unfallfolgen**.

Leistungen (Auswahl)	Erläuterungen
Unfallverhütung	Die Unfallverhütungsvorschriften verpflichten den Unternehmer (Arbeitgeber), die Arbeitsplätze so einzurichten und zu erhalten, dass die Arbeitskräfte im Rahmen des Möglichen gegen Unfälle und Berufskrankheiten geschützt sind.
Finanzielle Leistungen bei Unfallfolgen	■ **Heilbehandlung.** Hierzu gehören vor allem die Kosten für ärztliche und zahnärztliche Behandlung, Arznei- und Verbandmittel, sonstige Hilfsmittel, stationäre Behandlung in Krankenhäusern oder Spezialkliniken. ■ **Leistungen zur Teilhabe am Arbeitsleben.** Diese umfassen z. B. Leistungen zur Erhaltung und Erlangung eines Arbeitsplatzes einschließlich der Leistungen zur Förderung der Arbeitsaufnahme, zur beruflichen Anpassung, Fortbildung, Ausbildung und Umschulung. ■ **Leistungen zur Teilnahme am Leben in der Gemeinschaft und ergänzende Leistungen.** Hierzu gehören z. B. die Kraftfahrzeughilfe, Wohnungshilfe, Haushaltshilfe, Reisekosten, Beratung sowie sozialpädagogische und psychosoziale Betreuung. ■ **Rentenzahlungen.** Renten an Versicherte bei Minderung ihrer Erwerbsfähigkeit infolge eines Versicherungsfalls um mindestens 20 Prozent, an Hinterbliebene als Witwen- und Witwerrente und als Waisenrente für Kinder von verstorbenen Versicherten.

---

1 Der **Kooperationsplan** wird zwischen **Bürgergeld-Bezieher** und **Integrationsfachkraft** des Jobcenters vereinbart.

5.7   Gesetzliche Rentenversicherung

(1)   Anmeldung und Versicherungspflicht

Die **Anmeldung** beim Rentenversicherungsträger erfolgt durch den Arbeitgeber binnen 14 Tagen vom Arbeitsantritt an über die Krankenkasse.

Die **Versicherungspflicht** umfasst vor allem alle Auszubildenden und Arbeitnehmer **ohne Rücksicht auf die Höhe ihres Einkommens.** Pflichtversichert sind u.a. auch Hausgewerbetreibende, Heimarbeiter und bestimmte selbstständig Tätige. Wer aus einem Arbeitsverhältnis ausscheidet (z.B. Frauen, die sich ihrer Familie widmen möchten), kann sich freiwillig weiterversichern lassen.

(2)   Leistungen

Rentenart	Erläuterungen
Regelaltersrente	Versicherte haben Anspruch auf Altersrente, wenn sie ihre persönliche Altersgrenze (zwischen dem 65. und 67. Lebensjahr) erreicht und eine Versicherungszeit von fünf Jahren erfüllt haben.
	Damit die gesetzliche Rentenversicherung ihre Aufgabe – Sicherung eines angemessenen Lebensunterhalts im Alter – angesichts der sinkenden Geburtenzahlen und steigender Lebenserwartung weiterhin erfüllen kann, wird zwischen 2012 und 2029 das Rentenalter schrittweise angehoben. Für die Geburtenjahrgänge 1947 bis 1964 steigt die Altersgrenze für die Regelaltersrente stufenweise von 65 auf 67 Jahre. 2030 ist dieser Übergang zur **„Rente mit 67"** abgeschlossen.
Altersrente für besonders langjährig Versicherte	Besonders langjährig Versicherte, die mindestens 45 Jahre in der gesetzlichen Rentenversicherung versichert waren, können bereits **mit 63 Jahren ohne Abschläge** in Rente gehen.
	Ab Jahrgang 1953 steigt diese Altersgrenze für die abschlagsfreie Rente wieder schrittweise an. Für alle 1964 oder später Geborenen liegt sie bei 65 Jahren.
Rente wegen teilweiser Erwerbsminderung	Bis zur Vollendung des 65. Lebensjahrs haben Versicherte einen Anspruch auf eine **Rente wegen teilweiser Erwerbsminderung**. Eine teilweise Erwerbsminderung liegt vor, wenn die Versicherten wegen ihrer Krankheit oder Behinderung auf nicht absehbare Zeit außerstande sind, unter den üblichen Bedingungen des allgemeinen Arbeitsmarktes mindestens sechs Stunden täglich erwerbstätig zu sein.
Rente wegen voller Erwerbsminderung[1]	Einen Anspruch auf eine **Rente wegen voller Erwerbsminderung** haben Versicherte bis zur Vollendung des 65. Lebensjahrs. Versicherte sind grundsätzlich voll erwerbsgemindert, wenn diese wegen ihrer Krankheit oder Behinderung auf nicht absehbare Zeit außerstande sind, unter den üblichen Bedingungen des allgemeinen Arbeitsmarkts mindestens drei Stunden täglich erwerbstätig zu sein.
Renten wegen Todes	Renten an Hinterbliebene werden als große oder kleine **Witwen- bzw. Witwerrenten,** als **Erziehungsrente** (bei Tod des geschiedenen Ehegatten, wenn ein eigenes oder ein Kind des geschiedenen Ehegatten erzogen wird) und als **Waisenrente** bezahlt.

---

1   Renten wegen Erwerbsminderung werden auf Zeit (befristet) geleistet.

(3) Dynamisierung[1] der Renten

Die Rentenhöhe ist nicht für alle Zeiten absolut festgelegt. Erhöht sich der durchschnittliche Nettoarbeitsverdienst aller Arbeitnehmer, so erhöhen sich grundsätzlich die Renten entsprechend. Die in gewissen Zeitabständen durch **Rentenanpassungsgesetze** erfolgte Anpassung der Renten an die allgemeine Lohnentwicklung ist die sogenannte **Rentendynamisierung.**

(4) Generationenvertrag[2]

Dem deutschen Rentensystem liegt der sogenannte Generationenvertrag zugrunde. Er besagt, dass die **heute Berufstätigen** durch ihre Beiträge zur Rentenversicherung die **Rente der Älteren finanzieren** – in der Erwartung, dass die kommende Generation dann später die Renten für sie aufbringt. Da derzeit die Anzahl der Kinder abnimmt, müssen in den kommenden Jahren weniger Beitragszahler mehr Rentner finanzieren.

5.8 Finanzierung der Sozialversicherung

(1) Sozialversicherungsbeiträge

Außer der **Unfallversicherung**, die der Arbeitgeber allein zu tragen hat, müssen Arbeitnehmer und Arbeitgeber je 50 % der Beiträge zur Kranken-, Pflege-, Renten- und Arbeitslosenversicherung zahlen. Die Beiträge für jeden Sozialversicherungszweig werden bis zur jeweiligen Beitragsbemessungsgrenze über einen festen Prozentsatz vom jeweiligen Bruttoverdienst berechnet. Über die Beitragsbemessungsgrenze hinaus werden keine Beiträge zur jeweiligen Sozialversicherung erhoben.

Derzeit gelten für die Sozialversicherung folgende monatliche **Beitragssätze** bzw. **Beitragsbemessungsgrenzen** (2023):[3]

				In den alten Bundesländern	In den neuen Bundesländern
Krankenversicherung:	14,6 %	Beitragsbemessungsgrenze:[4]		4 987,50 EUR	4 987,50 EUR
Pflegeversicherung:	3,05 %	Beitragsbemessungsgrenze:[4]		4 987,50 EUR	4 987,50 EUR
Rentenversicherung:	18,6 %	Beitragsbemessungsgrenze:		7 300,00 EUR	7 100,00 EUR
Arbeitslosenversicherung:	2,6 %	Beitragsbemessungsgrenze:		7 300,00 EUR	7 100,00 EUR

Sonderregelungen zur Finanzierung der Pflegeversicherung

■ Der Beitragssatz zur Krankenversicherung in Höhe von 14,6 % ist bundeseinheitlich. Jede Krankenkasse kann hierauf einen **kassenindividuellen Zusatzbeitrag** erheben. Die Höhe des Zusatzbeitrags hängt insbesondere davon ab, wie wirtschaftlich eine Kasse arbeitet. Im Jahr 2023 beträgt der **durchschnittliche Zusatzbeitragssatz** 1,6 %. Arbeitgeber und Arbeitnehmer tragen jeweils die Hälfte des Zusatzbeitrags.

■ Für alle **kinderlosen Pflichtversicherten** erhöht sich der Beitrag zur Pflegeversicherung ab dem 23. Lebensjahr um 0,35 % des beitragspflichtigen Einkommens. Für diesen Personenkreis beträgt daher der Beitragssatz 1,875 %. An dieser Erhöhung ist der **Arbeitgeber nicht beteiligt.**

---

1 **Dynamisch:** beweglich, sich entwickelnd.

2 Der Generationenvertrag ist nirgendwo schriftlich festgelegt – er ist ein allgemeines gesellschaftliches Übereinkommen.

3 Die Beitragssätze für die Sozialversicherung bzw. die Beitragsbemessungsgrenzen werden im Regelfall jährlich neu festgelegt. Informieren Sie sich bitte über die derzeit geltenden Beitragssätze und Bemessungsgrenzen.

4 Die bundesweit geltende **Versicherungspflichtgrenze** für die gesetzliche Krankenversicherung und Pflegeversicherung beträgt monatlich 5 550,00 EUR (2023).

(2) Staatszuschüsse

Reichen die Sozialbeiträge der beitragspflichtigen Versicherten nicht aus, muss der Bund die nötigen Mittel aus Steuergeldern aufbringen (sog. **Bundesgarantien**).

Die soziale Sicherheit in Deutschland kostete im Jahr 2020 schätzungsweise gut eine Billion Euro. In dieser riesigen Summe sind sämtliche Sozialleistungen enthalten, also beispielsweise Renten und Pensionen, Krankenversicherungsleistungen und Arbeitslosengeld, Jugend- und Sozialhilfe und vieles mehr. Drei große Geldgeber sorgen dafür, dass das soziale Netz nicht zerreißt: der Staat (also Bund, Länder und Gemeinden), die Unternehmen und privaten Haushalte, darunter vor allem die Arbeitnehmerhaushalte, die Sozialversicherungsbeiträge entrichten. Bedenkt man allerdings, wie Staat und Unternehmen ihren Teil „finanzieren", so sind es am Ende die Bürger, die dafür aufkommen: Die Bürger nämlich bezahlen mit Steuern und Abgaben das

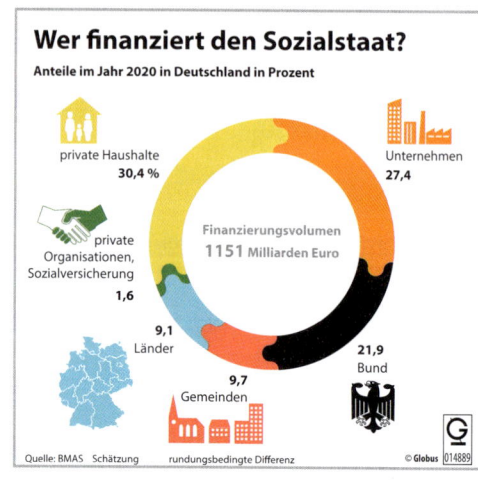

Wer finanziert den Sozialstaat?

Anteile im Jahr 2020 in Deutschland in Prozent

private Haushalte **30,4 %**

private Organisationen, Sozialversicherung **1,6**

9,1 Länder

9,7 Gemeinden

Finanzierungsvolumen **1151** Milliarden Euro

Unternehmen **27,4**

21,9 Bund

Quelle: BMAS Schätzung   rundungsbedingte Differenz   © Globus 014889

staatliche soziale Engagement; und als Verbraucher kaufen sie Waren und Dienstleistungen, in deren Preise die Unternehmen ihre Sozialkosten bereits einkalkuliert haben. Fazit: Am Ende sind es die Steuerzahler und Konsumenten, die – direkt und indirekt – den Sozialstaat finanzieren.

(3) Soziale Sicherung bei demografischem Wandel

Die anhaltend niedrige Geburtenziffer und die beständig steigende Lebenserwartung führen zu einer drastischen Veränderung des Verhältnisses zwischen jüngerer und älterer Generation. Der Anteil der unter 20-Jährigen an der Bevölkerung wird sich zwischen 1960 und 2060 von 28,4 % auf 16,4 % reduzieren. Parallel steigt der Anteil der Personen, die über 60 und älter sind, von 17,4 % auf 38,2 %. Für die Finanzierung des Sozialversicherungssystems hat dieser **demografische**[1] **Wandel** in zweifacher Hinsicht Auswirkungen. Durch die **Zunahme älterer Menschen steigen die Ausgaben,** während eine **Abnahme an Erwerbstätigen** gleichzeitig einen **Rückgang der Einnahmen** bedeutet.[2]

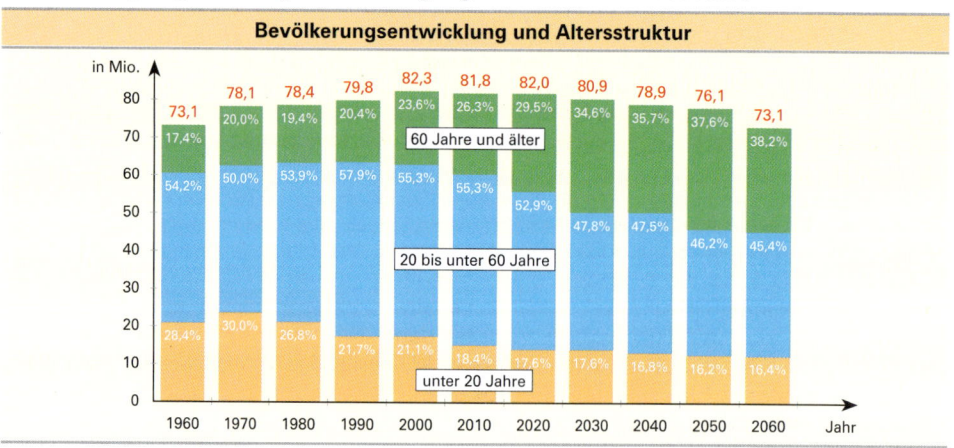

Bevölkerungsentwicklung und Altersstruktur

in Mio.

Jahr	1960	1970	1980	1990	2000	2010	2020	2030	2040	2050	2060
Gesamt	73,1	78,1	78,4	79,8	82,3	81,8	82,0	80,9	78,9	76,1	73,1
60 Jahre und älter	17,4%	20,0%	19,4%	20,4%	23,6%	26,3%	29,5%	34,6%	35,7%	37,6%	38,2%
20 bis unter 60 Jahre	54,2%	50,0%	53,9%	57,9%	55,3%	55,3%	52,9%	47,8%	47,5%	46,2%	45,4%
unter 20 Jahre	28,4%	30,0%	26,8%	21,7%	21,1%	18,4%	17,6%	17,6%	16,8%	16,2%	16,4%

Quelle: Statistisches Bundesamt (Hrsg.): Lange Reihen: Bevölkerung nach Altersgruppen, 13. koordinierte Bevölkerungsvorausberechnung: Bevölkerung Deutschlands bis 2060. Angelehnt an: Bundeszentrale für politische Bildung [Zugriff am 25. 05. 2022].

---

1 **Demografie:** Beschreibung der wirtschafts- und sozialpolitischen Bevölkerungsbewegung.

2 Quelle: http://www.rente.com/altersarmut/generationenvertrag.

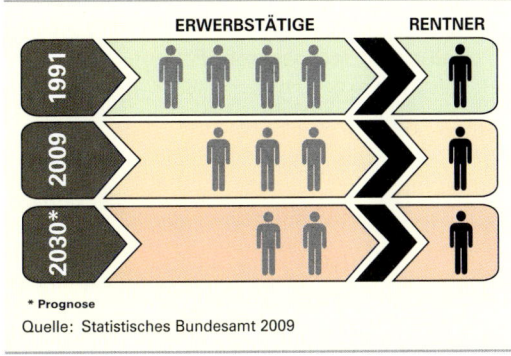

* Prognose
Quelle: Statistisches Bundesamt 2009

5.9 Sozialversicherungsausweis

Jede sozialversicherungspflichtige Person erhält einen Sozialversicherungsausweis. Bei Beginn der Beschäftigung muss sich der Arbeitgeber den Ausweis vorlegen lassen. Geschieht dies nicht, ist die Krankenkasse mittels einer Kontrollmeldung unverzüglich zu verständigen, wenn der Beschäftigte die unterlassene Vorlage nicht innerhalb von drei Tagen nachholt.

6 Dreischichtenmodell

6.1 Grundlegendes

In der Bundesrepublik Deutschland gibt es ein dichtes Netz an sozialen Leistungen. Sie umfassen zunächst die klassischen Systeme der Sozialversicherung, die eine **Grundversorgung** gegen viele Lebensrisiken, die durch Krankheit, Alter, Unfall, Arbeitslosigkeit und Pflegebedürftigkeit entstehen, bieten.

Hinzu kommen weitere Maßnahmen, die einen sozialen Ausgleich herstellen sollen (z. B. Kinder- und Jugendhilfe, Hilfe für schwangere Frauen und für Familien in Notlagen, Elterngeld, Elternzeit). Es handelt sich hier um zusätzliche Hilfen außerhalb des Sozialversicherungsrechts (**Zusatzversorgung**).

Neben den sozialen Leistungen, die die Gemeinschaft erbringt, ist es notwendig, dass jeder Einzelne noch eine zusätzliche private Vorsorge trifft (z. B. für Berufsunfähigkeit oder das Renteneinkommen), um auch in Notlagen bzw. im Alter den

Soziale Sicherungsmaßnahmen
Grundversorgung
Zusatzversorgung
private Absicherung

gewohnten Lebensstandard aufrechterhalten zu können (**private Absicherung**). Grundversorgung, Zusatzversorgung und private Absicherung stellen die **drei Säulen der sozialen Absicherung** dar.

Grundversorgung, Zusatzversorgung und **private Absicherung** stellen die **drei Säulen der sozialen Absicherung** dar.

6.2 Zusätzliche Hilfe außerhalb des Sozialhilferechts (Zusatzversorgung)

(1) Hilfen für schwangere Frauen und für Familien in Notlagen

Frauen, die sich in Zusammenhang mit ihrer Schwangerschaft in einer Notlage befinden, können über die anerkannten Beratungsstellen (allgemeine Schwangerschaftsberatungsstellen, Schwangerschaftskonfliktberatungsstellen) Hilfe aus Mitteln der Bundesstiftung „Mutter und Kind – Schutz des ungeborenen Lebens" erhalten. Voraussetzung für die Hilfe ist: Beratung und Antragstellung während der Schwangerschaft, das Vorliegen einer Notlage, Wohnsitz in der Bundesrepublik Deutschland sowie keine Möglichkeit der Hilfe durch andere Sozialleistungen. Baden-Württemberg hat eine eigene Landesstiftung, die schwangeren Frauen und Familien, die in Not geraten sind, zusätzlich hilft.

(2) Kinder- und Jugendhilfe

Jugendhilfe unterstützt die Eltern in ihrem Erziehungsauftrag. Sie steht bereit, wenn Konflikte zwischen Eltern und Jugendlichen der Lösung bedürfen – auf freiwilliger Basis. Sie hilft Familien, wenn ein Partner ausfällt oder wenn die Eltern sich trennen. Sie will Kindern und Jugendlichen, deren Eltern auf längere Zeit ihren Aufgaben nicht nachkommen, in Pflegefamilien und Heimen Entwicklungsmöglichkeiten geben.

(3) Hilfe bei einem Rechtsstreit

Wer sich in einem rechtlichen Streitfall nicht selbst helfen und einen Rechtsbeistand nicht bezahlen kann, hat Anspruch auf Prozesskostenhilfe. Sie wird jedoch nur gewährt, wenn die Prozessführung hinreichende Aussicht auf Erfolg hat.

(4) Elterngeld

Das Elterngeld[1] beträgt 67% des weggefallenen Nettoeinkommens, mindestens 300,00 EUR, höchstens 1 800,00 EUR mit einer Laufzeit von 12 Monaten, bei Beteiligung des Partners bzw. bei Alleinerziehenden 14 Monate oder doppelte Laufzeit mit dem halben Monatsbetrag. Bei Geringverdienern mit einem Einkommen unter 1 000,00 EUR steigt die Ersatzrate auf bis zu 100 %.

(5) Elternzeit

Nach der Geburt ihres Kindes können Eltern gleichzeitig, jeder Elternteil anteilig oder allein bis zu drei Jahren Elternzeit nehmen. Ein Jahr kann mit Zustimmung des Arbeitgebers bis zum 8. Lebensjahr „aufgespart" werden. Die Anmeldefrist beträgt 6 Wochen, wenn die Elternzeit sofort nach der Mutterschutzfrist genommen wird, in allen anderen Fällen 7 Wochen. Die Elternzeit wird in der gesetzlichen Rentenversicherung angerechnet. Während der Elternzeit besteht Kündigungsschutz.

---

1 Für Eltern, deren Kinder nach dem 1. Juli 2015 geboren wurden, gibt es neue Regelungen in Form des Elterngeldes Plus und des Partnerschaftsbonus. Die Eltern haben dann die Wahl zwischen dem **herkömmlichen Elterngeld,** dem **Elterngeld Plus** (es kann bei Teilzeit doppelt so lang bezogen werden wie das Elterngeld, ist aber höchstens halb so hoch wie dieses) oder einer **Kombination von beiden.** Zusätzlich erhalten die Eltern als **Partnerschaftsbonus** auf Antrag vier zusätzliche Monate Elterngeld Plus, wenn beide Elternteile in dieser Zeit Teilzeit arbeiten. Die maximale Bezugsdauer des Elterngeldes beträgt 28 Monate.

(6) Kindergeld

Der Anspruch auf Kindergeld besteht ab Geburt und endet mit dem vollendeten 18. Lebensjahr. Für ein Kind, das nach dem 18. Lebensjahr eine Ausbildung oder ein Studium beginnt, kann bis zur Vollendung des 25. Lebensjahres Kindergeld beantragt werden. Das Kindergeld beträgt monatlich 250,00 EUR je Kind (Stand 2023).

(7) Hilfe in außergewöhnlichen Notlagen

Es gibt Menschen, bei denen besondere Lebensverhältnisse wie z. B. Obdachlosigkeit oder Haftentlassung zu sozialen Schwierigkeiten führen, zu deren Überwindung die Betroffenen aus eigener Kraft nicht in der Lage sind. Diese Menschen haben Anspruch auf die Angebote der „Hilfe zur Überwindung besonderer sozialer Schwierigkeiten", die die Sozialhilfe bereitstellt.

6.3 Private Vorsorge

Zur Ergänzung des gesetzlichen Rentenanspruchs aus der gesetzlichen Rentenversicherung kann jeder Einzelne noch privat vorsorgen. Der Staat unterstützt die private Vorsorge, indem er die **Altersvorsorge** und die **Vermögensbildung** finanziell fördert.

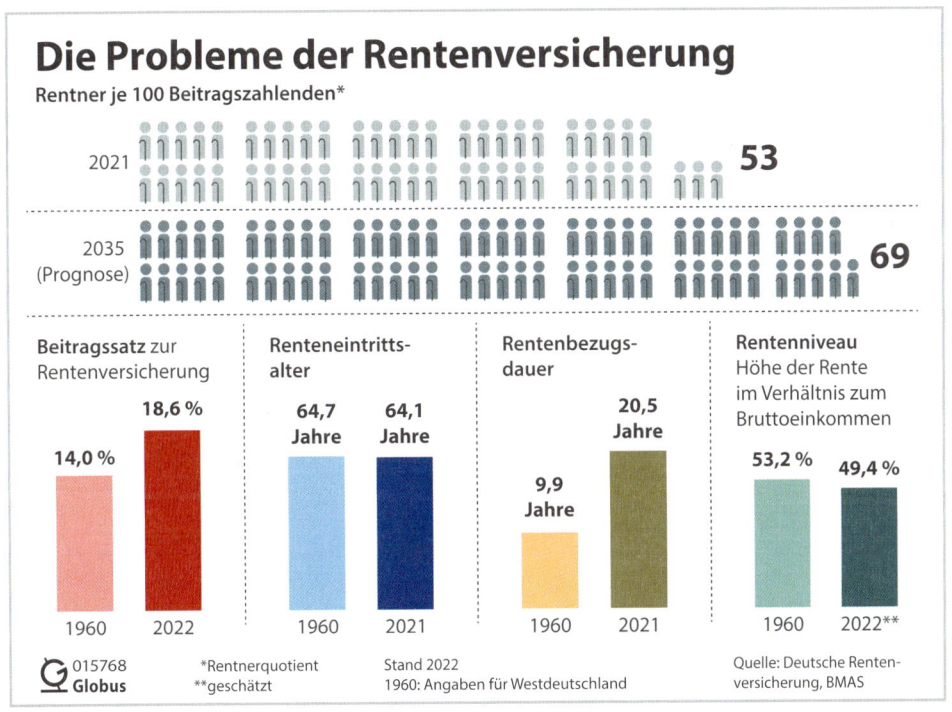

Die Probleme der Rentenversicherung

Rentner je 100 Beitragszahlenden*

2021 — 53

2035 (Prognose) — 69

Beitragssatz zur Rentenversicherung		Renteneintrittsalter		Rentenbezugsdauer		Rentenniveau Höhe der Rente im Verhältnis zum Bruttoeinkommen	
14,0 %	18,6 %	64,7 Jahre	64,1 Jahre	9,9 Jahre	20,5 Jahre	53,2 %	49,4 %
1960	2022	1960	2021	1960	2021	1960	2022**

015768 Globus
*Rentnerquotient
**geschätzt

Stand 2022
1960: Angaben für Westdeutschland

Quelle: Deutsche Rentenversicherung, BMAS

6.3.1 Staatlich geförderte Altersvorsorge

(1) Beispiel für private Vorsorge: Riester-Rente

Ein Beispiel für eine private Altersversorgung ist die **Riester-Rente**.[1] Die Beitragszahlungen werden vom Staat in Form von Zulagen und Steuervorteilen gefördert. Wer die höchstmögliche Förderung (175,00 EUR) erreichen möchte, muss 4 % des versicherungspflichtigen Bruttoeinkommens im Jahr sparen. Für jedes Kind erhält der Riester-Sparer

Beispiel: 29-jährige Mutter mit zwei Kindern	
Bruttoeinkommen	32 000,00 EUR
davon 4 %	1 280,00 EUR
– Grundzulage	175,00 EUR
– Kinderzulage	600,00 EUR
jährlicher Beitrag	505,00 EUR
monatlicher Beitrag	42,08 EUR

185,00 EUR bzw. 300,00 EUR für nach 2007 geborene Kinder. Wegen der Förderung in der Ansparphase muss die Rentenzahlung im Alter voll versteuert werden. Die Riester-Verträge gibt es bei Banken, Fonds-Gesellschaften und Versicherungsunternehmen.

(2) Betriebliche Altersvorsorge

Jeder Einzelhändler muss seinen Mitarbeitern die Möglichkeit geben, in eine betriebliche Altersvorsorge einzuzahlen. Der Arbeitnehmer hat einen **Rechtsanspruch auf eine Entgeltumwandlung** in Höhe von 4 % der Beitragsbemessungsgrenze (Rentenversicherung). Die Anlage muss förderwürdig sein. Der Arbeitgeber kann die betriebliche Altersversorge z. B. über eine Versicherung oder eine Pensionskasse organisieren.

Drei Säulen der Altersvorsorge
■ Gesetzliche Rentenversicherung
■ Private Altersvorsorge
■ Betriebliche Altersvorsorge

6.3.2 Staatliche Förderung der Vermögensbildung

Der **Staat** unterstützt mithilfe des 5. Vermögensbildungsgesetzes [5. VermBG] Arbeitnehmer beim Aufbau eines eigenen Vermögens. Ergänzt wird die staatliche Förderung, indem der **Arbeitgeber** zusätzlich zum Lohn **vermögenswirksame Leistungen** zahlt und für den Arbeitnehmer langfristig anlegt. Auf die vermögenswirksame Sparleistung gewährt der Staat eine **Arbeitnehmersparzulage**. Der Anspruch der Arbeitnehmer auf vermögenswirksame Leistungen wird im Arbeitsvertrag, in Tarifverträgen oder Betriebsvereinbarungen festgelegt.

Vermögenswirksame Leistungen	■ Sind Sparbeträge, die der Arbeitgeber für den Arbeitnehmer als **Anreiz zur Vermögensbildung** bzw. zum Aufbau der **privaten** betrieblichen Altersvorsorge bezahlt und anlegt. ■ Unter bestimmten Voraussetzungen werden diese staatlich gefördert.
Anlagemöglichkeiten für vermögenswirksame Leistungen	■ Bausparen mithilfe eines Bausparvertrags, ■ Beteiligung an Investmentfonds, ■ Beteiligung an einem Unternehmen (z. B. Genossenschaftsanteile an einer Genossenschaftsbank), ■ Sparvertrag bei einem Kreditinstitut.
Arbeitnehmersparzulage	■ Sie beträgt für bestimmte Anlageformen (z. B. Bausparverträge) 9 % der vermögenswirksamen Sparleistung, soweit diese 470,00 EUR jährlich nicht übersteigt. ■ Das Einkommen darf während der siebenjährigen Sperrphase nicht größer als 17 900,00 EUR (Ehepaare 35 800,00 EUR) betragen.

---

1 Die Bezeichnung Riester-Rente geht auf Walter Riester zurück, der als Bundesminister für Arbeit und Sozialordnung die Förderung der freiwilligen Altersvorsorge durch eine Altersvorsorgezulage vorschlug.

6.3.3 Private Vorsorge ohne staatliche Förderung

(1) Berufsunfähigkeitsversicherung

Es ist sinnvoll, sich gegen die Folgen einer Berufs- und Erwerbsunfähigkeit abzusichern. Vor allem Berufsanfänger sollten sich versichern, da sie gerade in der Anfangsphase ihrer Berufstätigkeit nur unzureichend finanziell versorgt sind.

Die **Berufsunfähigkeitsversicherung**[1] sichert das finanzielle Risiko der Berufs- und Erwerbsunfähigkeit ab. In der Regel sind die Versicherungsverträge so abgefasst, dass der Versicherte die vereinbarte Leistung aus der Berufsunfähigkeitsversicherung (z. B. Rente) erhält, wenn er zumindest 50 Prozent berufsunfähig ist. Generell mitversichert ist heute der Pflegefall. Die Versicherungs- und Beitragszahlungsdauer kann auf ein bestimmtes Alter – zum Beispiel 45 Jahre – beschränkt werden. In der Regel werden Leistungen aus der Berufsunfähigkeitsversicherung nicht über das 65. Lebensjahr hinaus erbracht.

(2) Private Personenversicherungen

Personenversicherungen sind vor allem von Bedeutung für Personen, die nicht in der Sozialversicherung versichert sind bzw. die sich über die Leistungen der Sozialversicherung hinaus versichern lassen wollen. Sie bieten die Möglichkeit, sich gegen Notlagen, die aus Krankheit, Arbeitsunfähigkeit oder Unfall entstehen können, zu schützen.

Übersicht über mögliche Personenversicherungen (Auswahl)	
Versicherungsart	**Leistungsumfang**
Private Unfall-versicherung	Die Leistung der privaten Unfallversicherung besteht darin, den Versicherten gegen die finanziellen Folgen von Unfällen im privaten Bereich abzusichern (Ergänzung der gesetzlichen Unfallversicherung).
Private Kranken-versicherung	Sie erstattet vollständig oder teilweise die Kosten, die dem Versicherten aus der Behandlung einer Krankheit oder aus Unfällen entstehen. Sozialversicherungspflichtige können eine Zusatzversicherung abschließen.
Lebensversicherung	Sie dient der Sicherung der Existenz des Versicherten und/oder seiner Familienmitglieder im Fall des Erreichens einer vertraglich festgelegten Altersgrenze oder des Todes.
■ Versicherung auf den Tod	Hier wird die Versicherungssumme erst beim Tod des Versicherten fällig.
■ Versicherung auf den Erlebensfall	In diesem Fall wird die Versicherungssumme ausbezahlt, wenn der Versicherte die vertraglich vereinbarte Altersgrenze erreicht hat.
	Todes- und Erlebensfallversicherungen werden i. d. R. kombiniert (verbunden) abgeschlossen: Stirbt der Versicherte vor Erreichung der Altersgrenze, wird die Versicherungssumme sofort ausbezahlt. Im Erlebensfall erhält der Versicherte die Versicherungssumme nach Erreichen der Altersgrenze.
	Todes- und Erlebensfallversicherungen können nicht nur als Summenversicherungen (Kapitalversicherungen), sondern auch als Rentenversicherungen abgeschlossen werden.

---

1 Während bei der **Berufsunfähigkeit** nur der erlernte Beruf nicht mehr ausgeübt werden kann, ist bei der **(vollen) Erwerbsunfähigkeit** überhaupt keine Erwerbstätigkeit (keine Berufstätigkeit) mehr möglich.

Übersicht über mögliche Personenversicherungen (Auswahl)	
Versicherungsart	**Leistungsumfang**
■ Versicherung mit festem Auszahlungstermin	Sie hat die Aufgabe, einen Dritten bis zu einem bestimmten Termin abzusichern.
	Die Versicherungssumme wird ohne Rücksicht auf das Erleben oder den Tod des Versicherungsnehmers zu einem vertraglich bestimmten Termin ausbezahlt. Stirbt der Versicherungsnehmer vor dem Termin, entfallen die Prämienzahlungen.

Zusammenfassung

■ **Grundprinzipien** der Sozialversicherung sind das **Solidaritätsprinzip,** die **Pflichtmitgliedschaft,** die **Beitragsbemessung nach der Höhe des Einkommens** und die **gesetzliche Festlegung** der **meisten Leistungen.**

■ Zur Sozialversicherung gehören die **gesetzliche Krankenversicherung,** die **soziale Pflegeversicherung,** die **gesetzliche Rentenversicherung,** die **gesetzliche Arbeitsförderung** und die **gesetzliche Unfallversicherung.**

■ Die **Träger der Sozialversicherung** sind rechtsfähige Körperschaften des öffentlichen Rechts mit Selbstverwaltungsrecht.

■ Die **Beiträge zur gesetzlichen Unfallversicherung** trägt der **Arbeitgeber allein,** die **Beiträge zu den übrigen Sozialversicherungszweigen** (ausgenommen die Sonderbeiträge der Arbeitnehmer) tragen **Arbeitnehmer und Arbeitgeber grundsätzlich je zur Hälfte.**

■ Die vielfältigen **personellen Leistungen** (z. B. Aufklärung und Beratung der Versicherten), **Sachleistungen** (z. B. Übernahme der Krankenbehandlungskosten durch die gesetzlichen Krankenkassen) und **finanziellen Leistungen** (z. B. Rentenzahlungen der gesetzlichen Arbeitsförderung und gesetzlichen Unfallversicherung) bezwecken vor allem eine **soziale Absicherung der Versicherten** und ihrer **mitversicherten Angehörigen** bei Krankheit, Pflegebedürftigkeit, Arbeitslosigkeit, Berufsunfällen, Berufskrankheiten und im Alter.

■ Die **Leistungen der Arbeitsförderung** sind:

■ Arbeitsuchende in den **Arbeitsprozess einzugliedern** (z. B. durch Berufsberatung, Ausbildung und Arbeitsvermittlung).

■ Arbeitsuchenden den **Lebensunterhalt zu sichern** (z. B. Zahlung von Arbeitslosengeld, Kurzarbeitergeld, Insolvenzgeld).

■ Grundversorgung, Zusatzversorgung und private Absicherung sind die drei Säulen der sozialen Absicherung **(Dreischichtenmodell).**

Kompetenztraining

113 1. Nennen Sie die Zweige des Sozialversicherungssystems der Bundesrepublik Deutschland!

2. Nennen Sie die zwei Leistungen, die die gesetzliche Arbeitsförderung erbringt!

2.1 Heilbehandlung	2.4 Rentenzahlung
2.2 Arbeitslosengeld	2.5 Berufsberatung
2.3 Krankengeld	2.6 Sozialhilfe

3. Unterscheiden Sie die Begriffe Beitragsbemessungsgrenze und Versicherungspflichtgrenze!

4. Hans Steiner ist Filialleiter und erhält ein Gehalt in Höhe von 3450,00 EUR. Er ist bei der AOK versichert. Der Beitragssatz liegt bei 7,3 % zuzüglich eines Zusatzbeitrags von 1,6 %. Hans Steiner erhält ab 01.10.20.. eine Gehaltserhöhung von 150,00 EUR.

   Aufgabe:
   Berechnen Sie, wie viel EUR Herrn Steiner jetzt monatlich mehr für die Krankenversicherung abgezogen werden!

5. Frau Schussel, Verkäuferin, fällt im Laden von der Leiter, als sie vom obersten Regal einen Lederkoffer herunterholen will. Sie verletzt sich so schwer, dass sie stationär behandelt werden muss.

   Aufgaben:
   5.1 Nennen Sie die Versicherung, die dafür zuständig ist!
   5.2 Nennen Sie die Leistungen, die von dieser Versicherung zu erbringen sind!

6. Marco Fröhlich arbeitet seit drei Wochen im Lebensmitteleinzelhandel als Auszubildender zum Kaufmann im Einzelhandel und hört, wie sich sein Kollege und Vorgesetzter Stefan Heinrich mit einem Kunden über die „Schieflage" in unserem Staat unterhält.

   Kunde: *„Die Probleme der Sozialversicherung sind doch die gleichen wie in unserem Land. Wenn man die Finanzkrise mal als Beispiel nimmt, dann wird dies auch zu einer Gefahr für den sozialen Frieden und für den Wettbewerbsstandort Deutschland."*

   Heinrich: *„Wenn ich so an meine Abrechnung jeden Monat denke, dann kommen mir die Tränen. Die monatliche Belastung mit Steuern und Sozialabgaben beträgt doch schon über 50 %. Ich habe letzte Woche gelesen, dass ein Beschäftigter im Einzelhandel über sechs Monate im Jahr allein für Steuern und Sozialabgaben arbeiten muss. Das ist doch wahnwitzig, wo soll das denn hinführen? Ich finde, die Belastungsgrenze ist schon lange erreicht."*

   Kunde: *„Da gebe ich Ihnen recht, Herr Heinrich, alleine schon die Veränderung in unserer Gesellschaft wird zu einem Umdenken führen müssen. Den Generationenvertrag von früher, den gibt es schon lange nicht mehr. Es stehen doch immer mehr alten Menschen immer weniger junge gegenüber und dazu steigt auch noch die Lebenserwartung unserer Mitbürger und die Geburtenraten gehen dabei gleichzeitig zurück."*

   Heinrich: *„Da bleibt uns wohl nur noch die Maxime,[1] dass jeder am besten für sich selbst sorgen muss. Nächste Woche habe ich einen Termin bei meiner Versicherung und lasse mich hinsichtlich meiner betrieblichen Altersversorgung beraten."*

---

1 **Maxime:** Leitsatz.

Nachdem der Kunde das Geschäft verlassen hat, fragt Marco Herrn Heinrich, was eigentlich eine Sozialversicherung ist.

Heinrich: *„Die Sozialversicherung kann durchaus als eine Pflichtversicherung für die Allgemeinheit bezeichnet werden. Sie hat das Ziel, die Grundversorgung in wirtschaftlichen und medizinischen Angelegenheiten aller Arbeitnehmer und ihrer Angehörigen bei Krankheiten, Unfällen, Arbeitslosigkeit und der Rente zu sichern."*

Marco: *„Und wie teuer ist diese Versicherung?"*

Heinrich: *„Das wirst du bald feststellen Marco, denn der Beitrag orientiert sich an der Höhe des Gehaltes und wird im Großen und Ganzen jeweils zur Hälfte vom Arbeitnehmer und vom Arbeitgeber geleistet. So, nun muss ich aber wieder an die Arbeit. Ich hoffe, ich konnte dir helfen."*

Aufgaben:

6.1 Erläutern Sie, was unter dem Generationenvertrag zu verstehen ist und welche Probleme sich daraus für die Zukunft ergeben könnten!

6.2 Diskutieren Sie im Klassenverband, ob eine Reform der Sozialversicherung nötig ist, um den sozialen Frieden für den Wettbewerbsstandort Deutschland zu sichern!

7. Nennen Sie die Zielsetzung, die das Bürgergeld hat!

7.1 Eingliederung in den Arbeitsprozess

7.2 Hilfe bei Berufsunfähigkeit

7.3 Sicherung des Lebensunterhalts

7.4 Angebot zur Arbeitsvermittlung

8. Kalle Bloom beginnt am 1. März im Spielwarengeschäft der Johann Rupp GmbH zu arbeiten. Der Arbeitgeber versäumt es, ihn bei der Krankenkasse anzumelden. Am 16. März wird Kalle ernstlich krank.

Aufgabe:

Begründen Sie, ob Kalle Bloom Anspruch auf die Leistungen der Krankenkasse hat!

9. 9.1 Begründen Sie, warum der Staat eine kapitalgedeckte private Altersvorsorge durch finanzielle Anreize zu fördern sucht!

9.2 Erkären Sie, wodurch sich prinzipiell die staatlich geförderte kapitalgedeckte private Altersvorsorge von der gesetzlichen Rentenversicherung unterscheidet!

114 1. Ida Klein, kaufmännische Angestellte, wird krank. Sie freut sich, denn jetzt – so meint sie – erhält sie 6 Wochen lang das volle Gehalt und das Krankengeld.

Aufgabe:

Begründen Sie, ob die Freude von Ida Klein berechtigt ist!

2. Emil Pfender ist nicht der Fleißigste. Als Verkäufer unterhält er sich lieber mit den Kollegen und Kolleginnen statt Kunden zu beraten. Als ihn sein Abteilungsleiter zurechtweist, geht Emil Pfender wütend ins Personalbüro, kündigt fristlos und lässt sich seine Papiere geben. Am nächsten Tag beantragt er bei der Agentur für Arbeit Arbeitslosengeld.

   Aufgabe:

   Begründen Sie, ob Emil Pfender Arbeitslosengeld erhalten wird! Wenn nein, begründen Sie rechtlich, warum nicht! Wenn ja, nennen Sie den Zeitpunkt, ab dem Emil Pfender Arbeitslosengeld erhält!

3. Ilse Fröhlich arbeitet als Abteilungsleiterin für Damenoberbekleidung in einem Kaufhaus. Nach Geschäftsschluss geht sie in ein Kino. Auf dem Nachhauseweg fällt sie bei Glatteis hin und bricht sich ein Bein. Deshalb will sie die Leistungen der gesetzlichen Unfallversicherung in Anspruch nehmen. Diese lehnt ab. Ilse Fröhlich erhebt Widerspruch, der ebenfalls abschlägig beschieden wird. Sie möchte im Anschluss daran beim Sozialgericht klagen.

   Aufgabe:

   Prüfen Sie, ob Ilse Fröhlich Erfolg haben wird!

4. Die 26-jährige Angestellte Simone Künne (Lohnsteuerklasse I, ohne Kinder) erhält am 31. Oktober 20.. ihre erste Gehaltsabrechnung:

Name	Brutto-gehalt	Abzüge			Abzüge insgesamt	Nettogehalt (Auszahlungsbetrag)
		Lohn-steuer	Kirchen-steuer	Sozialver-sicherung		
Simone Künne	1 941,00	204,93	17,48	400,33	622,74	1 318,26

   Der größte Posten bei den Abzügen ist der Beitrag zur Sozialversicherung.

   Aufgaben:

   4.1 Nennen Sie die Zweige der Sozialversicherung, die in dem Betrag enthalten sind, der Frau Künne abgezogen wird!

   4.2 Notieren Sie, wer den Beitrag zur gesetzlichen Unfallversicherung zahlt!

5. Die Mitarbeiter der Drogerie Karin Krause e. Kfr. sind alle sozialversichert.

   Aufgabe:

   Unterscheiden Sie die gesetzliche Sozialversicherung von der Individualversicherung!

6. Erläutern Sie in Grundzügen das „Dreischichtenmodell" der sozialen Absicherung!

7. Als Angestellter des Kaufhauses Franz Ott KG sind Sie Mitglied der gesetzlichen Rentenversicherung. Nennen Sie den Träger der Versicherung!

   7.1 Berufsgenossenschaft

   7.2 Bundesagentur für Arbeit

   7.3 Betriebskrankenkasse

   7.4 Deutsche Rentenversicherung

   7.5 Allgemeine Ortskrankenkasse

8. Recherchieren Sie, wo Sie den Antrag auf Bürgergeld stellen müssen und für welchen Zeitraum das Bürgergeld zunächst bewilligt wird!

Anhang: Wichtige Vorgehensweisen zum Erreichen einer Projektkompetenz

Im Folgenden werden ausgewählte Methoden zum Erreichen einer Projektkompetenz vorgestellt.[1]

1 Brainstorming-Methode[2]

Zielsetzung. Das Brainstorming zielt darauf ab, in möglichst gelöster Atmosphäre eine Vielzahl von Lösungsvorschlägen für ein bestehendes Problem zu erhalten. Dadurch soll der Einstieg in ein neues Thema (z. B. ein Projekt) erleichtert werden.

Vorgaben. Die Teilnehmerzahl kann je Gruppe zwischen 5 und 15 betragen. Es kann auch die ganze Klasse einbezogen werden. Als Zielvorgabe für die Ideensammlung sollten ca. 10 bis 15 Minuten angesetzt werden.

Ablauf. Es sind fünf Grundregeln zu beachten:

- Die Teilnehmer sollen **frei** und **ungehemmt** ihre Gedanken aussprechen. Auch völlig unsinnig und fantastisch erscheinende Ideen sind willkommen, da diese andere Teilnehmer inspirieren können.
- Die Ideen der anderen Teilnehmer sollen **aufgegriffen** und **weiterentwickelt** werden.
- Es darf während der Sitzung **keinerlei Bewertung und Kritik** an den vorgebrachten Ideen geübt werden.
- Es sollen **möglichst viele Ideen** vorgebracht werden. Allgemein gilt der Grundsatz: Quantität geht vor Qualität.
- **Jede Idee** eines Teilnehmers wird von einem Protokollanten sofort z. B. an der Tafel oder auf einer Folie **festgehalten**.

Im Anschluss an die Ideensammlung werden gleichartige Vorschläge zusammengefasst und auf ihre Umsetzbarkeit hin überprüft. Nicht brauchbare Vorschläge werden gestrichen.

2 Mindmapping

Zielsetzungen. Mindmapping[3] verfolgt drei Ziele:

- Gedanken, Ideen und Sachverhalte sollen aufgeschrieben werden.
- Die aufgeschriebenen Gedanken, Ideen und Sachverhalte werden in Form von Verästelungen bildlich dargestellt.
- Durch die Verbindung von sprachlicher und bildlicher Darstellung können die Gedanken und Vorstellungen strukturiert (geordnet) werden.

---

1 Die Ausführungen gehen teilweise auf Eberhard Boller zurück. Vgl. Boller/Schuster: Praxisorientierte Volkswirtschaft für das berufliche Gymnasium, 13. Aufl., Merkur Verlag, Rinteln, S. 14 ff.

2 Die Brainstorming-Methode wurde von dem amerikanischen Werbeberater A. F. Osborne entwickelt.
   Brain (engl.): Gehirn, Verstand; **storm** (engl.): stürmen, toben. **Brainstorming** könnte mit „Verstand stürmen" übersetzt werden.

3 **Mind** (engl.): Gedanken, Arbeitsergebnisse. **Map** (engl.): Landkarte. **Mindmap** könnte somit mit „Gedankenlandkarte" übersetzt werden.

Vorgaben. Mindmapping kann in Einzel-, Partner- und Gruppenarbeit durchgeführt werden. Der Zeitbedarf hängt mit der Aufgabenstellung zusammen. Für eine Gruppenarbeit kann der Zeitbedarf bis zu 30 Minuten betragen.

Ablauf. Zunächst wird das zu bearbeitende Problem bzw. Thema in die Mitte eines DIN-A4-Blattes im Querformat (bzw. Tafel, Flipchart) geschrieben und eingekreist. Danach werden themenbezogene Einfälle der Schüler entweder durch Zuruf oder innerhalb einer Partner- oder Gruppenarbeit um dieses Thema herumgeschrieben, wobei folgende **Regeln** zu beachten sind:

- Die Teilnehmer sollen **Schlüsselbegriffe formulieren,** wobei – möglichst durch unterschiedliche Farben hervorgehoben – Oberbegriffe auf „Hauptästen" und Unterbegriffe auf „Nebenästen" zu notieren sind.

- Jedem „Ast" sollte nur ein Schlüsselwort zugeordnet werden.

- Es darf während der Ideensammlung **keinerlei Bewertung und Kritik** an den vorgebrachten Ideen geübt werden.

- Es sollen **möglichst viele** Ideen gesammelt werden. Quantität geht vor Qualität.

Erst im Anschluss an die Ideensammlung können unwichtige „Äste" gestrichen, Verbindungen zwischen Ästen hergestellt, Äste – falls erforderlich – numeriert oder farbige Symbole bzw. Zeichen eingesetzt werden.

Diese schnell erlernbare Kreativitätstechnik zeichnet sich insbesondere durch ihre **vielseitigen Einsatzmöglichkeiten** aus, da sie sowohl in Planungs- als auch Lösungs- oder Sicherungsphasen genutzt werden kann. Zudem fördert diese einprägsame Form der Darstellung das **vernetzte Denken**, macht Zusammenhänge überschaubar und ist als **„Handlungsprodukt"** der Lerngruppe im Rahmen des behandelten Themas jederzeit gegenwärtig und ergänzungsfähig.

Beispiel:

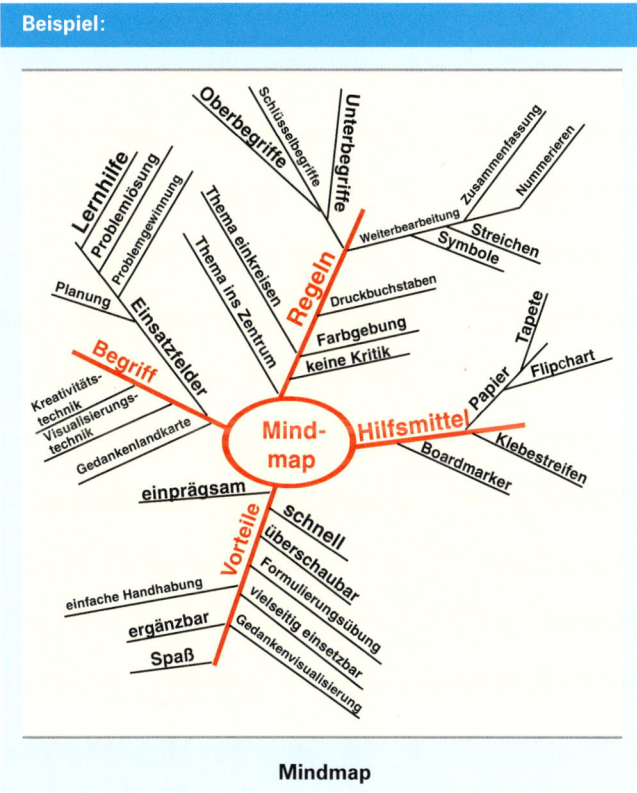

Mindmap

3 Rollenspiel

Zielsetzungen. Das Rollenspiel ermöglicht den Schülern, ihre Verhaltensweisen in einer Spielsituation, und dennoch realitätsnah, zu üben und zu erweitern. Die Schüler können lernen, Verhaltensweisen anderer vorweg zu bedenken, ihre Partner zu verstehen bzw. sich auf sie einzustellen. Das Rollenspiel fördert in besonderem Maße auch das Sprachverhalten der Schüler. Sie erfahren, dass die Sprache ein Mittel ist, Interessen durchzusetzen. Gefördert wird auch die Erkenntnis, dass reale Entscheidungssituationen in der Regel keine eindeutigen Lösungen und eindeutigen Lösungsregeln besitzen.

Vorgaben. Bei dem Rollenspiel wird auf der Grundlage einer mehr oder weniger präzise vorgegebenen **Situationsbeschreibung** versucht, die Realität nachzuspielen, wobei sich die Teilnehmer auf kreative und konstruktive Art und Weise in die von ihnen übernommene Rolle hineinversetzen und die Wirklichkeit aus ihrer rollenspezifischen Sichtweise heraus nachvollziehen und gestalten. Im Spielverlauf versuchen die Teilnehmer, ihre jeweilige Interessenlage im Rahmen einer Diskussion zu artikulieren und – mehr oder weniger kompromissbereit – durchzusetzen. Je nachdem wie stark die vorgegebene Situation strukturiert und angeleitet ist, unterscheidet man zwischen **gebundenem** und **spontanem Rollenspiel.**

Rollenspiele lassen sich als **Simulationsspiele** (Schüler spielen eine vorgegebene Situation nach), als **Entscheidungsspiele** (Schüler treffen im Rahmen einer offen gestalteten Situation eine Entscheidung) oder als **Konfliktspiele** (Schüler arbeiten bei einer vorgegebenen Situation den entscheidenden Streitpunkt heraus) aufbauen.

Ablauf. Der Ablauf eines Rollenspiels lässt sich in die **drei Abschnitte** Spielvorbereitung, Spieldurchführung und Spielauswertung aufgliedern.

- **Spielvorbereitung:** In dieser Phase wird die Handlungssituation (z. B. über eine Spielkarte) vorgestellt, die Zielsetzung besprochen, die Rollenverteilung mittels mehr oder weniger präziser Rollenbeschreibung vorgenommen und eventuelle **Beobachtungsaufträge** an die „Zuschauer" vergeben. Um die Wirklichkeit so gut als möglich zu simulieren, bietet sich an, entsprechende Requisiten zu beschaffen. Zudem erleichtert der Einsatz einer Videokamera die Auswertung des Rollenspiels.

- **Spieldurchführung.** Die Spieldurchführung ist von der Art des Rollenspiels abhängig. Beim **gebundenen Rollenspiel** sind die Situation und der Verlauf des Rollenspiels geplant (z. B. genaue Festlegung der Rollen und zum Teil auch der Rollentexte). Das **spontane Rollenspiel** gibt dagegen nur die Ausgangssituation vor. Das Rollenverhalten ist nicht festgelegt.

- **Spielauswertung:** Im Rahmen der Auswertung sollten sowohl die Beobachter als auch die Teilnehmer des Rollenspiels ihre Eindrücke und Erfahrungen schildern. Eine Bewertung der schauspielerischen Fähigkeiten steht im Rahmen der Auswertung **nicht** zur Diskussion.

Beispiel für eine Spielkarte:

Bei einer Lebensmittelkette ist es innerhalb einer Projektgruppe zur Entwicklung eines neuen Getränkesortiments für die Zielgruppe der 16- bis 20-jährigen Käufer zu Streitigkeiten gekommen. Der zuständige Abteilungsleiter der Lebensmittelkette bittet einige jugendliche Teilnehmer zu einer Krisensitzung.

Einziger Tagesordnungspunkt ist die Beilegung des wesentlichen Streitpunktes, der die jugendlichen Teilnehmer in zwei Lager spaltet. Während ein Teil der Gruppe auf die Hereinnahme neuer alkoholischer Getränke für Jugendliche in das Sortiment großen Wert legt, sieht ein anderer Teil eher einen Zukunftstrend hin zu gesunden, alkoholfreien Getränken, die zudem eine „energiespendende" Wirkung aufweisen. Mit zu dieser Konferenz eingeladen wurden zudem Personen, die von diesem Thema indirekt betroffen sind:

- ein Betreiber mehrerer Lokale und Diskotheken speziell für die jugendliche Zielgruppe sowie
- ein Redakteur einer großen deutschen Jugendzeitschrift, der sich mit den neuesten Trends bei Jugendlichen beschäftigt.

Im Rahmen der Krisensitzung sollen nunmehr die unterschiedlichen Standpunkte der Teilnehmer in sachlicher Form ausgetauscht werden, um die grobe Richtung für das Getränkesortiment entsprechend festzulegen.

Feedback. Feedback-Geben bedeutet eine Rückmeldung geben. Dies ist z. B. bei einem Rollenspiel von großer Bedeutung. Es ist für die Mitglieder des Rollenspiels wichtig, zu erfahren, ob die Zuhörer die Ausführungen so verstanden haben, wie sie gemeint waren. In einem Feedback melden die Zuhörer den Mitgliedern des Rollenspiels, was sie verstanden haben.

Feedback-Fragen und Einstiege könnten lauten:

- „Habe ich richtig verstanden, dass ...?"
- „Wenn ich dich richtig verstehe, dann möchtest du sagen, ...?"
- „Ich will versuchen, deine Gedanken zusammenzufassen. ..."
- „Ich möchte gerne wissen, ob ich dich richtig verstanden habe? ..."

Feedbacks machen dem Empfänger des Feedbacks „blinde Flecken" bewusst. Das sind jene Flecken, die dieser nicht kennt, die aber die anderen festgestellt haben.

Im Folgenden werden wichtige **Feedback-Regeln** für das Geben und das **Empfangen** vorgestellt.[1]

Regeln für das Geben von Feedback	Regeln für das Empfangen von Feedback
■ Beobachtungen konkret benennen. Verhalten genau beschreiben.	■ Entgegennehmen – Verständnis zeigen statt verteidigen.
■ Das Gegenüber wissen lassen, welche Empfindungen das Verhalten ausgelöst hat.	■ Kein Rechtfertigen, keine Verteidigung.
■ Die eigenen Gefühle in der Ich-Form äußern. „Es hat mich erstaunt . . ."	■ Nachfragen, wenn etwas nicht verstanden wurde.
■ Eigene Ziele und Wünsche klar äußern.	■ Für das offene Feedback danken.
■ Auf Wertungen und Vorurteile verzichten.	■ Selbst entscheiden, was man beibehalten, was man verändern möchte.
■ Direkte Feedbacks geben (unter vier Augen, persönlich, die Person direkt ansprechen).	■ Dem Feedback-Geber sagen, was das Feedback bewirkt hat.
■ Keine verallgemeinernden Abrechnungen.	
■ Die passende Situation wählen. Feedback-Empfänger soll das Gesicht nicht verlieren.	
■ Positives (Anerkennung) ebenfalls nennen.	

---

1 Quelle: http://www.rhetorik.ch/Johari/Johari.html.

4 Expertenbefragung

Zielsetzung. Wissen, das weder Schulbuch noch Lehrkraft in allen Einzelheiten vermitteln kann, wird durch einen Experten (Fachmann) vermittelt.

Vorgaben. Es ist kein Geheimnis, dass gerade in Einzelhandelsklassen im Unterricht immer wieder Detailfragen[1] aufkommen, die in den vielen Schulbüchern für diese Schulform nicht behandelt werden, da sie sehr spezifische Inhalte berühren. Hierzu bietet sich an, derartige **Fragen** im Rahmen eines Lernfeldes zu **sammeln** und am Ende eines Themenkomplexes zu einem **Fragenkatalog** zu bündeln.

Zur Klärung dieser Fragen kann dann im Rahmen einer Unterrichtsstunde ein **Experte** (z. B. Politiker, Mitarbeiter von Verbänden oder bestimmten Organisationen) eingeladen werden, der mit seinem praktischen und theoretischen Hintergrundwissen wichtige Informationen, Anregungen zur Orientierung und zur eigenen Urteilsbildung weitergeben kann.

Ablauf. Im Rahmen der Durchführung einer solchen Expertenbefragung sollten folgende **Regeln** Beachtung finden:

- Die Auswahl des Experten ist möglichst durch gemeinsame Überlegungen vorzunehmen, wobei das Kriterium der notwendigen **Sachkenntnis** im Vordergrund steht.
- Dem Experten sollte der Fragenkatalog bereits **im Vorfeld** offen gelegt werden, um ihm eine optimale Vorbereitung zu ermöglichen.
- Die Teilnehmer der Expertenbefragung sollten **gut informiert** in die Expertenbefragung gehen und den Themenbereich nochmals durcharbeiten, um durch eventuell erforderliche Rückfragen das Gespräch ertragreich zu gestalten.
- Der Fragenkatalog sollte **systematisch** abgearbeitet werden. Hierzu bietet sich an, dass die Teilnehmer bereits vorab Zuständigkeiten für die einzelnen Fragen oder Themenbereiche festlegen.

Beispiel:

Laden Sie einen Experten aus einer Werbeagentur ein, der Ihnen Informationen darüber geben kann, welche Aktivitäten notwendig sind, um eine Werbeaktion erfolgreich durchzuführen.

5 Projekt

Zielsetzungen. Wichtige Ziele der Projektarbeit sind insbesondere in den folgenden Punkten zu sehen. Die Projektarbeit

- führt zu mehr Selbstständigkeit der Lernenden,
- fördert kooperatives Verhalten und Rücksichtnahme,
- erhöht die Motivation durch Festlegung gemeinsamer Ziele,
- erhöht die Bindung zwischen schulischen und außerschulischen Lernbereichen,
- fördert die persönlichen Kompetenzen zur Bewältigung komplexer Praxisprobleme.

---

1 **Detail**: Einzelheit, Einzelteil.

Vorgaben. Der Grundgedanke eines Projekts lässt sich am einfachsten mit der Formel seines geistigen Begründers John Dewey verdeutlichen: **„Learning by doing"**. Unter einem Projekt versteht man im Allgemeinen ein Arbeitsvorhaben, bei dem die Projektteilnehmer eine selbst gewählte, fest umrissene, **komplexe** und **praxisrelevante** Aufgabenstellung lösen. Die Durchführung des Projekts erfolgt größtenteils in **Teamarbeit,** wobei sich die Gruppe die zur Bearbeitung erforderlichen Kenntnisse und Fertigkeiten möglichst selbstständig aneignet.

Ein Projekt ist im Allgemeinen durch folgende **Merkmale** bestimmt:

- Projekte beinhalten Probleme, Fragestellungen, die unmittelbar der **wirtschaftlichen und sozialen Realität** entstammen. Sie erzeugen damit eine stabile Motivationslage bei den Schülern. Projekte sind in aller Regel komplex aufgebaut.

- Die Schüler übernehmen zum **Lösen des Projekts selbstverantwortlich Planungsschritte** und bestimmen auch die zur Erreichung des Projektziels erforderlichen **Vorgehensweisen.** Neben der Förderung von Selbsttätigkeit und Selbstverantwortung lernt der Schüler insbesondere Kommunikations-, Problemlösungs- und Analysetechniken sowie die Fähigkeit zur Koordination. Die Lehrkraft hat hierbei Unterstützungsarbeit zu leisten, indem Verfahrensregeln angeboten und arbeitsmethodische Hinweise gegeben werden.

- Projektarbeit ist durch **gemeinsame Problemlösung charakterisiert,** was notwendigerweise zur **Kooperation zwingt.** Die traditionelle Unterrichtsorganisation (Zeitrhythmus, Sitzordnung, Bezogenheit auf den Klassenraum usw.) wird dabei aufgelöst.

- Eine komplexe Problematik zu lösen, kann nur gelingen, wenn es **ganzheitlich gesehen** und mit Kopf, Herz, Händen und allen Sinnen angegangen wird.

- Gegenstand der Projektarbeit sind **reale Aufgaben** oder **Probleme („Handlungsprodukte"),** die häufig öffentlich und damit der Beurteilung anderer zugänglich gemacht werden. Neben der Fähigkeit, produktorientiert zu arbeiten, lernen die Schüler, insbesondere bei der Aufarbeitung und Vorstellung der Projektergebnisse, vielfältige Handlungsformen kennen, die im herkömmlichen Unterricht nicht oder nur schwer vermittelbar sind.

Der zeitliche Aufwand für ein Projekt hängt von der gewählten Thematik ab. Er kann bis zu zehn Unterrichtsstunden umfassen.

Ablauf. Der Ablauf eines Projekts umfasst in der Regel folgende **Phasen:**

Findung des Projektthemas ⟩ Projektplanung ⟩ Projektdurchführung ⟩ Präsentation der Projektergebnisse ⟩ Wertung der Projektergebnisse u. Projektkritik

(1) Findung des Projektthemas

Am Anfang eines Projekts steht eine **Themensammlung.** Hierbei unterbreiten die Schüler Themenvorschläge. Falls die Schüler keine Projekterfahrung besitzen, kann die Lehrkraft mehrere Themen oder Themenbereiche vorschlagen.

Stehen mehrere Themen zur Auswahl, werden sie z. B. auf einer Plakatwand festgehalten. Die Themen werden anschließend von den Schülern **gewichtet** und es wird ein **Rang ermittelt.** Die Gewichtung der Themen kann z. B. dadurch erfolgen, dass die Lehrkraft den Schülern Klebepunkte ausgibt, die diese dann auf die verschiedenen Themen verteilen.

Themen	Klebepunkte	Rang
Thema 1	z. B. 28 Punkte	II
Thema 2	z. B. 24 Punkte	III
Thema 3	z. B. 40 Punkte	I

Das Thema mit den meisten Punkten (Rangplatz 1) wird dann gewählt.

(2) Projektplanung

Im ersten Schritt der Projektplanung werden die interessanten **Fragestellungen, Probleme** und **Unterthemen** z. B. auf einer Plakatwand **festgehalten** und anschließend in der gerade besprochenen Weise **gewichtet.** Eine Ideengewinnung kann z. B. über die Brainstorming-Methode oder über das Mindmapping erfolgen.

Stehen die zu erarbeitenden Fragen fest, so ist jetzt ein **Arbeitsplan** zu erstellen. In ihm werden die zu lösenden Aufgaben, die jeweilige Gruppenzusammensetzung, die Arbeitsschritte, der Zeitbedarf und auch eventuell anfallende Kosten aufgelistet.

Beispiel:

Themen-bereiche	Grup-penmit-glieder	Zeitplan					
		14. 01.	21. 01./ 28. 01.	05. 02./ 12. 02.	19. 02.	26. 02.	03. 03.
Produkt-beschreibung – Produkt-eigenschaften – Erzeugung – Zielgruppe – Marktpreis	Hans, Lena, ...	Erstellen eines Arbeits-plans	Beschaf-fen von Informa-tionen	Bear-beiten, Auswer-ten der Informa-tionen Protokol-lieren der Ergeb-nisse	Doku-men-tation erstellen Vorberei-tung der Präsen-tation	Präsen-tation	Wertung des Projekt-ergebnis-ses Projekt-kritik
Angenommene Marktforschung – Fragebogen entwerfen – Marktchancen beschreiben (Absatz-menge, Umsatz u. a.)	Eva, Fabian, ...						
Werbung – Anzeige – Handzettel – Plakate im Verkaufsraum	Markus, Ines, ...						

(3) Projektdurchführung

■ Schrittabfolge bei der Projektdurchführung

Die zuvor geplanten Schritte sind nun „abzuarbeiten". Hierbei hat sich folgende Schritt-abfolge bewährt:

Schritte	Erläuterungen	Beispiele
1. Schritt	■ Zuordnung der anfallenden Arbeiten auf die einzelnen Gruppenmitglieder, ■ Aufstellen eines Zeitplans.	■ Hans und Lena übernehmen die Beschreibung der Produkteigenschaften. ■ Die Beschaffung der Informationen erfolgt bis spätestens 28.01. ■ Die Beschreibung der Produkteigenschaften liegt am 05.02. vor.
2. Schritt	Innerhalb der Gruppe: ■ Informationsbedarf ermitteln, ■ Methoden für die Informationsgewinnung festlegen, ■ Informationen einholen.	■ Suche im Internet, ■ Befragung eines Experten, ■ Auskünfte einholen bei Behörden, Gewerkschaften, IHK, ■ Bundesagentur für Arbeit u. Ä., ■ Befragung in einem Betrieb durchführen.
3. Schritt	Innerhalb der Gruppe: ■ Bearbeiten und Auswerten der erhaltenen Informationen durch die beauftragten Gruppenmitglieder, ■ Überprüfung der Einzelergebnisse durch die Gruppe, ■ Projektergebnisse der Gruppe werden zusammengestellt und dokumentiert.	■ Die Produktbeschreibung wird von Hans und Lena erstellt. ■ Die Produktbeschreibung wird von der Gesamtgruppe kontrolliert, ergänzt, gebilligt ... ■ Die einzelnen Ergebnisse werden zum Abschlussbericht „Produktbeschreibung" zusammengefasst.

Nicht jede Gruppenarbeit läuft immer reibungslos ab. Es ist daher sinnvoll, je nach Bedarf noch die nachfolgenden Zwischenschritte „einzubauen":

- **Fixpunkte.** Sie dienen dazu, Teilergebnisse vorzustellen und abzustimmen, den Zeitablauf zu überprüfen, gegebenenfalls eine Nachplanung vorzunehmen u.a.
- **Zwischengespräch.** Hier sollen Fragen der Zusammenarbeit in der Gruppe, aufgetretene und vorhersehbare Probleme des Umgangs miteinander u. Ä. besprochen werden.

■ Arbeiten im Team

Zielsetzungen. Mit dem Einsatz von Teamarbeit sollen deren Stärken zum Tragen kommen:

- Durch die Mitarbeit mehrerer Personen, die jeweils ihre spezifischen Stärken einbringen können, kommt es zu einer **besseren Ergebnisqualität.**
- Die Gruppe gibt einzelnen Teammitgliedern eine **höhere Sicherheit**, damit eine **verstärkte Motivation,** und führt zu mehr Engagement.
- Entscheidungen lassen sich im Team auf einer breiteren Basis treffen, sodass das **Risiko von Fehlentscheidungen** geringer wird.

Vorgaben. Voraussetzungen einer guten Teamarbeit sind:

- Das Team muss über ein gemeinsames Ziel verfügen.
- Das Ziel muss eindeutig formuliert sein.
- Alle Entscheidungen während der Teamarbeit müssen gemeinsam beschlossen werden.
- Die Teammitglieder müssen sich in ihrer Arbeit gegenseitig unterstützen (im Notfall ersetzen).
- Der Teamleiter muss die Arbeit koordinieren und entstehende Konflikte schlichten.
- Das Team muss sich klare Regeln geben und Verantwortungsbereiche zuordnen.

Ablauf. Die Teamarbeit durchläuft folgende Phasen:

1. Phase:	Zielvereinbarung	Das Team einigt sich auf ein gemeinsames Ziel (Thema). Die Zustimmung aller Mitglieder ist erforderlich.
2. Phase:	Einzelarbeit der Teammitglieder	Jedes Mitglied erstellt in Eigenarbeit Lösungsvorschläge zum Thema. Es erarbeitet diese selbstständig ohne Anleitung der anderen Teammitglieder.
3. Phase:	Offenlegung der Einzelarbeit und Diskussion über die einzelnen Lösungsansätze	Die einzelnen Lösungsvorschläge werden offengelegt und auf Schwächen und Stärken untersucht (ohne zu kritisieren).
4. Phase:	Entwickeln einer gemeinsamen Lösung	Zunächst werden die Lösungsansätze ungeordnet erfasst. Anschließend werden die Ideen zusammengelegt, geordnet und zu einer gemeinsamen Lösung zusammengeführt.
5. Phase:	Präsentation	Die Lösung des Themas wird der Klasse präsentiert.

Was zeichnet ein gutes Team aus?

- Jedes Teammitglied trägt zum Erfolg bei und fühlt sich für das Gelingen verantwortlich.
- Ein Team schafft bessere Ergebnisse als die Summe seiner Mitglieder.
- Im Team fördert, motiviert und hilft man sich gegenseitig.
- Durch gemeinsame Erfolge eines Teams steigt die Motivation.

(4) Projektpräsentation

Im Rahmen der Projektpräsentation werden die Projektergebnisse der einzelnen Projektgruppen vorgestellt. Ziel der Präsentation ist, die Projektergebnisse so darzustellen, dass sie beim Zuhörer „ankommen", ihn zum Mitdenken anregen und zur Diskussion auffordern.

Im Folgenden erhalten Sie einige Hinweise, was Sie bei der Vorbereitung und Umsetzung einer Präsentation beachten müsssen.

Präsentations-bereiche	Fragestellungen	Tipps
Zielsetzung der Präsentation festlegen	■ Sollen dem Zuhörer vor allem Fachinhalte vermittelt werden? ■ Sollen die Zuhörer durch die Projektergebnisse zu einer Änderung ihrer Verhaltensweisen gebracht werden?	■ Inhalte in Schaubildern, Schemata, Merksätzen, Diagrammen u. Ä. zusammenfassen. ■ Neben der Wissensvermittlung müssen über Bilder, Texte u. Ä. auch die Gefühle der Zuhörer angesprochen werden.
Aufbereitung des Inhalts vornehmen	■ Wie lautet der Titel der Präsentation? ■ Welchen Umfang sollen die Ausführungen haben? ■ Wie viel Anlagen sollen zur Präsentation mit herangezogen werden? ■ Wie sind die Inhalte zu gliedern?	■ Das schriftliche Informationsmaterial (Texte, Grafiken u. Ä.) muss lesbar sein. ■ Kurzfassen: Es gilt der Grundsatz „Weniger ist mehr". ■ Richten Sie Ihre Ausführungen an den Interessen und Erwartungen der Zuhörer aus. ■ Stellen Sie die Ausgangssituation und die Problem- und Aufgabenstellung deutlich heraus und bauen Sie hierauf Ihre Lösung Schritt für Schritt auf. Legen Sie einen „roten Faden". ■ Überziehen Sie niemals Ihre Zeitvorgaben.
Wahl des Medieneinsatzes treffen	■ Welche Medien sollen eingesetzt werden? ■ Welches Informationsmaterial soll der Zuhörer erhalten?	■ Vor Beginn der Präsentation sollte kein umfangreiches Informationsmaterial an die Zuhörer ausgegeben werden. ■ Achten Sie darauf, zumindest zwei verschiedene Medien einzusetzen! ■ Passen Sie den Medieneinsatz den räumlichen Gegebenheiten an. ■ Achten Sie darauf, dass auch der Zuhörer in der letzten Reihe alles erkennen kann!
Auf Sprache und Körpersprache achten	■ Wie wirkt meine Stimme auf Zuhörer? ■ Betone ich die einzelnen Wörter und Sätze richtig? ■ Spreche ich nicht zu schnell? ■ Sind meine Gestik und Mimik auf die Präsentation abgestimmt?	■ Sprechen Sie deutlich. ■ Versuchen Sie frei zu sprechen und lesen Sie die Texte nicht nur monoton ab. ■ Wenden Sie sich den Zuhörern zu und halten Sie, wo immer möglich, Blickkontakt mit den Zuhörern. ■ Vermeiden Sie Verlegenheitsgesten! ■ Da Sprechfehler und -störungen unvermeidlich sind, beachten Sie diese nicht. ■ Wenn Sie auf einen Punkt im Infomationsmaterial eingehen wollen, lassen Sie den Zuhörern Zeit diese Stelle zu finden. ■ Ermuntern Sie die Zuhörer zu Fragen, um die Präsentation zu beleben.

(5) Wertung der Projektergebnisse und Projektkritik

Nach der erfolgten Präsentation ist das Projekt beendet. Allerdings ist es sinnvoll, positive und negative Erfahrungen aus dem Projekt festzuhalten, um diese Erfahrungen in künftige Projekte einzubringen. Die Nachbereitungsphase bezeichnet man auch als **Reflexionsphase.**[1]

Im Rahmen der Projektnachbereitung sollten insbesondere folgende Fragestellungen beantwortet werden:

- In welchem Umfang wurden die Projektziele erreicht?
- Welche positiven Erfahrungen können aus der Projektarbeit gezogen werden?
- Welche Schwierigkeiten sind aufgetreten?
- Wie war die Zusammenarbeit in den Gruppen und zwischen den Gruppen?
- Welche Rolle hat die Steuerung der Projektarbeit durch die Lehrkraft gespielt?
- Was kann beim nächsten Projekt besser und/oder anders gemacht werden?

---

1 **Reflexion:** Spiegelung.

Stichwortverzeichnis